Ullstein

ÜBER DAS BUCH:

Rotraud Schöne schildert das Leben einer Familie in Görlitz, einer schlesischen Stadt, von 1920 bis kurz nach 1945. Die Autorin erzählt von einer unbekümmerten Kindheit, von dem sorglosen Leben im Hause Brandt. Herbert Brandt, der Vater, besitzt eine gutgehende Chemikalienfirma und einige Häuser in Görlitz. Die Familie mit vier Kindern lebt in angenehmem Wohlstand, feiert die Feste in traditioneller Weise, unternimmt regelmäßig Reisen. Nichts scheint den friedlichen Himmel in diesem Land und dieser Familie zu trüben. Aber der Krieg zerreißt – wie überall – auch diese Idylle ... Rotraud Schöne, die selbst in Görlitz aufgewachsen ist, vollzieht hier ihre eigene Vergangenheit nach und hält die Erinnerung wach an alles, was sie an Schlesien so geliebt hat.

DIE AUTORIN:

Rotraud Schöne, in Schlesien geboren, lebte bis 1948 in Görlitz, ging nach dem Abitur nach Dresden und Berlin, um ein Schauspielstudium zu absolvieren. 1955 heiratete sie und lebt seitdem mit ihrer Familie in Berlin. Rotraud Schöne veröffentlichte u.a. einen Gedichtzyklus in *Deutsche Lyriker der Gegenwart*, eine Gedichtsammlung *Gereimte Alltäglichkeiten*, drei Märchen für Erwachsene in *Lunetta* und schlesische Weihnachtsgeschichten unter dem Titel *Bunzlauer Weihnachtsteller*.

Rotraud Schöne

Schlesisches Himmelreich

ROMAN

Ullstein

ein Ullstein Buch
Nr. 22867
im Verlag Ullstein GmbH,
Frankfurt/M – Berlin

Ungekürzte Ausgabe

Umschlagentwurf:
Elżbieta Woźniewska
unter Verwendung einer
kolorierten Fotopostkarte
(Görlitz, Postplatz)
Archiv für Kunst und Geschichte, Berlin

Taschenbuchausgabe
mit Genehmigung
der F.A. Herbig Verlagsbuchhandlung
GmbH, München

Printed in Germany 1992
Druck und Verarbeitung:
Clausen & Bosse, Leck
ISBN 3 548 22867 4

November 1992

Von derselben Autorin
in der Reihe
der Ullstein Bücher:

Bunzlauer Weihnachtsteller (22993)

Die Deutsche Bibliothek –
CIP-Einheitsaufnahme

Schöne, Rotraud:
Schlesisches Himmelreich: Roman/
Rotraud Schöne. –
Ungekürzte Ausg. – Frankfurt/M; Berlin:
Ullstein, 1992
(Ullstein-Buch; Nr. 22867)
ISBN 3-548-22867-4
NE: GT

Meinen Geschwistern

Erste Kindheit

Ein Mädchen!« rief Herbert Brandt in das Eßzimmer hinein, in dem seine Schwiegermutter mit den beiden Kindern bei einem verspäteten Mittagessen saß. Dann stürmte er die schmale Treppe hinauf, die auf den Boden führte, immer zwei Stufen auf einmal nehmend, holte oben aus einer Ecke die um die Stange gewickelte Fahne hervor und schob sie vorsichtig, sie dabei entrollend, durch das Bodenfenster. Ein leichter Sommerwind bauschte das Fahnentuch, das in eindrucksvoller Länge fast bis zum Erdgeschoß des Hauses hinunterreichte und der staunenden Bürgerschaft verkündete, daß im Hause Brandt ein beachtenswertes Ereignis eingetreten sei.

Im Eßzimmer tanzten Emmy und Martin um den Tisch und schrien: »Ein Mädchen – ein Mädchen!«

Die Großmutter stand in der geöffneten Balkontür und fragte den eintretenden Schwiegersohn:

»Aber Herbert – warum flaggst du denn Schwarz-Weiß?«

Um die Augen des Mannes zogen sich verschmitzte Lachfältchen.

»Ich bin ein freier Bürger, ich kann flaggen, wann und wie ich will. Außerdem bin ich ein Preuße – meine Farben sind Schwarz-Weiß.«

Er zog die Serviette aus dem Ring, schob sie ins Revers seines Jacketts und tat sich von dem Essen auf, das ihm das Hausmädchen eben aus der Küche hereingebracht hatte. Frau Kirsch setzte sich zu ihm an den Tisch. Sie wartete, bis er den Teller gefüllt und die ersten Bissen gegessen hatte. Dann bat sie:

»Nun erzähl' mal.«

Die Kinder hatten sich auch wieder dazugesetzt und waren mucksmäuschenstill vor Spannung.

Herbert Brandt erzählte, bedächtig, wie es seine Art war, mit

langen Pausen, in denen er die inzwischen in den Mund geschobenen Bissen sorgfältig kaute.
Es war an einem der letzten Tage im August 1928. Das Baby war um halb zwei Uhr mittags gekommen, ganz problemlos, eine glatte, nicht allzu lange dauernde Geburt. Kräftig, mit dunklen Haaren. Eva-Maria soll es heißen.
Ja, Hanna sei wohlauf, zufrieden und glücklich.
Frau Kirsch legte ihre Hand liebevoll auf die ihres Schwiegersohnes.
»Ich gratuliere, Herbert. Bei euch geht immer alles so nach Wunsch und Plan – bewunderswert. Tochter – Sohn – Tochter.«
»Ja, ja, das nächste ist dann wieder ein Sohn«, murmelte der junge Vater befriedigt.
»Ja, ja, ein Brüdersen«, nickte der dreijährige Martin und schien sich schon jetzt mehr darauf zu freuen als auf die eben geborene Schwester.
»Wann kann ich Hanna besuchen?« fragte Anna Kirsch und stand dabei auf, als wollte sie sofort in die Klinik gehen. Der Geschäftsmann sah zur Uhr.
»Ich gehe jetzt ins Büro und bin abends erst wieder bei ihr. Du könntest am späten Nachmittag mal bei ihr hereinschauen. Sie liegt ja allein und wird sich freuen.«

Als acht Tage später Eva-Maria in ihr Vaterhaus einzog, wehte die schwarz-weiße Fahne immer noch aus der Bodenluke. Die Nachbarn hatten sich inzwischen an den Anblick gewöhnt. Es hatte sich herumgesprochen, daß bei Brandts das dritte Kind angekommen war. Man lachte, schüttelte den Kopf über die skurrile Flaggenidee und freute sich mit. Etwas eigenwillig war der Herr Brandt ja wohl immer. Er war ein überzeugter Westpreuße, den es nach dem Krieg nach Schlesien verschlagen hatte: In Graudenz geboren, in Danzig zur Schule gegangen. Noch immer sprach er diesen breiten, westpreußischen Dialekt mit den vielen »chens« hintendran:
»Na Tach-chen, mein Kindchen . . .«

Im Ersten Weltkrieg war der junge Offizier in russische Gefangenschaft geraten, hatte vier Jahre in Sibirien verbracht und dort – da er stets darauf bedacht war, seine Zeit mit Nützlichem zu füllen – in intensiven Studien die russische Sprache so perfekt erlernt, daß er sie schließlich wie seine Muttersprache beherrschte. Dies wiederum ließ ihn zum Mittler zwischen den Russen und ihren deutschen Gefangenen werden. Zusammen mit der Schwedin Elsa Brandström, die später »der Engel von Sibirien« genannt wurde, stellte er große Gefangenentransporte zusammen, die über Japan und Amerika zurück nach Deutschland gingen.
Er selbst, Herbert Brandt, kam Anfang 1920 in die Heimat, nicht zurück nach Danzig, das inzwischen als »Freie Stadt« weder zu Westpreußen noch überhaupt zu Deutschland gehörte, sondern in das schlesische Görlitz, 120 Kilometer westlich von Breslau, eine mittelgroße Stadt mit noch nicht einmal hunderttausend Einwohnern. Hier tat er sich mit einem Geschäftspartner zusammen, den er während seiner sibirischen Gefangenschaft kennengelernt hatte, mietete in einer schönen, großen Villa die untere Etage und gründete eine Firma: ENGERT & BRANDT, Chemikalien en gros.
Seine kaufmännische Ausbildung hatte er schon vor dem Krieg in Danzig abgeschlossen. Den Uniformrock hatte er nun endgültig – wie er meinte – an den Nagel gehängt.
Mit Bienenfleiß, großer Ausdauer und Energie ging der ernste Mann daran, sich seine Existenz zu gründen. Sein bedeutend älterer Kompagnon überließ ihm gern den Großteil der Initiativen. Er kümmerte sich lieber um die Bücher als um die Kunden, die Ein- und Verkäufe.
Die kleine Firma war bald bekannt in den einschlägigen Branchen. Der Aufschwung – so kurz nach dem Kriege – war beachtenswert.
Herbert Brandt konnte es sich leisten, hin und wieder an geselligen Zusammenkünften teilzunehmen. Er war noch jung, gerade dreißig Jahre alt. Er hatte schwere Jahre hinter sich, Jahre, die den Menschen formten und ihm ein Äußerstes an Lebens-

mut und Ausdauer abverlangt hatten. Sein schwerblütiges Preußentum hatte ihn durchhalten lassen, sein zäher Wille und sein verantwortungsbewußter Fleiß. Nichts wünschte er sich sehnlicher nach dieser mühseligen, ersten Zeit des Neubeginns als ein geordnetes Zuhause und eine Familie, möglichst vielköpfig. Kurzum, Herbert Brandt ging insgeheim auf Brautschau.

Gelegenheit gab es in dieser heiteren Stadt genug. Die Schrecknisse des Krieges schienen sehr bald überwunden. Schlesien – die Oberlausitz – war ein fruchtbares Argrarland, und von den umliegenden Dörfern kam alles, was den Tisch decken konnte, bald wieder reichlich in die Stadt. Gesellschaftliche Kreise taten sich zusammen und holten nach, was die Kriegsjahre ihnen schuldig geblieben waren. Es gab die Bälle des Deutschen Offiziersbundes, der Vereinigungen der Beamten und Kaufleute, und die Zusammenkünfte des Ost- und Westpreußenvereins.

Auch Hanna Kirsch war jung und lebensfroh und ließ sich von ihren Freundinnen gern überreden, zum Ball des Deutschen Offiziersbundes mitzugehen. Sie trug ein weißes Kleid, reich verziert mit Schiffchenklöppelei, einer Arbeit ihres eigenen Fleißes. Das dunkle Haar hatte sie von allen Seiten hochgeschlagen, daß es wie eine üppige Rolle um ihren Kopf lag. Es stand in reizvollem Gegensatz zu ihren blauen Augen, die ihr Gegenüber mit einer scheuen Heiterkeit anzustrahlen pflegten.

Hanna war Offizierstochter. Ihr Vater war bis zu seinem Tode Stadtkommandant von Görlitz, und als er im Dezember 1914 starb, wurde er mit militärischen Ehren beigesetzt.

Seither lebte die Generalswitwe Kirsch mit ihren beiden unverheirateten Schwestern und der jüngsten Tochter Hanna in einer großen Mietwohnung am Friedrichsplatz und versuchte, mit ihrer unverhältnismäßig kleinen Pension und entsprechend eingeschränktem Lebensstil zurechtzukommen. Die beiden älteren Töchter waren verheiratet und außer Haus.

Hanna hatte schon zu Lebzeiten des Vaters durchgesetzt, eine Handelsschule besuchen zu dürfen. Das war in jener Zeit und in den Kreisen, denen sie angehörte, unüblich. Töchter »aus gutem Hause« hatten ihre Zeit mit süßem Nichtstun zu füllen und auf den Mann ihres Lebens zu warten. Musizieren, Handarbeiten und Tennisspielen waren erlaubt. Aber eine Ausbildung an der Handelsschule mit dem Ziel, irgendwann einmal die erworbenen Kenntnisse zum Geldverdienen einzusetzen, das war neu und unerhört.

Hannas Vater war ein liberal denkender Mann und vor allem einer, der nicht nein sagen konnte, erst recht dann nicht, wenn seine Jüngste ihn um etwas bat.

Jetzt, nach des Vaters Tod, kam Hanna ihre Ausbildung zugute: Sie bekam eine Stellung in einer Versicherung, und das kleine Gehalt, das sie am Monatsende heimbrachte, war eine willkommene Hilfe für den gemeinsamen Haushalt.

Im Januar 1920 ging sie auf jenen Offiziersball. Sie tanzte mit Herbert Brandt, fast ausschließlich mit ihm, und im Februar waren sie verlobt.

Im September wurde in der alten, gotischen Peterskirche geheiratet. Hanna war fünfundzwanzig Jahre alt, und einer ihrer Kindergottesdienstschüler, die Spalier standen, sagte deutlich vernehmbar, als sie in ihrem weißen Kleid mit dem Schleier an ihm vorbeischritt:

»Frollein, mit Ihnen war's aber ooch Zeit!«

Herbert konnte seiner jungen Frau ein angenehmes, bürgerliches Leben bieten. Sie hatten eine schöne Vierzimmerwohnung und ein Dienstmädchen. Hanna nahm mit wachem Interesse an dem beruflichen Leben ihres Mannes teil, pflegte erste gesellschaftliche Kontakte in ihrer jungen Ehe und wartete auf ihr erstes Kind. Das aber nahm sich Zeit; und Herbert, der ja außer seinem Beruf kaum etwas anderes im Kopf hatte als die schnellstmögliche Gründung einer richtigen Familie, wurde ungeduldig. Ob seine Hanna wohl gesund war? Sie wurde in ein Bad geschickt und kam heim, ganz blaß und schmal geworden vor Heimweh.

Sie ihrerseits genoß die Zweisamkeit. Ihretwegen mußte es gar nicht so schnell gehen mit dem Kinderkriegen.

Endlich – im Oktober 1922, mitten in der Inflation, als alle sich

bis zum Äußersten einschränken mußten – konnte sie ihm das langersehnte Geheimnis ins Ohr flüstern. Sie tat es errötend und war fast verblüfft über die unverhüllte Freude, die aus dem sonst so ruhigen Manne brach.
Im Mai kam Emmy zur Welt, stolz und strahlend von dem jungen Vater begrüßt.
Knappe zweieinhalb Jahre später erschien Martin. Herbert Brandt fand es ganz selbstverständlich, daß jetzt ein Sohn fällig war. Martin war blond und blauäugig, wohl ein Erbteil seines General-Großvaters. Und er war zierlich und klein, was seinen Vater sofort mit Sorgen erfüllte. Man mußte alles tun, um aus dem Kind einen strammen Jungen zu machen!
Zunächst einmal wurde die Wohnung gewechselt. Die Brandts zogen in eine geräumige Villenetage in der Moltkestraße. Hinter dem Hause war ein kleiner Garten, in dem die Kinder spielen konnten, leicht zu beaufsichtigen und geschützt vor dem kaum erwähnenswerten Verkehr der Straße.

Görlitz 1925: Eine friedlich-stille Gartenstadt, Stadt der Pensionäre, wie man sie auch nannte. Die Brandts jedenfalls wohnten in der Gegend, in der die Häuser Gärten hatten und in denen ehemalige Beamte und Offiziere von ihrer Pension lebten. Das bedeutete nicht, daß Görlitz eine verschlafene Stadt war. Im Norden hatte sich in der ersten Hälfte des 19. Jahrhunderts ein Industriegebiet entwickelt, das einen Bevölkerungszuwachs der Stadt um das mehr als das Doppelte nach sich zog. Es entstanden Maschinen- und Tuchfabriken, Lederwaren-, Schokoladen- und vor allem die Waggonbauproduktion. In all diesen etablierten und aufstrebenden Fabriken fand Herbert Brandt seine Kundschaft, ebenso aber auch in den sich immer häufiger niederlassenden Apotheken und Drogerien der Stadt. Die Aktivitäten der Firma Engert & Brandt gingen bald auch über die Grenzen von Görlitz hinaus, erstreckten sich über die weiteren Gebiete Schlesiens, Sachsens und Brandenburgs. Der Fleiß und Ideenreichtum des jungen Kaufmanns brachte die Firma bald zu Ansehen und Wohlstand.

Die Zusammenarbeit mit dem so viel älteren Engert wurde mit der Zeit schwierig. Herbert Brandt empfand seinen Partner in dessen Unbeweglichkeit und Risikofurcht als Hemmschuh. Dazu kam, daß Frau Engert sich ständig in intriganten Nörgeleien in das Geschäftsgeschehen einmischte. Kurzum, es kam nach ein paar Jahren zu immer häufigeren Auseinandersetzungen, die einer unausweichlichen Trennung entgegensteuerten. Diese kam, als Engert sein sechzigstes Lebensjahr vollendete und einen guten Grund hatte, sich ohne allzu tiefgreifenden Groll ins Privatleben zurückzuziehen. Er nahm dahin eine beträchtliche Auszahlung und zum Glück auch seine Frau mit. Das Firmenschild wurde geändert in HERBERT BRANDT, CHEMIKALIEN EN GROS. Und fortan gab es nur noch einen Chef, was der Firma bestens bekam.

Nun also, im September 1928, zog Eva-Maria Brandt ein in das wohlbereitete Nest dieser wohlsituierten Familie. Sie wurde von den Geschwistern bestaunt und gehätschelt, solange sie ein braves Baby war, das keinen Widerstand leistete. Mit einem Jahr allerdings, als sie laufen lernte und wie alle Kleinkinder anstrengend wurde, gab es erste Zusammenstöße, deren sich das kleine Wesen mit heftigen Temperamentsausbrüchen erwehrte. Sie stand auf ihren strammen Beinchen, riß die kurzen Arme hoch, die nicht weiter als bis zu dem schwarzen Haarwust reichten, sperrte ihr Mäulchen auf und schrie energisch. Wenn die Geschwister schadenfroh zu lachen begannen, schrie sie um so mehr. Sie mußte sich schließlich gegen die eingeschworene Gemeinschaft von Bruder und Schwester behaupten, die schon drei Jahre vor ihrem eigenen Erdenleben bestanden hatte. So klein sie war, sie mußte sich die Aufnahme in den Familienkreis erkämpfen. Wenn das Geschrei mal gar zu groß wurde, eilte Hanna herbei. Mit dem einzigen Befehl: »Ruhe!« und drei Klapsen, auf alle Fälle auf jeden Kinderpopo einen, schob sie die Schreihälse ins Kinderzimmer, holte aus der großen, weißen Kommode verschiedenes Spielzeug, jeweils dem Alter ihrer Sprößlinge entsprechend, und verließ den

Raum mit der Ankündigung: »In einer halben Stunde gehen wir in den Park.«
Das löste bei ihren Dreien unterschiedliche Reaktionen aus. Emmy hatte plötzlich noch eine Tafel voll »i«s zu schreiben. Sie ging seit Ostern in die Schule. Auf keinen Fall ging sie gern spazieren, und schon gar nicht in den langweiligen Stadtpark. Martin dagegen freute sich. Er war tierlieb, und im Park gab es immer Vögel und Eichhörnchen zu beobachten. Wenn man ganz still hielt, kamen die Meisen sogar auf die Hand, um die da angebotenen leckeren Erdnüsse zu picken. Er rutschte auf dem Fußboden zu Evchen heran und säuselte zärtlich:
»Evi, wir gehen adda-adda.«
Die Kleine nickte, patschte mit den dicken Händchen auf sein nacktes Knie und schrie mit hoher Piepsstimme:
»Adda-adda, adda-adda.«
Hanna steckte den Kopf wieder zur Tür herein:
»Was ist denn nun schon wieder los?«
Zwei Kinderstimmen schollen ihr entgegen:
»Adda-adda, adda-adda.«
Hanna seufzte:
»Na, dann kommt.«
Sie knöpfte den Kleinen die Spielschürzen ab, stülpte ihnen Leinenhüte auf den Kopf und holte sich selbst den Hut von der Flurgarderobe.
»Emmy, was ist – kommst du nicht mit?«
»Ich muß noch Schularbeiten machen, Mutti.«
»Die kannst du doch nachher . . .«
Auf Emmys Stirn erschien eine steile Falte, und ihre Augen verdunkelten sich. Hanna kannte das, und sie war es leid, aufs neue Widerstand brechen zu müssen. Rasch öffnete sie die Tür zur Küche, wo das Mädchen am Bügelbrett stand. »Lotte, die Emmy will zu Hause bleiben und Schularbeiten machen. Gehen Sie doch bitte nachher zu ihr ins Kinderzimmer.«
Damit wuchtete sie sich das nicht gerade leichte Evchen auf den Arm und ging die Treppe hinunter, gefolgt von Martin, der auf alle Fälle im letzten Moment seine Kinderharke gegriffen hatte

und sie nun laut scheppernd über die Stufen hinter sich herzog. Hanna blieb mitten auf der Treppe stehen. »Wozu denn das?« fragte sie und deutete auf das Lärm verursachende kleine Werkzeug. Martin sah sie aus großen, blauen Augen erstaunt an. »Na ja, zum Harken, die Wege im Park.«
Hanna nickte nachdenklich. Martin wußte sich immer zu beschäftigen. Aber als sie draußen die kleine Eva in den Sportwagen setzte, nahm sie doch vorsichtshalber die Harke selbst in die Hand. Sie hatte keine Lust, mit ohrenbetäubendem Getöse über die Moltkestraße zu ziehen und an jedem zweiten Fenster einen neugierigen Kopf zu entdecken.
»Im Park kriegst du sie wieder«, tröstete sie, und Martin, der immer ein gefügiger kleiner Junge war, umfaßte ohne Widerrede die Lenkstange des Kinderwagens, dort an der Seite, wo Geschwisterhände hingehören, und tappelte neben der Mutter her.
Die Moltkestraße war ganz oben, wo sie kurz unter der Blockhausstraße begann, eine von hohen, alten Mietshäusern gesäumte, nicht gerade schmale Straße mit blauem Kopfsteinpflaster. Die Bürgersteige waren breit, mit schweren Granitplatten in der Mitte, und rechts und links umrandet von einem Streifen kleiner Blaubasaltsteine, die nur mit Kies zusammengehalten und hin und wieder von Straßenarbeitern herausgenommen und erneut in eine schöne, ebene Form geklopft wurden. Das Verkehrsaufkommen war gering. Nur selten tuckerte eines der wenigen Autos über die Kopfsteine. Eher prägten Pferdewagen das Stadtbild, vom Kartoffelkarren bis zur eleganten Equipage.
Weiter unten, wenn man der abfallenden Straße folgte, lockerten sich die Häuserreihen, und von der sie kreuzenden Blumenstraße an gab es auf der Moltkestraße fast nur noch alleinstehende Villen mit großen sie umgebenden Gärten.
Hanna kam vom oberen Ende der Straße. Das Haus, in dem sie zur Miete wohnten, war eines der wenigen einzelstehenden, die die obere Häuserreihe durchbrachen. Bis zum Stadtpark hatte sie fast eine halbe Stunde zu laufen. Sie tat es beinahe je-

den Tag, wenn ihre Zeit es zuließ. Es war nicht nur für die Kinder gut, der Garten hinter dem Hause war wirklich klitzeklein und schattig – auch sie selbst genoß diese Spaziergänge und empfand sie als Erholung. Herbert war immer voller Sorge, wie blaß und schmal sie nach der dritten Geburt geworden war.

Aber nicht sie wurde krank, sondern ihre Kinder.
Trotz der regelmäßigen Spaziergänge, trotz ihrer Sorge um wetterfeste Kleidung erkrankten die beiden Kleinen im Winter nacheinander. Martin begann mit einer schweren Mittelohrvereiterung, mußte in eine Kinderklinik gebracht werden und bekam das linke Ohr aufgemeißelt. Hanna verging vor Mitgefühl mit dem tapferen, kleinen Jungen, der klaglos in seinem Klinikbettchen saß und sich von ihr Geschichten vorlesen ließ. Jeden Tag verbrachte sie mit größter Selbstverständlichkeit ein paar Stunden bei ihrem kranken Söhnchen, wußte sie doch die beiden anderen Kinder in bester Obhut bei Anna Kirsch, die mit derselben Selbstverständlichkeit jeden Vormittag vom Friedrichsplatz zur Moltkestraße kam und das Kommando im Hause Brandt übernahm.
In der Nacht bevor Martin aus der Klinik heimkommen sollte, fing das Evchen an zu fiebern. Sie wimmerte und schrie abwechselnd. Am frühen Morgen packte Hanna das Kind in warme Decken, weckte Lotte, die sich um den rechtzeitigen Schulgang von Emmy kümmern sollte, und stieg in das vor dem Haus wartende dunkelblaue, kastenförmige Auto, an dessen Steuer der Vater ihrer Kinder saß. Angstvoll schaute sie auf das leise jammernde Bündel. Das fiebergerötete Gesichtchen war mit Schweißperlen bedeckt, und Evas Augen sahen sie so flehend an, als könnte sie nicht begreifen, daß ihr von der Mutter keine Hilfe kam.
In der Klinik war trotz der frühen Morgenstunde schon alles im Gange. Die Kinderschwester telefonierte sofort nach dem Arzt und schickte einstweilen die Eltern mit dem kranken Kind in das Zimmer, in dem Martin hellwach in seinem Bett saß. Aus erstaunten, runden Augen sah er den Eintretenden entgegen.

»Vati, Mutti – kommt ihr mich schon holen? Ich darf nämlich heut heim.«
»Rück' mal zur Seite, Martin«, sagte Hanna und legte das eingewickelte Evchen in sein Gitterbett.
Martin betrachtete die kleine Schwester neugierig.
»Hat sie dasselbe wie ich? Kriegt sie jetzt auch das Ohr aufgeschnitten?« fragte er.
»Hoffentlich nicht«, antwortete der Vater. Und Hanna setzte erklärend hinzu:
»Sie hat die ganze Nacht geschrien. Sie muß große Schmerzen haben, und sie hat auch Fieber.«
Wieder verzog sich das Kindergesicht schmerzlich, wieder fing die Kleine an zu greinen und griff mit beiden Händchen zu den Ohren. Herbert zog die Uhr aus der Westentasche, klappte den Deckel auf und murmelte:
»Viertel acht – jetzt könnte er aber kommen.«
Hanna warf ihm einen vorwurfsvollen Blick zu.
»Aber Herbert! Da kommst du eben mal ein bißchen später ins Büro. Das muß auch gehen – in so einem Fall.«
Sie strich ihrem blonden Jungen liebevoll über das Haar.
»Könntest du Martin nicht schon mal anziehen? Dann ist das wenigstens schon erledigt«, schlug Herbert vor. Er war immer praktisch und sachlich.
Fünf Minuten später wurden sie mit dem wieder schreienden Evchen in das Sprechzimmer des Kinderarztes gerufen, der das Kind sorgfältig untersuchte.
»Na, dann werden wir mal Martins Bett gleich für die kleine Schwester herrichten lassen«, sagte er.
»Muß sie auch operiert werden?«
Der Arzt nickte.
»Sogar auf beiden Seiten«, bestätigte er. »Doppelseitige Mittelohrvereiterung.«
Hanna wurde blaß. Ihre Augen füllten sich mit Tränen. »Sie ist doch noch so klein«, stammelte sie.
»Aber sie ist gut im Futter.« Dr. Schacht strich über den Kinderkopf. »Sie wird den Eingriff sicher gut überstehen. Sie können

jetzt heimgehen, gnädige Frau, und ihr Söhnchen nehmen Sie gleich mit. Ich rufe Sie heute mittag an, wann Sie die Kleine besuchen können.«
Hanna preßte ihre kleine Tochter an sich, trug sie hinüber in das Krankenzimmer und legte sie in Martins Bett. Eine Schwester nahm sich des Kindes an, gab ihm etwas zu trinken und sagte über die Schulter zu der immer noch zögernden Mutter: »Sie können jetzt wirklich beruhigt gehen. Ich werde mich um Eva-Maria kümmern.«
Hanna nahm das eine Kind an die Hand, ließ das andere zurück und biß sich auf die Lippen, um die Fassung nicht zu verlieren.
Herbert fuhr die beiden heim, blieb gleich hinterm Steuer sitzen und beeilte sich, in sein Büro zu kommen. Er war gewöhnt, in seiner Firma morgens der Erste und abends der Letzte zu sein. Er schätzte es nicht, wenn er damit irgendwie aus dem Gleis geriet.
Die Rückkehr des kleinen Martin in die Familie fiel nicht so fröhlich aus, wie man es sich gedacht hatte. Die Operation des so viel kleineren Schwesterchens lag wie eine dunkle Wolke über dem Hause Brandt, die alle in ihr beklemmmendes Grau einhüllte, auch Omi Kirsch, die gekommen war, um den Enkelsohn zu begrüßen.
Mittags klingelte das Telefon. Dr. Schacht gab seinen ärztlichen Bericht: Die Operation sei lang und schwierig gewesen. Auf beiden Seiten seien die vom Eiter angegriffenen Hinterohrknochen entfernt worden. Die Äthernarkose mußte während der Operation erneuert werden. Und man hatte, das Einverständnis der Eltern voraussetzend, eine Tetanusspritze gegeben.
Hanna war ganz verstört. Sie zog sich den Mantel mit dem hohen Pelzkragen an – es war Mitte Februar und sehr kalt – setzte sich den Kapotthut tief in die Stirn und lief los, die Kinder in der Obhut ihrer Mutter zurücklassend.
Wie bitter vertraut war ihr der Weg zur Klinik in der Struvestraße! Die Tür zu dem Krankenzimmer fand sie im Schlaf. Vorsichtig öffnete sie sie. Evchen lag mit geschlossenen Augen im Gitterbett. Ihr Kopf war mit einem riesigen Verband umwik-

kelt, daß es aussah, als trüge sie einen Turban. Die Augenlider flatterten unruhig. Hanna beugte sich über das Kind und strich fast scheu über die immer noch babyhaften Hände. Die Augen öffneten sich, rollten blicklos hin und her, bis sie die Mutter erkannten und auf ihr haften blieben. Ein klägliches »Mama« kam aus den weinerlich verzogenen Lippen. Dann sanken die Lider wieder herab.
Ein trockenes Schluchzen stieg in Hannas Kehle. Sie sah sich um, zog einen Stuhl heran und setzte sich neben das Bett. Eva schlief wieder. In leisen, unregelmäßigen Zügen ging ihr Atem. Zweimal sah die Schwester herein, fühlte den Puls und stellte eine porzellanene Schnabeltasse mit Traubensaft auf den Nachttisch.
»Sie wird durstig sein, wenn sie aufwacht«, flüsterte sie der Mutter zu. Hanna nickte. Die Stunden tropften mühsam vorbei. Als es dunkel wurde – ungefähr um fünf Uhr nachmittags –, drehte sie an dem Schalter der gußeisernen Nachttischlampe das Licht an und hängte, um es zu dämmen, ihren Schal darüber. Sie stand auf, zog die Vorhänge vor das Fenster und erschrak, als sie sich zurückwandte. Eva blickte sie mit großen Augen unverwandt an. »Mama«, sagte sie noch einmal. Hanna beugte sich über sie, griff dabei nach der Tasse.
»Hier, mein Kleines.«
Behutsam schob sie die Hand unter den Nacken des Kindes und setzte die Tülle der Tasse an seinen Mund. Eva versuchte gierig zu trinken. Aber ein Teil des Saftes floß neben dem Mund vorbei, und sie begann kläglich zu weinen. Hanna legte den verbundenen Kopf zurück auf das Kissen, stellte die Tasse ab und benutzte den Klingelknopf, der am Kopfende des Bettchens in die Wand eingelassen war. Die Schwester kam nach ein paar Minuten, in denen Hanna ihre Ungeduld bekämpfen mußte.
»Gibt es hier keine Flasche?« fragte sie und hielt ihr die Tasse entgegen. »Damit geht es nicht. Sie ist noch zu klein.«

Eine halbe Stunde später ging sie durch den dunklen Park zurück. Eva-Maria war wieder eingeschlafen. Die Nachtschwe-

ster hatte versprochen, an dem Bettchen zu bleiben, solange und so oft es möglich war.
In der Wohnung in der Moltkestraße saß die Familie um den Abendbrottisch. Hanna legte Hut und Mantel ab, wusch sich im Schlafzimmer die Hände in der Waschschüssel und setzte sich zu den anderen. Die Kinder waren verschüchtert und still. Es war eine Ausnahme, daß sie am Abendtisch mit den Erwachsenen sitzen durften. Die ungewohnte Situation machte sie verlegen und neugierig zugleich. Anna Kirsch reichte der Tochter die Schüssel mit den Béchamelkartoffeln hinüber. Bei Brandts gab es zweimal täglich warmes Essen. Der Hausherr wollte es so.
Als sie vom Salat nahm, fragte Hanna:
»Und warum ist Martin noch auf? Er ist doch angestrengt von der Klinik, Mutter. Er sollte längst im Bett sein.« Frau Kirsch nahm über den Tisch die Hand des Jungen in ihre. »Er wollte so gern noch hören, wie es Evchen geht. Ich bringe ihn gleich ins Bett.«
Herbert warf einen finsteren Blick hinüber.
»Ja, bitte, gleich.«
»Aber Herbert!« flüsterte Hanna. Und dann berichtete sie kurz von ihrem Krankenbesuch.
»Nun aber ins Bett, Kinderlein. Es ist sieben Uhr durch. Ich komme in zehn Minuten beten. Muttel, bist du so gut und sagst Lotte Bescheid?«
Im Herrenzimmer, das nun wirklich speziell Herbert gehörte, standen sich die jungen Eltern ernst gegenüber.
»Meinst du, daß sie durchkommt? Mein Gott, was haben sie alles mit ihr angestellt! Und daß ich nicht bei ihr bleiben durfte, Herbert!«
Schluchzend lehnte sich Hanna an ihren Mann. Herbert nahm sie in die Arme. Er blickte über sie hinweg, und sie konnte nicht sehen, daß seine großen, braunen Augen voller Tränen standen. Nur das leichte Zittern in seiner Stimme bemerkte sie, und mit angehaltenem Atem hörte sie, wie er sagte: »Da müssen wir nun viel Gottvertrauen haben, Hanna, und viel Vertrauen in

die Medizin. Außerdem hast du es ja gehört: Evchen ist gut im Futter.«

Auch daß er bei dem letzten Satz lächelte, sah sie nicht. Sie lehnte eine Weile mit geschlossenen Augen an ihm und schöpfte Kraft aus seiner beruhigenden Überlegenheit.

Eva-Maria überstand die Krankheit, die Operation und noch einiges andere. Beim Wechseln des Nachthemdchens entdeckte Hanna nach ein paar Tagen auf dem Rücken des Kindes zwei scharf abgesetzte rote Punkte. Die herbeigerufene Krankenschwester berichtete, es sei eine Rückenmarkpunktion vorgenommen worden. Als Hanna abends ihrem Mann davon erzählte, geriet dieser außer sich vor Zorn. Dies sei ein ungewöhnlich schmerzhafter Eingriff und dürfe niemals ohne Einwilligung der Eltern durchgeführt werden. Trotz der Abendstunde eilte er sofort zum Telefon und ließ sich vom »Fräulein vom Amt« mit dem Arzt verbinden. Dr. Schachts Rechtfertigung kam einer nachträglichen Entschuldigung gleich. Er hätte rasch handeln müssen. Es hätte ein Verdacht auf Meningitis bestanden, der nur durch die Rückenmarkpunktion bestätigt oder entkräftet werden konnte. Herbert Brandt wurde blaß.

»Und das Ergebnis?«

»Negativ. Sonst hätte ich Sie schon unterrichtet.«

»Aber das hätten Sie doch auf jeden Fall tun müssen!« Ja, das gab der Arzt zögernd zu.

Der Hörer fiel schwer auf die Gabel. Herbert wandte sich zu seiner Frau um, die mit angstvollen Augen an seinen Lippen hing.

»Man hatte Verdacht auf Meningitis«, sagte er langsam. »Deshalb hat man punktiert. Aber es ist keine – Gott sei Dank!«

»Was ist Meningitis?«

»Gehirnhautentzündung. Sie kommt gerade in diesem Alter häufig vor. Es ist ein Infekt, weißt du. Und bei den schwer vereiterten Ohren konnte man schon darauf kommen.«

»Aber dann war es doch richtig, was er gemacht hat.«

»Ja. Aber er hätte uns trotzdem Bescheid sagen müssen. Wenn schon nicht vorher, so doch unmittelbar danach. Wenn du es nicht zufällig entdeckt hättest, dann hätten wir es vielleicht überhaupt nicht erfahren. Und das ist nicht korrekt. Jedenfalls werden wir Eva sobald wie möglich aus der Klinik nehmen.«

In der Wohnung fanden ein paar Veränderungen statt. Evas Gitterbettchen wurde in das schmale Gästezimmer geschoben. Eine Kinderschwester mit Krankenhauserfahrung wurde engagiert, die Tag und Nacht die Kleine fachkundig zu betreuen hatte. Zweimal die Woche kam der Arzt zum Verbandswechsel ins Haus. Und Evchen genas. Ihr kleiner Körper wurde vorübergehend etwas zierlicher. Aber sobald sie auf dem Wege der Besserung war und ihr Appetit sich wieder einstellte, bemühte sich Hanna, dem Kinde viel Gutes zu tun. Und das schlug sich in erster Linie darin nieder, daß es alles zu essen bekam, was man sich an Leckereien nur vorstellen konnte.

Als in den letzten Märztagen die Sonne an Kraft gewann, wurde das Gitterbett auf den großen Balkon gestellt, Eva in Wolldecken, Jäckchen und Mütze gehüllt und mit Bilderbüchern und Stofftieren in Fülle versorgt. Martin kam hin und wieder, um mit dem Schwesterchen zu spielen, wobei sein liebevolles Herz ebenso der Antrieb war wie die Aussicht, einen Leibnizkeks oder eine Schokoladenkatzenzunge zu ergattern. Emmy kam nach der Schule, nahm sich von den Naschereien, was sie als ihren Anteil betrachtete, und verschwand wieder. Das Spielen mit dem durch die Umstände verwöhnten, »quarrigen Kleinkind«, wie sie es nannte, machte ihr keinen Spaß.

Tante Anna

Im Sommer war Evchen wieder dick und rund und gesund. Zu ihrem Geburtstag im August bekam sie die erste richtige, eigene Puppe, mit blonden Zöpfen und einem Porzellankopf, der auf einem weichen, mit Holzwolle gefüllten Stoffkörper saß. Eva, die vor ein paar Monaten zu sprechen begonnen hat-

te, nannte ihr Puppenkind »Lene«, trennte sich nicht mehr von ihm und ließ alles andere Spielzeug außer acht. Interesse fand nur, was Bezug auf Lene hatte: Emmys Porzellanpuppentassen, von denen sie zwei zerschlug, als der Kindertisch umkippte (Emmy geriet außer sich vor Zorn, obgleich sie selbst seit langem weder mit Puppen noch mit dem Geschirr spielte); das kleine Puppengitterbett, das leider auch Emmy gehörte und aus dem sie Emmys Puppe Martha kurzerhand rausschmiß, was durch Hannas diplomatisches Zureden, beide Puppen hätten doch nebeneinander Platz, wieder korrigiert wurde, womit einem erneuten Zornesausbruch von Emmys Seite zuvorgekommen war. Und Hanna mußte selbstverständlich für Lene genau dasselbe Mützchen häkeln, das Eva den ganzen Sommer lang aus übertriebener Vorsicht auf dem Kopf und weit über die Ohren gezogen tragen mußte. Eva haßte diese Mütze, die ihr oft zu warm war und außerdem immer etwas kratzte. Als aber Lene die Mütze auch auf dem Kopf hatte, zog sie sie tief über Augen und Ohren, daß nur noch das halbe Puppengesicht zu sehen war und schwätzte:
»Ohr auch, Lene, Ohr auch – aua-aua Ohr, Lene.«
Lene mußte auch zu Tante Anna Petersdorf, die in dem Haus gegenüber wohnte und zu der alle drei Brandtkinder einmal in der Woche zu Kakao und Kuchen eingeladen waren.
Das zierliche, alte Fräulein mit dem dünnen, weißen Haardutt, der mitten auf dem Kopf thronte wie eine kleine Krone, bewohnte in dem vierstöckigen Haus die oberste Wohnung, deren größte Attraktion der Ausstieg vom mit Plüschmöbeln verstellten Wohnzimmer zu einem winzigen Dachgarten war. Dort oben zog Tante Anna auf sauberen, kleinen Beeten Sommerblumen und Küchenkräuter. Die Kinder, die sich an die schmiedeeiserne Einzäunung lehnten, bewunderten von hier oben das Dächergewirr der umliegenden Häuser und die von der Höhe aus plötzlich so kleingewordene Moltkestraße. Tante Anna ließ die Drei nie allein in ihrem Dachgärtchen. Sie stieg die vier oder fünf Holzstufen mit hinauf und beobachtete streng, ob sich auch keins gar zu fürwitzig über das Geländer

lehnte. Nach einer Weile lockte sie sie freundlich, ohne spürbare Nervosität, aber bestimmt, mit der Aussicht auf den duftenden Kakao wieder zurück in das ungefährliche Wohnzimmer, das trotz des hellen Nachmittags durch die gemütliche, mit grünen Fransen umhängte Lampe beleuchtet wurde. Der kleine Flur war überhaupt stockdunkel, denn die schmale Glasscheibe in der oberen Hälfte der Küchentür war mit einem schneeweißen, selbstgehäkelten Gardinchen verhüllt und ließ kaum einen Lichtschimmer durch. Evchen hätte sich lieber in die baumwollenen Knopfhöschen gemacht, als über diesen schrecklichen, dunklen Flur bis zu dem ebenso dunklen Örtchen zu gehen, dessen Lichtschalter sie kaum auf Zehenspitzen erreichen konnte. Einmal passierte es tatsächlich, und als es entdeckt wurde, erzählte sie Tante Anna schluchzend von ihren Ängsten. Seitdem fragte Tante Anna mindestens zweimal an solch einem Nachmittag, ob sie das Evchen nicht mal dahin begleiten sollte, und die Kleine nahm das Angebot dankbar an, auch wenn es nicht nötig war. Aber es war doch eine wunderbare Auszeichnung, Tante Anna für ein paar Augenblicke ganz für sich allein zu haben. Evchen hatte in den zwei Jahren ihres Erdenlebens schon sehr wohl gemerkt, daß man als drittes Geschwisterkind selten etwas für sich allein hatte und daß es gar nicht so einfach war, sich mit seinen Wünschen und Vorstellungen, auch wenn sie sich erst langsam zu formen begannen, duchzusetzen.

Fräulein Anna Petersdorf hatte Hanna kennengelernt, als beide in der Kirche den Unterricht im Kindergottesdienst übernommen hatten. Das war noch vor Hannas Heirat gewesen. Jede hatte eine bestimmte Altersgruppe zu unterrichten, Hanna die Zehn- bis Zwölfjährigen, Fräulein Petersdorf die Kleineren. Die beiden Frauen faßten Zuneigung zueinander, als Hanna die Ältere verschiedentlich um Rat fragte, wie die ihr anvertrauten Kinder zu leiten und zu unterrichten seien. Die einfache, herzliche Art, mit der sich das ältere Fräulein der noch Unerfahrenen annahm, gewann sofort das jedem Entgegenkommen offene

Herz Hannas. Sie blieben auch nach der Eheschließung und dem Ausscheiden der jungen Frau aus dem Kirchenunterricht miteinander in Verbindung. Fräulein Petersdorf nahm freudigen Anteil an dem Wachsen der Familie Brandt, und als diese das Haus gegenüber ihrer kleinen Wohnung bezog, richtete sie ihren regelmäßigen Brandtschen Kindertag ein und wurde die geliebte Tante Anna, eine Institution in der Kindheit dieser Geschwister.

Tante Lux

Aber es gab noch mehr Tanten, die sich der Brandtschen Kinder mit Freuden annahmen. In einem Gartenhaus in der Augustastraße wohnte das alte Fräulein Lux, eine zierliche, kleine Person, der das krause, ins Weiß gehende Blondhaar wie ein Heiligenschein den Kopf umstand. »Tante Lux« strahlte, wenn Hanna mit einer Tochter, manchmal auch mit allen beiden, hereinschaute. Sie machte Kaffee und Kakao und goß beides in feine, alte Tassen, reichte kleines Gebäck, von dem Emmy zögernd, Eva aber begierig und reichlich nahm, und stickte während der ganzen Zeit mit geschickten Händen Blumen, Borten und Girlanden in zarte, weiße Voilekleider, die Klein- Eva liebte, sobald sich erste weibliche Eitelkeit in ihr regte. Sie liebte auch Tante Lux, weil sie die Schöpferin dieser Kostbarkeiten war, und niemals ahnte das Kind, daß das alte Fräulein sich mit seinen fleißigen Händen Geld verdiente, das als Zuschuß für die kleine Lehrerinnenpension bitter nötig war.

Später verbrachte Evchen ganze Nachmittage bei Tante Lux, die mit rührender Geduld ihre dicken kleinen Hände anleitete, erste einfache Muster und Sternchen in winzige Decken zu sticken, deren überaus sinnvolle Funktion darin bestand, Mutters Brotkorb zu zieren.

Eva fühlte sich wohl in dem lichten, oft sonnendurchfluteten Gartenzimmer, dessen Möbel ebenso hell waren wie die Blümchentapete, an der kleine Landschaftsbilder und Spiegel in verschnörkelten Goldrahmen hingen. Sie lernte dort auch, den gewundenen Henkel der altmodischen Kakaotassen zu fassen und richtig zu halten, ohne beim Trinken allzuviel danebenzukleckern. Nur wenn sie mit ihren weißen Spangenschuhen an den Füßen auf das Biedermeiersofa mit dem feinen Streifenbezug klettern wollte, um die an der Wand hängenden gerahmten Scherenschnitte näher zu betrachten, schritt das alte Fräulein mit liebevoller Bestimmtheit ein. Hier hatte, bei aller Liebe, das Verständnis seine Grenzen.
Wenn Eva-Maria am frühen Abend vom Kindermädchen abgeholt wurde, gab es jedesmal ein wortreiches Versprechen für ein baldiges Wiederkommen.

Tante Ritzel

In einem der behäbigen, nicht höher als dreistöckigen Mietshäuser mit den großen, komfortablen Wohnungen, die im unteren Teil der Konsulstraße, nahe dem Wilhelmsplatz, standen, wohnte Tante Ritzel, die Witwe eines Obersten des ehemaligen kaiserlichen Heeres, der wie viele andere seine wohlverdiente Pension in der ruhigen Neißestadt bis zu seinem Tode dankbar genoß. Die Wohnung lag im Erdgeschoß gegenüber derjenigen, die das junge Paar Brandt nach seiner Eheschließung bezog. Hier kam die kleine Emmy zur Welt, und die alte Dame, die selbst kinderlos geblieben war, nahm herzlichen Anteil an dem benachbarten Familiengeschehen. Sie erbot sich auch, hin und wieder den hochrädrigen Kinderwagen für eine oder zwei Stunden durch den Park zu fahren, um die junge Mutter für andere häusliche Pflichten zu entlasten. Es entstand eine Freundschaft, die auch erhalten blieb, als Brandts in die

Moltkestraße zogen. Bis zu dem neuen Domizil brauchte die alte Dame höchstens zehn Fußminuten, die sie gern zurücklegte, um erst Emmy, später Martin und schließlich auch Eva-Maria von Zeit zu Zeit unter ihre Fittiche zu nehmen.
Als sich zu Beginn des Jahres 1931 bei Hanna das vierte Kind ankündigte, war Tante Ritzel zweimal wöchentlich zur Stelle, um Evchen und Martin zu einem Spaziergang in den Stadtpark abzuholen. Martin war immer gern dabei. Er liebte alles, was Natur war, und war begierig, zu beobachten, zu fragen und in sich aufzunehmen. Und er liebte Tante Ritzel, deren erklärter Liebling er war. Die Freundschaft zwischen dem ungleichen Paar, der feinen, alten Dame mit dem stets ordentlichen Haar, aus dessen Frisur nie auch nur ein einziges Strähnchen unerlaubt sprang, und dem einfühlsamen blonden Jungen währte bis zu Tante Ritzels Tod, der in Martins Jungenleben ein herber Einschnitt war.
Evchen teilte die Vorliebe für diese Parkgänge weniger. Sie fand es langweilig, an Tante Ritzels Hand über die kiesbestreuten Wege zu zuckeln. Wenn sie sich einmal befreien wollte, um die Blumenrabatten rechts und links näher zu betrachten und vielleicht sogar für Mutti eine Rose zu pflücken, griff diese Hand sofort fest zu, und Eva fühlte sich gefangen. Auch daß sie »Lene« in dem inzwischen von Emmy geerbten Puppenwagen nicht mitnehmen durfte, weil dieser Aufwand für Tante Ritzel zu umständlich war, empfand sie als Nachteil, der ihre ohnehin geringe Freude an den Spaziergängen noch mehr schmälerte. Nein, Tante Ritzel war Martins Tante, die ihr, Eva-Maria, immer etwas Furcht einflößte, weil sie so fein, so ernst und nie von lauter Fröhlichkeit war. Viel lieber wäre Eva daheimgeblieben, hätte ihre Puppen an- und ausgezogen und ihnen Wasserkakao in kleinen Porzellantassen serviert. Diese Art zu spielen war für sie ein produktives Geschehen, während das Durch-den-Park-Laufen eine sinnlose Zeitvergeudung war. Aber sie war zu brav, um sich dagegen aufzulehnen, und trottete lustlos mit.

Moltkestraße 3

Im Mai 1931 kaufte Herbert Brandt für seine wachsende Familie ein Haus. Es lag im unteren Teil der Moltkestraße, da wo sich die Häuserreihen in Gärten und Villen auflösten. Die Nummer 3 lag weitab von der Straße am rückwärtigen Ende eines großen Gartens, der durch dichte, am hohen Schmiedeeisenzaun sich anlehnende Fliederbüsche dem Einblick der Passanten entzogen wurde. In der Mitte der weitläufigen Rasenfläche stand eine Blautanne von solcher Höhe, daß sie das zweigeschossige Haus überragte, davor ein ausladender Magnolienbaum, der im Frühjahr über und über blühte, so daß dann doch die Fußgänger auf der Straße stehenblieben und durch die noch unbelaubten Fliederzweige die Pracht zu erspähen suchten. Seitwärts schloß sich an den hohen Gartenzaun ein gewaltiges, schmiedeeisernes Tor, das mit Lanzenspitzen bestückt war und hinter dem ein breiter Weg neben dem Garten auf die Haustür zuführte. Sechs Stufen gingen zu der schweren, dunkelbraunen Eichentür hinauf. In dem fast quadratischen Hausflur dahinter lagen die Eingänge zu den beiden Wohnungen des Hauses: rechts die breite Tür zu der Parterrewohnung, die Herbert Brandt an den Gerichtspräsidenten Martens vermietete, links die hohe, schmale Holzrahmentür, in die eine große Mattglasscheibe mit schönen, figürlichen Ätzungen eingelassen war und die von der oberen Wohnung mit einer Fußtaste geöffnet wurde. Eine teppichbelegte, wendelförmig gewundene Treppe führte in das obere Stockwerk, in das die Familie Brandt einzog. Das Treppenhaus empfing sein Licht durch ein hohes Fenster, das bleiverglast in reinstem Jugendstil eine Jungfrau zeigte, die, von Blüten und früchtegefüllten Körben umgeben, ihre hellen Haare durch die Finger gleiten ließ. Am unteren und am oberen Ende des Treppengeländers befand sich ein fast mannshoher Ritter in kupferner Rüstung mit einer Stablaterne, die er wie eine Lanze trug. Das war die originelle Treppenbeleuchtung, die sowohl von unten als

auch von oben durch einen Drehschalter in Betrieb gesetzt werden konnte.
Am oberen Ende der Treppe war die eigentliche Wohnungstür, die von der Familie und den »Mädchen«, wie man die Hausgehilfinnen einfach nannte, nie anders als »Entréetür« bezeichnet wurde.
Der Umzug in das neue Heim verlief recht reibungslos. Die Kinder verbrachten den Tag bei der Omi am Friedrichsplatz, und als sie der Vater am Abend mit dem Auto abholte, standen ihre Betten schon frischbezogen in den neuen Kinderzimmern. Sie brauchten nur noch hineinzuklettern. Mit dem Einschlafen war es dann allerdings schwierig. Zu viel Neues war um sie herum, das ihre Phantasie und Entdeckungslust reizte. Als sie jedoch zum dritten Mal nacheinander auf dem Flur und im Wohnzimmer erschienen, immer mit den ängstlichen Fragen, ob dies und jenes auch mitgekommen sei in das neue Haus, sprach der Vater ein solches Machtwort, daß keines mehr die Nase unter der Bettdecke vorzustrecken wagte.
Das Haus in der Moltkestraße 3 war Eva-Marias eigentliche Heimat, die Stätte ihrer Kindheit bis zu ihrem zwanzigsten Lebensjahr. Wenn sie später daran zurückdachte, lag in ihrer Erinnerung der große Garten immer im hellsten Sonnenschein, und von der Springbrunnenfigur, einem puttenartigen Knaben, der einen Reiher mit weitgeöffnetem Schnabel im Arm hielt, schoß der kühlende Wasserstrahl bis zum ersten Stockwerk empor, wo auf der geräumigen Glasveranda der Mittagstisch gedeckt war. Im Winter wurde diese Veranda durch hohe Glasfenster geschlossen und diente als großer Kühlraum der Aufbewahrung von überwinternden Pflanzen und Lebensmitteln.

Zunächst einmal aber war Sommer, ein herrlicher, sonnenreicher, trockener Sommer, wie sie in Schlesien so häufig die kälteklirrenden Winter und das ausgedehnte Frühjahr ablösten, das sich Zeit nahm, von Mitte April bis Ende Mai die Knospen an den Bäumen und Sträuchern aufzubrechen und Gras und Blumen aus der Erde zu locken.

Die Tage nach dem Umzug waren aufregend. Überall im Hause wurde noch gehämmert und geräumt. Die Kinder durften ihre Spielsachen selbst aus den Kisten hervorholen und in Kommoden und Schränken verstauen. Dabei ging es am friedlichsten bei dem kleinen Martin zu, der am Ende des achtzehn Meter langen Korridors, an dem rechts die Wohnzimmer und links die Schlafräume lagen, zum ersten Mal ein eigenes Zimmer hatte. Der Junge war überhaupt nicht zu spüren, so vertieft saß er in seinem neuen Reich und bemühte sich, darin mustergültige Ordnung zu schaffen. Als Hanna einmal hereinschaute und ihm ihre Hilfe anbieten wollte, war gerade sein ganzer Oberkörper in dem dunkelbraunen Kleiderschrank verschwunden, nur der Po und die Beine ragten heraus.
»Martin«, rief die Mutter noch einmal lauter, »was machst du denn da?«
Martin krabbelte mit zerzaustem Blondhaar ächzend aus dem Schrank und zog seine grüne Botanisiertrommel hervor. »Es sind so viel Schuhe da drin«, jammerte er, »und mein Schmetterlingsnetz liegt ganz quer und geht sicher gleich kaputt.«
Hanna holte das Netz aus dem Kleiderschrank und lehnte es in die Ecke daneben. Die Botanisiertrommel bekam einen Extrahaken an der Wand und war so zu Martins Zufriedenheit immer griffbereit.
In dem kleinen Raum zwischen dem Jungenzimmer und dem Schlafzimmer der Eltern standen schon die Wickelkommode und der Stubenwagen für das zu erwartende Baby. An der anderen Seite des Elternschlafzimmers, und mit diesem durch eine Tür verbunden, lag das große Kinderzimmer, das sich Emmy und Eva-Maria zu teilen hatten. Hier ging es beim Einräumen der Kleider, Wäsche und Spielsachen nicht annähernd so friedfertig zu. Eva beanspruchte für ihre Puppensachen, Bilderbücher und Bälle so viel Platz, daß Emmy nur in ein zorniges Lachen ausbrechen konnte. Kurzerhand landeten Evas in allen Kommodenschüben verstreute Sachen in dem Gitterbett, das in der durch einen weißen Mullvorhang vom Kinderzimmer getrennten Schlafkabine stand. Gegenüber, an der linken

Wandseite, stand Emmys »Erwachsenenbett«, das am Kopfende durch eine kleine Spanngardine gemütlicher gemacht worden war. Eva-Maria neidete der größeren Schwester dieses Bett durchaus nicht. Im Gegenteil, sie fand es ganz in Ordnung, daß die Große etwas anderes bekam als sie selbst. Zudem liebte sie ihr weißes Gitterbettchen, das bei jeder Bewegung ein bißchen quietschte und das sie als ihr ureigenstes Eigentum betrachtete. Daß dieses Bett nun aber angefüllt wurde mit all den Dingen, die sie schon längst »aufgeräumt« hatte, kränkte sie tief. In ihrer Not rief sie die Mutter zu Hilfe, und Hanna mußte schlichten, neu einteilen und auch ein bißchen energisch werden. Am Ende hatten Emmy und Eva jede »ihre« Ecke, die Kommode war mit Bilderbüchern und Gesellschaftsspielen gefüllt und mußte jedem Familienmitglied zugänglich sein, und im großen weißen Kleiderschrank mit der Spiegeltür hingen friedlich die größeren und kleineren Mädchenkleider nebeneinander. Das kleine Schreibpult war zunächst Emmys Revier, was Evchen zwar einsah, was aber nichts daran änderte, daß sie es sich sehnlichst zur Benutzung wünschte. Die schräge Arbeitsplatte konnte aufgeklappt und darunter Bücher und Hefte verstaut werden. Das Herrlichste aber war das Tintenfaß, das neben der Federhalterkuhle eingelassen und mit einem metallenen Schiebedeckel verschließbar war.
Etwas ganz Besonderes, Neues und Aufregendes war der kleine Balkon, der zum Kinderzimmer gehörte und der mit einer so hohen Steinmauer umgeben war, daß Eva kaum darüber hinwegsehen konnte. Gerade dies aber machte ihn so gemütlich wie einen zusätzlichen Raum, auf den man bei Sonnenwetter den Puppenwagen stellen und herrlich spielen konnte.
Herbert Brandt mußte immer Tiere um sich haben, besonders, wenn sie nützlich waren. Und so scholl von dem gepflasterten Hof das Gegacker der Hühner herauf, was die Kleine wenig störte. Sie brauchte ja nur die Sonne von oben und die auf dem Ringmäuerchen stehenden Blumenkästen voller leuchtender Ringelrosen und Löwenmäulchen. Da Emmy den ganzen Vormittag in der Schule war und sich auch sonst herzlich wenig um

den Kinderzimmerbalkon kümmerte, betrachtete ihn Eva als ihren höchstpersönlichen Sommergarten und spielte stundenlang mit »Lene« und dem an ihrem dritten Geburtstag dazugekommenen Puppenjungen »Hans«. Geschäftig breitete sie ihren kleinen Haushalt auf dem mit einer Wolldecke ausgelegten Steinfußboden aus und maulte unwillig, wenn der Gong auf dem Flur sie zum Mittagessen rief.

Katharina

Anfang Oktober verschwand die Mutti wieder für eine Weile in der Frauenklinik. Omi Kirsch nahm sich der Kinder und des Haushalts an, entwarf den Küchenplan und die Besorgungszettel, kümmerte sich um Emmys Schularbeiten und las Martin und Eva Geschichten vor.

In der geräumigen Küche werkelte seit einem Jahr die zuverlässige Martha, und die frisch-fröhliche Luise, die vor einem halben Jahr dazugekommen war, hatte sich um das leibliche Wohl der Kinder zu kümmern. Anna Kirsch also war sozusagen der Generalfeldmarschall, der den Oberbefehl hatte.

Hanna brachte inzwischen ihr viertes Kind zur Welt. Es ging wie immer leicht und problemlos. Nach weniger als zwei Stunden wurde ihr das kleine Wesen gebadet und gewickelt in den Arm gelegt, und die freundliche Schwester lächelte die Mutter an:

»Ich gratuliere, ein gesundes Mädchen.«

Hannas Miene erstarrte. Sie und Herbert hatten so felsenfest mit einem Jungen gerechnet – wie es ja »planmäßig« anders nicht zu erwarten war –, daß sie keine Zeit darauf verschwendet hatten, sich einen in Frage kommenden Mädchennamen auszudenken. Sie blickte auf das winzige Gesicht mit den geschlossenen Augen, drückte das Baby sanft an sich und lächelte unter Tränen. Hanna liebte ihren Mann so bedingungslos, daß

es ihr nie in den Sinn gekommen wäre, andere Wünsche zu haben als er. Wenn er sich einen Sohn wünschte, nun gut, so schickte sie sich an, ein Kind auszutragen und neun Monate lang als ihren zweiten Sohn zu erwarten. Sie vergaß dabei ganz, daß der liebe Gott da auch noch ein Wörtchen mitzureden hatte. Nun hatte er ihr seinen Willen präsentiert, und der war unabänderlich. Hanna, die es immer verstanden hatte, sich in Unabänderliches zu fügen, fing an, sich über die Namensgebung ihres vierten Kindes Gedanken zu machen. Als ihre Mutter sie besuchte, strahlte sie ihr entgegen:
»Na, Muttel, was sagst du zu unserem Dreimädelhaus?«
Sie nannte ihre kleine Tochter KATHARINA!
Zehn Tage später war feierlicher und aufregender Einzug in die Moltkestraße 3. Herbert Brandt hatte diesmal nicht geflaggt. Die Bodenluke blieb geschlossen, und die beiden Fahnen, die schwarz-weiße und die schwarz-weiß-rote, lagen, um ihre meterlangen Stangen gewickelt, auf den Holzdielen. Irgendwie mußte der Vater seine erste Enttäuschung verkraften. Daß Katharina später der erklärte Vaterliebling werden sollte, ahnte zu dieser Zeit niemand, am wenigsten er selbst.
Das Baby wurde in den mit weißem Mull ausgelegten Stubenwagen gebettet und von den drei Geschwistern neugierig begutachtet. Schön war das Katharinchen nicht. Der kleine Kopf war völlig kahl, das Näschen platt wie eine Steckdose. Als ihm die Ansammlung von Köpfen so dicht über ihm offensichtlich unbehaglich wurde, fuhren die kleinen Fäuste erregt über die hellblaue Decke, das winzige Greisengesichtchen lief krebsrot an, und Katharina schrie ihren Unmut lautstark hinaus. Martin, der die Babyhändchen gerade vorsichtig streicheln wollte, zog seine Finger erschrocken zurück und tönte beleidigt:
»Ih, is die oll!«
Hanna schob ihre Drei aus dem Zimmer und begütigte: »Katharina braucht jetzt erst mal ein bißchen Ruhe. Sie ist doch noch so klein, und sie kennt das alles hier noch nicht.«
Keiner sah das schneller ein als der liebevolle Martin. »Ich mal

ihr ein Bild«, sagte er geschäftig, »mit einem Baby drauf und einem kleinen Hund.«
Ein Tier mußte bei Martin immer dabei sein.

Es dauerte Monate, bis Katharinas Haare soweit zu sprießen begannen, daß man eine bestimmte Haarfarbe feststellen konnte. Es war ein dunkles Blond, das gut zu den vom hellen Blau in ein sanftes Graugrün wechselnden Augen stand. Das Mädelchen blieb klein und zierlich, was für die Eltern ein ständiger Anlaß war, es mit liebevoller Sorge zu umgeben.
Eva-Maria liebte das kleine Schwesterchen zärtlich mit einer Mischung aus mütterlicher Betulichkeit und insgeheimer Bewunderung für dieses feingliedrige Geschöpf, das einen solchen Gegensatz zu ihrer eigenen, robusten Pummligkeit darstellte.
Als Katharina zwei Jahre alt wurde, stand der niedrige Geburtstagstisch im Eßzimmer, dem größten Raum des Hauses, neben der hohen Standuhr, mit dem Lebenslicht und den zwei Jahreskerzen, Bilderbüchern und einer Zelluloidpuppe, und einem Teller voll buntbestreuter Schokoladenplätzchen in der Mitte. Drumherum stand erwartungsvoll die ganze Familie. Hanna läutete mit einem Glöckchen, und der Vater öffnete die Tür. Im selben Moment schoß Katharinchen ins Zimmer, ohne rechts und links zu sehen, und stopfte mit beiden Händen alle Schokoladenplätzchen in den Mund. Der verblüfften Stille folgte ein schallendes Gelächter der Zuschauer. Katharina stand da, mit vollen Backen kauend, und grinste die Umstehenden verschmitzt an.
Immer mehr zeichnete sich im Geschwisterkreis eine Trennung ab: Es gab die »beiden Großen« und die »beiden Kleinen«. Das Kindheitserleben dieser beiden Gruppen verlief sozusagen parallel. Eva-Maria und Katharina ließen sich bei ihren Spielen ungern von den »Großen« stören, und die wiederum korrespondierten in bestem gegenseitigen Verständnis miteinander und schlossen die »beiden Kleinen« bewußt und ein bißchen hochmütig aus ihren Tagesabläufen aus. Das manifestierte sich

noch deutlicher, als Emmy das kleine Zimmer neben dem Martins bezog und Katharina in das Kinderzimmer mit der großen »Schlafkoje« überwechselte. Als die »beiden Kleinen« von diesem Beschluß der Eltern hörten, faßten sie sich an den Händen und tanzten jubelnd um den großen Tisch in der Mitte des Zimmers. Ihre Freude war so rührend, daß Hanna sich fragte, warum sie so lange mit dieser Entscheidung gewartet hatte. Emmy und Eva waren nie eine gute Verbindung gewesen. Die fünf Jahre ältere Emmy hatte gegenüber der Kleineren etwas Despotisches an sich, gängelte und hänselte sie und trieb sie in eine ständige, trotzige Defensive. Das enge Zusammenleben mit der so selbstsicheren großen Schwester machte Eva in gewisser Weise Angst und hinderte sie an einer unbefangenen Entfaltung ihrer kindlichen Persönlichkeit.

Jetzt also waren die »beiden Großen« auch räumlich näher zueinander gerückt, und die Kleinen genossen das weite Feld von Schlafraum, Kinderzimmer und Balkon als ihr unangefochtenes Reich.

Häuslichkeit

Nicht, daß die Brandtschen Geschwister nur aufeinander angewiesen waren, wenn es darum ging, die Tage der Kindheit mit Spielen und Abenteuern zu verbringen. Emmy hatte bald eine ganze Anzahl Schulfreundinnen, die sie besuchte oder auch ins Haus brachte, wobei sich die jungen Damen tunlichst von den »dummen Kleinen« absonderten. Martin verband eine erste Jungenfreundschaft mit dem etwas älteren Sohn des fleißigen Mettwitz, einem in der Firma angestellten Arbeiter, der gleichzeitig eine Art Faktorum in der Moltkestraße war und alle Arbeiten in Hof und Garten zu übernehmen hatte, die eben »Männerarbeiten« waren. Mettwitz mistete den Hühnerstall aus, fegte den großen Hof mit einem Reisigbesen, beschnitt die Obstbäume und trug im Frühjahr die Oleanderbäume, die in großen Kübeln steckten, aus dem Keller hoch, um sie dekorativ neben dem Treppenaufgang zur Haustür zu plazieren. Es gab fast nichts, was Mettwitz nicht machte, und die beiden Jungen waren ständig um ihn herum. Sein Sohn Willi durfte ihm schon dann und wann zur Hand gehen. Wenn aber Martin bettelte, sich auch nützlich machen zu dürfen, brummte der Mann:

»Dazu biste noch zu kleen.«

Hin und wieder kam es vor, daß eines der Hühner geschlachtet wurde, um im Suppentopf zu landen. Mettwitz war angewiesen, diese Arbeit nach Möglichkeit nicht vor den Augen der Kinder zu erledigen. Es geschah aber doch einmal, daß Evchen sich, durch das angstvoll gackernde Geschrei des gefangenen Huhnes von Neugierde herbeigelockt, hinter dem Oleanderkübel heranschlich und mit schreckgeweiteten Augen Zeuge des entsetzlichen Geschehens wurde. Mettwitz packte das Tier mit festem Griff an den Beinen, hielt die aufflatternden Flügel energisch zusammen und preßte es auf den gewaltigen Holzklotz, auf dem sonst die Scheite ofengerecht gehackt wurden. Dann holte er mit der Rechten, die das Beil hielt, hoch über dem Kopf aus. Ein mächtiger, zielsicherer Hieb trennte den jämmerlich kleinen Hühnerkopf vom Rumpf und ließ ihn seitlich auf den Boden fallen. Das tote Huhn jedoch fiel nicht etwa in den Sand, nein, es erhob sich, schlug mit den Flügeln und rannte ein paarmal im Kreise herum – ohne Kopf. Da, wo der gesessen hatte, standen die Federn wie eine blutige Halskrause in steifer Runde. Evas Entsetzen war so unsagbar, daß ihr der Schrei, der sich lösen wollte, in der Kehle steckenblieb. Wie angewurzelt stand sie da, die kleinen Hände fest an den Kübelrand geklammert, und sah dem makabren Schauspiel zu, bis der Vogelkörper endlich zu Boden fiel. Mettwitz sammelte Kopf und Körper auf, wischte mit einem alten Lappen das Blut von dem Holzklotz und wandte sich dem nahestehenden Wasserhahn zu, um auch das Beil zu reinigen.

Am Nachmittag sah Eva in der Küche zu, wie Martha sich

anschickte, das Huhn zu rupfen. Sie griff es an den staksigen, gelben Beinen, deren krallenbewehrte Zehen, drei vorn und eine hinten, steif und leblos abstanden, und steckte es in einen Eimer. Dann nahm sie den Wasserkessel vom Herd und ließ kochendes Wasser über das Federkleid laufen, nicht ohne vorher freundlich zu warnen:
»Nu, Kindel, komm ock mal ni zu dichte.«
Es stank fürchterlich, und Eva wich mit zugehaltenem Näschen freiwillig zurück bis zur Küchentür. Von dort aber sah sie interessiert zu, wie Martha nach ein paar Minuten das Wasser wieder abgoß und mit flinken, geübten Fingern die schwarzbunten Federn aus dem Hühnerleib zupfte. Bei den großen, schillernden Flügelfedern mußte sie ordentlich ziehen, denn die Kiele saßen fest.
Martha sang bei ihrer Arbeit das schöne Lied »Der Kerschboom blieht, der Kerschboom blieht.«
Schließlich besah sie sich befriedigt ihr Werk: ein gelbrosa Stück Fleisch, das überhaupt nicht mehr wie ein Huhn aussah. So, wie es jetzt war, kannte Eva es als ein von ihr sehr geschätztes Gericht: »Huhn mit Reis und gelber Soße.«
Martha legte es auf einen Teller und zündete das Gas auf dem Herd an, um noch den letzten Flaum abzubrennen.
»Des gibt's morgen, Evchen, da wirste aber leckern. Und nachha Vanillepudding mit Kerschen.«
Eva sammelte die noch auf dem Küchenboden liegenden schimmernden Flügelfedern ein und fragte überflüssigerweise:
»Kann ich die haben?«
Dabei wußte sie doch, daß sie bei Martha alles haben konnte. Sie schlich sich in das Kinderzimmer und steckte auf dem Balkon die Reste der schwarzbunten Rhodeländerhenne sorgfältig aufrecht in die Blumenkästen, mitten zwischen die Ringelrosen. Sie war so vertieft, daß sie die Mutter gar nicht wahrnahm, die schon eine Weile in der Balkontür stand. Hanna räusperte sich vorsichtig, um das Kind nicht zu erschrecken, und fragte, als Eva sich umdrehte:
»Was wird denn das, meine Kleine?«

»Das kann doch auch wachsen, nich?« fragte Evchen. »Und dann haben wir wieder viele, schöne Hühner.«

Freunde

In Görlitz gab es den Ost- und Westpreußenverein, dessen Vorsitz Herbert Brandt zeitweilig führte und in dem sich alle Ost- und Westpreußen zusammenfanden, die in Schlesien eine neue Heimat gewonnen hatten, der alten aber noch mit Liebe und Treue gedachten. Aus diesem Kreise entwickelten sich viele gute, oft sogar lebenslange Freundschaften für Herbert und Hanna Brandt, vor allem die mit Karl und Gertraud Herlangen, die über viele Jahrzehnte dauerte und erst mit dem Tode des einen nach dem anderen erlosch.
Herlangens wohnten im oberen Teil der Moltkestraße, unweit von dem Hause, in dem Eva-Maria die ersten drei Jahre ihres Lebens verbracht hatte. Sie hatten, ebenso wie Brandts, vier Kinder. Nur war bei ihnen das Verhältnis umgekehrt: auf drei Jungen kam ein Mädchen.
Brigitte war mit Emmy im gleichen Alter, und es ergab sich ganz von selbst, daß sich die Mädels bei den vielen gemeinsamen Aktivitäten der beiden Familien befreundeten. Herlangens Jüngster aber, der kleine Felix, war genau vier Wochen älter als Eva-Maria und wurde ihr erster Freund. Fast täglich spielten die beiden Kinder miteinander. Bei kühlem oder regnerischem Wetter wurde Eva von der Mutti oder Luise in die große Herlangensche Wohnung gebracht, in der das riesige »Berliner Zimmer«, das man durchqueren mußte, um in die hinteren Räume zu gelangen, den größten Eindruck auf sie machte. Im Jungenzimmer oder auf dem überdachten kleinen Balkon saßen die beiden dann stundenlang einträchtig bei friedlichen Spielen, stickten vorgelochte Pappkarten aus oder übten die schwierige Kunst, vorgezeichnete Gegenstände in Malbüchern

mit ihren Buntstiften so auszumalen, daß keine Farbe über den Rand rutschte.
Schien aber die Sonne, dann trabte Felix die Moltkestraße hinunter bis zur Nummer drei, und die Spiele, die in den Garten verlegt wurden, waren anderer Art. Dann mußte Luise den weißen Kindertisch mit den beiden kleinen Stühlen hinuntertragen, dazu den Puppenwagen mit Lene und Hans und zwei kleinen Kinderpappkoffern, die mit Puppensachen gefüllt waren.
Felix wurde gar nicht gefragt: es wurde eo ipso »Vater, Mutter, Kind« gespielt, manchmal auch »Onkel Doktor«, denn in dem Puppenköfferchen befanden sich allerlei medizinische Utensilien wie ein klitzekleines Fieberthermometer, ein Augenspiegel, den man mit einem breiten Gummiband um den Kopf ziehen konnte, Mullbinden, Watte und ein Salbentöpfchen.
Heimstatt dieser jungen Familie war die im vorderen Teil des Gartens, nahe der Straße gelegene, geräumige Gartenlaube, deren Wände zwar aus einem offenen Holzstaket bestanden, die aber ein solides Dach trugen, das auf alle Fälle Schutz bot, falls doch einmal ein Schauer vom Himmel kam. Für geborgene Behaglichkeit war bei jedem Wetter gesorgt. Hier rührte die kleine Mutter Eva mit Holzlöffeln in winzigen Emailleschüsseln unreife Stachelbeeren in einem Wasser-Sand-Teig zusammen, während Felix fachgerechte Verbände an Puppenköpfe und -beine legte.
Daß in dieser Laube außer der umlaufenden Bank und dem Tisch mit der abgeblätterten grünen Farbe auch noch allerlei Gartenwerkzeug neben den zusammengeklappten Liegestühlen stand, störte die Kinder wenig. Im Gegenteil: hier und da wurde dies und jenes einbezogen in das Spiel und war ein willkommenes Requisit.
Wenn es Eva einfiel, wurde auch »Hochzeit« gefeiert, wobei abwechselnd sie und Felix oder Hans und Lene das Brautpaar darstellten. Im Frühjahr schwelgten sie in der Blütenfülle der vom Magnolienbaum herabgefallenen, fast handgroßen weißrosa Blütenblätter, die sie emsig aufsammelten und verschwen-

derisch auf dem Gartenweg und in der Laube verbreiteten, die nun die Funktion der Kirche bekam.
Felix stand keineswegs unter dem Pantoffel seiner phantasievollen kleinen Freundin. Er äußerte seine Wünsche ebenso, die selten auf Widerstand stießen. So wurde eben auch zeitweise in dem großen Sandhaufen gebuddelt, der in der Ecke hinter der knorrigen Eibe aufgehäuft war, entweder mit verschiedenen bunten Metallförmchen und -sieben, oder es entstanden von Hand geformt und emsig aus der Gießkanne begossene Burgen und Häuser.
Das, was die Familien Brandt und Herlangen zusammen unternahmen, fand nicht immer die ungeteilte Freude der gemeinsamen acht Kinder. Vor allem die Sonntagsnachmittagsausflüge, die durch Wälder und Wiesen nach dem ländlichen Vorort Weinhübel oder an der Neiße entlangführten, lösten keine übermäßige Begeisterung aus. Die Kinder hatten noch keinen Blick für die Schönheit der schattigen Uferwege, die einerseits von dem breiten, träge dahinfließenden Fluß, andererseits von der jäh abfallenden, busch- und baumbestandenen Böschung begrenzt wurden. Einzig die gewaltigen Bögen des Viadukts, der in dreißig Meter Höhe auf seinen Eisenbahnschienen die Züge nach dem Osten, ins Riesengebirge oder in die schlesische Hauptstadt Breslau trug, erregten die Aufmerksamkeit und Bewunderung der kleinen Gesellschaft. Noch eindrucksvollere Aussicht hatte man vom Blockhaus, einer kleinen Gaststätte, die ganz oben da stand, wo das Gelände zur Neiße abzufallen begann. Von hier aus, von dem ummauerten, rundbogigen Platz, konnte man bei klarem Wetter das Iser- und das Riesengebirge in einem verwaschenen Blaugrau erkennen. Wer gute Augen hatte, sah deutlich die Schneekoppe, den höchsten Berg von Schlesiens höchstem Gebirge, mit seinem winzig erscheinendem Zickzackweg, der zu der Baude am Gipfel führte.
Unten an der Neiße gab es keine solchen sensationellen Entdeckungen. Man durfte sich die Sonntagskleider nicht schmutzig machen, und für die Jungen blieb nicht viel mehr übrig, als die Arm in Arm wandernden Mädchen Emmy und

Brigitte zu necken und an den Zöpfen zu ziehen, was bei der Einfallslosigkeit der männlichen Gedankensphäre nur einen matten Protest auslöste.
Die beiden Väter gingen meistens voran, die Hände auf dem Rücken übereinandergelegt, gemessen diskutierend, während die Mütter in ihren lebhaften Unterhaltungen ständig unterbrochen wurden, weil zwei Kinder ausrissen, zwei sich zankten und zwei hinterhertrödelten. An Hannas Hand blieben eigentlich immer nur problemlos Eva und Katharina, die beide diese Spaziergänge sterbenslangweilig fanden und nur mit der Aussicht auf den Eismann, der zuverlässig mit seinem Karren an der Neißebrücke stand, in Trab gehalten wurden. Spätestens dann, wenn man diesen Eiskarren erreicht hatte, strömten alle Brandt- und Herlangenkinder wieder zu einem Rudel zusammen, umlagerten das kleine Gefährt, während die Mütter ihre Portemonnaies hervorzogen, und sahen erwartungsvoll zu, wie der Mann die silberschimmernden Nickelhauben abhob und mit einem Eßlöffel in die verlockenden Eisvorräte fuhr, um zwei, drei verschiedenfarbige Köstlichkeiten in die Waffeltüten zu stopfen. Je nach Tagestemperatur mußte das Eis mit unterschiedlicher Geschwindigkeit abgeleckt werden, damit es nicht auf weiße Matrosenanzüge und Voilekleidchen tropfte. Trotzdem gelangte mancher Schokoladen- oder Himbeerfleck auf die Sonntagsgarderobe und wurde von mütterlichen Taschentüchern seufzend weggewischt, wobei das Seufzen eher von Hanna kam und Gertraud lieber darüber lachte.
Eine ganz besondere Attraktion war das Stoßkahnfahren auf der Neiße, zu dem sich Hanna und Gertraud hin und wieder an einem ganz gewöhnlichen Wochennachmittag entschlossen. Sie nahmen dann eben nur ihre Kleinsten mit, das war weniger anstrengend, als mit der vollzähligen Familie aufzubrechen. Brigitte und Emmy mochten diese Ausflüge auch und kamen mit, solange es die Schularbeiten erlaubten. Die Jungen aber zogen es vor, zu Hause zu bleiben und inzwischen auf irgendwelche Entdeckungsreisen zu gehen.
Die Stoßkähne waren flach und rechteckig, boten den Fahr-

gästen auf zwei gegenüberliegenden Sitzreihen Platz und trugen an vier aus den Ecken emporsteigenden Masten ein flaches Dach, das vor Regen oder allzu starker Sonne schützte. Der Bootsmann stieß eine lange Stange in den Grund des Flusses und trieb auf diese Weise den Kahn vorwärts – Stoßkahnfahren. Es war eine geruhsame Fahrt, an den Leschwitzer Wiesen entlang, die mit ihrem satten Grün die Ufer des Flusses säumten, mit den sacht zurücktretenden Wäldchen, die die Schlesier »Busch« nannten. Irgendwo lockte schließlich ein Ausflugslokal mit Kaffee, Kakao und Kuchen, manchmal auch der große Kinderspielplatz hinter der »Milchkuranstalt«, den Eva und Katharina besonders liebten und den sie in gutem Glauben »die Milchkuhanstalt« nannten. Eva-Maria war weder ein besonders sportliches Kind noch ein Held. Im Grunde genommen konnte sie sich für den Kinderspielplatz nicht sehr begeistern. Genau gesagt hatte sie Angst vor den vielen Turn- und Spielgeräten, und als sie sich einmal beim Schwingen auf dem Seilkarussell verletzte und ein andermal ein kleines Mädchen von der Luftschaukel fiel und mit blutendem Gesicht laut schreiend über die Wiese lief, erlosch ihre Vorliebe für die »Milchkuhanstalt«. Einzig der Automat mit dem gackernden Huhn, der ein Blechei mit süßem Inhalt ausspuckte, wenn man einen Groschen hineinwarf, und die von der Mutter spendierten Sahnebaisers waren von nun an von Interesse.
Viel glücklicher war sie – Katharina übrigens auch –, wenn die Ausflüge in Richtung Landeskrone gingen und an deren Fuße im »Burghof« eingekehrt wurde. Es war immer hell und sonnig dort, die Bäume spendeten genau da den Schatten, wo er gewünscht war, nämlich über den Gartentischen, auf denen der Kaffee und der Kuchen serviert wurde. Die Wippe auf dem Spielplatz lag in der Sonne, und in einem abgezäunten Gehege gab es aus gefahrloser Entfernung ein paar Tiere zu bestaunen, Damwild, Füchse und zwei Wildschweine, die sich in ihrem Gatter ebenso geschützt fühlten wie die Kinder auf der anderen Seite des Zaunes und sich in ihrem geruhsamen Dasein nicht stören ließen.

Manchmal ging es auch die Landeskrone hinauf, meistens dann, wenn der Vater mit von der Partie war. Da jammerten die kleinen Fußgänger schon nach der ersten halben Stunde. Wenn sie aber oben standen und von dem Bismarckturm weit ins Land schauen konnten, waren sie stolz, die Anstrengung hinter sich gebracht zu haben und wurden obendrein mit einem Stück Apfelkuchen und Schlagsahne im Berglokal dafür belohnt.
Die Landeskrone liebten sie. Sie war ihr Heimatberg. Und daß der einmal ein richtiger, feuerspeiender Vulkan gewesen sein sollte, wie der Vater erzählte, machte ihn doppelt anziehend.

Der Zeppelin

Ein unerhörtes Ereignis brachte ganz Görlitz auf die Beine. Anfang Juni, gerade nachdem Mettwitz die Fliederbüsche an der Straße beschnitten hatte und die Kinder aus den duftenden lila Blütenzweigen wannenweise Sträuße banden, wurde der Zeppelin angekündigt. Keiner wußte die genaue Uhrzeit, in der das Luftschiff die Stadt überqueren sollte, was die Aktivitäten allgemein deutlich einschränkte. Immer wieder standen die Menschen in Gruppen zusammen an den Straßenecken und schauten zum Himmel. Man zeigte sich Bilder, man besprach das zu erwartende Geschehen. Es war eine Zeit, in der die Medien noch nicht das Feld beherrschten. Die Menschen wurden zwar spärlicher und weniger rasch informiert, aber sie wurden auch – zu ihrem Glück – noch nicht von einer Flut von Informationen aus aller Welt erdrückt.
Katharina und Eva-Maria brauchten ausnahmsweise keinen Mittagsschlaf zu machen. Sie hatten sich ihre Kinderstühlchen auf den zum Hof gehenden Kinderzimmerbalkon geholt, der so eng war, daß Emmy und Martin es vorzogen, sich auf dem nebenan liegenden Schlafzimmerbalkon breitzumachen. Sie erledigten dort etwas zerstreut ihre Schularbeiten und liefen immer

wieder zum Geländer, um nur ja nicht den epochemachenden Augenblick zu verpassen. Plötzlich tönte Evas gellende Stimme hinüber:
»Nein, nein! Emmyiii!«
Martin und Emmy stürzten durch das Schlafzimmer der Eltern und das angrenzende Kinderzimmer auf den Nachbarbalkon, auf dem Katharina mit Hilfe des Kinderstühlchens gerade die schmale Brüstung erklettert hatte und dort friedlich saß, mit den Beinchen zum zehn Meter tiefer liegenden gepflasterten Hof baumelnd. Emmy zog mit einem einzigen, energischen Griff das Kind zurück, das etwas unsanft auf dem harten Balkonboden landete und zu weinen begann.
»Dummes Gör!« Emmy glühte vor Zorn, der sich augenblicks von Katharina löste und mit voller Wucht auf Eva warf.
»Du bist doch zu dämlich! Warum hast du sie denn nicht gleich zurückgezogen, statt zu schreien?«
Aus Evas runden Augen purzelten Tränen.
»Ich – ich hatte Angst, daß ich sie dabei runterschubse. Dann wär'se tot.«
Emmy hielt sich die Ohren zu.
»Hör auf zu heulen!«
Martin stand in diesem Tumult ruhig an die Balkonbrüstung gelehnt und zeigte nach oben:
»Da is er.«
Augenblicklich hörte das Geschrei auf. Alle vier schauten zum klarblauen Himmel, über den ein länglicher, silberglänzender Koloß schwebte. Ein ganz leises Surren war hörbar, und für einen Moment fiel ein riesiger Schatten auf die atemlos starrenden Kinder. Als der Zeppelin, dessen Höhe wohl nicht mehr als zweihundert Meter betrug, mit einem sanften Rauschen über das Haus hinzog, löste sich ihre Erstarrung. Emmy und Martin stürzten über den Flur durch Hannas Zimmer hindurch auf die vordere Veranda, zogen das verblüffte Katharinchen mit sich und stellten sich neben die Mutter, die dort mit den beiden Mädchen das Jahrhundertereignis bestaunte. Bei Eva-Maria, die in ihren Reaktionen nie so schnell war, dauerte es eine

Minute, bis sie sich der veränderten Situation angepaßt hatte. Sie raste hinterher und erschien genau in dem Moment bei den anderen, als das Luftschiff über dem Garten erschien und langsam nach Nordwesten, in Richtung Innenstadt, verschwand. Hanna drehte sich zu ihren Vieren um, nahm das leichte Katharinchen auf den Arm und sagte tief aufatmend:
»Kinderlein, jetzt habt ihr etwas erlebt, was ganz neu und ganz unglaublich ist. Da saßen Menschen in der kleinen Gondel unter dem Zeppelin, wußtet ihr das?«
»Na klar«, sagte Martin. »Wie soll's denn sonst fliegen?«
»Katharina wär' beinah vom Balkon geflogen, vom Kinderzimmerbalkon.« Für Eva war es selbstverständlich, daß die Mutter auch solche wichtigen Ereignisse wissen mußte.
»Alte Petze!« Emmy stieß die Schwester unsanft in die Seite. Hanna erbleichte. Sie drückte ihre Jüngste fest an sich und stammelte:
»Was war los, Emmy – antworte!«
Emmy mußte lückenlos berichten. Die Mutter stellte immer neue Fragen. Die Knie wurden ihr weich. Sie setzte sich mit der Kleinen im Arm auf einen der weißen Holzstühle. Martin und Eva standen stumm daneben. Am liebsten wäre Martin ausgebüxt, aber in Anbetracht der ernsten Situation traute er sich nicht. Eva-Maria hingegen hätten keine zehn Pferde vom Schauplatz der Verhandlung wegbringen können. Die Geschichte war um so aufregender, als sie erster Zeuge des Geschehens gewesen war. Der mögliche tragische Ausgang erschien jetzt, nachdem die Sache glimpflich abgelaufen war, höchst prickelnd und pikant.
»Ich hab' sie zurückgezogen«, schloß Emmy ihren Bericht. »Eva war zu blöd dazu.«
Katharina verfolgte den Dialog zwischen Mutter und Schwester mit leuchtenden Augen. Sie begriff sehr wohl, daß sie Mittelpunkt des Disputes war, und sie spürte die zitternde Sorge der Mutter. Beides war geeignet, ihr kleines Selbstbewußtsein zu steigern und ihre Kletterpartie als Heldentat anzusehen. Welcher Gefahr sie ausgesetzt gewesen war und welch uner-

meßliche Trauer über die ganze Familie gekommen wäre, wenn sie das Katharinchen verloren hätte, setzte ihr erst abends der Vati auseinander. Er nahm das Kind im Herrenzimmer auf seinen Schoß und sprach so ernst mit ihm, daß Katharinas große, erstaunte Augen sich zum Schluß mit Tränen füllten und sie versprach, nie mehr etwas zu tun, was sie von Eltern und Geschwistern auf so grausame Weise trennen könnte. Sie schlang die Ärmchen um des geliebten Vaters Hals und schluchzte: »Nie, nie mehr!«

Saarau

Die erste Reise, die die kleine Eva ganz bewußt mitmachte und an die sie sich später in allen Einzelheiten erinnerte, war die Fahrt zu Onkel Albert, der in der Nähe von Saarau mitten im Walde eine Försterei mit einem kleinen Gutsbetrieb hatte.

Herbert Brandt, dessen Lebensinhalt Beruf und Familie waren, hatte nebenbei eine Passion, die seine ganze Freizeit ausfüllte: er war ein leidenschaftlicher Jäger. Seine Jagdpacht in den Wäldern der Görlitzer Umgebung, die er in einer halben Autostunde erreichen konnte, war wenigstens zweimal in der Woche sein Ziel, und an den Sonntagen wurde oft die ganze Familie ins Auto gepackt und fuhr mit hinaus aufs Dorf.

Es war ganz selbstverständlich, daß zu den Ferientagen im Försterhaus des Vaters Jagdausrüstung eingepackt wurde, die Lodenjoppe, der Jägerhut mit dem Schweißband, das schon eine ganz dunkle Färbung angenommen hatte, die hohen Stiefel und die olivgrünen Breeches, Hosen, die seitlich bis zur Höhe des Knies weit abstanden und von da ab schmal das Bein umschlossen. Die Flinten, die zu Hause geordnet in einem Gewehrschrank standen, ließ er zurück. Der Vetter würde reichlich Auswahl haben.

Die Fahrt dauerte nur wenige Stunden. Es ging wieder einmal »über die Dörfer«. Nur auf der freien Landstraße und auf den Chausseen trat Herbert Brandt aufs Gaspedal und ließ den Wagen mit der erlaubten Geschwindigkeit von 60 km/h dahinbrausen. Über die Dorfstraßen fuhr er höchstens 40, um allen unvorhersehbaren Situationen gewachsen zu sein. Dennoch beging er auf dieser Fahrt einen ungewollten Totschlag, der den tierliebenden Mann ganz unglücklich machte. Am Ausgang eines Dorfes fiel es einer Schar Hühner plötzlich ein, unmittelbar vor dem Auto angstvoll gackernd die Straße zu überqueren. Das schrie und kreischte und flatterte und drehte sich in Panik um sich selbst. Ein plötzliches Bremsen oder Ausweichen hätte die ganze Familie in Gefahr gebracht. Es blieb dem besonnenen Fahrer nichts anderes übrig, als mitten hineinzufahren in das verrückt gewordene Rudel. Unter den Rädern knirschte und glitschte es merkwürdig, als ob ein Gummischlauch zertreten worden wäre, und seitlich vom Auto stob eine weiße Federwolke auf. Der Wagen wurde rechts an den Straßenrand gefahren.
Herbert Brandt stieg aus und sammelte die breitgewalzten Reste einer Leghornhenne von der Landstraße. Erschüttert betrachtete er dieses Zeugnis des durch ihn ausgelöschten Lebens, ging damit in das seitlich der Straße liegende Bauernhaus und entschädigte den Eigentümer des Huhnes mit einer ihm angemessen erscheinenden Summe. Dann setzte er die Fahrt fort, noch besonnener, noch aufmerksamer fast als bisher.
Die Kinder im Fond des Wagens waren eine Weile still. Das kleine Ereignis hatte sie erschreckt und eingeschüchtert.
Nach einer Weile fragte Eva in die Stille hinein:
»Kann der das noch essen?«
»Wer?« fragte der Vater über die Schulter.
»Na, der Bauer.«
»Und was?«
»Na, das Huhn.«
Martin zog ein Gesicht.
»Iii – das war doch Matsch.«

Hanna griff in den kleinen Korb, der zu ihren Füßen stand, holte zwei Äpfel heraus und gab sie den Kindern.
»So, jetzt denkt mal an etwas anderes.«
Weder Emmy noch Katharina waren auf diese Reise mitgekommen. Emmy verbrachte ihre Ferien bei der Familie einer Schulfreundin, und Katharina war mit ihren zehn Monaten Lebensalter noch zu klein für solch ein Unternehmen. Sie blieb unter der Obhut einer Kinderschwester und Omi Kirsch zurück, die wieder einmal in der Moltkestraße Einzug gehalten hatte.
Am späten Nachmittag fuhr der Wagen durch eine enge Waldschneise, die direkt auf ein großes, offenes Hoftor hinführte, passierte dieses und landete mit einer schwungvollen Linkskurve mitten auf einem geräumigen Bauernhof, der auf drei Seiten von verschiedenen großen Gebäuden begrenzt wurde: dem Kuhstall mit angrenzender Remise, der langgestreckten Scheune mit der hohen Tenne, die offen dem Beschauer sichtbar war, und, gegenüber der Remise, das weinumrankte Forsthaus aus roten Backsteinziegeln. Über der Eingangstür, die an der Rückfront ins Hausinnere führte, prangte ein altes, durch Witterungseinflüsse schon etwas mitgenommenes Hirschgeweih.
Eva kletterte aus dem Wagen, ihr Lenchen fest im Arm, stellte sich mitten auf den Hof und begann sich im Kreise zu drehen, daß ihr Röckchen flog. Sie hatte sehr schnell die beiden Jungengesichter entdeckt, die neugierig von der Tenne hinunterlugten, und wollte sich in ihrem neuen Ferienkleid produzieren. Nie hätte sie das in Emmys Gegenwart getan. Sie hätte den Spott der älteren Schwester, die sie immer sehr rasch durchschaute, gefürchtet. Aber weder Martin noch ihre Eltern kamen auf die Idee, daß dieser kleine Extratanz etwas anderes als ein Ausdruck kindlichen Übermutes sein könnte.
Die Familie wurde in zweien der vielen Forsthauszimmer untergebracht und begann, sich während dieser Ferien zu zerstreuen. Jeder genoß sie auf seine Art. Der Vater war den ganzen Tag mit dem Förster in den Wäldern unterwegs, Hanna lag

im Liegestuhl und las, machte sich für die Kusine beim Beerenpflücken nützlich oder ging spazieren, wobei sie öfter einmal das kleine Evchen mitnahm, das vorsichtshalber die Hand der Mutter nicht losließ, solange es durch den schattigen Wald ging.
Martin tauchte überhaupt nur auf, wenn er Hunger hatte. Der Hof mit den vielen Kühen, Hühnern und Gänsen war ein Eldorado für den Jungen. Er war ständig mit dem etwas älteren Sohn des Hauses unterwegs, ging mit den Knechten aufs Feld, half beim Stallausmisten und stank, wenn er zum gemeinsamen Abendbrot erschien, wie ein Wiedehopf. Er kam nie selbst auf die Idee, sich vor dem Essen zu waschen oder die verkrusteten Schuhe auszuziehen, obwohl doch jeden Abend die Ermahnungen die gleichen waren.
Der Onkel Förster, den Eva auch nur abends zu sehen bekam – denn wenn sie am späten Morgen am Frühstückstisch erschien, waren er und der Vater längst über alle Berge –, flößte ihr Ehrfurcht und Unbehagen zugleich ein. Er war stets in seiner dunkelgrünen Uniform, die ihn so gebieterisch und unnahbar erscheinen ließ. Zudem sprach er beinahe ausschließlich mit dem Vater, der den Kindern in diesen Ferienwochen dadurch ganz genommen wurde. Für Eva und Martin fand er nie ein Wort. Eva drückte sich an ihm vorbei, wenn er ins Zimmer kam, oder faßte schnell die Hand der Mutter. Nie sah sie ein Lächeln auf diesem Männergesicht, das ihr noch ernster schien als das des Vaters, der doch hin und wieder mit seinen Kindern scherzte.
Nach dem gemeinsamen Abendessen an der großen Tafel, zu dem sich täglich acht bis zehn Personen einfanden, verschwanden die beiden Vettern im Herrenzimmer, um ihre Abendzigarre zu rauchen und weiteres zu besprechen. Es mußten wohl immer sehr ernsthafte Anliegen sein, denn nie kam ein Lachen aus dem Raum, dessen Wände von oben bis unten mit Hirschgeweihen und Rehgehörnen bestückt waren.
Die Frauen deckten indessen den Tisch ab und trugen das Geschirr in die Küche, wo es noch am selben Abend von der Lisa

abgewaschen wurde, einer kräftigen Bauernmagd, die Haus und Küche an der Seite der Hausfrau zu versorgen hatte.
Hanna brachte Evchen nach oben in das Kinderschlafzimmer, während Martin mit seinem Vetter Bernhard auf dem Hof und in der Scheune noch eine Runde drehen durfte. Widerstandslos ließ sich die Kleine ins Bett bringen. Sie war müde, und die Zeit nach dem Abendbrot, in der sich die Männer in das eine Zimmer und die Frauen mit ihren Handarbeiten in ein anderes zurückzogen, mochte sie nicht. Sie fühlte sich dabei überflüssig, und vielleicht empfand sie in aller Kindlichkeit schon das ungesellig Trennende dieser Aufteilung.
Die Tage aber waren voller Erlebnisse und Abenteuer. Eva trieb sich am liebsten im Garten oder in der Küche herum. Um den Kuhstall machte sie einen großen Bogen. Die schwarzweißen Tiere mit den Glupschaugen waren ihr unbehaglich, und der intensive Geruch, der durch den Stall zog, war ihrem empfindlichen Stadtnäschen zuwider. Um so verführerischer duftete es in der Küche, in der Lisa und die Förstersfrau, Tante Grete, schon am Vormittag Gemüse putzten und Fleisch anbrieten, um zur Mittagszeit die vielen Mäuler stopfen zu können. Eva guckte, Lene im Arm, eine Weile zu, wie Lisa geschickt die grünen Schoten öffnete und eine ganze Reihe zarter Erbsen mit dem Daumen in die Schüssel strich, die sie auf dem Schoß fest zwischen ihre Oberschenkel gepreßt hielt. Mit einem plötzlichen Entschluß legte Eva die Puppe auf einen freien Küchenstuhl und fragte, herankommend:
»Darf ich auch mal?«
Lisa lachte, daß die großen weißen Zähne in ihrem breiten Mund wie eine Perlenkette blitzten, zog mit dem Fuß eine hölzerne Fußbank heran und sagte freundlich:
»Nu ja, setz' di do aufs Ritschel. Do machste de Arbsen, und ich schäl' de Apern.«
Damit zog sie sich eine Schüssel mit Kartoffeln heran.
Evchen bekam eine kleinere Schüssel, ließ sich zeigen, wie man die Schoten öffnete und pulte die Reihen mit den grünen Kügelchen einzeln aus, wobei beinahe jedes zweite in dem Kinder-

mund verschwand. Sie schmeckten süß und saftig und waren, so fand sie, der Lohn für ihre Mühe.

Lisa, die mit dem Kartoffelschälen fertig war, setzte sich wieder zu ihr und brummte gutmütig:

»Nu wirschte mich oo a bissel helfen lassen, suste gibts nischt zu Mittag.«

Am Wochenende wurde Kuchen gebacken, und Eva fand sich rechtzeitig ein, um ein paarmal mit der großen Holzkeule in der Schüssel zu rühren und beides später als Belohnung zum Auslecken zu bekommen.

Noch aufregender aber war das Brotbacken. Der Backofen, der in seiner steinernen Rundung einem Hünengrab ähnelte, stand außerhalb des Hauses in einiger Entfernung von der Küche, von der eine Tür direkt ins Freie führte, links in den Gemüsegarten und rechts zu dem Steinofen. Brot gebacken wurde beinahe täglich. Und der Duft, der aus dem Ofen strömte, wenn die runden oder länglichen braunen Laibe mit dem langen Holzschieber vom Rost gezogen wurden, legte sich über diesen ganzen Teil des Anwesens und war so appetitlich, daß Eva es kaum erwarten konnte, bis die frischen Brote soweit abgekühlt waren, daß sie angeschnitten werden durften. Sie erbettelte sich dann von Tante Grete den Kanten und sah ungeduldig zu, wie die Butter daraufgestrichen wurde, die sofort zerfloß und in die noch warmen Poren einsank.

Evas Seligkeit kannte keine Grenzen, als ihr eines Tages von Lisa in der Küche ein kleiner Klumpen Brotteig in die Hände geklatscht wurde mit der aufmunternden Weisung:

»Nu probiers oo amoal.«

Das erste eigene Brot! Lene saß auf dem Küchenstuhl und sah mit unbewegten Glasaugen zu, wie Evchens Kinderhände eifrig an dem Stück Teig herumkneteten, das kühl und geschmeidig war und das sie gar nicht loslassen wollte. Schließlich gelang es ihnen doch, einen winzigen, länglichen Brotlaib herzustellen. Der kleine Zeigefinger bohrte noch die schrägen Querrinnen hinein, drei nach der einen und drei nach der anderen Seite, wie sie die großen Brote auch hatten, und dann hielt

Eva ihrer Puppe strahlend das Ergebnis ihres Eifers unter die Nase:
»Für dich, Lenchen – ein bißchen. Das meiste esse ich.«
Das knusprige Puppenbrot lag abends auf Evas Abendbrotteller. Stolz lief sie um den Tisch herum, zeigte jedem ihr Werk und wurde gelobt und bewundert. Als sie aber vor dem ernsten Onkel Förster stand, machte das Kind schweigend kehrt, schob die Hand mit dem Brot auf den Rücken und ging zu seinem Platz zurück. Hanna band ihm das Lätzchen um, schnitt das frische Brot auf und versuchte, hinter ihrer Tätigkeit eine leichte Verlegenheit zu verbergen. Der Förster aber hatte den Zwischenfall überhaupt nicht bemerkt. Er schnitt eine Salzgurke in dicke Scheiben, goß Bier in sein Glas und beschäftigte sich ernst und vertieft mit seinem Abendbrot.

Eine unwiderstehliche Anziehungskraft übte auf Eva das Bienenhaus aus, das im entferntesten Gartenwinkel lag, da, wo sich an den Zaun eine weite, blumenübersäte Wiese anschloß. Die Bienen hatten ein wahrhaft unerschöpfliches Betätigungsfeld. Tausende von Wiesenblumen leuchteten einladend, am Gartenzaun standen Heckenrosen und duftender, blühender Holunder, und auf den Beeten überboten sich Dahlien, Margeriten und Begonien in ihrer Farbenpracht. Eva stand stundenlang und beobachtete die ein- und ausfliegenden Bienen, lauschte dem unaufhörlichen Gesumm und hatte ihren Spaß daran, wie sich die kleinen Tiere an den Einfluglöchern zu dem Stock stauten und in braunen Klumpen über- und untereinander krabbelten, bis sie sich einzeln lösten und hinein oder hinaus flogen. Einmal zog sie die Mutter mit hin zu ihrem Beobachtungsposten, und Hanna erzählte ihr von der Nützlichkeit der Bienen, die den goldgelben Honig herstellten, der morgens auf dem Frühstückstisch stand. Eva hörte mit großen Augen zu.
»Machen die das extra für uns, die lieben Bienen?«
Hanna zögerte einen Moment. Dann antwortete sie ehrlich: »Nein, eigentlich nicht. Sie sammeln den Honig für ihre Bie-

nenkinder, die da drin im Bienenkorb in lauter kleinen Wachskämmerchen liegen und damit gefüttert werden. Die sind zuerst ganz kleine, helle Maden, weißt du, und wenn sie viel Honig gegessen haben, werden sie richtige Bienen mit Flügeln – wie die da, schau.«

Eva sah den davonschwirrenden Bienen nach und faßte die Hand der Mutter.

»Einklich gemein von den Menschen, nich, wenn die den Bienen den Honig wegnehmen. Ich mag gar kein Honig.«

Hanna strich dem empörten kleinen Mädchen über den Kopf.

»Es bleibt noch genug für die Bienenkinder«, sagte sie begütigend. »Die Bienen sind eben so fleißig, daß die Menschen auch ihren Teil davon abhaben können.«

Und dann warnte sie:

»Evchen, geh' nicht zu nah an das Häuschen heran. Die Bienen könnten sich durch dich gefährdet fühlen, und dann stechen sie dich mit ihrem spitzen Stachel. So ein Bienenstich tut weh.«

Ein paar Tage später stand neben dem goldgelben Honigglas ein rundes Schüsselchen auf dem Tisch, in dem mehrere Scheiben Wabenhonig lagen. Tante Grete pries die Delikatesse freundlich an und legte auch Eva ein Stück davon auf den Frühstücksteller. Die besah sich neugierig die zierlich und akkurat gebauten Wachssechsecke. Vorsichtig brach sie mit den Fingerchen eine Ecke heraus und hielt entgeistert inne, als sie in der freigelegten Wabe eine Larve entdeckte.

»Mutti, Mutti, ein Bienenkind – jetzt isses tot!«

Tränen kullerten über Evas runde Bäckchen. Sie empfand inniges Mitleid mit dem winzigen Wesen auf ihrem Teller, dem es durch den schnöden Zugriff der Menschen nicht vergönnt war, zu einem richtigen, schönen freien Bienenleben zu erwachen.

Mutters Warnung hatte sie längst vergessen, als sie eine Stunde später wieder vor dem Bienenhaus stand und das summende Völkchen um Entschuldigung bat für die Grausamkeit der

Menschen. Sie ging sogar ein Schrittchen näher als sonst, damit die Bienen ihre langen Reden auch verstehen konnten.
»Dis is soo gemein! Ich eß nie mehr Honig. Und der Onkel Förster is böse, wenn er das wegnimmt. Das darf er nich.«
Mitten im Sommersonnenschein stand das empörte Evchen vor dem Bienenhaus und sah in ihrem bunten Spielhöschen selbst wie eine leuchtende Sommerblume aus. Die Bienen aber hatten für diese Art Liebreiz kein Verständnis. Eine der eifrigsten flog auf Evas Stirn, da, wo die Augenbrauen zueinanderlaufen, und stach zu. Es brannte fürchterlich, und laut schreiend lief das kleine Mädchen zur Mutter, die mit einem Buch unter dem großen Apfelbaum saß. Hanna sprang erschrocken auf, nahm das Kind mit ins Haus und zog ihm mit einer Pinzette den Stachel heraus, der mitten in der sich rasch hochwölbenden Schwellung saß. Als Eva sich heftig wegdrehte, fiel aus dem Träger ihres Höschens ein dunkles, rundes, zusammengekrümmtes Bienenkörperchen mit weit abstehenden Flügeln. Abrupt hörte sie auf zu weinen und beugte sich zum Boden hinab.
»Mutti, guck mal.« Vorsichtig tippte sie mit dem Finger dagegen, zog ihn aber schnell wieder ängstlich zurück.
»Die tut dir nichts mehr«, erklärte Hanna. »Wenn eine Biene gestochen hat, ist sie sofort tot.«
»Wenn sie das aber weiß, warum sticht sie mich dann aber?«
Hanna nahm einen mit kaltem Wasser getränkten Waschlappen und preßte ihn auf Evas Stirn.
»Wahrscheinlich weiß sie das nicht. Jedenfalls denkt sie nicht darüber nach. Sie ist eben tapfer und wollte die anderen Bienen vor dir beschützen, weil du so viel größer bist als sie und für sie gefährlich aussahst. Und das hat sie nun mit ihrem kleinen Bienenleben bezahlt.«
Evchen pickte die tote kleine Biene vom Boden auf, die ihr so viel Schmerz zugefügt hatte, und fragte mit Tränen in den Augen:
»Wolln wir se nu begraben?«

Beim Abendessen wurde Eva-Maria mit ihrem Bienenstich sozusagen herumgereicht. Sie wurde bemitleidet und gehätschelt und zu einer wichtigen Persönlichkeit. Martin und Bernhard lachten sie zwar noch eine Weile aus wegen der entstellenden Schwellung zwischen den Augenbrauen. Aber allmählich erlosch das Interesse an dem Mißgeschick.
In Zukunft mied Eva die Bienenstöcke, und sie achtete darauf, daß auch nicht ein Tröpfchen Honig mehr auf ihrem Frühstücksbrötchen landete.

Die unbeschwerten Ferientage fanden ein jähes, bestürzendes Ende. Eva wachte eines Morgens davon auf, daß der Vetter Bernhard laut schluchzend im Kinderschlafzimmer auftauchte und seine schwarzen Schuhe suchte. Daß ein dreizehnjähriger Junge beim Schuhesuchen heulte, war unheilverkündend. Sobald er das Zimmer verlassen hatte, stand Eva auf, schlüpfte in das Spielhöschen und die Sandalen und schlich sich beklommen die Treppe hinunter.
In dem großen Eßzimmer war niemand. Das Frühstücksgeschirr war teilweise benutzt, aber es sah alles so unachtsam aus, als hätte keiner Sinn für Ordnung an diesem Morgen. Die Türen standen achtlos offen, es konnte jeder hinein und hinaus, und trotzdem war niemand zu sehen. Eva fiel das verlassene Dornröschenschloß ein, und sie bekam Angst.
Draußen im Garten lief sie ihrer Mutter entgegen, die eine der schon erwachsenen Kusinen am Arm um das Haus führte, tröstend auf sie einredend. Das junge Mädchen weinte und sah sehr verzweifelt aus. Eva schob sich verlegen in eine Hausecke. Sie fühlte sich überflüssig und unangebracht und überlegte, ob sie sich in den Garten oder den Heuschober verkrümeln sollte. Der Vormittag wurde unendlich lang. Eine tiefe Trauer lag wie eine Gewitterwolke über dem Haus.
Irgendwann gegen Mittag wurde ihr in der Küche von Lisa ein Töpfchen Suppe zugeschoben, und da hörte sie es zum ersten Mal im schönsten Schlesisch:
»Unsa Ferschta is dot.«

Eva vernahm die Schreckensnachricht mit mehr Interesse als Entsetzen. Der Gedanke, daß der Onkel Förster nun nicht mehr an der gemeinsamen Tafel sitzen würde, war im ersten Augenblick alles andere als erschreckend für sie. Später hörte sie in Gesprächen, die nicht für sie bestimmt waren, daß der Onkel am frühen Morgen von einem umstürzenden Hochsitz begraben worden war, dessen einer schwerer Holm ihn tödlich am Kopfe traf.

Am Nachmittag wutschte Eva durch die angelehnte Tür in das Herrenzimmer, in dem sonst der Vater und der Onkel Förster ihre Abendzigarre zu rauchen pflegten. Sie hatte da immer nur hineingedurft, um vor dem Schlafengehen »Gute Nacht« zu sagen.

Jetzt ging von diesem Zimmer etwas düster Geheimnisvolles aus, das ihre Neugier reizte und dem sie auf den Grund gehen wollte. Daß es in irgendeinem Zusammenhang mit dem toten Onkel stand, war klar.

Niemand kümmerte sich um das Kind. Der Vater besorgte im nächsten Ort die Beerdigungsformalitäten, die Mutter hatte zu tun, den weinenden Frauen der Familie Trost zu spenden.

Mitten in dem von Büchern und Jagdtrophäen vollgestopften Zimmer stand der aufgebahrte, offene Sarg, in dem der Förster lag, angetan mit seiner grünen Uniform, mit einem dicken, weißen Verband um den Kopf. Die Hände waren auf der Brust gefaltet, und in ihnen steckte ein grauweißes, samtiges Edelweiß, das eine der Töchter am Vortag von einer Gebirgstour mitgebracht hatte. Das bleiche Gesicht des Mannes sah still und friedlich aus. Eva ging neugierig näher und stellte sich auf die Zehenspitzen. In ihrer Kinderseele wuchs ein langsames Begreifen, daß hier ein Mensch plötzlich aus dem Kreis vertrauter Angehöriger gerissen war, der eben noch lebendig unter ihnen gewesen, und daß dies endgültig war. Was sie aber noch tiefer beeindruckte als das Erleben dieses Todes, war, daß die Zurückbleibenden um ihn weinten und tieftraurig waren. Mit ihnen hatte sie innigstes Mitleid. Erst als sie die Tränen der an-

deren sah, strömten sie auch über ihr eigenes Gesicht. Von diesem Zeitpunkt an haben Eva die, die zurückblieben, immer am meisten bewegt.
Die Heimfahrt durch das sich in schönsten sommerlichen Farben dem Auge darstellende schlesische Land war bedrückend unter der Last des Erlebten. Die Kinder saßen still auf der hinteren Bank, die Eltern unterhielten sich leise und beklommen. Wellige grüne Wiesen und reifende Kornfelder dehnten sich rechts und links der Straße. Hin und wieder tauchte ein Kirchturm auf, dann mußte die Fahrt verlangsamt werden, solange es durch eine Ortschaft ging. Als sich am späten Nachmittag der bewaldete Kegel der Landeskrone aus dem flachen Land erhob, warf Evchen mit lautem Jubel alle Kümmernis von sich. Sie freute sich auf Görlitz, auf die Moltkestraße und auf ihre Schwestern. Martin stimmte in ihre Freudenausbrüche ein, und die Eltern waren dankbar für diesen Stimmungsumschwung, der auch ihnen den Einzug in die heimatlichen Gefilde leichter machte.
Zu Evas viertem Geburtstag, knapp zwei Wochen später, traf aus Saarau ein Päckchen ein, nicht größer als ein Schuhkarton. Es hätte Tante Gretes leidgeprüftem Herzen wohlgetan, wenn sie die Freude des Kindes miterlebt hätte, als es aus Butterbrot- und Seidenpapier ein glänzend-braunes Steinofenbrot in Miniaturausgabe hervorholte. Es war zwar nicht mehr ganz knusprig-frisch, aber Eva sog mit ihrem dicht darangehaltenen Näschen immer noch den Duft der seligen Ferienwochen ein.

Geschwister

Die Winter in Schlesien waren lang und oft hart. Nicht selten sank das Thermometer unter minus 15 Grad. Die »Mädchen« im Hause Brandt mußten in Dunkelheit und Kälte früh um sechs Uhr aufstehen und in den Zimmern die Öfen heizen, die großen, schönen Kachelöfen, die wie glänzende, bunte Schmuckstücke das Ambiente bereicherten. Sobald das Feuer in ihnen loderte, gaben sie sehr schnell Wärme an die von der Nacht durchkühlten Räume ab und machten sie behaglich. Dann wurden die vor die Schlafzimmertüren gestellten Schuhe eingesammelt und im Bodenvorraum geputzt, in der Küche der Herd in Gang gebracht und das im Kessel erwärmte Wasser portionsweise in den Schlafzimmern verteilt. Es gab im Hause weder eine Zentralheizung noch fließendes warmes Wasser. Im Sommer wurde kalt gewaschen, da wurde das warme Wasser nur für die Zahngläser zugeteilt. Das verleitete Martin und Eva so oft es ging dazu, mit der Morgenwäsche zu mogeln. Wenn aber Anna, das neue Kindermädchen, dahinterkam und die versäumte Reinigung nachholte, gab es ein lautstarkes Quieken und Kreischen.

Emmy hatte nun den schmalen Raum zwischen Jungen- und Elternschlafzimmer, der bis dahin Katharinas Zimmer gewesen war. Sie war glücklich über ihr eigenes, kleines Reich, in dem sie bis zu ihrem zwanzigsten Lebensjahr so absolut herrschte, daß die Geschwister es nie ohne vorher anzuklopfen betreten durften. Die räumliche Nähe zu dem Bruder, mit dem sie oft durch verabredete Klopfzeichen an die Wand korrespondierte, trug dazu bei, daß die »beiden Großen« ihre gesonderte Kindheit in der Familie durchlebten.

Eva zog in Emmys großes Bett und kam sich sehr erwachsen vor. Und auch Katharina avancierte. Denn Evas weißes Gitterbett, das sie nun haben durfte, war größer als das bis dahin benutzte Babybettchen, das auf den Boden wanderte.
Die beiden Kleinen durften nun morgens schlafen, solange sie konnten und wollten. Eva wurde nicht mehr dadurch gestört, daß Emmy in der Frühe für die Schule fertiggemacht wurde. Sie war eine kleine Langschläferin und schlug oft erst die Augen auf, wenn das Gitterbettchen neben ihr schon leer war. Katharina, die immer sehr früh aufwachte, war dann schon leise aus

dem Bett gekrochen, war vorsichtig in die weichen roten Lederstiefelchen geschlüpft, um die Eva sie heimlich beneidete, und über den Flur ins Eßzimmer gehuscht, wo der Frühstückstisch noch gedeckt war und Hanna ihrer zarten Jüngsten ein Butterbrot strich, das sie ihr mit gutem Zureden Stück für Stück einfütterte. Katharina war ein schlechter Esser. »Mäklig« nannten sie die Geschwister. Die Eltern waren ständig bemüht, ihr Leckerbissen zuzuschieben, damit sie nicht ganz »vom Fleische fiel«.
Eva brauchte man beim Essen nicht zuzureden. Sie futterte, soviel sie bekommen konnte, am liebsten frisches, noch warmes Brot mit dick Butter drauf. Marmeladen und Honig mochte sie nicht, dafür Eier, Wurst und Käse. Katharina kriegte Schnittlauchkrümchen auf ihr Brot gestreuselt, die man verführerisch »grüne Mäuschen« nannte. Und die Streifen, in die man die Brotscheibe zerschnitt, hießen »Unteroffizierchen«, weshalb, wußte niemand. Wahrscheinlich hatte die militärische Vergangenheit vom Großvater dabei Pate gestanden. Auf alle Fälle sollte das die Mahlzeit interessanter machen.
Wenn Eva, bereits gewaschen und angezogen, zum Frühstück kam, hatte Katharina höchstens einen von sechs Unteroffizierchen verspeist, spielte mit den auf den Teller gefallenen »grünen Mäuschen« und ließ sich von der geduldigen Mutter lauter kleine, selbsterdachte Fabeln und Märchen erzählen, die meistens einen erzieherischen Charakter hatten: Vom Kater Murr, der am liebsten grüne Mäuschen fraß, so daß keine mehr für kleine Mädchen übrigblieben; vom Zwerg Wutzel, der nachts durchs Haus streifte und alles liegengebliebene Spielzeug aus den Ecken holte und zu armen Kindern brachte; vom unartigen Lieschen, die trotz Verbotes von der obersten Steinstufe hinuntersprang und sich die Knie und die Stirn aufschlug. Katharina hörte mit offenem Mäulchen zu, und Hanna nutzte geschickt die Situation und schob ihr ein Brotstreifchen zwischen die Zähne. Eva kaute derweil mit vollen Backen, stopfte noch einen Bissen dazu und nuschelte: »Und dann weiter?«

Mittags aß die Familie gemeinsam, jeden Tag um punkt halb zwei. Am großen Eßtisch mit seinen sechs Plätzen hatte jeder seinen Stammplatz, wobei das Nesthäkchen immer zwischen Vater und Mutter saß, zunächst noch auf dem hohen, weißen Kinderklappstuhl, später wie die anderen auf einem der mit weinroten Leder bezogenen Eßstühle. Dort wurde es rechts und links von den besorgten Eltern betreut, was es liebenswürdig geschehen ließ, ohne mehr zu essen, als es gerade wollte, und ohne ein Gramm zuzunehmen.
Fünf Minuten vor halb zwei schloß Herbert Brandt die Entréetür auf, legte seinen Hut auf die Ablage über der Flurgarderobe und fragte:
»Ist die Suppe auf dem Tisch?«, was die Mädchen in der Küche in hektische Aktion versetzte und Hanna jedesmal ein leicht vorwurfsvolles »Aber Herbert!« äußern ließ.
Anna lief zum Gong, der auf dem Flur neben der Tür zum Eßzimmer hing, und schlug mit dem filzumspannten Schlegel zweimal auf die metallene Scheibe. Der Klang, der deutlich in allen Räumen zu hören war, bedeutete für die Kinder die Aufforderung zum Händewaschen. Drei Minuten später gongte es noch einmal, und das hieß, daß alle sich zum Essen einzufinden hatten. Im Hause Brandt herrschte preußische Zucht und Ordnung. Wer zu spät zum Essen kam, und das geschah hin und wieder, wenn sich Martin oder Emmy auf dem Heimweg von der Schule vertrödelten, hatte sich beim Familienoberhaupt gebührend und formell zu entschuldigen. Das ging nicht ohne Herzklopfen vonstatten, denn Herbert Brandt war nicht nur ein liebevoller, sondern auch ein gestrenger Vater, der mit den Blicken regieren konnte und unbedingten Gehorsam verlangte. Keines der Kinder kam je auf die Idee, die Begründung eines Verbotes zu verlangen. Sie gehorchten ohne Widerspruch und ohne Nachfrage, und dabei ohne besonders gedrillt zu sein. Für vieles hatte der Vater auch lächelndes Verständnis, solange es im Rahmen blieb und die Ordnung nicht störte. Manchmal ging sein Einfühlungsvermögen sogar noch weiter als selbst Hannas, und so geschah es oft, wenn sie sich später

bei den heranwachsenden Kindern nicht durchsetzen konnte, daß sie sich hilfeheischend an ihn wandte: »Herbert, sprich doch mal ein Machtwort.«

Während der Mittagsmahlzeit, der einzigen, die die Familie vollzählig versammelte, ging das Gespräch lebhaft hin und her. Die »beiden Großen« erzählten von ihren Schulerlebnissen, die »beiden Kleinen« von ihren Buddelkastenfreunden und Puppenfeiern. Die Eltern warfen sich ein paar Sätze zu über die Eindrücke des Vormittags. Im Grunde aber bestimmten die Kinder das Gespräch. Sie wurden nach diesem und jenem gefragt, erzählten lebhaft, und was sich Hanna und Herbert zu sagen hatten, geschah nach dem Essen hinter der verschlossenen Tür des Herrenzimmers.

Vor »Onkel« Martens, dem Gerichtspräsidenten vom Erdgeschoß, hatten die Kinder einen Heidenrespekt. Er war stets streng und unnahbar, und wenn die vereinbarte Nachmittagsruhe von zwei bis vier einmal nicht eingehalten wurde, sei es durch leises Klavierüben oder durch verhaltene Zankereien, klopfte der Präsident mit vor Empörung zitterndem Besenstiel an die Zimmerdecke. Die weißhaarige »Tante« Martens war der liebenswürdige Ausgleich. Zu ihr gingen die »beiden Kleinen« gern zum Spielen, wenn Emmy und Martin in der Schule waren. »Tante« Martens hatte einen ganzen Kommodenschub voller Spielsachen und widmete sich oft selbst stundenlang den spielenden Kindern.

Tiere in der Moltkestraße

Herbert Brandt konnte und wollte es niemals verleugnen, daß er vom Lande kam. Am liebsten hätte er aus der Moltkestraße 3, so mitten in der Stadt, einen kleinen Bauernhof

gemacht. Dem aber setzte Hanna energischen Widerstand entgegen. Sie war nun mal von Anfang an ein Stadtkind gewesen, war in einem gewissen Luxus aufgewachsen und hatte keineswegs im Sinn, so eine Art städtische Bauersfrau zu werden. Es geschah selten, daß Hanna sich den Wünschen ihres Mannes nicht fügte. Hierin tat sie es mit Vehemenz. Sie konnte allerdings nicht verhindern, daß der Hühnerstall neben der großen Müllgrube, die einmal im Monat entleert und sonst mit zwei schweren Eisendeckeln fest und geruchshemmend verschlossen wurde, stets lebhaft bevölkert war. Auch der Anschaffung von zwei schweren Kaltblütern, für die extra ein geräumiger Pferdestall gebaut wurde, wagte sie nichts entgegenzusetzen. Sie bedang sich nur aus, daß die Versorgung der Tiere außerhalb ihres Pflichtressorts blieb. Es war Mettwitzens Aufgabe, den Hühnerstall ebenso wie den Pferdestall zu entmisten, den gutmütigen »Fritz« und den wilden »Sepp« zu striegeln und sie regelmäßig zu füttern. Das war eine Aufgabe, die Mettwitz gern erledigte. Er spannte auch die Pferde vor den Lattenwagen, mit dem er solange Chemikalien in großen Säcken durch die Stadt und zu den Kunden karrte, bis ein kleiner Lkw die Lieferungen übernahm.
Wenn Mettwitz mit Zungenschnalzen und Peitsche – die meistens nur aufmunternd durch die Luft fuhr – den Wagen durch die Straßen lenkte, saß fast immer eins der Brandt-Kinder neben ihm auf dem Kutschbock, stolz um sich blickend, in der Hoffnung, daß möglichst viele Spiel- und Klassenkameraden es erblickten.
In dem sogenannten Hühnergarten, einem schmalen Streifen zwischen der südlichen Hausseite und dem Nachbargrundstück, wurde eines Tages aus Latten und Kaninchendraht ein hoher Käfig erbaut, in den zum Entzücken der Kinder ein Goldfasan gesetzt wurde. Woher der Vater dieses Prachtexemplar hatte, wußte keiner. Es war plötzlich da, durchmaß mit gravitätischen Stelzschritten sein kleines Areal und bekam – weil Herbert seine Einsamkeit zu Herzen ging – eines Tages eine schlicht-graue Fasanenhenne ins Gehege. Obwohl die beiden

sich gut zu vertragen schienen, blieb der von allen – außer Hanna – erhoffte Nachwuchs aus. Das Pärchen aber machte den Kindern so viel Freude, daß Herbert die Anschaffung für gerechtfertigt hielt.

Ein großes Ereignis war die notwendig gewordene Operation vom wilden »Sepp«, die die beiden »Kleinen« verbotenerweise vom Kinderzimmerbalkon aus beobachteten. »Sepp« hatte sich einen Nagel in den Huf getreten, der daraufhin eiterte. Der Tierarzt Dr. Wachtmann wurde gerufen. Er fuhr mit seinem kleinen, grauen DKW auf den Hof, auf dem Mettwitz in der Ecke neben dem Apfelbaum seit dem frühen Morgen ein gewaltiges Strohbett errichtet hatte. Katharina und Eva-Maria kniffen sich vor Erregung gegenseitig in die Arme, als das hinkende Pferd aus dem Stall geführt und ihm vor dem Strohberg von Dr. Wachtmann eine Spritze verpaßt wurde. Das betäubte Tier fiel seitlich auf die Unterlage, zappelte noch ein bißchen und blieb dann ganz still liegen, während der Arzt den infizierten Huf aufschnitt.

Nach der Operation wurde das kranke Pferdebein dick umwikkelt. Dr. Wachtmann erhob sich schnaufend von dem Stroh und wischte sich die feuchtgewordene Stirn.

Für die beiden kleinen Beobachterinnen auf dem Kinderzimmerbalkon wurde die Sache jetzt langweilig. »Sepp« schlief noch bis Mittag auf seinem Strohbett. Inzwischen ertönte der Gong zum Mittagessen, und sie eilten zum Eßzimmer, um das große Ereignis am Familientisch zu besprechen.

Gegen einen Hund im Haus hatte sich Hanna jahrelang widersetzen können. Als am Anfang des Krieges die beiden Pferde »eingezogen« wurden und aus dem Pferdestall eine Garage gemacht wurde, war sie nicht unglücklich. Später wurde gerade diese Garage – auf dem Hof der Moltkestraße gab es inzwischen fünf – zum Ziegenstall umfunktioniert.

Aber Herbert, der tierliebende, kam doch am Ende des Kriegsjahres 1944 mit einer Jagdhündin ins Haus. Sie war schlank, intelligent und aufmerksam. Und Hanna war unglücklich.

Dabei mußte sich der neue Familienzuwachs strikt außerhalb des Wohnbereichs aufhalten, im kleinen Verschlag vor dem »Hühnerhof«. Sie machte auch keine Umstände, vertrug sich mit den Hühnern und war dankbar für das kriegsgemäße Futter, das meist aus Küchenabfällen bestand.
Herbert ließ sie – in einem für Hanna unverständlichen Optimismus – Mitte Februar 1945 von einem hervorragenden Rüden decken. Ende April bekam sie zwölf rassereine Welpen.

Hindenburg

Eva-Maria liebte Vaters Herrenzimmer. So oft sie konnte, schlich sie sich hinein, wenn der Vater im Büro war und die Mutter mit den Mädchen den Haushalt »besprach«. Trotz der hohen Fenster, vor denen Hannas feingehäkelte Stores hingen, hatte der Raum eine dämmrige Gemütlichkeit, die noch unterstrichen wurde durch die dunkle Wandtäfelung und die schweren Clubsessel aus leise knarrendem, kaffeebraunem Leder. Wenn der Vater abends an dem großen Schreibtisch saß, mußten die Kinder anklopfen, ehe sie das Herrenzimmer betreten durften, durch das dann die herrlich duftenden Schwaden der Abendzigarre zogen.
Daß sie tagsüber ohne anzuklopfen durch die Tür schleichen konnte, erfüllte Eva mit dem herzklopfenden Prickeln des eigentlich Unerlaubten.
An einer Wand des Zimmers hing, sie fast zur Hälfte bedekkend, ein riesiges, zottiges Bärenfell, von dem es hieß, daß Herbert Brandt es aus dem fernen Rußland mitgebracht habe. Der Kopf des Tieres mit den braunen Glasaugen ruhte auf der gepolsterten Rücklehne des Sofas, und Eva konnte dem erregenden Reiz nicht widerstehen, ihre zitternden Finger zwischen die fürchterlichen Zähne des halbgeöffneten Maules zu stecken.
Oben unter der Zimmerdecke war das Fell umrundet von ei-

nem Halbkreis sauber präparierter Gehörne, Jagdtrophäen des passionierten Jägers. Und über einer der beiden Türen breitete ein ausgestopfter Auerhahn seinen prachtvollen Federfächer aus. Eva genoß die Atmosphäre leicht gruseliger Vertrautheit. Ihre blühende Phantasie füllte das Zimmer mit Elfen, Zwergen und vor allem kleinen Engeln, die Eva brauchte als Schutz vor dem aufregend Unheimlichen. In ihre Vorstellungen bezog sie auch die Bilder mit ein, die an den Wänden hingen, vornehmlich das große Bild von Hindenburg, der mit weißem Bürstenhaar, Schnauzbart und gütigen Augen über dem Schreibtisch hing und zu ihr hinüberlächelte. Eigentlich war dieses Lächeln vor lauter Bart gar nicht recht zu sehen. Aber es saß in den Augenwinkeln, und Eva stand oft davor, die kleinen Hände auf dem Rücken verschränkt, und verglich das Bild von »Opapa« Hindenburg mit dem von Opapa Kirsch, das nebenan in Muttis Zimmer hing. Für sie hatten beide eine faszinierende Ähnlichkeit: Beide in Uniform, beide mit dem weißen Schnauzbart und dem warmherzigen Blick, so daß sie sich beiden verwandt fühlte und ihnen ihre kindliche Zärtlichkeit und Zuneigung gleichermaßen entgegenbrachte.

Görlitz war eine ruhige Stadt. Trotz des wachsenden Industriegebietes im Norden und der damit auch wachsenden Zahl der ortsansässigen Fabrikarbeiter drangen die politischen Unruhen der zwanziger und ersten dreißiger Jahre bis zu Hitlers Machtergreifung kaum soweit in den ungestörten Alltag der Görlitzer, daß das Leben der Bürger hätte in Aufruhr geraten können. Mitte der zwanziger Jahre gab es um den Demiani- und den Postplatz herum ein paarmal Zusammenstöße zwischen ganz Links und ganz Rechts, bei denen auch Blut floß. Aber sie weiteten sich nicht aus. Die politische Mitte, zu der sich Herbert Brandt verstand, hielt sich zurück.
Der alte Hindenburg war der Mann der Niederschlesier. Man glaubte an seine politische Weitsicht und akzeptierte daher auch seinen Entschluß, im Januar 1933 Hitler zum Reichskanzler zu berufen. Einige wenige waren weitsichtiger als Hindenburg

und schüttelten die Köpfe über diese Politik. Sie blieben jedoch still und warteten ab. Die Meinung: Was kann ich schon als einzelner dagegen tun war landläufig und ein Zeichen der Zeit. Woher in Görlitz die vielen Anhänger des »Führers« mit einem Mal kamen, schien rätselhaft. Im Januar 1933 war die Stadt plötzlich voll davon. Die ersten braunen Uniformen tauchten in den Straßen auf. Später trug sie auch Herbert Brandt. Er war als Reserveoffizier seit seiner Rückkehr aus sibirischer Gefangenschaft Mitglied des »Stahlhelm«, einer Vereinigung ehemaliger Frontsoldaten. 1933 wurde der »Stahlhelm« von der SA übernommen. Viel gefragt wurde nicht. Es war ein Befehl, der von der nationalsozialistischen Regierung kam, und preußische Soldaten und Offiziere hatten in erster Linie gelernt, zu gehorchen.

Hanna betrachtete die braune Uniform mit gemischten Gefühlen. Sie unterschied sich zu sehr von den Waffenröcken, die ein Teil ihrer Kindheit waren. Aber sich gegen irgend etwas aufzulehnen, was der geliebte Herbert tat, wäre ihr nie in den Sinn gekommen.

Emmy und Martin fanden es toll, daß der Vater so offensichtlich »dabei« war. Sie hörten bald von der Vereinigung der Hitlerjugend, dem BDM und der HJ, und vor allem Emmy wünschte nichts sehnlicher, als in diesen Bund aufgenommen zu werden und auch die Uniformen tragen zu dürfen, die sie als Auszeichnung empfand. Ende Januar zog ein endloser Fackelzug durch die frühe Dunkelheit der Görlitzer Straßen. Die Eltern waren verreist. Anna, die die Kinder zärtlich »Ati« nannten, stand mit den Geschwistern an den Fenstern des Herrenzimmers, stumm und erregt. Ob diese Erregung einer ablehnenden oder zustimmenden Haltung entsprang, war schwer herauszufinden. Die Kinder waren sorgfältig in Wolljacken gehüllt, die beiden Kleinen sogar schon in ihre flauschigen Morgenmäntel. Eva in Hellblau mit weißen Punkten, Katharina dasselbe in Rosa.

Als der lange Zug der Männer mit den flackernden Lichtern vorbeimarschierte, öffnete die Ati das eine Doppelfenster einen

Spalt breit, nicht ohne sich vergewissert zu haben, daß bei jedem Kind der oberste Knopf des wärmenden Kleidungsstückes geschlossen war. Nun konnte man auch den marschierenden Gleichschritt hören, der von Hunderten genagelter Stiefelsohlen nach oben scholl, und den Gesang, der sich dem Rhythmus angepaßt hatte. Ein Lied klang auf, das den Brandt-Kindern im Augenblick noch fremd war, das ihnen aber so geläufig werden sollte wie die deutsche Nationalhymne, mit der zusammen sie es später bei unzähligen Gelegenheiten singen sollten: Das Horst-Wessel-Lied. Sie bestaunten das eindrucksvolle, nächtliche Bild, das da unten an ihnen vorbeizog, ließen sich von den rhythmischen Gesängen gefangennehmen und begriffen mit kindlichem Schauer, daß da etwas Außerordentliches, Neues im Gange war.

Als Ati das Fenster energisch wieder schloß, obwohl der Fakkelzug noch nicht ganz vorüber war, protestierten Emmy und Martin. Sie blieben noch im Herrenzimmer zurück, die Gesichter an die Scheiben gepreßt, während Eva und Katharina zum Abendbrot ins Kinderzimmer geschickt wurden. Ati setzte sich zu ihnen, und als sie ihr Butterbrot mit heißen Wiener Würstchen kauten, las sie ihnen aus Josefine Siebes Kasperlebüchern vor, um sie auf andere Gedanken zu bringen. Das gelang ihr auch sehr rasch. Wie tief sich aber das Erlebnis ins Unterbewußtsein eingegraben hatte, merkte Eva erst nach vielen Jahren, als es plötzlich wieder in ihrem Gedächtnis aufstand.

Anfang August 1934, an einem prächtigen Sommertag: Felix war wieder zum Spielen gekommen, und die gute Ati hatte den weißen Kindertisch mit den beiden Stühlchen in den Garten getragen, bevor sie mit Katharina zum Entenfüttern in den Park ging. Felix sah Eva-Maria entgegen, die geschäftig mit einem Arm voller Puppen die Treppe hinuntersprang, und er war ganz darauf eingestellt, in seine von der Freundin erwartete Vaterrolle zu schlüpfen.

»Ich mal' nur noch fertig«, murmelte er entschuldigend und krakelte ein paar bunte Striche in das vorgezeichnete Malbuch.

Und dann – so ganz nebenbei, mit der Unbekümmertheit seiner eben erreichten sechs Jahre:
»Weißte schon – Hindenburg is heute gestorben.«
Eva blieb stehen und starrte ihn an. Sie ließ den ganzen Puppenberg auf den Gartenweg fallen. Es krachte ordentlich. Und dann setzte sie sich in das eine weiße Stühlchen und begann zu weinen. Hindenburg, dessen gütige Gesichtszüge sie so genau kannte, der für sie eins war mit dem ebenso geliebten Großvater Kirsch, nur mit dem unbestreitbaren Vorzug, daß er bis dahin noch gelebt hatte, war tot. Die Endgültigkeit dieser erschütternden Tatsache drang zum ersten Mal tief und schmerzlich in ihre Kinderseele und schüttelte den kleinen Körper in heftigem Schluchzen.
Felix starrte die Freundin verblüfft an. Dieser unerwartete Ausbruch war ihm unbehaglich. Er konnte damit nichts anfangen. »Der war doch schon so alt«, brummte er schließlich tröstend. Woher aber sollte er wissen, welchen Verlust der Tod dieses Mannes in Evchens Kinderwelt bedeutete? Als Ausdruck seiner hilflosen Zärtlichkeit stand er auf, sammelte alle durcheinandergepurzelten Puppen vom Weg auf, stellte sich vollbepackt vor das schluchzende Kind und fragte: »Kommste nu?«
Eva nickte, fuhr sich mit beiden Händen über das nasse Gesicht und trottete hinter ihm her, als er mit dem ganzen Kindersegen im Arm auf die Laube zuging, mit jedem Schritt ein verantwortungsbewußter Puppenvater.
Der Kummer zitterte noch lange in Evchen nach. Den ganzen Tag war sie still und bedrückt, auch noch den darauffolgenden, als die Eltern bei Tisch über die in der Zeitung erschienene Nachricht vom Ableben des greisen Reichspräsidenten sprachen. Auf der ersten Seite erschien ein großes Foto Hindenburgs, das gleiche, das im Herrenzimmer an der Wand hing. Auf Vaters geheiligtem Schreibtisch stand am nächsten Tag plötzlich eine Kindertasse, halb mit Wasser gefüllt, in dem sechs kurzstielige Gänseblümchen schwammen. Gerührt und belustigt fragte Herbert Brandt am Mittagstisch seine Kinder, wem er diese Blumengabe zu verdanken habe. Da traf sein Blick

auf Evas große, grüne Augen, aus denen sich dicke Tränen lösten.
»Die sind für Hindenburg – weil er doch tot is.«

Kinderkrankheiten

Wenige Wochen später wurde Eva-Maria krank. Sie hatte gerade ihren sechsten Geburtstag gefeiert, den Hanna, wie üblich zu einem gelungenen Kinderfest werden ließ mit Kaffeetafel und Abendbrot, dazwischen Sackhüpfen, Eierlaufen, Topfschlagen und einer spannenden Lotterie mit herrlichen Preisen.
Am nächsten Tag kündigte sich eine Veränderung in Evas Befinden an, die den Eltern tagelang Rätsel aufgab.
So ein bißchen krank sein war ja immer schön. Der kleine Patient durfte im Bett spielen, hatte ein halbes Dutzend Bilderbücher um sich herumliegen, und Mutti und alle anderen waren besorgt und nachsichtig. War das Fieber einmal hoch, dann döste man vor sich hin, war schlapp und schläfrig, aber auch das war schön. Einmal brachte Emmy aus der Schule die Masern mit, die prompt bei allen Brandtkindern die Runde machten. Eva hatte die Krankheit am leichtesten. Sie ließ sich einen Spiegel ins Bett reichen und amüsierte sich über ihr Streuselkuchengesicht. Auch Mumps und Windpocken überstand sie schnell. Diesmal aber bekam sie eine Krankheit, die bei den Eltern besorgte Mienen hervorrief und die nicht in die Reihe der üblichen Kinderkrankheiten einzuordnen war. Sie wurde plötzlich unerklärlich matt und müde, war unlustig und quengelig und schlief unruhig. Das einzige deutbare Symptom war ein leichtes Fieber und eine quälende Übelkeit, die ihr alle angebotenen Speisen zuwider sein ließ. Als auch am nächsten Tag keine Änderung eintrat, wurde die Hausärztin gerufen. Evchen blinzelte ihr aus halbgeschlossenen Augen entgegen, ließ sich den Bauch

betasten und sagte »aua«, weil der leichte Druck der Hand auf der Bauchdecke schmerzhaft war.
Fünf Tage später bekam sie eine quittegelbe Hautfarbe, selbst die Augäpfel wurden gelb. Es ging ihr inzwischen besser. Das Fieber war gesunken, Übelkeit und Bauchschmerzen hatten nachgelassen. Sie war eben nur noch gelb. Wieder einmal ließ sich Eva einen Handspiegel reichen, betrachtete sich aufmerksam und genoß es, sich von allen Seiten verwöhnen zu lassen. Mit der Zeit aber wurde ihr das Kranksein langweilig. Katharina war längst aus dem Kinderzimmer ausquartiert. Die Geschwister durften sie nicht besuchen, weil eine infektiöse Gelbsucht ansteckend war. Das Kind fühlte sich nach einer Woche pudelwohl im Bett und bettelte, aufstehen zu dürfen. Aber es half nichts: Die Ärztin hatte eine dreiwöchige strenge Bettruhe verordnet, die die Eltern gewissenhaft einhielten. Eva mußte sich mit dem Sonnenstrom begnügen, der breit durch die geöffneten Balkontüren hereinfloß, und mit der einzigen Gesellschaft einer älteren Kinderschwester, die meistens am Fenster saß und las oder stickte. Ihre geduldigen Antworten auf Evas pausenlose Fragen waren kein Ersatz für die lustigen Spiele mit Felix oder Katharina. Sie vermißte sogar die nicht ausbleibenden, regelmäßigen kleinen Streitereien. Mutti kam mindestens dreimal am Tag »reingucken«, brachte Obst und Süßigkeiten und immer wieder neue Mal- und Bilderbücher. Und abends kam der vergötterte Vati, zu dem Eva-Maria von einer ehrfürchtigen Liebe erfüllt war. Der Vater saß für das Kind irgendwo auf einem imaginären Olymp und war unfehlbar. Es fühlte stets eine leise Scheu ihm gegenüber und empfand das liebevolle Übershaarstreichen und das kurze Gespräch, das nur ihm allein galt, jeden Abend als Auszeichnung. Diese kleinen Besonderheiten, auf die sie sich täglich neu freute, halfen Eva-Maria, die langen Krankheitswochen zu überstehen.
In den letzten Septembertagen durfte sie zum ersten Mal aufstehen. Sie war noch etwas wacklig auf den Beinen. Der lange Korridor, an dessen Ende das Eßzimmer lag, war ihr merkwürdig fremd geworden. Die Wiederaufnahme in den Familien-

kreis war ein bißchen feierlich und befangen. Die älteren Geschwister bemühten sich um einen milden, rücksichtsvollen Ton ihr gegenüber. Die Eltern waren nachsichtig und widmeten sich ihr mit bevorzugender Aufmerksamkeit. Nur Kathrinchen war ungezwungen wie immer. Die Zusage, am Abend wieder mit ihrem Bett in dem gemeinsamen Kinderzimmer Einzug halten zu dürfen, löste bei ihr hellen Jubel aus.

Der Winter kam rasch. Er überging den Herbst beinahe. Nach drei kurzen Abschiedswochen von der Natur, in denen eine blaßgewordene Sonne immer wieder mit sich vordrängenden Regenfeldern kämpfte, fiel schon Mitte Oktober der erste Schnee. Emmy und Martin bekamen eine Woche Herbstferien und durften mit Elfriede, dem Hausmädchen, zu deren Eltern aufs Land fahren. Hanna ging mit ihrem Mann auf eine Geschäftsreise. Sie wurde gewissermaßen »mitgenommen« und genoß diesen Dispens von ihren häuslichen Pflichten als Ferienwoche.

Zurück blieben die »beiden Kleinen« unter der Obhut von Omi Kirsch und der geliebten Ati. Die großen Kachelöfen wurden wieder geheizt, Omi las Geschichten vor oder spielte mit den Kindern »Fang den Hut«, was Katharinchen noch nicht ganz begriff, während Ati sich bemühte, dem riesigen Stopfkorb mit der zerrissenen Kinderwäsche auf den Grund zu kommen. Es war urgemütlich, und Eva sagte eines Abends nachdenklich beim Abendbrot, das in dem großen Kinderzimmer eingenommen wurde:

»Is doch ganz schön auch mal mit kleiner Familie, nich?« Als am nächsten Wochenende aber alle wieder angereist kamen, war sie auch zufrieden. Sie war nun einmal in eine große Familie hineingeboren und konnte auf die Dauer keinen vermissen.

Weihnachtszeit

Ende November begann im Hause Brandt eine geheimnisvolle Geschäftigkeit. Selbst die »beiden Kleinen« werkelten und mühten sich, um am bevorstehenden Weihnachtsfest alle Familienmitglieder im engeren und weiteren Kreise mit Überraschungen bedenken zu können. Einmal die Woche marschierten alle vier Kinder zu Tante Anna Petersdorf, die mit Rat und Hilfe das Entstehen der kleinen Geschenke förderte. Sie selbst machte mit ihren geschickten Händen dabei die feinsten Handarbeiten, und während sie den Kopf mit dem kleinen weißen Haardutt über die Arbeit beugte, erzählte sie Geschichten vom Christkind, vom Weihnachtsmann, vom Lieben Gott und einer Unzahl von goldgelockten Engelchen, so eindringlich und glaubhaft, daß die Kinder immer wieder gespannt zu den mit weißen Mullgardinen verhängten Fenstern guckten, ob da nicht irgendwo ein Engelsflügel zu entdecken wäre. Zwischendurch sangen sie beinahe alle Weihnachtslieder, die im deutschen Sprachraum bekannt waren. Und Eva, die ein gutes Gedächtnis hatte, sang bald alle Strophen mit, obwohl sie sehr oft den Sinn der Texte gar nicht verstand. Daß zum Beispiel die »treuen Blätter« piekige Tannennadeln sein sollten, kam ihr nicht in den Sinn, und was »Hoffnung und Beständigkeit« waren, begriff sie auch nicht. Aber sie liebte die getragenen Melodien, die so viel Feierlichkeit heraufbeschworen, und zwitscherte mit, mehr laut als schön, was Emmy zu der mokanten Bemerkung veranlaßte: »Iih – ist die unmusikalisch!«
Der Höhepunkt der Vorweihnachtszeit war der erste Advent. Am Nachmittag fand sich die ganze Familie einschließlich Frieda und Ati um den festlich gedeckten Kaffeetisch zusammen, auf dem ein Adventsbäumchen stand, sozusagen eine Miniaturausgabe des Weihnachtsbaumes, auf dessen Zweigen sich honiggelbe Spiralkerzen ringelten. Die oberste wurde angezündet und warf ihren leise zitternden Schein auf die hellen Zuckerkringel, die aus den dunkelgrünen Ästen hervorleuchte-

ten. Die Kinder fanden auf ihren Plätzen jedes einen Adventskalender, dessen Türchen sie bis zum 24. Dezember öffnen konnten, jeden Tag eines.

Nach dem Kaffee wurden Wunschzettel geschrieben. Hanna hatte große Bögen zurechtgelegt. Emmy und Martin schrieben mit Bleistiften ihre Wünsche auf und umrankten sie mit buntgemalten Blumen, Sternen und Tannenzweigen. Bei Eva und Katharina mußte die Mutter helfen. Sie flüsterten ihr die vielen Wünsche zu, die vom Puppennachttopf bis zum lebendigen Dackel gingen, mit ängstlichen Seitenblicken, ob auch die »Großen« nicht zuhörten und Emmy womöglich eine spöttische Bemerkung machte. Martin war viel zu sehr vertieft in die möglichst sorgfältige Ausfertigung seines Wunschzettels. Von seiner Seite war kein Einwurf zu befürchten.

Die fertigen Blätter wurden zwischen die Doppelfenster gelegt. Am nächsten Morgen waren sie verschwunden. Dafür lag für jeden Wunschzettel ein Schokoladenkringel an der Stelle als sichtbarer Beweis, daß die Engel die Kinderwünsche eingesammelt und zum Christkind gebracht hatten.

Jetzt begann eine anstrengende Zeit für die Kinder. Bei jeder Gelegenheit wurden sie ermahnt, nur ja recht artig zu sein. Denn nun seien die geflügelten Himmelsboten pausenlos unterwegs und lugten durch Fenster und Türen, ob die kleinen Erdenbürger sich auch der erwarteten Geschenke würdig zeigten. Emmy und Martin mühen sich mehr denn je, in den schriftlichen Arbeiten in der Schule vor Weihnachten gute Zensuren zu erlangen. Die »beiden Kleinen« waren beflissen, musterhaftes Betragen an den Tag zu legen, was durchaus nicht immer einfach war.

Geprägt aber war die Adventszeit durch das Fertigen einer großen Anzahl von Geschenken für die Eltern, die Geschwister, die Omi, die Tanten und auch für die »Mädchen«.

Kathrinchen malte und klebte lauter unnütze Dinge, die sie mit hochtrabenden Namen versah. Eva-Maria stickte immerhin schon Brotkorbdeckchen und Serviettentaschen mit einfachen Kreuzstichmustern, die sie bei Tante Anna gelernt hatte.

Für Omi machte sie ein Weihnachtsgedicht, das Hanna in Druckbuchstaben aufschreiben mußte. Die Überschrift CHRISTKIND malte sie nach Muttis Vorlage selbst darüber. Martin saß nach den Schularbeiten an dem großen Kinderzimmertisch und fertigte unermüdlich Laubsägearbeiten. Näherte sich einer der Erwachsenen vom Flur her der Kinderzimmertür, schrie er »Nicht rein!« und bedeckte mit seinen kleinen Jungenhänden die halbfertige Arbeit, nicht bedenkend, daß das kreischende Ritschratsch der Säge auch draußen zu hören war. Was fertig war, wurde mit schwarzer Tusche gebeizt, so daß die ausgesägten Blumen und Figuren wie Scherenschnitte aussahen. Martins Geschenke waren wirklich brauchbar. Unter seinen fleißigen Händen entstanden Lineale, Briefständer und Weihnachtskrippen, denen ein langes, manchmal jahrzehntelanges Dasein beschieden war.
Emmy schließlich stickte Deckchen, für Mutti sogar einmal eine Schürze, und versuchte sich in der in der Schule erlernten Hohlsaumstickerei. Da sie aber gewöhnlich viel zu spät mit ihren Arbeiten begann und sie auch ziemlich lustlos ausführte, kam sie regelmäßig in Verzug und nahm an den letzten Tagen vor Weihnachten die Nachtstunden dazu. Wehe, sie wurde vom Vater dabei erwischt! Er hatte wenig Verständnis für ihre Art der Zeiteinteilung, und es setzte ein heiliges Donnerwetter, das aber mit Rücksicht auf die längst schlafenden Geschwister nur halblaut ausfiel und daher an Schärfe verlor.
Schlesische Weihnachten waren fast immer weiß. Die Kälte klirrte im tiefverschneiten Garten. Die Görlitzer Straßen wurden mit Sand bestreut, der zusammengeschobene Schnee türmte sich an den Rändern der Bürgersteige. Autos fuhren, so schien es, leiser, und die vor die Wagen oder Schlitten gespannten Pferde hatten Glocken am Geschirr, die mit jedem Trab sachte klingelten. Auf dem nahen Wilhelmsplatz gab es den beschaulichen Christkindlmarkt. Bude reihte sich an Bude, daß die Vielzahl der grauen Zeltplanen wie eine kleine Stadt wirkte. Es roch nach gebrannten Mandeln und türkischem Honig, es gab Gummischlangen mit Ringen im Maul, die genau auf Kin-

derfinger paßten und rote und blaue Glitzersteine trugen. Sie kosteten zehn Pfennige. Wer aber nur fünf Pfennige ausgeben wollte oder konnte, bekam aus derselben Gummimasse eine kleine graue Maus, der den Kopf abzubeißen ein unbezähmbares Vergnügen bereitete. Vor manchen Buden blieben die Kinder nachdenklich stehen und drehten ihre Groschen in den kalten Fingern. Da bekam man für zwanzig oder dreißig Pfennige fabelhafte Petersilienschneider, Zitronenpressen oder Schneebesen mit Holzgriff, und es war ernsthaft zu überlegen, ob sich Mutti nicht darüber freuen würde. Bunte Weihnachtskarten fanden sie genauso verlockend wie rotglasierte Äpfel. Die Entscheidung fiel schwer, das von der Mutter spendierte Geld für sich selbst oder für Weihnachtsgeschenke auszugeben. Während des mindestens zwei Stunden dauernden Marktbummels blieben die vier getreulich beisammen, warteten aufeinander, wenn sich eins oder das andere bei einer Auslage verweilt hatte, und gingen schließlich auch gemeinsam heim, durchgefroren, aber zufrieden und glücklich. Noch lange, wenn sie sich auf dem Heimweg umdrehten, war der hohe, kerzenbestückte Christbaum zu sehen, der mitten in dem Budengewirr stand und daran erinnerte, daß dies ein Weihnachtsmarkt war.

Zu Hause verschwanden sie alle in ihren Zimmern, mit ihren Gummischlangen und Überraschungstüten, rissen sich die Wollfäustel mit den festgefrorenen Eisstückchen daran von den Händen und fanden, daß die erstandenen Pfefferkuchenherzen nicht annähernd so gut schmeckten wie die von Mutti gebackenen. Die Finger waren blaurot und kalt und taten so weh, daß den Kindern die Tränen kamen. Eva und Katharina hielten die Hände an die weißen Kacheln des Kinderzimmerofens und jammerten so erbärmlich, daß die Ati kam und ein Händchen nach dem anderen warmrieb. Die Wangen wurden inzwischen auch heiß und rot, und mit glänzenden Augen erzählten die »beiden Kleinen« von den Herrlichkeiten des Christkindlmarktes.

Im Winter war die zum Garten hinausgehende Veranda, die die Größe eines mittleren Zimmers hatte und auf der bis zum Spätsommer die Speisen eingenommen wurden, mit riesigen Fenstern verglast, die durch ihre schönen, kunstvoll eingeätzten Jugendstilmotive ein leicht diffuses Licht einströmen ließen und dem Raum die Behaglichkeit eines zusätzlichen Wohnraumes verlieh. Unbehaglich waren die mit zunehmender Kälte sinkenden Temperaturen. Die Veranda konnte nicht beheizt werden. So erhielt sie ihre Winterbestimmung als Aufbewahrungsort für alle möglichen, weihnachtsbezogenen Dinge: die sorgfältig mit Decken verhüllten Geschenke für die Kinder, allerlei Lebensmittel und Leckereien, vor allem die Riesenmengen Pfefferkuchen und die Bretter mit dem getrockneten Quittenbrot. Die Glasveranda war ein Extrakt vorweihnachtlicher Düfte, und wer konnte, steckte schnell einmal den Kopf durch die halbgeöffnete Tür, wenn Hanna gerade in diesem geheimnisvollen Raum zu wirtschaften hatte.

Die alljährliche große Pfefferkuchenbackerei wurde eingeleitet mit einem alten Familienrezept: Man buk »Tante Hulda«. Die Erfinderin dieses köstlichen Rezeptes war Vaters längst verstorbene Schwester Hulda, die in Danzig gewohnt hatte und zu ihren Lebzeiten diese weihnachtliche Nascherei samt Herstellungsanleitung in der ganzen Familie weitergereicht hatte. Hanna bereitete den Teig selbst schon am Tage davor, damit er nach vierundzwanzig Stunden Ruhe mit dem Messer geteilt und in große Fladen ausgerollt werden konnte. Das Ausrollen des schweren Teiges war mühsam, und es mußten beide »Mädchen« mit hölzernen Kuchenrollen und ihren kräftigen, arbeitsgewohnten Armen ordentlich werkeln, um glatte, einen halben Zentimeter dicke Teigdecken herzustellen.
In der großen Küche tummelten sich sieben Personen: Drei Frauen und vier Kinder. In dem altmodischen Herd prasselte das Feuer, das durch ständiges Nachlegen von Holzscheiten erhalten werden mußte und den Raum so erhitzte, daß alle glührote Backen hatten. Jedes der Kinder bekam ein Brett mit

einem Teigfladen darauf und durfte ausstechen: Sterne, Weihnachtsbäume, Monde und Herzen. Hanna legte die Ergebnisse kindlichen Fleißes auf große, gefettete Bleche, bestrich sie mit einer Milch-Eigelb-Mischung und schmückte sie mit halben Mandeln, für deren ständigen Nachschub eines der Mädchen sorgte. Das erste fertige Blech wurde mit Jubelgeschrei begrüßt, wie es überhaupt nicht allzu leise zuging während der viele Stunden dauernden Backerei. Emmy stritt sich mit Martin um ein bestimmtes Förmchen, Katharina patschte mit der flachen Hand auf die bereits mit Ei bestrichenen Plätzchen und brachte das ganze Blech durcheinander, das schon auf seinen Einschub in den Ofen wartete. Eva-Maria war so vertieft und still, daß Hanna erstaunt zu dem Kind hinübersah.
»Aber Eva!« rief sie entsetzt und griff nach dem Kuchenbrett, auf dem fein säuberlich ausgerichtet sechs penibel ausgestochene Sterne lagen. Alles, was an Teig darum herumgewesen war, steckte in Evchens Mund. Sie kaute zufrieden mit vollen Bakken und schrak bei Mutters Aufschrei zusammen. Im Augenblick waren sechs Augenpaare auf sie gerichtet, und ein vielstimmiges Gelächter ließ die Kleine dunkel erröten. Sie schluckte und schluckte, und gleichzeitig stürzten ihr die Tränen aus den Augen. Daß sie der Mittelpunkt der allgemeinen Heiterkeit war, verletzte sie tief, und die Freude am Pfefferkuchenbacken war augenblicks verflogen. In ihrer bemehlten Schürze, mit den teigverklebten Händen, rannte sie aus der Küche in das schräg gegenüberliegende, dunkle Kinderzimmer, hockte sich auf den Fußboden und schluchzte. Nie wieder würde sie mit Pfefferkuchen backen, und Weihnachten konnte ihr auch gestohlen bleiben. Wenn nur der Vati erst heimkäme! Vati war der Inbegriff des Verständnisses und der Gerechtigkeit.
Nach ein paar Minuten aber wurde ihr das dunkle Kinderzimmer zu langweilig. Verlegen schob sie sich wieder durch die Küchentür und war erleichtert, daß niemand von ihrer erneuten Anwesenheit Notiz nahm. Auf ihrem Platz am Küchentisch lag wieder das kleine Kuchenbrett mit einem glatten, flach ausgerollten Teigstück darauf, und Hanna verkündete fröhlich: »Ich

brauche noch ein paar Sterne für das nächste Blech – wer macht mir die?«

Als Herbert Brandt am Abend aus dem Büro kam, duftete das ganze Haus nach Pfefferkuchen. Er steckte den Kopf durch die Küchentür, schmunzelte zufrieden, als er das Bild vorweihnachtlichen Fleißes sah und durfte ein erstes knuspriges Stück »Tante Hulda« kosten.

»Ein bißchen hart«, fand er. Hanna füllte die fertigen Kuchen in große Blechbüchsen und versicherte wie jedes Jahr: »Sie brauchen eben noch ein paar Wochen. Weihnachten schmecken sie erst richtig.«

Was sonst noch an Pfefferkuchen gebacken wurde, erledigte Hanna lieber nur noch mit der Hilfe der beiden Mädchen. Da kam sie schneller voran und schaffte die doppelte Menge in der halben Zeit. Das traditionelle »Tante Hulda«-Backen aber wurde beibehalten, solange die Kinder im Hause waren.

Zu den Höhepunkten der Vorweihnachtszeit gehörte die Einladung »zu Mutti«. Um ihre Kinder einmal einzeln bei sich haben zu können, lud Hanna einen nach dem anderen an einem bestimmten Nachmittag zu sich ein. An einem solchen Nachmittag hatten die drei anderen strengstes Verbot, das Herrenzimmer zu betreten, in dem das Kaffee- oder vielmehr Kakaostündchen stattfand. Hannas persönliches Zimmer, das zwischen Eßzimmer und Herrenzimmer lag, war zu sehr »Durchgangsraum« und bot keine Gewähr für ein ungestörtes Zusammensein von Mutter und Kind.

Irgendwann im Dezember, kurz nach der Pfefferkuchenbackerei, traten die Brandtschen Kinder dem Alter nach zu ihren Mutti-Nachmittagen an. Das bedeutete, daß der jeweils Ausersehene punkt vier Uhr mit sauber gewaschenen Händen und aufgeregt klopfendem Herzen vor der Herrenzimmertür stand und mit spitzem Finger anklopfte. Von drinnen ertönte ein freundliches »Herein«, und dem kleinen Gast öffnete sich die Pforte zu einer ganz besonderen Stunde. Denn jetzt war er für einen Nachmittag »Einzelkind«, ein unerhörtes Erlebnis in ei-

ner kinderreichen Familie. Er versank vor dem festlich gedeckten Tisch mit den Kerzen und Tannenzweigen in einem tiefen Klubsessel und war superartig, als ob er tatsächlich »zu Besuch« sei. Es gab allerlei mit Mutti zu bereden, während die Stollenstückchen von dem zu hohen Tisch herunterkrümelten.
Später wurde die Handarbeit aus dem Baumwollbeutel hervorgeholt, in dem sie sorgfältig verstaut war. Und wenn Martin an der Reihe war, begann er seine Laubsägearbeiten auf einer vorsorglich von Hanna ausgebreiteten Zeitung zu bemalen, denn sägen durfte er nur im Kinderzimmer.
Was für ein besonderer Tag der Heilige Abend war, zeigte sich schon am frühen Morgen. Eva und Katharina sprangen früher als gewöhnlich aus ihren Betten und liefen in ihren langen Nachthemden zum Fenster, an dem die Adventskalender an langen Schnüren hingen, durch die vielen schon geöffneten Papptürchen ganz durchsichtig geworden. Das größte, zweiflügelige in der Mitte des Kalenders hatte bei Eva schon einen tiefen Knick und hing etwas schief in den Angeln, weil sie in ungeduldiger Erwartung ein paarmal gelinst hatte, ob auf dem dahintergeklebten Transparent wirklich das Christkind in der Krippe lag. Heute durften die Pappflügel mit Fug und Recht weit aufgesperrt werden, was zur Folge hatte, daß sie aus ihrer demolierten Verankerung rissen und abfielen. Bei Katharina indessen geschah diese letzte, feierliche Öffnung sorgfältig und mit Bedacht, so daß sich die Türseiten wie ein Kirchentor en miniature auftaten und den Rahmen für Maria mit dem Jesuskind gaben.
Daß die mit Vorbereitungen und Fleiß ausgefüllte Vorweihnachtszeit wie ein Atemzug verflogen war, spürten schon die Kinder, deren Tage und Stunden doch sonst so viel länger schienen als die der Erwachsenen.
Der Heilige Abend war da – und war ein Tag, anders als alle anderen des Jahres. Die gewohnten Räume und der lange Korridor wirkten geheimnisumwittert, so, als gehörte man gar nicht mehr hierher, als wäre man zu Gast im eigenen Vaterhaus. Das große Eßzimmer am Ende des Ganges war heute

überhaupt nicht mehr zu betreten. Es war von innen verschlossen, vom frühen Morgen an, und nur die Mutter durfte dort drinnen sein und den Engeln bei ihrer emsigen Arbeit helfen. Es mußte viel zu tun geben, denn Hanna blieb Stunden in dem festlichen Raum und kam nur zur Mittagszeit für die Spanne eines hastigen Imbisses heraus, der heute ausnahmsweise im Herrenzimmer eingenommen wurde. Auch dies unterstrich das Ungewöhnliche des Tages, was die Aufregung der Kinder noch steigerte. Es gab wie jedes Jahr Gänseklein mit Keilchen, ein westpreußisches Gericht – dem Vater zuliebe. Keilchen waren in einer Brühe gargezogene Kartoffelbällchen, nicht rund, sondern oval, mit dem Löffel abgestochen und in die kochendheiße Suppe gegeben. Sie gehörten ebenso zu Weihnachten wie abends der Karpfen und die Riesengans am ersten Feiertag.

Nach dem Mittagessen huschten die Kinder zurück in ihre Zimmer, um an unvollendete Handarbeiten noch letzte Hand zu legen und die Geschenke einzuwickeln. Das Weihnachtspapier hatten sie sich schon vorher von Hanna geben lassen, die es mit Gold- und Silberbändchen unter den Kindern verteilt hatte. Emmy und Martin schrieben in Druckbuchstaben oder Sütterlinschrift die Namen der Empfänger auf kleine Kärtchen, die sie an den Geschenkschleifen befestigten. Die »beiden Kleinen« merkten sich, wer was zu bekommen hatte. Um keinen Preis wollten sie sich von den Großen helfen lassen. Gar zu groß war die Gefahr, daß versehentlich oder gewollt eins der Geschenke entdeckt wurde und die Überraschung verlorenging. Besonders Emmy machte sich einen Spaß daraus, mitten in die Vorbereitungen der »Kleinen« zu platzen und wollte sich ausschütten über das Geschrei, das dann aus dem Kinderzimmer zeterte.

Nach Tisch wurden Eva und Katharina trotz heftigen Protests ins Bett gesteckt. Die Ati zog die dunklen Vorhänge vor die Fenster und erklärte kategorisch:

»Nu schloaft a bissel.«

Kathrinchen maulte, zog sich einen Bettzipfel heran, steckte den Daumen in den Mund und war wirklich nach ein paar Mi-

nuten eingeschlafen. Eva-Maria holte sich ganz leise das Brotkorbdeckchen für die Mutti hervor, an dem nur noch fünf Kreuzchen zu sticken waren. Eigentlich hätte das Deckchen noch von der Ati geplättet werden müssen, so zerknautscht wie es war. Und ein paar dunkle Flecken von nicht ganz sauberen Händen wies es auch auf. Die Hauptsache aber war, die Stickarbeit war fertig. Alles andere ließ sich später nachholen. Leise tappte das Kind zum Fenster, kroch zwischen Vorhänge und Fensterscheibe und vollendete die Arbeit. Es war so vertieft, daß es gar nicht merkte, wie die Tür geöffnet wurde und die Ati kam, um nach dem Rechten zu sehen. Sie zog die Kleine hinter dem Vorhang hervor, machte »pscht!« und legte den Finger auf die Lippen. Dann griff sie Evas Kleider, schlich mit ihr aus dem Zimmer und zog sie in der gemütlich-warmen Küche wieder an. Evchen durfte zu Ende sticken, wickelte mit Atis Hilfe das Deckchen in goldbesterntes Seidenpapier und war dankbar und glücklich.
Etwas später erschien Katharina im Nachthemd in der Küchentür, rieb sich die verschlafenen Augen und fragte mit knallroten Backen:
»Fängt jetzt Weihnachten an?«
Am frühen Abend, so gegen sechs Uhr, klingelte ein Glöckchen aus dem Weihnachtszimmer. Martin, der schon seit einer halben Stunde um die verschlossene Doppeltür strich, rief mit aufgeregt-heiserer Stimme alle Namen über den Flur:
»Emmy – Kathrin – Eva – Vaatii! Es hat geklingelt!«
Und dann gleich hinterher:
»Ati, Elfriede – kommt doch!«
Als Einzige erschien die Ati bei dem ungeduldigen Jungen und beruhigte ihn:
»’s hat doch no a bissel Zeit, Martin. ’s klingelt doch erscht dreimal, das weeßte doch.«
Martin stand neben einem mittelgroßen Waschkorb voller Geschenke, alle sorgfältig verpackt in weißgrünes Seidenpapier mit Tannenzweigen und goldroten Glocken. Seine dunkelblauen Matrosenhosen reichten bis zum Knie, darunter kamen

gewirkte hellbraune Strümpfe zum Vorschein. Die langärmelige, weißblaue Matrosenbluse war frisch gestärkt und blitzsauber. Martin hatte stets Sinn für das einer Festlichkeit angemessene Äußere und sträubte sich nie, wenn er mal die Kleider wechseln sollte, um wieder ganz adrett zu sein.
Beim zweiten Klingelzeichen aus dem Weihnachtszimmer legte sich Vaters Hand fest auf die Schulter des Jungen und zog ihn vom Schlüsselloch zurück, an dem sein Auge klebte.
»Man kann sowieso nichts sehen«, murmelte Martin schuldbewußt.
Jetzt trabten auch die beiden kleinen Mädchen heran. Sie schoben gemeinsam Kathrinchens weißes Puppenbett, aus dem sie sämtliche Puppen hinausgeworfen hatten und das ihnen nun als Behältnis für ihre Weihnachtsgeschenke diente. Als auch Elfriede über den Flur kam, fehlte nur noch Emmy. Sie war immer die Letzte, denn sie verkalkulierte sich regelmäßig mit der Fertigstellung ihrer Handarbeiten. Nach dem dritten Läuten fragte Hanna hinter der Tür vorsorglich:
»Seid ihr auch alle da? Emmy auch?«
Martin stürzte zu Emmys Zimmer, riß die Tür auf und schrie:
»Komm endlich, alte Nölsuse!«
Endlich, endlich öffnete sich die hohe Doppeltür zum Eßzimmer – Hanna stand glücklich und geheimnisvoll lächelnd vor ihrer Familie, und hinter ihr quoll eine Flut von goldenem Kerzenlicht aus dem Weihnachtszimmer, daß die Kinder den Atem anhielten. Zögernd, fast scheu betraten sie den Raum, der so wunderbar fremd und feierlich aussah mit dem hohen Lichterbaum in der Ecke und den rundherum gedeckten Gabentischen, auf denen auch Kerzen brannten hinter kleinen bunten Papierkrippen, daß das Licht durch das Transparent schimmerte und Engel, Hirten und die Heilige Familie zeigte. Acht Tische standen an den Wänden des großen Zimmers. Auch Anna und Elfriede bekamen ihre Gaben aufgebaut. In der Mitte stand der festlich gedeckte Eßtisch, an dem später zwei große Spiegelkarpfen verspeist wurden, »blau«, wie der Vater es aus Westpreußen gewöhnt war.

Emmy kletterte im Erker auf den Klavierhocker. Sie hatte seit zwei Jahren Klavierunterricht und übte schon seit Wochen die Weihnachtslieder. Jetzt spielte sie fehlerlos dreimal hintereinander »Stille Nacht, heilige Nacht«. Emmy war musikalisch. Sie fand leicht den richtigen Rhythmus, in dem alle Anwesenden die drei Strophen des Liedes mitsingen konnten.
Währenddessen gingen Katharinas und Evas Blicke verstohlen im Raum umher. Sie hatten beide sehr schnell herausgefunden, welcher Tisch für sie gedeckt war. Nicht nur, daß der Standort an jedem Weihnachten derselbe war, es lagen dort auch Dinge, die Mutti für sie auf den Wunschzettel geschrieben hatte, und sogar noch einiges mehr. Es war schwer, bis zur dritten Strophe durchzuhalten. Und damit war das Festprogramm noch nicht einmal abgelaufen. Jetzt trat Martin hervor und sagte die Weihnachtsgeschichte auf. Er war nervös und verhaspelte sich, und wenn Hanna ihrem Söhnchen nicht weitergeholfen hätte, dann hätte Martin sicher noch einmal von vorn angefangen, gewissenhaft, wie er war. Eva schnurrte das von Mutter verfaßte und eingeübte Gedicht fehlerlos und ohne zu stocken herunter. Sie hatte ein blendendes Gedächtnis und lernte schnell. Das dreijährige Kathrinchen hatte zum Glück nur einen Vierzeiler, mit dem es auch rasch fertig wurde.
Nachdem die Kinder ihre Gaben verteilt hatten, wurden sie selbst zu ihren Tischen geführt. Es gab ein glückseliges Durcheinander von Zeigen und Bestaunen, und die meisten der Wunschzettelwünsche waren erfüllt. Martins Eisenbahn wurde auf einem Schienenoval auf dem Teppich aufgebaut und mußte mit einem Vierkantschlüssel aufgezogen werden. Emmy bekam wieder zwei Bände der geliebten »Nesthäkchen-Bücher«, einen Muff aus Kaninchenfell und blinkende Schlittschuhe. Der Clou auf Evas Tisch war ein Schlittschuhkostüm aus grasgrünem Cord mit schwarzem Krimmerbesatz, dazu eine schicke Schiffchenkappe. Das eitle kleine Mädchen schlüpfte sofort in die Herrlichkeit und ließ sich auch bei dem folgenden Abendessen nicht davon trennen. Sie saß mit Kostüm und

Kappe am Tisch, und Emmy konnte sich nicht verkneifen, spöttisch zu bemerken:
»Schnall dir doch auch noch die Schlittschuhe an, damit du komplett bist.«
Das kleine Katharinchen aber stand fassungslos mit tränengefüllten Augen vor einem großen Marzipandackel und schluchzte:
»Iss hab mia aba 'nen echten gewünscht!«
Hanna nahm das Kind in die Arme und versuchte, es zu trösten. Weihnachten mit Tränen war etwas Beklemmendes für die ganze Familie.
»Kathrinchen, wir haben doch schon die Pferde und die Hühner. Wenn da auch noch ein Dackel dazwischen rumläuft, was meinst du, was das für einen Lärm und eine Aufregung gibt. Hier, sieh mal, das ist doch auch was zum Liebhaben: Der kleine Pummel freut sich schon die ganze Zeit auf seine neue Puppenmutti.«
Katharina sah zwar nicht ganz ein, warum sich die Hühner und die Pferde über einen kleinen Dackel so aufregen sollten. Als sie aber sah, daß die Babypuppe einen ganzen Koffer voller Strampelanzüge, Mützchen und sogar Windeln mitbekam, trocknete sie ihre Tränen. Selbstverständlich mußte Pummel nachher auch vom Karpfen probieren, und da sein Celluloidmündchen leicht geöffnet war, damit man einen mitgelieferten Schnuller hineinstecken konnte, verschwanden tatsächlich ein paar Fischkrümchen in dem Puppenkopf.
Todmüde, aber dennoch widerstrebend gingen die Kinder zu Bett, getröstet in dem Gedanken an zwei darauffolgende vielversprechende Weihnachtstage.
Martin war am nächsten Morgen als erster wieder im Weihnachtszimmer, lange bevor sich die Familie zum Frühstück versammelte. Er lag auf dem Teppich, steckte die Schienen in immer wieder neue Formen und Windungen und ließ die Lok mit dem Tender und den Personenanhängern darüberlaufen. Elfriede schimpfte, als sie beim Tischdecken immer wieder über die Schienen steigen mußte. Aber Martin schlug die Blauaugen zu ihr auf und fragte treuherzig:

»Willste nich ’n bißchen mitspielen?«
Elfriede packte das große Tablett, ging zurück über den langen Flur bis zur Küche und lachte in sich hinein:
»Nee, da Junge aba ooch!«
Eine Stunde später saß Emmy am Klavier und spielte die eingeübten Weihnachtslieder, Hanna goß Kaffee und Kakao in die Tassen, und Herbert fragte, während er sich sorgfältig weißen Quark (er nannte ihn »Glumse«) auf ein Vollkornbrot strich:
»Na, die Kleinen schlafen wohl noch?«
Gerade da aber wurden die beiden Mädelchen von der Ati ins Zimmer geschoben, beide in den gleichen Kleidern aus hellblauem Waschcord mit weißen Kragen, was Eva überhaupt nicht ausstehen konnte, weil sie in diesem deutlichen Vergleich zu dem zierlichen Katharinchen im Nachteil war. Emmy setzte sich nun auch zu Tisch, musterte die beiden Schwestern und stellte fest:
»Die Dicke braucht doppelt soviel Stoff für ein Kleid.«
Augenblicklich stürzten aus Evas Augen Tränen. Der Vater schlug mit der flachen Hand auf den Tisch, und die allseitige Festtagslaune wäre getrübt gewesen, wenn Martin nicht gefragt hätte: »Wieso d’n Stoff – ich denke, das is Cord?«
Das Gelächter war befreiend, Katharinchen lachte mit, weil alle lachten, ohne zu wissen, warum. Eva muckschte noch ein bißchen vor sich hin, aß dann aber doch mit Freude und gutem Appetit ihr Frühstücksbrot.
Der Garten vor dem Hause war tief verschneit. Die hohe Blautanne, die bis zum Dachfirst reichte, hatte auf jedem Zweig weiße Mützen auf, und die Zweige der achthundertjährigen Eibe bogen sich unter der Schneelast tief zu Boden. Auf dem weißen Teppich des winterlichen Rasens war das Stickmuster unzähliger Vogelfüße zu sehen. Das Thermometer war mehrere Grade unter Null gerutscht, wie es zur schlesischen Weihnachtszeit üblich war.
»Wer holt mit mir die Omi und die Tanten ab?« fragte Herbert Brandt die Frühstücksrunde. Emmy wollte lieber lesen, Martin lockte die neue Eisenbahn. Nur die »beiden Kleinen« meldeten

sich sofort begeistert. Dabei wußten sie noch gar nicht, welch eine großartige Überraschung auf sie wartete. Der Vater hatte sich einen Pferdeschlitten besorgt, und Mettwitz war eben dabei, »Fritz« und »Sepp« anzuspannen. Selbst auf den Fahrbahnen der Stadt lag der Schnee hoch genug, um eine reibungslose Fahrt auf den Kufen zu gewährleisten. Unter großem Jubel ließen sich die Mädel in dicke Mäntel, Schals und Mützen hüllen, kletterten in der Ausfahrt auf den bequemen Rücksitz und wurden zusätzlich in Wolldecken gepackt. Der Vater saß ihnen gegenüber und freute sich an der Freude seiner kleinen Töchter. Mettwitz lenkte die Pferde behutsam, die mit gleichmäßig nikkenden Köpfen im Schritt den Mühlweg hinuntergingen, am schneeweißen Schmidt-Pärkchen vorüber, auf dessen sanftem Abhang ein paar Kinder ihre neuen Schneeschuhe und Schlitten ausprobierten. Über die Reichenberger Brücke, die die beiden Neißeufer miteinander verband, ließ Mettwitz die beiden Pferde traben, so daß sie schnaubten und ihnen der Atem wie weiße Säulen aus den Nüstern stob. Drüben, am anderen Ufer der Neiße, erhob sich die imposante Kuppel der Ruhmeshalle gegen den winterlich weißen Himmel.
Eva hatte die Hände in den Strickfäusteln unter der Decke vergraben und genoß es, wie der Pferdeschlitten immer wieder die Aufmerksamkeit der Passanten auf sich zog. Mit zunehmendem Autoverkehr geschah es nicht mehr oft in Görlitz, daß ein Schlitten durch die Straßen fuhr. Bei Katharina hatte der Genuß andere Ursachen. Das sanfte Gleiten der Kufen und das Schnauben der Pferde entzückten sie. Nur eine Sorge bewegte ihr Kindergemüt: Ob die Last, auf dem Rückweg vermehrt durch die Omi und die Tanten, für die armen Tiere nicht zu schwer werden würde.
»Isses auch nis ssu swer, Vati?« fragte sie.
Der Vater schüttelte den Kopf, und damit war die Beunruhigung restlos verflogen. Was Vati sagte oder tat, war so unumstößlich fest und sicher wie das Abendgebet.
Omi Kirsch und die Tanten wurden, seit Herbert und Hanna miteinander verheiratet waren, an jedem ersten Weihnachts-

feiertag ins Haus geholt. Die Kinder kannten es gar nicht anders. Die »Tanten« waren die beiden unverheirateten Schwestern der Omi, die die große Wohnung am Friedrichsplatz mit ihr teilten. Sie gehörten einfach dazu.
Auf dem Rückweg wurde noch ein kleiner Umweg an der Neiße entlang gemacht, damit die drei alten Damen die Schlittenfahrt auch recht genießen konnten. Außerdem hatte Elfriede in der Brandtschen Küche dadurch noch etwas mehr Zeit für den traditionellen Gänsebraten, der, mit Rosmarin und Äpfeln gefüllt, schon am frühen Morgen durch das Haus duftete und bei ständig unterhaltenem Holzfeuer regelmäßig begossen wurde. Elfriede schälte Berge von Kartoffeln und schnitt ebensoviel Rotkohl, zu dem Nelken und ein paar Äpfel kamen und eine große Kelle von dem abgeschöpften Gänsefett, damit die Rotkohlschnitze geschmeidig und glänzend wurden.
Im Eßzimmer wurde indessen der schwere Ruscheweytisch ausgezogen, so daß zehn Personen bequem daran Platz hatten, und mit weißem Damast und Tafelsilber von Hanna und der Ati festlich gedeckt. Hanna nahm frische Servietten heraus, die sie kunstvoll faltete (»Das lern' ich nie, gnä' Frau«), und rieb selbst die schweren Kristallgläser mit einem Leinentuch aus, was eine symbolische Handlung war, denn sie standen sowieso immer blitzblank im Schrank.
Die Zehnte in der Tischrunde war seit ein paar Jahren die alte Tante von Treskow, eine Freundin von Großmutter Kirsch, die in einer mit Plüschmöbeln und uralten Bildern vollgestopften Wohnung ein einsames Leben führte.
»Wir müssen sie zu uns nehmen, Herbert«, setzte sich Hanna etwas mühsam durch. Zweimal hintereinander verbrachte Tante Else von Treskow den Heiligen Abend im Hause Brandt, aber weder der Hausherr noch die Kinder waren glücklich darüber, so daß Hanna in der Einladung zum ersten Feiertag eine Kompromißlösung sah. Die alte Dame war grämlich und befehlsgewohnt. Die Kinder fürchteten sich vor ihr, und sogar die »Mädchen« gingen ihr möglichst aus dem Wege, nachdem

sie ihr aus Pelerine, Mantel, Schal und Galoschen geholfen hatten.

Tante Else war schon eingetroffen, als der Schlitten vor der Haustür hielt und Eva, Katharina, Omi und die Tanten aus den Decken geschält wurden. Mettwitz brachte die Pferde in den Stall und schüttete ihre Tröge voll Heu und Hafer. Die Kinder stürmten die Treppe hinauf, und Ati lief hinunter, um dem Vater zu helfen, die alten Damen nach oben zu geleiten. Im Herrenzimmer atmete Emmy auf, als sie die Stimmen im Flur hörte. Sie war Tante Elses Patenkind und abkommandiert worden, der alten Dame Gesellschaft zu leisten, bis alle beisammen waren. Hanna mußte immer wieder in der Küche nach dem Rechten sehen, und Martin war nur eine bedingte Unterstützung, wenn er sich hin und wieder durch die Tür schob und der Tante eines seiner Weihnachtsgeschenke zeigte, die nur ein geringes Interesse dafür bezeugte.
Jetzt stürzte Emmy in den Flur hinaus, fiel der geliebten Omi um den Hals und zog sie ins Herrenzimmer:
»Komm, Omi, Tante Else wartet schon auf dich.«
Nach dem festlichen Mahl, das mit einem in schweren Kristallschüsseln gereichten Kompott abschloß (die Kinder hätten viel lieber Schokoladenpudding mit Schlagsahne gehabt, den Hanna »Mohr im Hemd« nannte), zerstreute sich die ganze Tischgesellschaft. Die Erwachsenen wurden auf die verschiedenen Schlafzimmer verteilt und hielten Mittagsruhe. Die Kinder durften im Weihnachtszimmer bleiben, nicht ohne daß ihnen eingeschärft worden war, mucksmäuschenstill und friedlich zu sein.
Eva und Katharina spielten im Flüsterton mit ihren Puppen, Emmy verzog sich auf Muttis Nähsesselchen im Erker und las. Martin hatte im Nu wieder seine Eisenbahnschienen auf dem Teppich aufgebaut und begann, seine Lokomotive aufzuziehen und durch das Zimmer rattern zu lassen.
Um halb vier Uhr kam Elfriede und deckte den Kaffeetisch, baute die drei Platten mit Königskuchen, Liegnitzer Bombe und

Schlesischem Streuselkuchen in die Mitte und verschwand wieder in der Küche, um den »echten« und den »Blümchen«-Kaffee vorzubereiten. Eva wetzte hinter ihr her und bettelte: »Darf ich den Kaffee mahlen?«
Sie setzte sich auf einen Küchenstuhl, bekam die Mühle zwischen die Knie gequetscht und ließ sich die braungerösteten Gerstenkörner in den Mühlenkopf schütten. Dann schob sie selbst die kleine Messingkappe zu und begann die Kurbel an dem hölzernen Knauf zu drehen. Eva tat die Arbeit gern, und sie kam sich ein bißchen wichtig dabei vor. Solche Augenblicke brauchte sie, um ihr so oft lädiertes kleines Selbstbewußtsein zu festigen.
Punkt vier Uhr erschien Herbert Brandt am Kaffeetisch, zog aus seiner Westentasche die goldene Uhr und ließ den Klappdeckel aufspringen. Ein vergleichender Blick ging zu der schwarzen Standuhr, die im selben Moment vier tiefe, schwingende Töne hören ließ.
Emmy klappte ihr Buch zu, legte es auf ihren Weihnachtstisch und schob sich ihren Stuhl zurecht.
»I c h bin pünktlich, Vati«, sagte sie mit einem versteckten Triumph in der Stimme.
»Ich auch«, schrie Martin und kroch unter dem Tisch mit einem ganzen Arm voller Eisenbahnschienen hervor.
Eine Viertelstunde später war die Kaffeerunde vollzählig, und Elfriede konnte herumgehen und die Tassen vollschenken.

Die Weihnachtswoche war wohl die kürzeste Woche im ganzen Jahr. Die Kinder hatten genug zu tun, all die neuen Bücher, Spielsachen und Kleidungsstücke in Betrieb zu nehmen. Die Tage waren kalt und schneereich und luden dazu ein, sich in den nahen Parks stundenlang mit Rodelschlitten und Skiern zu vergnügen. Es war zwar etwas mühsam, die verschiedenen Hänge hinaufzukraxeln, und man war ja so schnell wieder unten. Bis zum frühen Dunkelwerden aber blieben sie alle draußen und kamen mit roten Backen, nassen Wollsachen und trotz

der Fäustel eiskalten Fingern nach Hause, die beim »Auftauen« wieder höllisch weh taten.
Das Schönste war, wenn die ganze Familie zur Eisbahn ging. Herbert holte dann seine geschwungenen Holländer-Schlittschuhe hervor, putzte sie gewissenhaft und hielt die Kinder an, das gleiche mit ihren Schlittschuhen zu tun. Die Kinderschlittschuhe hingen mit Lederriemen zu Paaren gebündelt an einem großen Haken in einer Bodenkammer. Sie unterschieden sich nur in der Größe voneinander und wurden in jedem Winter mit Spannung neu probiert, ob sie noch paßten. Waren die Kinderfüße um eine oder zwei Nummern gewachsen, so rutschte ein Paar an das nächst kleinere Geschwisterkind. Das bedeutete, daß nur Emmy hin und wieder ein Paar neue Schlittschuhe bekam und die kleinsten ausrangiert wurden. Die Kinder waren noch zu unbefangen, um deshalb Neid aufkommen zu lassen. Im Gegenteil: Sie waren stolz, in die nächste Größe hineingewachsen zu sein und putzten mit Feuereifer den Rost von den Kufen der Erbstücke. Als Emmy allerdings später als erste verchromte Schlittschuhe bekam, die man nicht mehr putzen mußte, wurden die Geschwister doch nachdenklich.
Eva hatte zu Weihnachten – sie war nun sechs Jahre alt – das Eislaufkostüm aus grünem Cord bekommen. Es stellte alles in den Schatten, was sonst noch auf dem Weihnachtstisch lag. Nicht einmal das wunderschöne große Puppenhaus mit seinen Türmchen und Erkern, dessen Zimmer man mit richtigen kleinen Schaltern elektrisch beleuchten konnte, trat in Konkurrenz dazu. Herbert Brandt hatte das Haus für alle vier Kinder bauen lassen. Also gehörte Eva-Maria genaugenommen ein Viertel davon. Daß die beiden Großen nur ein gedämpftes Interesse für den Prachtbau zeigten, hob für Eva den Wert ihres Anteiles. Aber das Eislaufkostüm gehörte ihr allein. Es war speziell für sie angefertigt worden. Keines der anderen Kinder besaß etwas Ähnliches. Es söhnte sie mit ihren schwarzen Stiefelchen aus. Eva hatte sich immer weiße Stiefel gewünscht, mit Schlittschuhen gleich dran. Jetzt aber waren die Schwarzen richtig. Und der Clou zu der ganzen Ausstattung war die grüne Schiffchen-

kappe mit dem Krimmerrand. Kein Wunder, daß das eitle kleine Mädchen drängte, schon am zweiten Weihnachtstag auf die Eisbahn zu gehen. Der gutmütige Vater gab nach, die Schlittschuhe wurden hervorgeholt und die ganze Familie zog los. Jedes Kind trug seinen Schlüssel an einem Band um den Hals, mit dem die Schlittschuhe an den Stiefeln festgeschraubt wurden. Es ging den verschneiten Mühlweg hinunter, über die Reichenberger Brücke. In den weiten Anlagen unterhalb der Ruhmeshalle lag der zugefrorene See, auf dessen spiegelblanker, hier und da schon etwas zerkratzter Scheibe sich ein buntes Völkchen nach Walzerklängen drehte.
Die Brandtschen Kinder hatten früh gelernt, sich auf dem Eis zu bewegen. Sie trennten sich bald von den Eltern, beruhigt in dem Bewußtsein, daß sie sich immer wieder schnell finden würden. In die kleinen Umhängetäschchen hatte Hanna schnell noch vorher ein paar »Sechser« gesteckt, so daß, wer etwa fror, sich in der Bude am Eingang anstellen und ein Glas heißen Punsch erstehen konnte, der nach Bonbon schmeckte und die Zunge kirschrot färbte.
Eva-Maria war selig. Sie lief mit ihrem Katharinchen Hand in Hand, das an der anderen Seite vorsorglich von der Mutter gehalten wurde und völlig furchtlos vorwärtsrutschte. Hin und wieder löste sie sich von den beiden und drehte sich auf dem Eis, damit das neue Röckchen wehen konnte. Zwischendurch kam auch einmal Martin angelaufen, sie faßten sich mit überkreuzten Armen und glitten im Gleichschritt rhythmisch nach der Musik.
Als sie heimkamen, wartete das Mittagessen schon, heiß und verlockend. Es gab Schmorkartoffeln mit den Gänseresten und Rotkohl, hinterher Apfelmus mit Suppenmakrönchen. Das Tischgebet wurde vor dem Essen gesprochen. Alle Kinder kannten es auswendig und wechselten sich wochenweise damit ab. Nur bei Katharinchen klappte es noch nicht ganz. Hanna sprach leise mit, so leis, daß die Kleine meinte, außer ihr wüßte niemand etwas von dieser Unterstützung.
Ehe es sich die Kinder versahen, war der letzte Tag des Jahres

herangekommen. Er wurde beinahe so festlich begangen wie der Heilige Abend. Der Unterschied lag nur darin, daß ihnen das Weihnachtszimmer inzwischen vertraut geworden war. Es war während dieser Zeit zum Hauptaufenthaltsraum geworden, während die anderen Räume des Hauses merkwürdig fremd und verwaist lagen.

An Silvester wurde ebenso wie am Heiligen Abend die große Tafel für acht Personen gedeckt. Es war Usus, daß die »Mädchen« mitaßen. Sie waren erfreut und befangen zugleich und fühlten sich in den Familienkreis aufgenommen. Es gab wieder Karpfen, Meerrettich und große Mengen duftender Kartoffeln. Danach brachte Elfriede stolz auf einer runden Platte einen Berg knuspriger, in Fett ausgebackener Pommelchen, aus denen hier und da wie vorwitzige kleine Augen die Korinthen hervorlugten. Ati goß in die Teegläser mit den Messingeinsätzen den kräftigen, dunkelroten Silvesterpunsch, und nach dem zweiten Glas begann das Familienoberhaupt, mit den »Mädchen« zu scherzen, was bei diesem ernsten Mann ungewöhnlich war und nur bei dieser Gelegenheit geschah.

Für die Kinder hatte Hanna Hagebuttentee aufbrühen lassen. Er war genauso schön heiß und rot und vermittelte das Gefühl der Gemeinsamkeit.

Nach dem Essen wurde der mit Schokoladen- und Zuckerkringeln behängte Baum geplündert. Die Kringel wanderten in einen Weihnachtspappteller, wurden mit Nüssen, Quittenbrotecken und Marzipankartoffeln aufgefüllt und waren die Preise beim anschließenden Lotteriespiel. Das ging nie ganz ohne Geschrei und Tränen ab, wenn eins der Kinder beim Kartendurchgang nichts als Nieten hatte und leer ausging. Hanna tröstete dann mit einem Extraeckchen Quittenbrot von ihrem Teller. Kindertränen versiegen oft so schnell, wie sie gekommen sind.

Gegen neun Uhr wurde es für Evchen immer schwerer, die Augen aufzuhalten. Sie brannten so komisch, daß sie nur noch blinzeln konnte. Das Lotteriespiel ging sowieso dem Ende zu, und es war keine Schwierigkeit, das Kind zu überreden, daß es im Bett jetzt besser aufgehoben sei. Es verteilte »Gute-Nacht-Küßchen« in der Runde und stapfte an Atis Hand über den langen, halbdunklen Korridor bis zum Kinderzimmer, in dessen Schlafnische das kleine Schwesterchen längst träumte.

Die »beiden Großen« durften noch ein Stündchen aufbleiben. Emmy legte eine Schallplatte auf das Grammophon, das Martin mit Eifer vorher an der silbrigen Kurbel aufgezogen hatte. Er wollte noch einmal seine Eisenbahnschienen auf dem Teppich verteilen, aber die Mutter wehrte ab.

»Morgen, Martin – heute ist es zu spät.«

Der immer friedliche Junge maulte nicht. Er holte sich von seinem Tisch den Stabilbaukasten, krabbelte auf den Stuhl an Vaters Seite und fragte zutraulich:

»Machste mit, Vati?«

Als auch die »beiden Großen« eingeschlafen waren und sich die »Mädchen« in ihre Kammern zurückgezogen hatten, steckten Herbert und Hanna noch einmal weiße Kerzen auf den Tannenbaum, der ohne die bunten Kringel merkwürdig ernst und leer aussah, und blieben beisammen in einem langen Gespräch, das Vergangenes und Zukünftiges umschloß. Sie waren glücklich und zufrieden. Vier gesunde, lebhafte Kinder brachten ein wechselndes Farbenspiel in ihr gemeinsames Leben. Herberts geschäftliche Erfolge hatten sie zu einem gediegenen Wohlstand kommen lassen. In der regen Geselligkeit der aufstrebenden Stadt nahmen sie einen festgefügten Platz ein.

Hitler hatte seit fast zwei Jahren die Macht in der Hand, und er schien es gut zu machen; obwohl Hanna im hintersten Winkel ihrer Seele der Kaiserzeit nachtrauerte, an der sie durch den eigenen Vater so besonders regen Anteil genommen hatte. Nein, es gab keinen Anlaß zum Klagen. Der Lebenshimmel schien blau und wolkenlos.

Um Mitternacht öffnete Herbert das Fenster. In der klaren Kälte draußen schwangen die Glockentöne der Görlitzer Kirchen in einem bewegenden Konzert zusammen. Hanna lehnte am Fensterrahmen und sah lächelnd auf ihren Mann. In ihren Augen spiegelte sich das Licht der letzten verlöschenden Kerze.

Niemand ahnte, daß sich fünf Jahre später der Horizont entsetzlich verfinstern sollte.

Die Tanten

Sie hießen in der Familie einfach »die Tanten«, die beiden alten Schwestern der Omi Kirsch, die am Friedrichsplatz die Wohnung mit ihr teilten. Es war eine ungleiche Teilung, denn Anna Kirsch bewohnte die großen, hellen Räume im vorderen Teil mit einem Balkon zum Platz zu, während ihre Schwestern Hedwig und Eugenie ihr eintöniges Altjungfernleben in zwei kleinen, dunklen Zimmern im hinteren Teil der Wohnung, gegenüber der von allen drei Schwestern gemeinsam genutzten Küche verbrachten.

Für ein noch tieferes Dämmer selbst am hellichten Tag sorgten schwere Samtvorhänge vor den hohen, schmalen Fenstern und hüllten die mit alten Möbeln und Bildern unglaublich vollgestopften Gemächer in ein ständiges, geheimnisvolles Dunkel, das den Kindern unbehaglich war. Es roch immer etwas muffig, so, als ob die gewichtigen Samtportieren es verböten, die Fenster zu öffnen, um frische Luft in diese imaginäre Stätte der Vergangenheit strömen zu lassen.

In den hellen, heiteren Räumen der Großmutter hielten sich die Kinder lieber auf. Sie durften aus der Kommode auf dem Flur die schönen Gesellschaftsspiele hervorholen, und die Omi spielte mit ihnen mit nie erlahmender Geduld. Hin und wieder tauchte Tante Eugenie, von der Familie liebevoll »Tante Schennerle« genannt, in dem lauten, lustigen Kreise auf. Sie kam »zu Besuch«, und sie wußte genau, daß ganz zufällig auf der Kuchenplatte noch ein Stückchen Streusel- oder Pflaumenkuchen übriggeblieben war und auf sie wartete.

In ihrem verstaubten, altjüngferlichen Leben, das ihnen so viel schuldig geblieben war, nahmen die »Tanten« doch regen

Anteil am engeren und weiteren Familiengeschehen. Beide waren hochintelligente, gebildete Frauen, die – jede auf ihre Weise – in jüngeren Jahren Romane geschrieben hatten. Hedwig, mit Kosenamen »Tante Hedel«, die Ältere, war klein, zierlich und immer von leicht bissiger Art. Sie hatte kluge und durchdachte Abhandlungen und Traktate geschrieben. In hohem Alter las sie noch immer viel und erhielt sich so ihre eigene geistige Welt. Sie lief herum wie eine kleine, graue Spitzmaus, immer etwas gebückt, was ihre Kleinheit noch auffälliger machte, mit einem schwarzen Spitzenhäubchen auf dem dünnen weißen Haar.
Ihre Schwester Eugenie war das absolute Gegenstück, äußerlich robust, dicklich, aber innerlich ein empfindsames Seelchen. Man mußte vorsichtig mit ihr umgehen. Bei jeder kleinsten Gelegenheit schnappte sie hörbar ein. In ausgeschnapptem Zustande hatte sie einen verblüffenden, umwerfenden Humor. Ihre treffenden Bonmots gingen als Schlagworte in die Familie ein. Ihr so oft wiederkehrender Stoßseufzer »Jungsein ist alles!« umriß ihr ganzes, karggebliebenes Leben, dessen Jugend eintönig verplätscherte, ohne auch nur eine der vielen, zartgehegten Hoffnungen zu erfüllen.
Die beiden Tanten verbrachten die Blüte ihrer Jahre auf einem einsamen schlesischen Rittergut. Tante Schennerles armes, kleines Liebesleben beschränkte sich auf einen verbotenen Kuß von einem verheirateten Mann. Seitdem schlug ihre Phantasie hohe Wogen. Die Romane, die sie schrieb, brachte sie unter dem Pseudonym »Eugen Schwalbe« heraus. So blieb ihre Urheberschaft verborgen, und als »männlicher« Autor hatte sie zudem eine größere Ausdrucksfreiheit.
Ihr gutmütiges, unschönes Gesicht war umrahmt von dünnen, grauen Haaren, die sie über eine aufgelegte Watterolle frisierte, um damit eine größere Haarfülle vorzutäuschen. Am ausdrucksvollsten war ihr Mund, der in seiner dicklippigen Häßlichkeit geradezu faszinierend wirkte. So oft sie ihn in verschmitztem Lächeln zu seiner ganzen Breite verzog, bekamen, wie sich die Kinder despektierlich zuflüsterten, die Ohren »Besuch«. Am verblüffendsten aber war ihre Fähigkeit, mit den

überaus großen Ohren zu wackeln. Sie tat das bereitwillig, so oft die Kinder es verlangten, und freute sich diebisch über ihren durchschlagenden Lacherfolg.
Tante Schennerle war im Gegensatz zu ihrer pusslig-peniblen Schwester Hedel von großzügigster Nonchalance, um nicht schlicht zu sagen: Sie war liederlich. Ein abgerissener Knopf, ein aufgetrennter Saum an ihrer Kleidung störte sie überhaupt nicht. Es gab wichtigere Dinge im Leben. Dazu gehörten die heißgeliebten Stadtbummel, die sie meistens allein unternahm und bei denen sie so gut wie nichts einzukaufen hatte. Sie schob sich stundenlang von Schaufenster zu Schaufenster und »brach« dann regelmäßig beim Konditor auf dem Postplatz »zusammen«. Dort mußte sie sich bei Schokolade und Kuchen von den überstandenen Anstrengungen erholen und trat nach einer Stunde befriedigt den Heimweg an.
Die Altersjahre der »Tanten« waren von derselben Gleichförmigkeit und Eintönigkeit, die auch ihre Jugend geprägt hatten. Sie waren vom Leben einfach vergessen worden. Arbeit hatte es nie für sie gegeben, außer der von ihnen selbst erwählten Schriftstellerei, die sie als Liebhaberei betrieben, ohne finanziellen Zwang. Niemand brauchte sie. Sie waren nur für sich selbst da, lebten ihr geruhsames, unerfülltes Leben ohne Höhen und Tiefen, und ihre Intelligenz verbot ihnen, nach Sinn und Inhalt zu fragen. Es war eben so, und es war zwecklos, sich dagegen aufzulehnen. Sommer und Winter, Tag und Nacht verliefen in einem immer gleichbleibenden Rhythmus. Das erste Radio wurde erst spät angeschafft, da waren sie beide schon an die siebzig. Selten mal ein Theater- oder Konzertbesuch, kaum mal eine kleine Reise.
Wenn die Brandtschen Kinder zur Omi kamen und die Wohnung plötzlich voller Leben war, verzog sich Tante Hedel ängstlich und ablehnend in die hinterste Sofaecke. Tante Schennerle aber blühte auf. Sie rutschte solange unruhig auf ihrem Sessel herum, bis Hedels mürrische Stimme sie aufforderte:
»Nun geh' schon nach vorn. Aber mich laß bitte hier.«

Selig entschwebte Schennerles Fülle den Flur entlang, dem fröhlichen Lärm entgegen. Sie brauchte diese Aufforderung der älteren Schwester. Ohne sie hätte ihr der Antrieb gefehlt, bei der ältesten Schwester Anna ihren Besuch abzustatten. Dabei liebte sie die Brandt-Kinder alle, ertrug mit Wonne ihr kindliches Gezänk und Geschrei und stellte höchstens einmal mit ihrer tiefen Stimme lakonisch fest: »Getrennt mir heilig – vereint abscheulich!«

Als Eva-Maria zur Welt kam, hatten die Tanten gerade die Sechzig überschritten. Für das kleine Mädchen waren sie von Anbeginn uralt, obgleich sie sich über das Alter der Omi nie Gedanken machte. Die »Tanten« standen von jeher an der Schwelle des Todes, aber niemals kam es einem der Kinder in den Sinn, daß sie diese überschreiten könnten. Sie waren eben da, eine festgefügte Institution und aus der Familie nicht wegzudenken. Sie begossen ihre vielen Pflanzen, die trotz der immerwährenden Dunkelheit in ihren Zimmern erstaunlich gut gediehen, machten Handarbeiten und tranken Tee oder Schokolade. Dabei sahen ihnen ihre Vorfahren in Öl von den Wänden zu, und Plüschsofas und Teppiche schluckten jeden Laut, der aufkommen und die betuliche Altjungfernstille unterbrechen könnte. Selbst Tante Schennerle schien ihren lauten Humor im Pompadur zu versenken, sobald sie die eigenen Räume betrat. Daß die alte Hängeuhr neben dem Fenster tickte und die halben Stunden anschlug, war wie das hereingeholte Leben, das zeigte, daß es weiterging, unaufhaltsam.
Die »Tanten« überlebten ihre älteste Schwester Anna und starben erst nach dem Ende des Krieges. Arm, vergessen, wie zwei schon lange vertrocknete Pflänzchen, die vom Schicksal weggeworfen wurden.

Schulanfang

Anfang April schmolz der Schnee. Im Garten, der den »beiden Kleinen« immer noch so groß erschien, daß die Wege um den Rasen herum Wanderwege und die alte Laube fast ein perfektes Wohnhaus war, sprossen überall auf den Beeten grüne Spitzen hervor, mit solcher Eile, daß man beinahe danebenstehen und zugucken konnte, wie schnell sie wuchsen. Herbert nahm seine beiden kleinen Töchter an die Hand, wanderte mit ihnen durch die Frühlingssonne und erklärte ihnen geduldig, welche Blüte aus diesem und welche aus jenem Stengel hervorbrechen würde.

»Ich weiß schon«, sagte Evchen eifrig, wie immer bemüht, eine Anerkennung zu erheischen. »Tulpen sind Osterblumen, weil sie immer wie rote Ostereier aussehen.«

Katharina nickte nachdenklich.

»Ja, un dann klingeln se un sind Osterlocken.«

Herbert lächelte und nahm seine Jüngste auf den Arm.

»Oster g l o c k e n heißt das, mein Kleines. Und die sind gelb und sehen aus wie eine ganz kleine Sonne mit einem Glöckchen drin. Die haben die ganz, ganz schmalen Blätter, siehst du, hier, die wie grüne Messer aussehen.«

»Sneiden die?« wollte Katharina wissen und zog vorsichtig das schon ausgestreckte Händchen zurück.

»Nein, sie sind ganz weich. Und trotzdem haben sie so viel Kraft, die Erde zu durchstoßen und emporzuwachsen. Jetzt müssen sie aber rasch groß werden, damit der Osterhase seine Eier in ihren Blüten verstecken kann.«

Eva-Maria lachte verschmitzt.

»Mein Osterei geht aber da nich rein.«

»So, bist du da ganz sicher?«

Das Kind nickte mit glänzenden Augen und hob den Zeigefinger an die Lippen, als hätte es dem Osterhasen versprochen, das erwartete Geschenk an die anderen nicht zu verraten.

Die Blätter im Garten wuchsen zwar mit der nötigen Ge-

schwindigkeit, aber der Osterhase versteckte seine Eier doch lieber im Hause. Es goß in Strömen und hellte den ganzen Tag nicht auf. Das tat dem kindlichen Jubel aber keinen Abbruch, der schon kurz nach dem Frühstück durch die Räume scholl. Die zweiflügelige Tür zwischen Eß- und Wohnzimmer war geöffnet worden, auch die Tür zum angrenzenden Herrenzimmer, und die Kinder durften sich in diesem Drei-Raum-Gelände nach Herzenslust tummeln. Der Osterhase war wohl schon ein geschickter Bursche. Nicht nur, daß er seine bunten Eier zwischen das Obst in den Kristallschalen gelegt hatte; er war auch in die Zimmerpalme auf der Marmorsäule gehüpft, hatte den Klavierdeckel offenbar geöffnet und wieder verschlossen, und ein Ei fand Martin auf der Konsole des Kachelofens. Der Junge war überhaupt das findigste der Kinder. Er stieg auf die schwarzgebeizte Eckbank und griff seelenruhig in jedes der versilberten Erstlingsschuhchen, die dort dem Alter nach aufgebaut waren: Emmy, Martin, Eva-Maria, Katharina. Aus jedem Schuh förderte er ein Schokoladenei zutage und häufte sie auf seinen Teller, der beinahe überschwappte von all den Köstlichkeiten.
Katharina fing an zu weinen.
»Der doofe Martin, der hat se alle!«
Hanna beruhigte das Kind.
»Suchen und finden dürft ihr alle, so viel ihr wollt. Nachher wird gerecht aufgeteilt.«
Damit nahm sie ihr Kleinchen an die Hand, führte sie zu dem barocken, goldgerahmten Spiegel im Wohnzimmer und zeigte auf die Marmorplatte, die die schöne, alte Spieluhr trug.
»Heiß!« sagte sie geheimnisvoll, und noch einmal: »Heiß!« Katharina stellte sich auf die Zehenspitzen, hob den Deckel der Uhr und holte aus dem kleinen Seitenfach, in das der Schlüssel gehörte, ein zartgelbes Marzipanküken.
Im selben Augenblick erschollen Klaviertöne. Emmy hatte sich ihre Noten geholt und spielte nun das Menuett von Bach, das sie schon die ganze Woche geübt hatte und das die Familie Ton für Ton hinlänglich kannte.

Der Vater trat hinter sie.
»Nanu, Emmy – machst du nicht mehr mit?«
Emmy spielte seelenruhig weiter.
»Nee, wozu? Wenn nachher doch alles aufgeteilt wird, brauche ich mich jetzt nicht anzustrengen.«
Im Herrenzimmer holte der unermüdliche Martin die Ostereier aus dem Bärenfell, den Fensterecken und den Sofaritzen. Nur an die mit einer großen Plüschdecke belegte Chaiselongue durfte er nicht heran.
»Das hat mir der Osterhase extra aufgetragen«, sagte der Vater ernsthaft. »Hier darf heute nur Eva suchen.«
Mit hochrotem Kopf begann das Kind, die Kissen von dem Möbel abzuräumen, hob etwas zaghaft die Enden der Decke hoch und verschwand schließlich ganz darunter. Nur noch die Beine in den heruntergerutschten Kniestrümpfen guckten hervor, als unter der Chaiselongue ein gedämpftes »Hurra!« erklang.
Mühsam rangelte sich die Kleine rückwärts wieder hervor, und Emmy, die nun doch neugierig hinzugekommen war, fragte spitz: »Ist die Dicke festgeklemmt?«
»Emmy – du gehst sofort . . .«
Herberts strafender Satz blieb in der Luft hängen, als Eva jubelnd die schöne neue Lederschulmappe schwenkte. Als es darin klapperte, holte sie die dazugehörige Brottasche heraus, die sie sich an dem langen Lederriemen stolz um den Hals hängte. Die Eltern lächelten über die Freude des Kindes, und Katharina bewunderte die große Schwester rückhaltlos. Nur Martin und Emmy wandten sich wieder den viel wichtigeren Ostereiern zu, und Emmy murmelte in weiser Voraussicht: »Der wird die Freude schon noch vergehen!«

Kurz nach Ostern kam die Hausschneiderin, setzte sich an die mitten im Kinderzimmer aufgestellte Nähmaschine und trat unaufhörlich das große, metallene Trittbrett, daß die Räder nicht zur Ruhe kamen. Hanna hatte hübsche bunte Stoffe gekauft, aus denen Röckchen, Kleider und Schulschürzen genäht

wurden. Als Eva zur Anprobe vom Spiel im Garten heraufgerufen wurde, entdeckte sie mit Entzücken zu jeder Schürze einen passenden Beutel.
»Für deine Murmeln«, erklärte das gutmütige alte Fräulein Kruse und steckte Eva gleich noch ein Säckchen mit bunten Tonkügelchen zu.

Evchen saß auf dem Kinderzimmertisch und bekam von der Ati Schleifen in die dunklen Rattenschwänze gebunden, als Hanna mit einer großen Schultüte im Arm hereinkam.
»Hier, mein kleines Schulmädel«, sagte sie und küßte das Kind. Sie war bewegt. Obwohl sie nun schon zum dritten Mal diesen denkwürdigen Einschnitt in das Leben ihrer Kinder mit vollzog, konnte sie sich nur schwer daran gewöhnen, daß eins nach dem anderen ins Leben hinaustrat und ihr langsam entglitt. Bisher hatten die Kinder nur unter dem Einfluß des Elternhauses gestanden. Mit dem ersten Schultag war auch der erste Teil der Kindheit abgeschlossen. Man mußte die Erziehung des Kindes mit fremden Lehrern teilen, die es erst kennenlernen mußten, die die kleine Seele gar nicht auszuleuchten verstanden und dies auch vielleicht gar nicht wollten. Hanna hätte am liebsten ihre Arme wie die schützenden Flügel einer Glucke über ihre Küchlein gebreitet und niemanden an sie herangelassen, auch nicht die noch fremden Kinder aus unbekannten Familien, deren oft negativen Einfluß sie scheute.
Sie öffnete die Arme und zog Eva samt Schultüte an ihr Herz. Da das aber für beide Teile unbequem war, entwand sich Eva der mütterlichen Umarmung und zog an dem Faden, der das Kreppapier an der Öffnung der Tüte zusammenhielt. Orangen, Schokoladentäfelchen, Radiergummis und Buntstifte kullerten heraus und fielen vom Tisch auf den Boden. Es dauerte ein bißchen, ehe alles wieder in der Tüte war, und Hanna drängte zum Aufbruch. Eva schenkte Katharina eine Apfelsine und nach einem kleinen Zögern noch ein Stück Schokolade. Das Schwesterchen sah plötzlich so alleingelassen aus.
Dann wanderte sie an Muttis Hand den ersten Pflichtweg ihres

Lebens: über die stille Gartenstraße, den weiten Wilhelmsplatz mit dem Reiterstandbild Wilhelms I., ein Stück die Jakobstraße entlang, und endlich in die kurze, schmale Schulstraße, die von hohen Mietshäusern verdunkelt und auf der einen Seite von dem düsteren Gebäude der Grundschule völlig beherrscht wurde. Rechts marschierten die Jungen durch ein kleines Tor, links die Mädchen. Der Haupteingang mit der breiten Treppe blieb den Lehrern vorbehalten. Man hielt sorgfältig auf Klassenunterschiede.

Von allen Seiten strömten die Schulkinder herbei. Aus den wenigen neuen und den vielen schon recht abgetragenen Ranzen baumelten seitlich an langen Bindfäden Lappen und Schwämmchen, die zur Schiefertafel gehörten. Hier und da schepperte auch ein Trinkbecher aus angeschlagener Emaille gegen die Metallschnallen der Trageriemen. Kinder aus armen Familien bekamen ihre Frühstücksmilch auf Staatskosten.

Hanna warf einen flüchtigen Blick auf den dunklen, schmutzigen Hof, von dem ein paar mächtige Kastanien das Sonnenlicht abhielten, und faßte die Hand ihrer kleinen Tochter fester. Vor drei Jahren hatte sie Martin in dieselbe Schule begleitet, in den rechten Eingang hinein, und ihr war genauso beklommen zumute gewesen. Sie konnte sich nicht daran gewöhnen, ihre Kinder aus dem so wohlbehüteten Nest in diese Umgebung verpflanzen zu müssen, und wenn es auch nur für den halben Tag war. Vier Jahre waren eine lange Zeit in so einem kleinen Leben. Emmy hatte sie schon hinter sich gebracht. Seit zwei Jahren ging sie in das schöne, große Lyzeum am Wilhelmsplatz.

Ohrenbetäubender Lärm schlug Mutter und Tochter entgegen, als sie die Klasse betraten. Etwa dreißig kleine Mädchen setzten offenbar ihren Ehrgeiz darin, es den Jungen gleichzutun. Sie überschrien ihre Angst vor dem Neuen, Unbekannten, setzten sich in Szene oder klammerten sich an die Hand der Mutter.

Eva-Maria überflog mit kritischem Blick die neuen Schulkameradinnen, entschied sich rasch für ein blondlockiges Mädchen

mit kurzem Pagenschnitt und quetschte sich samt Schulranzen und Schultüte neben sie.
Die beiden Kinder schauten sich von der Seite an.
»Wie heißt'n du?«
»Anneliese. Und du?«
»Eva-Maria.«
Damit begann eine Freundschaft, die ein Leben lang halten sollte.
Hanna hatte inzwischen mit Erleichterung festgestellt, daß die Klasse von Fräulein Heuber übernommen wurde. Das zierliche, ältere Fräulein, das aus einer alteingesessenen Görlitzer Juweliersfamilie kam, war ihr bekannt. Fräulein Heubers Ansichten über Kindererziehung würden sich von denen des Ehepaares Brandt nicht wesentlich unterscheiden.

Die Veränderung in Evas Leben war evident. Emmys kleines Schreibpult wurde ins Kinderzimmer befördert. Das frischgebackene Schulmädel durfte seine Schreibsachen unter der schrägen, aufklappbaren Platte verstauen, auf die es dann seine Schiefertafel legte und mit einem weichen Griffel fleißig die ersten Buchstaben übte: Auf – ab – auf – Pünktchen drauf – das war das »i«, der »kleine Junge mit dem Rucksack auf dem Rükken das »k«. Es wurde die Sütterlinschrift gelehrt, und Fräulein Heuber verstand es, den Kleinen die Buchstaben auf kindliche Art verständlich zu machen.

Katharinchen schob währenddessen den Puppenwagen in die Frühlingssonne auf dem Kinderzimmerbalkon und redete laut und herausfordernd mit ihren Kindern. Da geschah es schon hin und wieder, daß die letzten Buchstaben auf der Tafel aus den Dreierlinien rutschten und Eva ihre Aufgabe flüchtig beendete. Denn nichts tat sie lieber, als die Puppenkinder gemeinsam mit Katharina an- und auszuziehen, zu waschen und zu füttern.
Die Ati nahm sich jetzt des jüngsten Brandt-Kindes besonders an. Sie machten samt Puppenwagen Ausflüge in den Stadtpark,

fütterten die Vögel und die Eichhörnchen, die zutraulich herankamen, und rasteten auch mal auf einer Wiese, die »für das Publikum freigegeben« war. Gegen Mittag gingen sie Eva auf dem Schulweg entgegen, und es gab jedesmal eine freudige Begrüßung.
Oft aber ging Eva auch nach Schulschluß noch für eine Spielstunde über die Straße in das der Schule gegenüberliegende Haus, in dem Annelieses Vater eine Arztpraxis hatte. Die Familie wohnte in der Wohnung darüber. Anneliese, die sich gegen zwei lebhafte Brüder durchzusetzen hatte, war offenbar froh, sich gemäßigteren Spielen widmen zu können. Sie entwickelte in Evas Gegenwart einen vorher nicht gekannten Puppenmutterinstinkt. Es wurden winzige Porzellantäßchen hervorgeholt und mit Himbeerwasser gefüllt und verschmutzte Puppenschuhe mit Zahnpasta geweißt. Mit Hingabe schnitten die geschickten Mädel aber auch aufgemalte Puppen samt vollständiger Garderobe aus großen Ausschneidebögen, gaben den Puppenkindern Namen und verstauten sie in verschiedenen Schuhkartons. Was Eva am meisten faszinierte, war die mannshohe Spieluhr, in die senkrecht große, gelochte Blechplatten gesteckt wurden. Ein kleiner Hebel setzte sie in Bewegung, sie drehten sich langsam in unermüdlichen Runden, und die herrlichsten Melodien erklangen aus dem Metall. Die lebhaften Kinder saßen dann still auf dem Fußboden, ließen sich von der Magie der sich drehenden Scheibe einfangen und lauschten dem typischen »Düdellü«, das nur Spieluhren eigen ist.
Wenige Wochen nach Schulbeginn wurde Eva-Maria krank. Sie hatte Ohrenschmerzen, weinte die Nächte hindurch und bekam warmes Öl in die Ohren geträufelt, was die Schmerzen nicht linderte. Als Fieber einsetzte, das rasch hochkletterte, wurde der Arzt gerufen. Er untersuchte das Kind, strich ihm liebevoll über den Kopf und ging hinaus, um mit den Eltern zu sprechen. Hinter dem rechten Ohr hatte sich ein nußgroßes Geschwür gebildet, das aufgeschnitten werden mußte. Es wurde beschlossen, die kleine Operation im Hause vorzunehmen.

Am nächsten Morgen gab es kein Frühstück. Hanna setzte sich an Evas Bett und erklärte ihr vorsichtig und abschwächend, was gemacht werden mußte. Zum Angsthaben blieb gar keine Zeit. Der Arzt kam früh mit einer Schwester. Auf den Kinderzimmertisch wurde Evas Bettdecke gebreitet, darüber eine weiße Wachstuchdecke und auf die ein Frotteebadetuch, und ganz obendrauf kam Eva. Ehe sie es sich versah, hatte sie ein Gazenetz über Mund und Nase gestülpt, auf das man eine stark riechende Flüssigkeit träufelte, von der sie ganz schwindlig wurde. Weit entfernt hörte sie die Stimme des Arztes:
»Du kannst doch schon zählen . . .«
»Nein!« schrie sie entsetzt und rang nach Atem. Sie glaubte zu ersticken. Aber plötzlich wurde alles still und weit. Ein unendlicher Himmel breitete sich über ihr in leuchtendstem Blau, und hoch im Zenit erschien ein tropfenförmiges, goldgelbes Licht. Es kam in rasender Fahrt auf sie zu, wurde größer und heller, gleißend und zerstörerisch und zerplatzte auf ihrem Gesicht.
»Nein!« schrie Eva wieder und riß die Augen auf.
Sie saß aufrecht auf dem Tisch, die Ati stützte sie, und der Arzt befestigte gerade einen gewaltigen Kopfverband mit einer Klammer.
Eva mußte lange zu Hause bleiben. Die Heilung zog sich hin. Sie hatte Angst vor den Besuchen des Doktors, der endlos lange, eitergetränkte Mullbinden aus der Wunde zog und frische hineinstopfte.
Nachmittags kam immer wieder die treue, kleine Anneliese und hielt sie, was die Schule betraf, auf dem Laufenden. Und da Eva wißbegierig und für sie alles noch neu war, machte sie gern und brav ihre Aufgaben und verlor den Anschluß an das Klassenniveau nicht.
Eva war durch die lange Krankheit verwöhnt und quengelig geworden. Sie mußte trotz aller Rücksicht auf ihren Zustand von Hanna immer öfter ermahnt werden. Als sie aber mit noch etwas geschwächten Gliedern zum ersten Mal mit Katharina und allen Puppen in der Laube war, als mitten auf dem Rasen eine große Decke ausgebreitet war, auf der die Ati mit ihrem Stopf-

korb in der Sonne saß, da lebte das Kind sichtlich auf. Statt des lästigen Kopfverbandes hatte es nur noch ein Pflaster hinter dem Ohr. Alles war fast normal und das Dasein wieder schön.

An ihrem zwölften Geburtstag hatte Emmy bei dem Vater durchgesetzt, daß sie Hitlers neuer Jugendorganisation, der Hitlerjugend, beitreten durfte. Hanna ging mit ihrer Ältesten in die Stadt und kaufte alles, was zu der Uniform der »Jungmädel« gehörte: Die weiße Bluse und den schwarzen Rock, an den die Bluse mit großen weißen Knöpfen rundum geknöpft wurde; den schwarzen Schlips und den geflochtenen Lederknoten, der ihn zusammenhielt. Dazu die senffarbene, taillenkurze Jacke aus samtartigem Velour. Zu Hause setzte sie sich in ihr Nähsesselchen im Erker des Eßzimmers und nähte die Embleme an die Ärmel, das schwarzweiße Dreieck mit der Aufschrift »Jungmädel« und die Raute mit dem Hakenkreuz.

Die Geschwister schwankten zwischen Neid und Bewunderung. Emmy war ihnen wieder einmal meilenweit voraus. Sie ging regelmäßig jeden Mittwoch und Sonnabend nachmittag zu ihrer Jungmädelgruppe. Hanna mahnte:

»Vergiß nur deine Schularbeiten darüber nicht!«

»Mittwochs und sonnabends dürfen wir nichts aufkriegen, Mutti.«

»Wegen der Hitlerjugend?«

»Ja, natürlich – weshalb sonst?«

Hanna schüttelte leise den Kopf. Nun waren also auch schon die Lehrer angehalten, sich nach Hitlers Plänen mit der Jugend zu richten.

Emmy war begeistert und ehrgeizig. Sie wollte unbedingt auch einmal »Führerin« werden. Verschiedenfarbige Kordeln, die in einer schwungvollen Schaukel vom Schlipsknoten zur Brusttasche gingen, kennzeichneten Rang und Würde der jungen »Führerinnen«, die im Alter von fünfzehn, sechzehn und siebzehn Jahren schon Verantwortung zu übernehmen hatten. Es gab Sport- und Geländespiele, Liederabende und Straßenmärsche, bei denen viel gesungen wurde. Jedes Jungmädel bekam

für ein Entgeld von zwei Reichsmark das Buch »Wir Mädel singen« in die Hand gedrückt und hatte die darin gedruckten Lieder auswendig zu lernen. Sie taten es alle mit Vehemenz. Keine wollte sich vor der anderen mit Unkenntnis blamieren.
Auch die drei Ältesten von Herlangens waren in der Hitlerjugend. Brigitte und Emmy hatten es erreicht, daß sie gemeinsam in eine Gruppe kamen und so auch diese Nachmittage miteinander verbringen konnten. Heinz und Walter kamen oft am frühen Abend noch in den Brandtschen Garten zu einem gemeinsamen Spiel und trugen dabei ihre Pimpf-Uniformen, was auf die Brandt-Geschwister großen Eindruck machte. Nur Felix hatte nichts mit diesem »blöden Verein« im Sinn. Als Eva ihm einmal vorrechnete, daß es ja nur noch etwas mehr als drei Jahre wären, bis sie endlich auch in die Hitlerjugend aufgenommen würden, brummte er nur verächtlich: »Kannst ja machen – ohne mich.«
Daß es drei Jahre später durchaus nicht mehr freiwillig war, ein Gefolgsmann des »Führers« zu werden, war in diesem Frühsommer 1935 noch nicht ersichtlich.

Riesengebirge

Die großen Ferien begannen im Juli. Es waren Evas erste Schulferien. Zeugnisse gab es noch nicht. Die kamen erst im Herbst. Das war auch für Martin ein Grund, sich unbeschwert auf die Sommerreise zu freuen.
Nach den wiederholten Ostseereisen der vergangenen Jahre hatten Herbert und Hanna beschlossen, mit den Kindern ins nahe Riesengebirge zu fahren. Hanna hatte mehr als genug zu tun, das Reisegepäck für sechs Personen zusammenzustellen. Die Kindergarderobe mußte reichlich dabei sein, und Spielzeug für Regentage war absolut notwendig. Der große Reisekorb wurde gepackt und mit der Bahn vorausgeschickt. Es blieb

noch genug übrig für die beiden Koffer, die im Auto verstaut werden sollten. Immer wieder erschien eins der Kinder im Schlafzimmer der Eltern und packte etwas auf den großen Berg der Reisesachen, der bedenklich anwuchs. Am Tage vor der Abreise sichtete Hanna noch einmal den Stapel und sortierte trotz mehrstimmigen Protestes etwa die Hälfte aus.

»Martin, es wird hoffentlich nicht so viel regnen, daß du deine Eisenbahn mitschleppen mußt. Packe dir lieber noch ein Kasperlebuch ein. Es wird gut für dich sein, wieder einmal ein bißchen zu lesen. Und deine Botanisiertrommel kannst du dir umhängen, die braucht nicht in den Koffer zu kommen.« Drei von fünf Puppen wanderten zurück ins Kinderzimmer. »Es genügt, wenn jede von euch eine Puppe mitnimmt«, erklärte sie den beiden Kleinen. »Für Eva die ›Annemie‘ und für Katharina das ›Lottchen‘.«

»Und die Sachen, Mutti? Wo sollen denn die ganzen Puppensachen hin?«

»Die packt ihr in den kleinen Puppenkoffer, da habt ihr gleich alles beisammen und man braucht nicht lange zu suchen.«

Inzwischen stellte sich Emmy in ihrem Zimmer selbst zusammen, was ihr für die vier Wochen Ferien unentbehrlich schien. In ihrem schwarzen Lackköfferchen verschwanden hauptsächlich Bücher. Emmy war eine Leseratte. Sonne oder Regen während der Ferientage waren ihr gleichgültig. Die Hauptsache, sie fand ein ruhiges Eckchen, in das sie sich mit ihrem Buch ungestört verkriechen konnte.

Am Morgen der Abreise gab es ein großes Abschiednehmen. Die Ati fuhr mit Katharina per Bahn nach Schreiberhau. Mehr als fünf Personen gingen beim besten Willen nicht in den dunkelblauen Adler. Katharina trug als Gepäck das »Lottchen« und den Puppenkoffer, damit es auch »nach Reise« aussah. Emmy, Martin und Eva kletterten in den Fond des Autos und ruckelten sich eine ganze Weile lautstark zurecht, bis sie sich auf dem Sitz einigermaßen bequem fühlten.

»Die Dicke braucht wieder Platz für zwei«, empörte sich Emmy, was Hanna veranlaßte, die Sitzordnung noch einmal zu ändern und Martin zwischen die beiden Mädchen zu plazieren. Bei Eva waren schon wieder verdächtige Tränen aufgestiegen, und Hanna wollte, vor allem Herberts wegen, eine ruhige Fahrt haben.

Der Wagen fuhr südwärts aus der Stadt. Das Wetter war prächtig, ein richtiges Reisewetter: Es war sonnig, und es wehte ein angenehmes Lüftchen. Herbert Brandt, der es sich stets angelegen sein ließ, seine Kinder eindringlich auf die Schönheiten ihrer Heimat aufmerksam zu machen, hielt bei Marklissa an und ließ alle aussteigen.
»Och«, staunte Martin, »So viel Wasser! Sind wir etwa an der See?«
»Das ist eine Talsperre, mein Junge. Hier ist das Wasser eines kleinen Flusses gestaut worden und hat sich dadurch zu solch einem großen See erweitert. Fast fünfzehn Kilometer ist er lang.«
»Und warum wird das gemacht?« fragte Emmy interessiert.
»Damit wird der Fluß reguliert. Man kann Überschwemmungen vorbeugen, indem die Wassermengen bei anhaltenden Regenfällen oder Schneeschmelze hier aufgefangen und sorgfältig dosiert dem weiteren Flußlauf beigegeben werden.«
Hanna lächelte. Es war reizend, wie Herbert dozierte. Es war ihm ein spürbares Bedürfnis, den Kindern Wissen mitzuteilen.
»Und welcher Fluß ist das hier?« fragte Martin.
»Der Queis.«
»Kenn ich. Ham wir in der Schule gelernt, in Heimatkunde.« Der Junge stellte sich vor dem Vater auf und schnurrte sein Verslein herunter:
»Oppa, Zinna, Hotzenplotz, Glatzer Neiße, Ohle, Lohe, Weistritz, Bober mit dem Queis und Lausitzer Neiße.«
»Fein«, sagte Herbert. »Und was sind das alles für Flüsse?«
Martin sperrte den Mund auf.
»Die kennst du nicht?« fragte er fassungslos. Es war undenkbar, daß der Vater, der immer alles wußte, hier offenbar eine Wissenslücke hatte. »Das sind doch alle Flüsse, die zur Oder fließen.«

Herbert ließ sich dankbar lächelnd belehren und mahnte zum Aufbruch. Die Straße stieg an. Der Wald des Isergebirges nahm sie auf. Hinter Bad Flinsberg ging es in einem scharfen Knick nach Osten auf Mittelschreiberhau zu. Die ersten Häuser des Ortes lagen hoch oben, direkt unter der Iserkammstraße. In einem dieser Häuser hatten die Brandts Quartier genommen. Es bot einen zauberhaften Ausblick. Vor ihnen lag das weite Tal mit den fast ineinandergehenden Ortschaften Mittel- und Oberschreiberhau. Sie waren nur durch ein kleines Waldstück voneinander getrennt. Vom Balkon der oberen Wohnung aus sah man die Schneekoppe, den höchsten Berg des Riesengebirges, und wer gute Augen hatte, konnte den winzigen Zickzackweg erkennen, der zur Koppenbaude hochführte. Das ganze Tal war von einer frühen Nachmittagssonne überflutet. Die Berge lagen in schimmerndem Glast, in der Ferne und Höhe immer heller werdend, als wollten sie sich dem lichtblauen Himmel angleichen. Eva stand ganz still an die Mutter gelehnt und sagte versonnen:
»Ist das schön!«
Dann drehte sie sich abrupt zum Vater um und fragte ungeduldig: »Gehen wir jetzt Katharina abholen?«
»Wir gehen alle«, bestimmte Hanna. »Die Koffer kann ich später auspacken. Ein kleiner Spaziergang nach der langen Fahrt wird uns guttun.«
Unten an der Bahnstation, am Eingang des Ortes, wurden die Ati und das aufgeregte Katharinchen mit Hallo empfangen. Sie waren von Görlitz aus auf dem riesigen Viadukt über die Neiße gefahren, erzählte die Kleine, und in Hirschberg hatten sie umsteigen müssen. Und die zweite Eisenbahn sei kleiner gewesen als die erste.
Die Ferienwohnung wurde von den Kindern schnell und unbefangen in Besitz genommen. Hanna übernahm die Zimmerverteilung, und jedes durfte seine Sachen in dem ihm bestimmten Raum unterbringen und ihm somit den eigenen Stempel aufdrücken. Ati schlief bei den beiden Kleinen und half, die Kinderkleider und -wäsche in dem gewaltigen Bauernschrank zu ver-

stauen. Gegessen wurde in der großen Veranda im Erdgeschoß, und die Mahlzeiten besorgte die Wirtsfrau, damit Hanna auch einmal wirklich Ferien hatte.

Zum Abendessen standen zwei behäbige Schüsseln mit einem dampfenden Durcheinander auf dem Tisch: Hefeklöße, Rauchspeck und Backobst. Die Kinder kannten es nicht, sie gingen zögernd daran, Katharina wollte gar nichts. Nur die Ati strahlte und erklärte, bei ihr zu Hause gäbe es das häufig und es hieße »Schlesisches Himmelreich« und schmecke auch so.

»Probiert's ock, Kinderle«, sagte die Wirtin freundlich, »Damit ihr's kennenlerna tut. Woas da Bua nich kennt, doas freet a nich.« Auf gut Hochdeutsch hieß das: Was der Bauer nicht kennt, das ißt er nicht. Nach vier Wochen mochten die Brandts das Gericht so gern, daß Hanna beschloß, es in den heimischen Küchenzettel aufzunehmen.

Wie so oft zu Hause, ergab sich auch in diesen Ferien die Aufteilung der Geschwister in »die Großen« und »die Kleinen.« Emmy und Martin durften die Eltern auf verschiedenen Wanderungen begleiten, die für Eva und Katharina noch zu anstrengend waren. Die Ati war über diese Einteilung ganz froh. Sie machte mit den beiden Kindern kleinere Spaziergänge, las ihnen vor und erledigte zwischendurch etwas Handwäsche, die sich immer schnell ansammelte, während die kleinen Mädchen wieder einmal vertieft mit Puppen spielten. Ganz erwachsen kamen sie sich vor, wenn sie auf die Klappliegestühle klettern und sich sonnen durften. Daß diese Stühle aber ihre Tücken hatten, bekam Eva eines Tages schmerzlich zu spüren.

Martin, der relativ selten Dummejungenstreiche vollführte, schlich sich von hinten heran und klappte die Rücklehne samt Eva nach vorn. Das Kind schrie auf vor Schmerz. In der sich zusammenschiebenden Holzarmlehne steckte sein kleiner Finger und wurde breitgequetscht. Martin, der ebenso entsetzt war wie die herbeieilende Hanna, bekam Stubenarrest und Eva einen dicken Verband, den sie die ganzen Ferien über tragen mußte. Am Ende ging der Fingernagel ab, und es dauerte Wochen, bis ein neuer hochgewachsen war.

Mit der Familie Tescher, die während der Sommerwochen in das Souterrain ihres Häuschens gezogen war, wurden die Brandt-Kinder schnell Freund. Tochter Hannele, die in Oberschreiberhau in einem Restaurant servierte, verbrachte gern ihre freien Stunden mit den »beiden Kleinen«, pflückte mit ihnen Wiesenblumen und zeigte ihnen, wie man Kränze flocht. Martin lief wie ein kleiner Schatten »Vater Tescher« hinterher, sah zu, wie der die Wiese mähte, fütterte mit ihm die Stallhasen und half bei der Bohnenernte im Hausgarten. Die solcherart entstandene Freundschaft fand ihre köstliche Bestätigung, als Martin von dem alten Tescher aus höchster Not gerettet wurde.
Die Kinder waren bald nach dem Abendessen ins Bett geschickt worden, auch die »beiden Großen«, die sich nach einer anstrengenden Wanderung zur Schneegrubenbaude erholen sollten. Während Hanna bei den Kleinen nach dem Nachtgebet die Vorhänge schloß und das Licht ausknipste, durften Emmy und Martin im Bett noch eine Weile lesen. Die Eltern unterhielten sich in der Veranda und machten Pläne für den nächsten Tag; Ati saß mit dem unvermeidlichen Stopfkorb in der Küche bei den Teschers, als ein gellender Schrei aus einem der Kinderschlafzimmer tönte. Aus allen Räumen des Hauses stürzten die Erwachsenen in das Zimmer der »beiden Großen«, in dem Martin kerzengerade in seinem Bett saß. Besorgt näherten sich die Eltern dem Jungen, dessen weit aufgerissene Augen Angst und Grauen zeigten. Auch Emmy war völlig erstarrt. Ihre Hände waren um ihr Buch geklammert, als suchte sie dort rettenden Halt.
Der alte Tescher ging gemächlich an allen vorbei auf Martin zu, streckte ruhig die Hand aus und pflückte das schwarze Corpus delicti von der Wand über dem Bett.
»Deutschlands Zukunft fürchtet sich vor einer Spinne«, murmelte er und verließ das Zimmer mit dem Tierchen, um es draußen auf die Wiese zu setzen.

Am nächsten Morgen war der Himmel bedeckt. Emmy war entschlossen, mit ihren Büchern im Hause zu bleiben. Die Ati

blieb bei dem mit einer Erkältung kämpfenden Katharinchen. Und so ergab es sich, daß die festgefügte Gruppierung in der Geschwisterrunde aufgebrochen wurde und Martin und Eva-Maria mit den Eltern zur Josephinenhütte fuhren, mit deren Geschäftsführung Herbert Brandt Verbindungen hatte. Eva war aufgeregt und glücklich. Sie kuschelte sich neben Martin in den Rücksitz des Wagens, streichelte scheu die Hand des Bruders und stellte befriedigt fest:
»Jetzt sind wir beide die Mitte.«
»Wieso?«
»Na, Emmy ist unser Anfang, und Katharina das Ende, und wir beide sind die Mitte – jetzt. Das ist sonst nie so.«
»Ach so.« Martin zog seine Hand unter der des Schwesterchens hervor und brummelte:
»Ist das aber kompliziert.«
Die Situation machte ihn leicht verlegen, obwohl er gleichzeitig froh darüber war. Denn Evas Zuwendung bewies ihm, daß sie ihm wegen des verletzten Fingers nicht mehr gram war, dessen Mullverband er während der Streichelaktion unbehaglich gespürt hatte.
In der Glashütte wurde der Familie ein Begleiter zugesellt, der sie durch die Fabrikationshallen führte. In respektvoller Entfernung zu den Schmelzöfen blieben sie stehen und sahen zu, wie die Arbeiter lange Rohre in den glühenden Schmelzfluß tauchten, sie geschickt herausschwenkten und in das obere Rohrende hineinzublasen begannen. Dabei wurde die Stange unaufhörlich gedreht, und die Kinder verfolgten staunend die Entstehung eines runden, immer durchsichtiger werdenden Glasgebildes am Ausgang des Rohres. Die Backen des Glasbläsers waren ebenso rund wie das sich bildende Produkt. Plötzlich lachte Eva schallend auf. Martin ging so konzentriert mit dem Geschehen mit, daß auch seine Wangen prall gefüllt waren wie kleine Luftballons.
Der Lärm in der Halle war gewaltig, und die Öfen verströmten eine solche Hitze, daß Hanna darauf drängte, weiterzugehen. In der Kristallschleiferei war es zwar nicht so heiß, aber ebenso

geräuschvoll. Die Brandts beobachteten mit Bewunderung das Entstehen der vielfältigsten Muster, vor allem der klassischen Kristallsonnen, die Hanna so liebte. Sie funkelten auf dickwandigem rotem, grünem oder klarem Glas, das zu Vasen, Schüsseln und Tellern geformt war. Das Kostbarste aber war das in verschiedenen Farben und Motiven überlagerte Überfangglas, mit dem die Josephinenhütte weit über Deutschlands Grenzen hinaus berühmt geworden war.

Die Männer an den Schleiftischen hatten trotz ihrer Schutzbrillen alle dicke, rotentzündete Augenlider, in die sich ständig winzigste Glaspartikel fraßen. Viele von ihnen mußten wegen drohender Erblindung vorzeitig aus der Fabrik ausscheiden. Herbert erklärte es leise den Kindern.
»Warum machen sie's denn dann?« fragte Martin ebenso leise zurück.
»Weil sie ihren Arbeitslohn brauchen. Sie haben zu Hause meist Familien mit vielen Kindern, weißt du?« Und zu Hanna gewandt flüsterte er: »Die Armut ist hier noch erschreckend groß.«

Während Hanna mit den Kindern durch den anschließenden Verkaufsraum ging, ständig mahnend: »Nichts anfassen!«, verschwand Herbert für eine Weile im Büro der Fabrik, um geschäftliche Angelegenheiten zu besprechen. Die Josephinenhütte brauchte eine Menge Chemikalien, und einer ihrer wichtigsten Lieferanten war die Firma Herbert Brandt.
Als sich die Familie später am Auto traf, trug er ein großes Paket unter dem Arm, das er geheimnisvoll im Kofferraum verstaute. Hanna fragte vorsichtshalber nichts. Sie hatte nur ein versonnenes Lächeln um die Lippen. Eva aber krähte: »Was war'n das, Vati?«
Martin stieß sie in die Seite und flüsterte vernehmlich: »Das ist doch ein Geheimnis – für Muttis Geburtstag!«
»Oder für Weihnachten«, zischelte Eva, »das kommt eher.«
Fünf Monate später war es wirklich eine freudige Überra-

schung für Hanna, als sie am Weihnachtsabend eine prachtvolle Bowlenterrine aus rotem und weißem Überfangglas aus der Umhüllung holte.
»Ach, Herbert«, sagte sie gerührt, »die Josephinenhütte!«

Gleich nach ihrer Rückkehr aus der Glashütte fragte Hanna bei Frau Tescher nach, ob sie in der Umgebung eine kinderreiche Familie wüßte, die eine Unterstützung brauchen könnte.
»Es fällt bei uns doch manches ab an Kinderkleidung und Spielzeug, das andere noch verwenden können.«
Frau Tescher wußte sofort einen Namen zu nennen. Zur Isergebirgsseite zu, auf halber Höhe im Wald, hätte der Köhler Menzel sein Haus, eine Hütte eher, die mit den Eltern und sieben Kindern schier aus den Nähten platzte. Sie wären so arm, daß die Kinder im Sommer barfuß zur Schule gehen müßten, und der Weg sei recht weit. Im Winter blieben sie meist ganz zu Hause, denn auch an warmen Sachen mangelte es.
»Was Ermers gibt fast ni. Da hat nich amal jeds a Paar eigne Schuh.«
Hanna ließ sich den Weg beschreiben. Sie suchte schon aus dem Reisegepäck der Kinder ein paar Sachen heraus, ohne die sie die restliche Zeit in Schreiberhau auskommen zu können glaubte, kaufte noch etwas Obst und Schokolade und fuhr ein paar Tage später mit Herbert den vorgegebenen Weg durch den Wald des Isergebirges, solange er befahrbar war. Dann stiegen sie aus, beluden sich mit ihren Gaben und gingen das letzte Stück bis zu dem Waldhäuschen zu Fuß. Es war wirklich nur eine Hütte, aus der ihnen neugierig ein Kind nach dem anderen entgegentrat. Sie quollen buchstäblich aus der engen Tür heraus, und tatsächlich waren alle barfuß. Aus schmalen Kindergesichtern starrten den Brandts vierzehn übergroße Augen entgegen. Hinter dem kleinsten Menschlein trat nun auch eine hagere Frau aus dem Haus, die Mühsal und Entbehrung vorzeitig alt gemacht hatten. Sie brach in Tränen aus, als Hanna und Herbert den Grund ihres Besuches erklärten, und, hineingebeten, ihre Taschen auf dem sauberen Holztisch in der kleinen

Wohnstube ausleerten. Die Kinder schoben sich langsam wieder durch die Tür zurück ins Hausinnere, eines nach dem anderen, und standen mit begehrlichen Augen um den Tisch herum. Als Hanna ihnen jedoch Apfelsinen, Bananen und Süßigkeiten in die kleinen Hände drücken wollte, wehrte die Köhlersfrau ab.

»Doas muß erschte moal da Vata sähn, wenn a aus'm Walde kimmt. Und dann wird's schee uffgeteelt.«

Hanna schämte sich ihrer Gedankenlosigkeit. Ihr Mann aber fragte sachlich und realistisch, wie gewohnt, nach der postalischen Adresse.

»Wir werden Ihnen Weihnachten ein Paket schicken, Frau Menzel. Wir haben auch einen Stall voll Kinder, zwar nicht ganz so viele wie Sie, aber die können ruhig ein bißchen abgeben.«

Die verhärmte Frau ergriff mit beiden Händen die Hände ihrer plötzlichen Wohltäter. Sagen konnte sie nicht viel. Tränen versperrten der Stimme den Weg. Nur ein leises:

»Nu aba ooch, nee, 's isch joa itze scho wia Weihnachten.«

Von diesem Augenblick an gingen regelmäßig Pakete ins Isergebirge, und nicht nur Weihnachten. Hanna fragte auch bei befreundeten Familien nach entbehrlichen Dingen und bekam soviel zusammen, daß sie bald noch zwei weitere Familien im Isergebirge bedenken konnte.

Das Katharinchen hatte eine tüchtige Erkältung mit Schnupfen, Husten und Fieber bekommen. Die Eltern ließen sie in Atis Obhut zurück und machten mit den »drei Großen« (Eva war unendlich stolz, als Mutti diese Redewendung zum ersten Mal gebrauchte), einen Ausflug nach Krummhübel, einem kleinen Luftkurort am Fuße der Schneekoppe. Sie ließen den Wagen vor dem »Preußischen Hof« stehen, holten die nagelbeschlagenen Wanderstöcke hervor und schlugen den Waldweg ein, den ihnen ein Wegweiser mit der Aufschrift »KIRCHE WANG« wies. Es ging kontinuierlich bergan. Die Kinder begannen nach einer Weile zu seufzen und zu stöhnen. »Seid zufrieden, daß wir

im Schatten laufen«, mahnte der Vater. »Draußen sticht die Sonne jetzt ganz schön.«
Hanna verstand es, alle zu überzeugen, daß eine kleine Rast auf einer Waldwiese von Nutzen sei, um einmal ganz tief durchzuatmen und die Lungen mit der herrlichen, würzigen Luft zu füllen. Und da mitten auf der Wiese, die sie gerade erreichten, ein kleiner Teich lag, ergriff Herbert die Gelegenheit, seinen »drei Großen« aus nächster Nähe einen jungen Frosch zu zeigen, den er am Schilfrand gefangen hatte.
»Guck mal, wie er dauernd pumpt«, stellte Evchen aus sicherer Entfernung fest. So ganz wohl war ihr bei dem Anblick des ungewohnten Tierchens nicht.
»Schade, daß ich meine Botanisiertrommel nicht mithabe«, bedauerte Martin.
»Ach, du alter Tierquäler!« Emmy war empört. »Es genügt schon, daß du immer die vielen Schmetterlinge aufspießt – Vati, laß mal jetzt lieber den armen Frosch laufen!«
Nach weiteren zwanzig Minuten Aufstieg traten sie aus dem Walde und sahen vor sich auf einem Plateau eine kleine, dunkelbraune Holzkirche liegen: Die Kirche Wang.
Umgeben von einem malerischen kleinen Friedhof, dessen leuchtende Sommerblumen zwischen den Kreuzen und Steinen einen jubelnden Kontrast zum Ernst des Todes gaben, bot das Kirchlein mit seinen drei abgestuften Dächern und dem nur um Weniges höheren Turm ein Bild des Friedens in der Mittagssonne.
Davor lagen im Tal die beiden Schwesterdörfer Krummhübel und Brückenberg, und Martin lief seitwärts an der Kirche vorbei, um zu sehen, »ob unser Auto noch dasteht.«
Der Vater rief den Jungen zurück, denn seine Antwort auf Emmys Frage, warum diese Kirche so fremd, so »undeutsch« aussähe, sollte auch Martin mit anhören.
»Dies ist wirklich keine ›deutsche‹ Kirche. Sie wurde in Norwegen gebaut. Dort findet man die Stabholzkirchen in dieser typischen Bauweise heute noch. In der Mitte des vorigen Jahrhunderts hat der Preußenkönig Friedrich Wilhelm IV. die Kir-

che Wang ersteigern und hier bei Brückenberg wieder aufbauen lassen.« »Seit wann werden denn Kirchen versteigert?« wollte die gründliche Emmy wissen. »Und warum?«
»Das weiß ich auch nicht«, sagte Herbert Brandt ehrlich. »Ich nehme an, sie sollte abgerissen werden.«
Hanna warf einen erstaunten Blick auf ihren Mann. Sie anerkannte immer sein umfassendes Wissen, das er seinen Kindern bei jeder sich bietenden Gelegenheit weitergab. Daß er aber auch die Größe hatte, eine Unkenntnis so einfach und offen einzugestehen, bewunderte sie.
Das Innere der Kirche war dunkel und das reiche Schnitzwerk nur schwer zu erkennen. Die Kinder langweilten sich bald und drängten ins Freie. Draußen, auf dem umliegenden Friedhof, liefen sie die Grabreihen entlang, und Emmy las die Namen, Geburts- und Sterbedaten auf den Grabsteinen vor. Sie rechneten sich aus, wie alt der Mensch geworden war, der hier begraben lag, und hatten an diesem unschuldigen »Spiel« ihren Spaß, bis die Eltern aus der Kirche traten.
Der Rückweg durch den Wald kam den Kindern kürzer vor als der Hinweg.
»Ist es denn derselbe, Mutti?«
Hanna lächelte.
»Ein Weg, den man schon kennt, kommt einem immer kürzer vor als der noch unbekannte, dessen Ende man nicht voraussehen kann. Außerdem habt ihr Hunger und einen gewissen Stalltrieb.«
»Stalltrieb – was heißt'n das?« Emmy wollte immer alles ganz genau wissen.
»Zur Krippe«, bedeutete die Mutter und wies auf das Hotel, das sie eben beim Austritt aus dem Wald erblickten. Und die ist jetzt dort drüben.«
Mit Hallo rannten die Drei auf das Haus zu, durch dessen geöffnete Tür ihnen verheißungsvolle Düfte entgegenströmten. Eva liebte diesen typischen Restaurantgeruch nach heißer Brühe und Gebratenem, den es zu Hause in dieser Eigenart nie gab. Sie liebte es überhaupt, im Lokal zu speisen, wahrscheinlich

deshalb, weil das bei den Brandts höchst selten geschah. Für Herbert Brandt waren der Inbegriff der Häuslichkeit die gemeinsamen Mahlzeiten der Familie. Er hatte eine ausgesprochene Abneigung gegen das Restaurantessen, das aus unbekannten Küchen kam und ihm von unbekannten Kellnern serviert wurde.

Nach dem Mahl ging es zurück nach Schreiberhau. Kurz vor Agnetendorf, der Wahlheimat Gerhart Hauptmanns, gab es noch einmal ein Halt. Der Vater ordnete einen »Verdauungsspaziergang« an, denn »es ist ungesund, wenn man nach dem Essen nicht noch ein paar Schritte tut«.

Außerdem gab es einen guten Grund, der Umgebung besondere Aufmerksamkeit zu schenken.

»Seht ihr den kleinen, bewaldeten Berg dort drüben? Das ist der Kynast.«

»Aber da müssen wir doch nicht schon wieder rauf?« fragte Emmy entsetzt.

»Ich denke nicht«, sagte Hanna schnell, die auf den Mienen ihres Mannes sehr wohl einen Zug erkannt hatte, der auf ein solches Vorhaben schließen ließ.

Herbert Brandt sah sich erstaunt im Kreise seiner Familie um.

»Seid ihr etwa schon müde von dem bißchen Laufen? Oder eher vom Mittagessen, nicht wahr? Aber wenigstens in die Richtung werden wir doch gehen können. Schade, auf dem Kynast ist eine alte Burgruine, die ich euch gern zeigen wollte. Es ist die der Grafen Schaffgotsch, die früher hier ansässig waren.«

»Aha«, machte Emmy höflich. Die Grafen Schaffgotsch waren ihr völlig piepe. Sie hatte jetzt genug von dem Ausflug und wollte sich lieber im Garten der Teschers mit einem Buch auf einen Liegestuhl verkriechen.

Jetzt aber war es Hanna, die ihrem Ehemann beistimmte.

»Der Vati hat ganz recht: Wenn wir schon mal hier sind, sollt ihr doch fest im Bewußtsein haben, daß ihr den Kynast gesehen habt, damit ihr es auch später nicht vergeßt. Denn es ist der Berg einer alten deutschen Sage.«

»Etwa der vom Barbarossa?« fragte Emmy dazwischen. Sie war plötzlich aufmerksam geworden.
»Ich weiß, ich weiß«, schrie Martin aufgeregt. »Das war der Kaiser mit einem ganz roten Bart, und den mochten alle gern, und der ist dadrin gestorben. Aber die Leute sagen, er is gar nicht tot, und nach tausend Jahren wacht er wieder auf und is wieder Kaiser.«
»Habt ihr das in der Schule gelernt?« fragte der Vater. »Das ist schön, daß du da mal aufgepaßt hast. Nur eine Kleinigkeit muß ich korrigieren: Der Berg, den du meinst, heißt der Kyffhäuser und liegt im Harz. Dieses dort ist der Kynast, und die Heldin seiner Sage ist Kunigunde, die von ihren Bewerbern einen Ritt auf der schmalen Burgmauer verlangt haben soll. Theodor Körner hat darüber ein Gedicht geschrieben.«
»Auf der Burgmauer?« fragte Emmy. »Sind die da nicht reihenweise runtergefallen?«
»Gerade das war ja die Absicht des grausamen Schloßfräuleins Kunigunde«, erklärte der Vater. »Aber vergeßt nicht, es ist eine Sage. Es muß nicht wirklich so gewesen sein.«
Evchen war an Hannas Seite geschlichen und schob ihre kleine Hand in die der Mutter.
»Was ist eine Sage, Mutti?«
»Das ist eine unwirkliche Geschichte, die über wirkliche Menschen, die einmal gelebt haben, erzählt wird. Beinahe so etwas wie ein Märchen.«
»Dann stimmt es also nicht, daß die blöde Kunigunde die Männer von der Mauer fallen gelassen hat und daß der tote Kaiser wieder aufwacht und aufsteht und rumgeht?«
»Sicher nicht, meine Kleine.«
Mit einem tiefen Seufzer löste sich das Kind von der Hand der Mutter. »Bloß gut!«

Bevor sie hinter Hermsdorf nach Schreiberhau abbogen, lenkte Herbert in einem plötzlichen Entschluß den Wagen nach rechts, wohin ein Wegweiser Bad Warmbrunn auswies. Es waren nur ein paar Kilometer. In wenigen Minuten hatten sie das alte, berühmte Kurbad erreicht, das mit seinen radioaktiven Thermalquellen schon im 18. und 19. Jahrhundert als Luxusbad des preußischen Adels galt. Die Familie kletterte aus dem Wagen und trat zu einer Ortsbesichtigung an. Die schönen Bauten, das Kurhaus, der Quellenhof, das Kurtheater mit seinen korinthischen Säulen zeugten von einer gediegenen Eleganz und Wohlhabenheit.

»Warmbrunn ist ein sehr alter Kurort«, erklärte Herbert den Kindern. »Es war schon vor dreihundert Jahren das Reiseziel der polnischen Könige, die hier ihren Rheumatismus zu heilen suchten.«

»Vor drei-hun-dert Jahren!« wiederholte Eva ehrfürchtig und hielt sich die Hand vor den erstaunt geöffneten Mund. »Hatten die richtige Kronen auf?«

»Sicher – nur nicht gerade im Rheumabad.«

Die Ferienwochen vergingen den Eltern und den Kindern gleichermaßen rasch. Einmal fuhren sie nach Hirschberg, der Stadt mit den herrlichen Barockhäusern, die Hanna und Herbert bei einem ausgedehnten Rundgang bewunderten, während die Ati mit den Kindern ins Freibad geschickt wurde, das man in dem Flüßchen Bober angelegt hatte. Ein andermal machten sie eine Wanderung zum Kochelfall, an der auch Eva und Katharina teilnehmen durften, weil Hanna meinte, die zweimal eine Wegstunde den »Kleinen« zumuten zu können. Endlich durften sie damit auch ihre Wanderstöcke in Betrieb nehmen und bekamen, nachdem sie den Zehn-Meter-Wasserfall ausgiebig bestaunt hatten, vom Vater jeder einen Stocknagel spendiert, den ihnen der Andenkenverkäufer gleich auf das Holz nagelte.

An den hellen Abenden scharten sich die Kinder um den alten Tescher, der auf der Bank an der Hauswand saß, an kleinen Schnitzereien bastelte und dabei Geschichten vom Rübezahl, dem Berggeist des Riesengebirges, erzählte. Wenn Tochter Hannele mit der Mutter zusammen die Küchenarbeit erledigt hatte, setzte sie sich oft dazu, und wenn die Kinder zum Schlafengehen gerufen wurden, bestürmten sie das hübsche, blonde Mädchen, ihnen zum Abschluß das Riesengebirgslied zu singen, das eine so schöne, romantische Melodie hatte. Emmy und Eva konnten bald mitsingen, wobei Emmy die Töne schneller beherrschte und Eva den Text. Was sonst noch aus dem kleinen Munde kam, war musikalisch nicht ganz einwandfrei und für Emmys feines Ohr ein ständiges Ärgernis. Ein paarmal drohte deshalb Streit auszubrechen, bis Hannele flüsterte: »Wir beide singen ganz leise, ja, Evi?«

Das verflixte siebente Jahr

Ende August wurde Eva-Maria sieben Jahre alt. Die Mädchen in der Küche neckten die Kleine.

»Do werd's woll a bissel Erger gäm, weil de sieben eene beese Zahl is.« Aber sie lachten dazu, und Eva, die immer ängstlich war und leicht etwas übelnahm, spürte den Schalk aus den Worten und lachte mit.

»Nee, das wird schön. Die sechs war bloß doof. Und außerdem krieg' ich einen ganz dollen Kindergeburtstag mit lauter Schulfreundinnen.« Keiner konnte solche Feste ausgestalten wie Hanna Brandt. Ihre Kindergeburtstage waren berühmt. Zwölf bis vierzehn Kinder tobten dann im Garten und wurden pausenlos mit atemberaubenden Spielen beschäftigt. Als Höhepunkt kam ein Eismann mit seinem weißen Karren in den Garten gerumpelt, hob die silberglänzenden Hauben von den Eisbehältern und füllte je nach Wunsch die verschiedensten knallbunten Köstlichkeiten in die Waffeltüten. An Martins Geburtstag im späten Oktober, als die Tage schon schnell dunkel wurden, gab es sogar im Garten ein Feuerwerk, für das Herbert Brandt von der Polizei eine Extragenehmigung einholen mußte.

Diesmal hatte sich Hanna etwas Neues ausgedacht. Die kleinen Schulmädchen, die nun schon lesen konnten, mußten sich ihre

Tischplätze suchen, indem sie die Anfangsbuchstaben ihrer Namen, die aus winzigen Schokoldenplätzchen zusammengefügt waren, entzifferten. Genauso schnell, wie das geschah, waren die eßbaren »Tischkarten« aber auch schon von der Tischdecke verschwunden. Dafür gab es lauter Schokoladenmäulchen.

Trotz dieses fröhlichen Beginns erwies sich das Jahr sieben (das ja genaugenommen das achte war) als schwierig, gerade so, als ob die Unkenrufe der »Mädchen« in Erfüllung gehen sollten. Eva wurde quengelig und unausgeglichen. Sie wurde auch immer pummliger und litt unter ihren Fettpölsterchen. Die Schule fiel ihr leicht. Sie hatte eine rasche Auffassungsgabe und war ehrgeizig. Aber im Turnunterricht war sie ungeschickt und wurde oft ausgelacht. Das kränkte sie und hatte zur Folge, daß sie immer wieder versuchte, sich auf anderen Gebieten in die erste Reihe zu drängen, was sie bei den Mitschülerinnen unbeliebt machte.

Am tiefsten aber verletzten sie Emmys ständige Hänseleien. Die Schwester nannte sie nie beim Namen. Für Emmy war sie »die Dicke«, was diese auch als Anrede benutzte. Das war für das Kind, das unter seinem »Anderssein« ständig litt, so diskriminierend, daß mehr als einmal seine Tränen in die Mittagssuppe tropften. Schließlich führte das dazu, daß der Vater energisch eingriff und die Sitzordnung am Mittagstisch änderte: An Evas Seite kam Martin, und Emmy thronte nun an der Schmalseite des Tisches, zwischen den beiden männlichen Mitgliedern der Familie. Das wird ihren Ambitionen so entsprochen haben, daß Eva über die größere Distanz fortan etwas mehr Ruhe vor den Sticheleien der größeren Schwester hatte.

Martin war wie immer neutral. Er stand sich mit allen drei Schwestern gut. Natürlich zog es ihn am meisten zu Emmy, seiner Partnerin in der Geschwistergruppierung. Er war seit neuestem »Pimpf«, hatte ein braunes Hemd und die schwarze Hose bekommen, dazu das schicke »Krätzchen«, die Kappe, die möglichst schief auf den Kopf gesetzt werden mußte. Die Geschwister »morsten« sich durch die Wand ihrer nebeneinanderliegenden Zimmer ihre neuesten Erlebnisse in der Hitlerjugend zu. Sie hätten sich ja auch zusammensetzen und es sich erzählen können. Aber so war es viel spannender.

Katharina war oft Eva-Marias einzige Zuflucht, wenn sie wieder einmal von ihren Minderwertigkeitsgefühlen erdrückt wurde. Die Kleine nahm sie mutig vor der älteren Schwester in Schutz, schlang Eva die Arme um den Hals und tröstete: »Laß die doch. Wir beide sind doch zusammen eins, und du bist meine dicke Hälfte.«

Aus dem Munde des geliebten Katharinchen kränkte das Wort nicht im mindesten. Die »beiden Kleinen« zogen sich in ihr Kinderzimmer zurück, und die Trennung zwischen den Geschwisterpaaren war wieder einmal deutlich dokumentiert.

Eine besondere, furchterregende und geheimnisumwitterte Atmosphäre strömten die Kellerräume aus, die weitläufig unter dem Hause ein ganzes Geschoß mit einem langen Flur bildeten. Eva ging gern mit den »Mädchen« oder der Mutter in den großen Vorratskeller, wo Hunderte von Weckgläsern, gefüllt mit Obst, Gemüse und sogar Wild vom Fleiß der Küche zeugten. Ein Faß mit selbst eingestampftem Sauerkraut stand ebenso selbstverständlich da wie eins mit Gurken und eins mit eingelegten Eiern. Herbert Brand hielt viel von Vorratswirtschaft, die in einer solch großen Familie fast unerläßlich war. Nur war sie in den dreißiger Jahren oft recht mühevoll und umständlich. Einmal die Woche mußte Hanna in den Keller gehen und mit einem Griff auf jedes Weckglas prüfen, ob es auch noch fest geschlossen war.

Im Obstkeller überwinterten in einem riesigen Sandberg die Mohrrüben, und in langen, die ganze Längswand bedeckenden Holzhorden lagerten verschiedene Sorten Äpfel, die regelmäßig umgedreht und auf Faulstellen geprüft wurden. Der Waschkeller am Ende des Ganges übte seine Anziehungskraft nur alle vier Wochen aus, wenn Waschtag war. Einzig den gegenüberliegenden Kohlen- und Kartoffelkeller konnten Eva und Katharina nicht ausstehen. Er war dunkel, roch modrig,

und hin und wieder hieß es: »Alle runter zum Kartoffelentkeimen.« Davon wurden auch die »beiden Kleinen« nicht ausgeschlossen. Und da Emmy und Martin es verstanden, sich nach kurzer Zeit mit dem Argument dringender Schularbeiten oder HJ-Dienst nach oben zu verdrücken, blieben oft Eva und Katharina allein bei dieser mühsamen, schmutzigen Arbeit zurück. Der in einer großen Holzkiste eingelagerte Kartoffelberg mußte von einer Seite auf die andere gedreht werden, wobei jede einzelne Kartoffel in die Hand genommen und von den heranwachsenden Keimen befreit werden mußte.
Die beiden Kinder grauten sich im Halbdunkel des Kellers entsetzlich. Um sich Mut zu machen, sangen sie alle Kinderlieder, über die ihr Repertoire verfügte. Meistens kam die Ati dann als Erlösung, die sie gesucht hatte und der die singenden Kinderstimmen den Weg gewiesen hatten.
Der eindrucksvollste Kellerraum war der mit der großen Wäscherolle. Die Kinder durften ihn nur in Begleitung eines der Mädchen betreten, und das taten sie dann ausgesprochen gern. Es war auch faszinierend, zu sehen, wie die eingesprengten Wäscheteile auf das Holzbrett gelegt und noch einmal glattgestrichen wurden, wie mit Anstrengung der Drehschwengel in kreisenden Schwung gebracht wurde und sich der mit schweren Granitsteinen gefüllte Holzkasten über der Wäsche in Bewegung setzte. Er sah aus wie eine Lokomotive ohne Dampf. Unter ihm rollte eine gewaltige Holzwalze über die Wäsche und preßte sie schrankfertig glatt. Die Kinder hatten strikte Weisung, in angemessenem Abstand stehenzubleiben, was sie auch gehorsam taten, denn sie waren von Hanna eindringlich auf die möglichen Gefahren hingewiesen worden, wenn auch nur ein Fingerchen unter die Walze käme. Aber zuzugucken bei dieser schweißtreibenden Prozedur war auch aus der Entfernung spannend genug, und außerdem liebten sie den Geruch der feuchten Wäsche.

Gleich nach Evas Geburtstag verließ Elfriede Haus und Küche der Brandts. Sie wollte »sich verändern« und trat als Kochelevin

dem Städtischen Krankenhaus bei, um sich zur Diätköchin ausbilden zu lassen. An ihre Stelle kam Helene, vollbusig und rotwangig, ein Mädchen vom Lande wie ihre Vorgängerin. Helenes Vater war Melkermeister auf einem Gut in der Nähe von Lauban, der Stadt der Taschentuchfabriken. Herbert Brandt brachte das Mädchen nach einem Geschäftsbesuch in Lauban kurzerhand gleich mit. Da stand sie mit ihrem abgeschabten Köfferchen im Flur der Moltkestraße 3, die braunen Haare in einem Zopf um den Kopf gelegt, und lachte die sie umstehenden Brandt-Kinder mit einer Mischung aus Verlegenheit und Fröhlichkeit aus blanken Kulleraugen an. Als Hanna das neue Mädchen begrüßte, machte es artig einen Knicks und sagte gewichtig: »Joa, do wär ich.«
Helene machte der Familie mit ihrer lustigen Vierschrötigkeit den Wechsel leicht. Sie war siebzehn und voller Eifer und guten Willens. Zwar verpatzte sie zu Anfang noch manches, besonders, was die Kocherei anging. Aber Hanna »lernte sie an«. Was scheuern, fegen und Schuhe putzen betraf, war sie unübertrefflich. Herbert schmunzelte, wenn er morgens in seine blitzblanken Schuhe stieg: »Helene, wenn ich noch mal zum Militär komme, nehme ich Sie als Bursche mit.«
Eva-Maria fühlte sich zu Helene besonders hingezogen. Sie war noch öfter in der Küche als vorher.
»Ich will dir abtrocknen helfen« oder: »Kann ich jetzt mal'n bißchen den Kuchenteig rühren?«
Wenn sie sich dabei mal wieder über Emmys Hänseleien beklagte, lachte die dralle Helene:
»Mach dir nischt draus. Ich bin joa oo so dicke.«
Das war für das kleine Mädchen dann der sicherste Trost.

In den Herbstferien, Mitte Oktober, machten Hanna und Herbert eine kleine Reise zu zweit, und die Kinder wurden für eine Woche verteilt. Die Ati nahm das Katharinchen mit in ihr Elternhaus in Seidenberg bei Görlitz, Emmy zog begeistert zu Herlangens, wo sie mit Brigitte das Zimmer teilen durfte, und Martin wurde von den Eltern in der Försterei Krumpohl abge-

setzt, die einem Vetter von Herbert gehörte. Der Junge war selig, für eine Weile Landluft schnuppern zu können und jede Menge Tiere um sich zu haben. Die Hühner und Pferde besorgte in der Zwischenzeit wie immer der treue Mettwitz, der auch ein Auge auf Haus und Garten hatte.
Eva durfte mit Helene im Zug nach Lauban fahren. Dort holte sie der Vater Melkermeister mit einem Milchfuhrwerk ab, auf dem die großen Blechkannen einfach zusammengeschoben wurden, um den beiden Fahrgästen Platz zu machen. Evchen wollte auf den Kutschbock, aber: »Ne, ne, da fällste mia runna«, wehrte der biedere Mann ab.
Laut scheppernd ging es durch das Städtchen. Auf der Landstraße lief der Wagen gefügiger. Die Räder knirschten nur noch sachte im Kies, und das gleichmäßige Aufsetzen der breiten Pferdehufe wurde von dem Knarren der abgewetzten Lederzügel begleitet. Der Mann auf dem Bock drehte sich um.
»Nu, do kimmste joa schnell wieda daheeme.«
Helene lachte.
»Aba bloß fier a paar Tage. Vata. Schee ist's inna Stadt. Do bleib ich no a bissel. – Hoat Mutta was Gut's gekocht?«
»Gekocht, gebacken und gebroaten, groad wie zu ner Huxt (Hochzeit)«, schmunzelte der Vater.
Der breite Weg, der in den Gutshof führte, die langgestreckten Scheunen und Stallungen, das herrschaftliche Haus mit den zwei großen Fensterfronten an der Schmalseite des Hofes versetzten Eva in ein entzücktes Staunen.
»Ist das groß!« rief sie mit ihrer hellen Kinderstimme.
»Nu joa, du bist joa oo noch kleen«, lachte der Melker. »Do sieht manch eens greeßer aus als es is. Aba recht haste scho«, fügte er mit einem Stolz hinzu, als sei dies alles sein Eigentum. »De schlesischen Gieter sein scho eene Proacht.«
Im Anschluß an den linken Flügel der Stallungen stand das Melkerhäuschen, zweistöckig, mit spitzem Giebeldach. Und in der Tür stand Helenes Mutter, strahlend, genauso stämmig wie die Tochter und mit demselben geflochtenen Haarkranz. Nur blitzte bei ihr hier und da schon ein weißes Haar in dem Braun.

Sie wischte sich die ohnehin sauberen Hände an der Schürze ab und beugte sich zu Eva herab.
»Doas is aba schee, doaß de uns besuchen kimmst. Do weeß ich doch glei, wär um mei Tuchta rum is ei der Stadt. Kumm ock rin, kleenes Mädel, und iß erschte moal woas.«
Eva war tatsächlich hungrig von der weiten Reise. Der Zug hatte bis Lauban immerhin fast eine Stunde gebraucht, und die anschließende Zuckelei auf dem Pferdewagen hatte ihren kleinen Magen ganz schön durcheinandergerüttelt, daß jetzt bestimmt nichts mehr drin war. Helene half ihr, Mütze und Mantel auszuziehen und führte sie an den mit einer Wachstuchdecke gedeckten Tisch. Das erste Dargebotene brachte das Kind allerdings in Verlegenheit.
»Hier hoaste erscht amoal woas fiern Durscht.«
Helenes Mutter hielt ihr ein großes Glas Milch hin. Eva sah hilfesuchend zu Helene. Die aber war noch zu neu im Hause Brandt, um die Eigenheiten eines jeden Familienmitgliedes zu kennen.
Evchen wurde rot und senkte den Kopf.
»Ich mag keine Milch«, flüsterte sie.
Frau Felgner schüttelte verwundert den Kopf.
»A Kind, doas keene Milch nich moag? Joa, woas willst denn do trinken beim Melkermeister seine Familie?«
Man einigte sich auf Himbeerlimonade, mit der Eva schließlich den duftenden Schwärtelbraten mit rohen Kartoffelklößen hinunterspülte. Hinterher hatte sie zwar etwas Bauchschmerzen, aber die Tatsache, daß keiner etwas dabei fand, als sie sich den Teller viel zu voll häufte, ließ sie die Unbill leicht ertragen.

Die Herbstferientage waren wundervoll. Eva ließ sich in der Melkerfamilie als »Kind von der Herrschaft« verwöhnen. Als Spielkamerad wurde ihr Helenes zehnjähriger Bruder zugewiesen, der mit dem kleinen Mädchen aus der Stadt allerdings nicht viel anzufangen wußte. Er zog einen Freund als Verstärkung hinzu, und es wurde beschlossen, in dem riesigen Heuhaufen unter der Tenne Verstecken zu spielen. Eva, ehrgeizig

wie stets, wühlte sich so tief in das duftende Heu, daß es sich ganz über ihr schloß und nicht nur die beiden Jungen, sondern bald auch die aufgeregt alarmierten Erwachsenen Mühe hatten, sie wiederzufinden. Eva war zwar keine Stecknadel, die man im Heuhaufen suchen mußte. Aber die Heumenge war tatsächlich ein kleines Gebirge und ließ sich nicht so ohne weiteres abtragen. Schließlich zeigte zum Glück eine feuerrote Haarschleife, die von dem Zöpfchen abgegangen war, wo die Suchmannschaften ihre Bohrungen anzusetzen hatten, und dann dauerte es nur noch wenige Minuten, bis man das verängstigte und völlig erschöpfte Kind ans Tageslicht ziehen konnte. Es nieste ein paarmal kräftig, bevor endlich die erlösenden Tränen hervorbrachen, und schluchzend berichtete es:
»Ich konnte doch nicht schreien. Alles war voll Heu und so dunkel.«
Der Melkermeistersohn bekam vom Vater eine Tracht Prügel. Er als Landkind mußte die Gefahren eines Heuhaufens kennen.

Nach diesem Vorfall kümmerte sich Helene intensiver um ihren Schützling. Sie ging mit Eva ins Dorf einkaufen und nahm sie zum gelegentlichen Schwatz zu befreundeten Familien mit. Oder sie lagen einfach auf der Wiese, die unter einer milden Herbstsonne immer noch blütenbestickt war, und guckten in den Himmel. Dabei schlief Helene einmal unversehens ein. Sie war am Abend zuvor im Kretscham, dem Dorfgasthaus, tanzen gewesen. Das hatte sich überraschend in die Länge gezogen, so daß sich Helenchen ganz leise hatte ins Elternhaus schleichen müssen. Auch Eva, mit der sie die Kammer teilte, hatte nichts gemerkt. Zum Frühstück herrichten mußte sie aber wieder auf den Beinen sein, und da sie nicht von selbst kam, hatte die Mutter sie aus den Federn geholt. Jetzt schlief sie also, die Helene, und holte nach, was sie in der Nacht an Zeit vertanzt hatte.
Eva sah sich das eine Weile an, begann sich zu langweilen und stand endlich auf, um auf eigene Faust einen Spaziergang zu machen. In ihrem schwingenden, roten Röckchen lief sie quer über die Wiese, pflückte hier und da ein paar Blumen, aber die

hatten alle so dünne Stengel, und es dauerte lange, bis sie einen richtigen Strauß zusammen hatte. Sie kroch zwischen zwei Reihen Stacheldraht hindurch, ritzte sich dabei die Haut an einem Bein auf und blieb stehen, als sie über den nahen Feldweg einen Traktor rattern hörte. Aber sie hörte noch etwas anderes. Der Wiesenboden bebte von stampfenden Hufschlägen. Das Motorengeräusch vom Traktor war plötzlich still. Dafür wurde das Stampfen lauter. Eva sah eine dunkle Masse auf sich zustürmen, sah die hellen, tief gesenkten Hörner. Zum Schreien hatte sie gar keine Zeit mehr. Der junge Bauer war längst von seinem Traktorsitz und über den Drahtzaun gesprungen. In letzter Sekunde riß er das Kind beiseite, und die gereizte Wut des heranrasenden Bullen verpuffte ins Leere. Als der Bauer die Kleine in ihrem roten Röckchen über den Stacheldraht hob, stand das mächtige Tier still, mit schräg gegrätschten Beinen und zitternden Flanken. Der Schaum flog ihm in gelblichen Fetzen vom Maul, und die runden Augen glotzten dem entkommenen Opfer nach.
Diesmal ging es Helene an den Kragen. Sie bekam eine väterliche Standpauke, die sich gewaschen hatte. In ihr Schluchzen hinein klang kläglich Evas Stimme:
»Das ist doch alles bloß, weil ich sieben bin. Die Sieben is 'ne böse Zahl, hat Helene selbst gesagt.«

Außer diesen beiden aufregenden Ereignissen nahm Eva noch zwei Erfahrungen mit heim.
Sie lernte bei Vater Felgner nicht nur, im Kuhstall auf einem richtigen Melkschemel zu sitzen, den man sich mit einem Ledergurt um den Bauch schnallte. Er zeigte dem gelehrigen Mädchen auch, wie man aus den Zitzen der Kuh die Milch strich, immer zwei der vier Zitzen über Kreuz, mit leichtem Daumendruck gegen die übrige Hand, und schräg auf den Melker zu, der den Melkeimer fest zwischen den Knien eingeklemmt hielt. Der Erfolg ihrer Bemühungen ließ Eva die Furcht vor dem großen Tierleib vergessen, der Wärme ausdünstend vor ihrem kleinen Körper stand. Als die frische Kuhmilch zwei Zenti-

meter hoch im Melkeimer stand, lief die Kleine stolz über den Hof, um das Ergebnis ihrer Ausdauer im Melkerhäuschen zu präsentieren.
Die zweite umwerfende Erkenntnis, die Eva mit nach Hause nahm, war die Beobachtung, wie man a u c h bügeln konnte. Zu Haus wurde selbstverständlich die Schnur des Bügeleisens in die Steckdose gesteckt, und nach ein paar Minuten hatte die Plätte die gewünschte Temperatur. Hier war das anders. Frau Felgner fuhr mit dem schweren Eisen über die eingesprengte, dampfende Wäsche, bis es eben nicht mehr so dampfte. Das bedeutete, die Hitze in dem Eisen hatte nachgelassen. Dann wurde am rückwärtigen Ende des Bügeleisens ein Türchen hochgeschoben, mit dem Feuerhaken der erkaltete Eisenbolzen aus dem Innern hervorgezogen und gegen einen anderen, rotglühenden Bolzen ausgetauscht, der aus dem Herdfeuer geholt wurde. Das Türchen am Plätteisen klappte zu, und jetzt dampfte die feuchte Wäsche wieder.

Die eine erlebnisreiche Ferienwoche war schnell zu Ende. Eva war noch nicht lange genug in der Schule, um sich nicht auf den Neubeginn des Unterrichts zu freuen. Sie fand es aufregend, immer Neues zu lernen, wobei ihr Lesen und Schreiben stets das Wichtigste waren. So klein sie war, spürte sie doch, daß dies der Schlüssel für weiteres Wissen war, und es ging ihr fast nicht schnell genug, zu diesem Wissen zu kommen.
Wenn sie nur erst Emmys Bücher lesen könnte! Bevor sie in die Schule kam, hatte sie die Eltern und andere Erwachsene damit verblüfft, daß sie ihnen die »Häschenschule« und das »Katzenkränzchen« vorlas, und nur Hanna kam dahinter, daß das Kind die ihm sattsam bekannten Verse auswendig hersagte. Nun aber studierte es mit Eifer seine Fibel, schrieb die ersten Wörter – nicht ganz sauber, aber flott – seit neuestem in Schreibhefte mit Doppellinien. Sie hatte eine Vorliebe für unbeschriebenes Papier. Sie liebte seinen Geruch und seine verheißungsvolle Unberührtheit, eine Neigung, die sie ihr Leben lang nicht verlassen sollte.

Eva-Maria hatte noch ein anderes, ausgeprägtes Faible. Ihre kleine Nase war das Organ, das für sie bestimmend war für Sympathien und Antipathien. In ihrer Nase lag zudem ein großer Teil ihres Erinnerungsvermögens. Sie wußte genau, wo sie diesen oder jenen Geruch schon einmal gerochen hatte und brachte das in Verbindung mit Personen oder Geschehnissen. Ganz vernarrt war sie in den Geruch von Leder. Schon die geöffnete Tür eines Lederwarengeschäftes begeisterte sie. Und wenn Mutti sie einmal zu einem Taschenkauf mitnahm, stand sie selig schnuppernd im Laden und strich mit ihrer kleinen Hand über das glatte Leder von Handtaschen und Portemonnaies. Wenn diese Leder auch noch gold- oder silbergefärbt waren, wuchs Evas Sehnsucht ins Unendliche. Einmal stand sie versunken vor einer winzigen silbernen Überschlagtasche, während Hanna ein Paar Handschuhe anprobierte. Nach einer Weile war der Kauf entschieden, die Handschuhe wurden eingepackt und bezahlt. Hanna drehte sich zu ihrer Tochter um.
»Komm, Evchen, wir gehen.«
Draußen fragte die Kleine:
»Mutti, ist fünf Mark teuer?«
»Das kommt darauf an, wofür.«
»Ach Mutti, da war so eine süße, silberne Tasche, die kostete fünf Mark.«
»So. Und wer kann solch eine silberne Tasche brauchen?«
Eva sagte nichts. Sie stieß nur einen Seufzer aus.
Weihnachten lag die Tasche auf ihrem Gabentisch. Fünf Mark waren wirklich nicht viel für den Jubel, den sie auslösten.

Natürlich schloß diese Vorliebe für Leder auch Schuhe ein. Eva war ein Schuhnarr, und wenn sie einmal nichts von Emmy erbte, sondern eigene neue Schuhe bekam, war das für sie ein Fest. Sie konnte sich nicht genug tun im immer wieder von neuem Probieren, sich an Form und Farbe zu entzücken, so daß Hanna zum Schluß energisch werden mußte und rasch die Entscheidung traf. Daß diese nicht immer zu Evas Zufriedenheit ausfiel, wurde bei einem dringend nötig gewordenen Schuh-

kauf im Frühjahr 1936 offenbar. Aus den Schaufenstern waren die dunklen Winterstiefel verschwunden. Es wurde mit hellen und bunten Kleiderschuhen und Sandalen dekoriert.
Hanna holte Eva von der Schule ab und ging mit ihr in das große, köstlich duftende Schuhgeschäft am Hindenburgplatz. Das kleine Mädchen sog den Geruch tief ein, der sein Herz hüpfen ließ, und setzte sich mit glänzenden Augen aufgeregt an Muttis Seite auf einen der Stühle. Die Verkäuferin brachte wahre Gedichte von sommerlichen Schuhen in Größe 33. Hanna begutachtete kritisch.
»Sind die nicht zu klein?«
»Es ist genau die Größe, die Ihr Kind jetzt hat.«
»Dann bringen Sie bitte eine Nummer größer. Ich will ein bißchen auf Zuwachs kaufen. Man kann ja noch eine Sohle einlegen.«
»Die«, bestimmte Eva und hielt der Verkäuferin ein Paar leichte, rote Kinderpumps hin.
»Die haben wir nicht mehr in Größe 34.«
»Dann will ich sie in 33 haben.«
Hanna zog das Verkaufsgespräch wieder an sich.
»Es müssen keine Kleiderschuhe sein, Fräulein. Braune Halbschuhe zum Schnüren sind viel praktischer. Da kann sie nicht so leicht herausschlüpfen. Und außerdem ist jetzt auch noch Übergangszeit. Es kann noch viel Regen geben.«
Braune Schnürschuhe in Größe 34 fanden sich und wurden gekauft. Beim Bezahlen stand Eva-Maria klein und unglücklich neben der Mutter, mit dicken Tränen in den Augen.
»Das sind doch Jungenschuhe«, murmelte sie tief enttäuscht.

Kurz nach Ostern wurde Katharina krank. Eva war eben in die zweite Klasse versetzt worden. Auf ihrem Zeugnis standen lauter Einsen und eine Zwei. Die Zwei war in Betragen. Als Fußnote stand darunter: »Eva-Maria neigt dazu, vorlaut zu sein.«
»Die Dicke muß sich immer in Szene setzen«, hatte Emmy süffisant geäußert, als sie einen Blick in das nagelneue Zeugnisheft

geworfen hatte. Als Eva sofort wieder die Tränen in die Augen schossen, drehte sie sich verächtlich fort:
»Und nu isse wieder eingeschnappt.«
Eva waren mit Emmys Bemerkungen alle Felle davongeschwommen. Sie hatte geglaubt, ein Zeugnis zu haben, das sie ihren Eltern stolz vorweisen konnte.
Im Hause Brandt war es üblich, daß an Zeugnistagen nach dem Mittagessen die Kinder nacheinander, dem Alter entsprechend, an der Herrenzimmertür anklopften und dem Vater das Zeugnis unter vier Augen vorlegten. Dabei wurden die guten Noten gelobt, die schlechten gerügt und »besprochen«.
Herbert Brandt schüttelte leise den Kopf.
»Kannst du nicht ein bißchen bescheidener und zurückhaltender sein, Eva?«
Er sah auf sein zerknirschtes Pummelchen, und wenn Eva nicht beschämt die Augen niedergeschlagen hätte, so hätte sie die Schmunzelfältchen gesehen, die sich in den Augenwinkeln des Vaters bildeten.
»Na, ab morgen, nicht wahr?«
Die Kleine schlug die Augen groß auf.
»Aber Vati, die Schule fängt doch erst in vierzehn Tagen wieder an!«
»Du könntest ja schon zu Hause ein bißchen üben.«
Herbert Brandt gab Eva einen leichten, wohlmeinenden Klaps auf die runde Wange. Dann holte er sein Portemonnaie hervor, wühlte bedächtig in den Münzen und drückte dem überraschten Kind eine Mark in die Hand.
»Danke, Vati.« Eva schlang die Arme um seinen Hals und drückte ihm einen Kuß auf die Wange.
»Na ja«, murmelte er, »es sind ja auch eine ganze Menge Einsen.«

Am Nachmittag kam die Omi zum Kaffee, und auch ihr wurden die Zeugnishefte vorgelegt. Sie packte auf jedes eine weitere Mark, auch auf das von Martin, in dem es von Vieren nur so wimmelte. Es war auch die einzige Mark, die er bekam.

Obwohl Ostern früh im Jahre war – die ersten grünen Spitzen der Tulpen und Narzissen guckten eben erst aus der Erde –, war es sonnig und warm, so daß die Kinder im Garten Ostereier suchen konnten. Nachmittags gab es zum Kaffee die traditionelle Schokoladentorte mit den bunten Zuckereiern und dem Marzipanhasen in der Mitte, der zum Schluß gewissenhaft in vier möglichst gleiche Teile geteilt wurde.
Gegen abend wurde Katharina quengelig, klagte über Halsschmerzen und wurde früher als üblich zu Bett gebracht. In der Nacht stieg das Fieber in beängstigende Höhe. Die Kleine wimmerte vor Schmerzen. Der Durst quälte sie, aber sie konnte nicht schlucken.
Hanna packte kurzentschlossen das totmüde Evchen in ihr eigenes Bett und verbrachte die Nacht bei dem kranken Kind. Am nächsten Morgen kam der Arzt und ordnete nach einer kurzen Untersuchung sofort eine strenge Isolierung an. Katharina hatte Scharlach. Hanna war völlig verstört. Sie wollte das Kind um keinen Preis ins Krankenhaus geben. Die Geschwister schlichen beklommen herum, während eine rege Geschäftigkeit einsetzte. Das Gästezimmer im Dachgeschoß wurde geputzt und hergerichtet und Katharina in das frischbezogene Bett getragen. Das Kinderzimmer durfte bis Mittag keiner betreten. Erst als ein Mann von der Gesundheitsbehörde dagewesen war und alles mit einem starkriechenden weißen Pulver »ausgeräuchert« hatte, ging die Ati hinein und spannte ein neues Laken auf Katharinas Bett, damit die abgezogenen Matratzen nicht so fremd und abweisend aussahen. Eva saß schluchzend auf ihrem eigenen Bett und fragte:
»Stirbt Katharina jetzt?«
Ati strich noch einmal über das Laken.
»Wie kimmst'n da druff? Da sei der liebe Hergott vor.«
Sie sah mitleidig auf das weinende Kind.
»Eva, willste, daß ich bei dir schlafe? Soll ich die Mutti drum bitten?«
Ein Strahlen ging über das verweinte Gesichtchen.
»Ach, Ati!«

Die Wochen ohne Katharina waren bang für die ganze Familie. Eine Krankenschwester wurde engagiert, die den ganzen Tag im Gästezimmer verbrachte. Selbst Hanna mußte ihrem Kind fernbleiben, um nicht sich und die übrigen Familienmitglieder anzustecken. Mittags und abends gingen die Eltern nach oben, standen in der geöffneten Tür und blickten in tiefer Sorge zu dem Bett hinüber, in dessen Kissen das gerötete, ernste Kindergesicht lag, meist mit geschlossenen Augen und vom Fieber aufgerissenen Lippen.
Nach einer Woche setzte die Krise ein. Hanna durchschritt stundenlang unruhig die ineinandergehenden Eß-, Wohn- und Herrenzimmer. Mittags erschien sie mit verweinten Augen am Tisch. Die Kinder wagten nicht von ihren Tellern aufzublicken, und Eva weinte gleich mit. Nach dem Essen kam der Arzt, nun schon zum zweiten Mal an diesem Tage. Abends kam er noch einmal und blieb lange mit den Eltern zusammen im Herrenzimmer. Immer wieder ging er nach oben in die Krankenstube. Emmy, Martin und Eva waren nach dem Abendbrot im Eßzimmer geblieben. Keiner ermahnte sie heute, rechtzeitig zu Bett zu gehen. Sie saßen beieinander und unterhielten sich leise und angstvoll. Es war das erste Mal, daß Eva in die Gemeinschaft der »beiden Großen« einbezogen wurde. Die festen Familienbande bewiesen in der Stunde der Not ihre Kraft.
Kurz nach neun Uhr, als Evas Augen trotz allen Kummers vor Müdigkeit immer kleiner wurden, kam Hanna herein. Von ihrem bleichen Gesicht war die Spannung abgefallen. Ein Zug müder Erleichterung hatte sich darübergelegt.
»Geht jetzt ins Bett, Kinderle, und schlaft schön. Katharinchen schläft jetzt auch. Das Fieber ist gesunken. Sie wird wieder gesund werden.«
Die Kinder umringten, umarmten die Mutter, strichen ihr über die Wangen, über die nun ein Tränenstrom der Erlösung rann.

Als im Mai die dichten Fliederbüsche blühten, saß ein blasses Katharinchen auf einer Decke auf dem Rasen, umgeben von einer ganzen Puppengesellschaft und vielen Stoff- und Holztie-

ren, und ließ sich von der Sonne bescheinen. Ihre Lieblingspuppe, das Gretchen, war nicht dabei. Gretchen hatte den Vorzug gehabt, daß sie während der Scharlachwochen als einzige bei Katharina im Bett sein durfte. Das hatte sie mit ihrem Puppenleben bezahlen müssen. Sie war nach dem Ende der Krankheit mit ein paar Bilderbüchern und Stofftieren in den Ofen gewandert. Katharina hatte sich diese Notwendigkeit erklären lassen und mit traurigem, ernsthaftem Gesichtchen genickt.
»Gibt's auch einen Puppenhimmel, Mutti?«
»Natürlich. Und da ist Gretchen jetzt sicher und wird ganz frisch wieder hergerichtet. Es kann sogar sein, daß sie wieder zu dir auf die Erde kommt. Vielleicht sieht sie dann ein bißchen anders aus, aber du wirst sie schon wiedererkennen.«
»Wann is'n das?«
»Na – das dauert schon eine Weile. Vielleicht so um Weihnachten.« Das aber war noch lange hin, und Katharina begann, sich mit ihrer übrigen Puppenschar wieder zu beschäftigen, die sie so lange vernachlässigt hatte. Die Geschwister waren alle in der Schule, Ati hatte im Haus zu tun und sah nur immer in regelmäßigen Abständen vom Fenster aus in den Garten, und die Mutter war mit der Helene auf dem Markt. Katharina sah auf, als ein Schatten über ihre Decke fiel. Sie hatte gar nicht gehört, daß jemand in den Garten gekommen war. Jetzt strahlte ihr schmalgewordenes Gesicht der Besucherin entgegen.
»Ach, Tante Anna, da bist du ja. Bleibste ein bissel da?«
»Natürlich, Kindel, deshalb bin ich ja gekommen.«
Das alte Fräulein sah sich suchend um.
»Wo kann ich mich denn mal setzen?«
Katharina schob ein paar Puppen und Tiere zur Seite und klopfte mit der flachen Hand auf den Boden.
»Hier, Tante Anna, hier ist Platz.«
Fräulein Petersdorf lachte.
»Dazu sind meine alten Knochen zu steif«, sagte sie.
Sie stellte ihre Tasche auf den Rasen und holte aus der Laube einen alten grüngestrichenen Gartenstuhl. Es dauerte eine Weile, bis sie den richtigen Untergrund für das wacklige Möbel gefun-

den hatte. Dann setzte sie sich vorsichtig darauf, holte aus der Tasche zunächst eine Banane und dann ein Kinderbuch. Sorgfältig schälte sie die Frucht bis zur Hälfte, so daß die Schalenteile in schönem Bogen nach vier Seiten fielen und das hellgelbe Fruchtfleisch verlockend aus der Mitte leuchtete. Katharina streckte die Hand danach aus.

Tante Anna wußte, wie wichtig es war, das appetitlose Kind zum Essen zu verlocken. Während es einen ordentlichen Happen von der Banane abbiß, zog das alte Fräulein als weiteres Requisit ein altmodisches Metalletui hervor, entnahm ihm die Nickelbrille mit den kreisrunden Gläsern und schlug das Buch auf. Katharina hatte sich zwei Puppen aus der Runde ausgesucht, in jeden Arm eine genommen, und rutschte jetzt zu Tante Annas Beinen, um den Kopf an ihre Knie zu lehnen, die in einem langen, schwarzen Rock steckten.

»Weißt du noch, wo wir stehengeblieben waren?«

Katharina nickte eifrig.

»Wie das Kasperle von der Gräfin Rosemarie versteckt wurde, damit der olle Herzog es nicht fangen konnte.«

»Richtig.«

Tante Anna begann mit sanfter, leicht zittriger Stimme zu lesen, dort fortfahrend, wo sie vor ein paar Tagen aufgehört hatte. Und Katharina lauschte der Stimme, die ihr in den letzten Wochen so vertraut geworden war. Jeden zweiten Tag war Tante Anna in dem Krankenzimmer erschienen, hatte die Schwester für ein paar Stunden abgelöst und der kleinen Patientin mit nie ermüdender Geduld Geschichten erzählt und vorgelesen. Danach hatte sie sich die Hände in Sagrotan gewaschen und hatte auf Hannas Warnungen lächelnd geantwortet:

»Scharlach ist eine Kinderkrankheit, dafür bin ich zu alt.«

Jetzt saßen die beiden, die Alte und das Kind, in der warmen Maisonne, und jeder wußte, daß er den anderen brauchte, und das machte sie glücklich.

Der Mai brachte aber auch einen schmerzlichen Abschied. Herlangens verließen Görlitz. Vater Karl hatte als Ingenieur eine

Versetzung nach Berlin bekommen. Die Familie zog kurz vor Pfingsten um. Die Kinder waren besonders unglücklich über die Trennung. Sie waren von klein auf an die Freunde gewöhnt und konnten sich gar nicht vorstellen, daß sie nun nicht mehr, wann immer sie wollten, zusammenkommen konnten. Die Herlangen-Kinder erschienen, so oft ihnen Schularbeiten und der Dienst in der HJ dazu Zeit ließen, im Garten der Moltkestraße, sie gehörten einfach dazu. Heinz und Walter kamen zeitweilig direkt von ihren Geländespielen oder Aufmärschen noch in der braunen Pimpfuniform und schossen Martins Fußball mit mächtigen Tritten vom Einfahrtstor den ganzen Gang entlang bis zum Hofeingang.
Brigitte und Emmy konnten sich das Ohneeinander überhaupt nicht vorstellen. Sie schrieben sich glühende Versprechen nie erlahmender Freundschaft in ihre Poesiealben und schworen, sich mindestens jede Woche einen Brief zu schreiben, was sie auch bis Weihnachten durchhielten.
Evchen weinte bitterlich. Ohne Felix hörte für sie eine Ära auf. Obwohl die täglichen Zusammenkünfte nach der Einschulung eingeschränkt waren und Felix sich auch am Nachmittag mehr seinen neuen Freunden aus der Jungenschule widmete, blieben doch die beiden noch ein »Paar« und hatten ein unbedingtes Zusammengehörigkeitsgefühl. Felix stieß sich auch nie daran, daß Eva etwas mehr auf die Waage zu bringen hatte als andere Kinder ihres Alters. Ihm waren die äußeren Formen völlig gleichgültig, und nie hörte Eva ein dahingehendes verletzendes Wort von ihm.
Auch den beiderseitigen Eltern fiel das Auseinandergehen schwer. Sie wußten zwar, daß die jahrelange Freundschaft weiterbestehen würde, aber sie mußten sie nun über Zeit und Raum pflegen. Es war einfacher gewesen, als man in fünf Minuten zueinanderkommen konnte.
Der Abschied war tränenreich und traurig. Die beiden Männer waren bewegt, als sie sich die Hand drückten. Dabei lebten sie doch in gesicherten, friedlichen Zeiten. An irgendwelche Störungen, die bis in das Privatleben hineinreichen könnten, war

nicht zu denken. Hanna und Herbert versprachen, sobald wie möglich in die Hauptstadt zu kommen.

Die Sommerferien begannen diesmal sehr früh. Schon Mitte Juni wurden Reisevorbereitungen getroffen, und Anfang Juli ging es für drei Wochen an die See, diesmal an die pommersche Küste. Emmy hatte eine Einladung zu den Danziger Verwandten und machte sich höchst selbständig per Eisenbahn auf den Weg. Die drei übrigen Kinder kletterten erwartungsvoll ins Auto, in dem es ein bißchen eng wurde, denn Helene kam zu Hannas Entlastung mit. Das zierliche Katharinchen fand vorn zwischen Vati und Mutti Platz und hatte während der Fahrt die beste Aussicht. Unterwegs wurde mehrfach angehalten. Da wurden längs der Chaussee Kirschen geerntet und frisch vom Baum weg verkauft; da bekam Katharina plötzlich Durst, und just in dem Moment passierte man in Küstrin einen Milchwagen, der am Straßenrand Milch und Buttermilch feilbot. Und mittags wurde selbstverständlich auf einer Waldwiese gepicknickt, mit Butterbroten, harten Eiern und Himbeersaft. Nach dem Essen gab es den üblichen, vom Vater angeregten Verdauungsspaziergang, und dann ging es weiter, mit Tempo 60, gen Norden.

Am späten Nachmittag traf die Familie in Henkenhagen ein, einem kleinen Badeort nahe dem pommerschen Städtchen Kolberg. Während Hanna und Helene das Gepäck auspackten und das gemietete Haus wohnlich herrichteten, machte Herbert Brandt mit seinen Kindern einen Erkundungsgang durch den Wald, der hier bis zum Strand reichte, und schließlich auch durch den Ort, der so typisch nach Sommerfrische aussah. Vor den Läden gab es ganze Körbe voller Wasserbälle und Schwimmringe, Sandschaufeln, Sonnenhüte und Badeanzüge. Martin bekam eine Schaufel zum Burgenbauen, Eva einen weißen Leinenhut und Katharina ein Sandeimerchen mit Förmchen, ein beglückender Auftakt für vergnügliche Ferien.

Einmal während dieser Ferien fuhren die Eltern in das nahe Kolberg und ließen die Kinder in Helenes Obhut. Hanna genoß diesen Tag an der Seite des geliebten Mannes und durchstreifte das malerische alte Städtchen. Als Herbert, der überallhin Geschäftsverbindungen hatte, auch hier einen Kundenbesuch machte und sich für eine Stunde von ihr trennte, tat Hanna etwas, das in ihrem bürgerlich-hausfraulichen Dasein geradezu revolutionär war: Sie ging zum Friseur und ließ sich ihre langen Haare abschneiden. Längst schon war ihr der biedere Dutt lästig geworden, den sie sich jeden Morgen aufstecken mußte. Als sie sich zur verabredeten Zeit mit Herbert in einem Café traf, trug sie leichtgewelltes Haar und eine moderne Außenrolle. Der Ehemann war baff. Es war eine unerhörte Neuigkeit, daß Hanna etwas aus eigenem Entschluß getan hatte, ohne ihn vorher um Rat zu fragen. Immerhin muße er eingestehen, daß die Mutter seiner vier Kinder hübsch und jung aussah. Nach ein paar beklommenen Minuten, in denen sich Hanna erschreckt fragte, ob sie ihn durch ihre Eigenmächtigkeit verärgert hatte, bat er sie, auf ihn zu warten. Er hätte noch etwas vergessen. Hanna bestellte sich eine zweite Tasse Kaffee und überlegte, ob sie nicht noch ein paar Süßigkeiten für die Kinder kaufen und ob Helene sich über eine Schachtel Konfekt freuen würde. Dann kaufte sie sich eine Ansichtskarte und schrieb an Emmy in Danzig, und als sie damit fertig war, stand Herbert vor ihr, etwas verlegen lächelnd und irgendwie verändert. Als sie den Grund der Veränderung herausfand, fiel sie ihm lachend um den Hals, mitten im Café und vor allen Leuten, und das wollte 1936 schon etwas heißen. Herbert hatte sich den Schnurrbart abnehmen lassen. Und nun fand Hanna, daß der Vater ihrer Kinder jung und hübsch aussah.

Olympiade

Eine Woche nach ihrer Rückkehr nach Görlitz rüstete das Ehepaar Brandt zu einer neuen Reise. Sie fuhren zur Olympiade nach Berlin. Hanna hatte reichlich zu tun, die Reisesachen wieder einzuordnen und den Haushalt so auf Vordermann zu bringen, daß er auch ohne ihre Anwesenheit reibungslos funktionierte. Als Oberaufsicht über die Kinder erschien die gutmütige Tante Anna, mit Nickelbrille und einer Tasche voll feiner Handarbeiten, und strömte eine Vertrauenswürdigkeit aus, daß Hanna beruhigt Abschied nehmen konnte.

»Machen Sie sich keine Sorgen, Frau Brandt. Mit den Kerlchen werde ich doch spielend fertig.«

Und das meinte sie wörtlich, denn keiner konnte so hingebungsvoll mit den Kindern spielen wie Tante Anna.

Vom ersten bis achten August waren Hanna und Herbert in dem festlichen, brodelnden, glanzvollen Berlin. Sie wohnten bei guten Freunden. Ein Hotelzimmer wäre ohnehin nicht zu bekommen gewesen. Die Hauptstadt des Deutschen Reiches war schwappvoll. Hitler veranstaltete ein Fest, das seine Macht und Autorität demonstrierte und ihn als ungekrönten König eines gesunden, in Wohlstand und Zufriedenheit lebenden Volkes zeigte. Daß dieses Volk seinen »Führer« liebte und verehrte, konnte alle Welt bei diesem internationalen Spektakel sehen. Es wurde deutlich und eindrucksvoll vorgeführt. Eine neue Zeit war in Deutschland angebrochen, das Elend aus dem so ausgebluteten Lande vertrieben. Mit großer Energie hatte der ehrgeizige Mann aus Österreich die Zügel in die Hand genommen, und die Menge der Deutschen hatte sich dankbar und willig vor seinen Karren spannen lassen, vertrauensvoll und ahnungslos, wohin er sie lenken werde. Die Masse der Deutschen war unpolitisch. Sie genoß den wirtschaftlichen Aufschwung und war zufrieden, daß alles wieder fest in einer Hand war, wie einst beim Kaiser, dem sie ja auch zugejubelt hatten. In der Zwischenzeit, in der sich eine Republik in Demokratie versuchte und man vor lauter Parteien den Überblick verlor, gab es nichts zum Jubeln.

Aber jetzt, im Sommer 1936, konnte Deutschland sich wieder herzeigen. Seine Metropole setzte alle Glanzlichter auf, um dieser Glorie gerecht zu werden.

Das Ausland staunte, wie aus dem häßlichen Entlein ein

Schwan wurde. Es akzeptierte Deutschland samt Hitler und jubelte mit.
Hanna, die sich recht als Provinzpflänzchen vorkam, hing an Herberts Arm und ließ sich durch die Menge schieben. Aufmerksam und glücklich nahm sie das verwirrende Geschehen in sich auf, den Trubel, den Lärm, die Menschenmassen. Die sportlichen Auseinandersetzungen übersah sie oft gar nicht und jubelte zu Herberts Entsetzen an der falschen Stelle. Als das Deutschlandlied gespielt wurde, »Deutschland, Deutschland über alles . . .« stand sie kerzengerade mit emporgestrecktem Arm und sang mit tränenzitternder Stimme mit. Sie war einfach überwältigt.
Als Hanna ihren Herbert plötzlich in der Menge verlor, war sie außer sich. Sie hatte gar keine Vorstellung, wie sie sich in der riesigen Stadt allein zurechtfinden sollte, und ihre Fantasie gaukelte ihr fürchterliche Abenteuer vor. Aber bevor sie völlig in Panik geriet, erkannte sie ihn an seinem hellen Sommeranzug aus Seide, den er aus Hawaii mitgebracht hatte, und an dem weißen Panamahut. Erleichtert ergriff sie seine auf dem Rücken liegende Hand und ging eine Weile mit ihm. Als sie ihn fragte: »Wohin wollen wir denn jetzt, Herbert?« drehte er sich um. Entgeistert starrten sich beide an.
»Entschuldigen Sie – ich dachte, Sie wären meine Frau.«
»O mein Gott – Sie haben denselben Anzug wie mein Mann, und denselben Hut.«
Ratlos blickte Hanna auf den wildfremden Mann. Wie hatte sie nur nach der Kleidung gehen können! Die Figur, die Gesten hätten doch ebensoviel ausgesagt. Schließlich lächelten sich beide höflich zu, der Herr zog manierlich den Hut und machte sich auf die Suche nach seiner rechtens Angetrauten. Hanna aber sah ein, daß es sinnlos war, in dem Gewühl Herbert wiederzufinden. Sie quetschte sich in die nächste Straßenbahn und fuhr zurück zu den Berliner Freunden. Bei jeder Haltestelle gab es ein fürchterliches Menschengewoge durch ein Ein- und Aussteigen. Hanna sah wieder diesen Panamahut, gerade in dem Augenblick, als er seinem Träger im Gedränge vom Kopf gestoßen wurde.

»Herbert!« rief sie erleichtert und versuchte, sich zu ihm durchzuschieben.
Aber Herbert hatte etwas anderes zu tun, als auf sie zu hören. Ihm wurde der heruntergefallene Hut von einem Herrn zurückgereicht, und da er sich, seinem Wesen entsprechend, für jede Hilfeleistung erkenntlich zeigen mußte, griff er in die Tasche, reichte dem verblüfften Gentleman eine Tüte hin und fragte:
»Haben Sie vielleicht auch Husten?«
»Herbert!« rief Hanna, näherkommend, noch einmal, diesmal warnend. Sie wußte, daß diese Hustenbonbons schauderhaft schmeckten und daß ihr Mann sie deshalb für besonders wirksam hielt. Der freundliche Helfer hatte bereits einen im Mund und schob ihn verzweifelt von einer Backe in die andere. Schließlich zog er ein Taschentuch hervor und hustete das Ärgernis diskret hinein. Hanna tat einen letzten, verlegenen Blick in das erleichterte Gesicht des Mannes.

Ein privater Höhepunkt des Berlinbesuches war das Wiedersehen mit Herlangens. Die Familie bewohnte in Friedenau eine schöne, großräumige Wohnung. Mit den vier Kindern brauchten sie den Platz. Da sie in einem Mietshaus wohnten, spielten Heinz und Walter auf der ruhigen Straße Fußball.
»Uns fehlt euer Garten«, seufzte Gertraud Herlangen. »Wir kommen einmal nach Görlitz zu Besuch.«

Schlachtfest

Es war Herbst. Das hügelige Lausitzer Land war blaßgrau in der frühen Dämmerung, wenn die Brandts zum Wochenende nach Thiemendorf fuhren. Herbert ging dort auf die Jagd, Hanna auf lautlosen Sohlen hinter ihm her, während die Kinder mit der fast vollzählig versammelten Dorfjugend spielten und

Ati bei der Bäuerin in der Küche half, die Abendbrotstullen zu schmieren. Es gab nichts Köstlicheres: Die Scheiben wurden vom frischen, runden Brotlaib geschnitten, kaum eine kürzer als dreißig Zentimeter, und darauf kam die goldgelbe, salzige Butter, die eben noch auf der Diele im Faß geschlagen worden war. Dazu gab's gleich die dabei ausgetretene Buttermilch, in der noch die Fettklümpchen schwammen.

Wenn die Winde rauher bliesen, stand Herbert mit den Kindern auf den Stoppelfeldern und ließ die selbstgebastelten Drachen fliegen, was nicht immer ganz einfach war, denn manches sorgsam zusammengefügte bunte Gebilde wollte nicht hochfliegen, und es war schwierig, das versteckte Löchlein zu finden, durch das der Wind pfiff. Jedoch es ist von eh und je die Aufgabe der Väter, ihren Kindern in solchen Nöten beizustehen, und Herbert Brandt vertiefte sich, ernsthaft wie immer, in die Aufgabe, den Fehler auszumachen, bis die Drachen knatternd in die Höhe sausten und lange da oben tanzten.

Seit Jahren war es Usus, daß Brandts in Thiemendorf vom Bauern im Frühjahr ein Ferkel kauften und seine Aufzucht auf dem Hof bezahlten. Im Herbst besaßen sie dann ein ausgewachsenes, schlachtreifes Schwein. Und das zog allerlei Aktivitäten nach sich.
Schon der Schlachttag war eine aufregende Angelegenheit. Die Kinder hatten den ganzen Sommer über nie das Schwein als das ihnen gehörende bezeichnet bekommen, damit sich kein Wehklagen erhob, wenn es geschlachtet würde. Es war eben ein Schwein unter Schweinen, und eines Tages kam der Fleischer aus der Stadt, tötete und zerlegte es. Das geschah zweckmäßigerweise an einem Wochenende. Herbert konnte sich leichter aus der Firma freimachen, die Kinder hatten ab Mittag schulfrei, und selbstverständlich wollten alle mit raus aufs Land.
Als sie in Thiemendorf ankamen, war das Schlachten bereits vorbei. Der Meister schnitt und sägte schon im Keller des Bauernhauses, und auf dem glutroten Herd in der Küche brodelte

in einem gewaltigen Topf das Wellfleisch, in einem anderen das Sauerkraut mit Apfelschnitzen und einem guten Löffel Schmalz. Die Bäuerin trug mit hochrotem Gesicht eine dampfende Schüssel auf den gedeckten Tisch und forderte freundlich auf:
»Nu kummt ock, Kinna, de Apern* sein schun goar.«

Spät abends wurde alles, was der Fleischer den ganzen Tag über fabriziert hatte, mit dem Wagen in die Stadt geschafft: Blut- und Leberwürste, mächtige, herausgetrennte Liesen, Keulen und Kottelettstangen. Es wurde alles gekühlt, eingeweckt, vorgekocht und gebraten oder im Keller in die Räucherkammer gehängt.
Eine Woche später gab es im Hause Brandt das seit Jahren bekannte und schon erwartete gesellschaftliche Ereignis: Das Schlachtfest. Die drei ineinandergehenden Räume, das Eß-, das Wohn- und das Herrenzimmer wurden ausgeräumt und zu neuen Funktionen umgestaltet: Die beiden kleineren Zimmer mit Tisch- und Stuhlgruppierungen in einem »Lokalkolorit«, wo man à la carte speisen konnte, das geräumige Eßzimmer als Tanzsaal. Auf der kleinen Empore mit dem Klavier wurde eine Drei-Mann-Kapelle untergebracht.
Hanna, die nie um originelle Ideen verlegen war, lud ein zum Dirndlfest. Das war für die Damenwelt kein Problem. Fast jede hatte ihr Dirndlkleid im Schrank. Die Herren aber mußten schon etwas erfinderisch sein – vielmehr waren das für sie ihre Ehefrauen. Nur zwei der Geladenen verfügten über eine echte »Krachlederne«, und auch nur, weil sie passionierte Bergsteiger waren und ihre Ferien in Süddeutschland zu verbringen pflegten. Zahnarzt Bahner kam in Kniebundhosen, Rechtsanwalt Schwindt mit bunten Hosenträgern über weißem Leinenhemd, und Studienrat Feierbach hatte unter seiner Urlaubsgarderobe noch einen Tiroler Hut gefunden.

*) Kartoffeln

Wie richtig Hannas Einfall war, zeigte die durch die Kostümierung sofort hochschlagende Stimmung der Gäste. Nach reichlichem Essen, bei dem die Mädchen ebenfalls in Dirndlkleidern servierten, wurde bis lange nach Mitternacht getanzt. Es war ein fröhliches Fest, ein Synonym für die wohlsituierte Gesellschaft einer deutschen Mittelstadt knapp drei Jahre nach Hitlers Machtergreifung. Die Synagogen standen noch, und geselliger Verkehr mit jüdischen Familien war nichts Außergewöhnliches. Die Arbeiter hatten Arbeit und angemessenen Verdienst, das Handwerk blühte. Die Stadt war ruhig und heiter und machte ihrem Namen als Gartenstadt alle Ehre.

Die letzten Friedensjahre

Als Eva-Maria acht Jahre alt wurde, bekam sie einen Wunsch erfüllt, der schon ein paarmal deutlich lesbar auf ihrem Wunschzettel gestanden hatte: Sie durfte bei Fräulein Spohr Klavierstunden nehmen. Schon lange hatte das ehrgeizige Kind die älteren Geschwister beneidet, die sich gegenseitig den Klaviersessel abgaben und mit mehr oder weniger Ausdauer ihre Tonleitern und Klavierstücke einübten. Über »Alle meine Entchen« und den »Flohwalzer«, den ihr die Mutter vorgespielt hatte, kam Eva nicht hinaus. Sie bewunderte Emmys schon recht flüssiges Spiel und wollte das gleiche Ziel erreichen.
Als sie an ihrem Geburtstag den Zettel in der Hand hielt, auf dem in großen Druckbuchstaben stand, daß am nächsten Mittwoch ihre erste Klavierstunde stattfände, strahlte das kleine Mädchen. Es war ihr fast wichtiger als die neuen Schuhe und der nächste Nesthäkchenband. Emmy stichelte:
»Wozu denn das? Die Dicke ist doch sowieso unmusikalisch«, was ihr einen ärgerlichen Verweis des Vaters eintrug.
Eva bekam eine geerbte, schon recht abgewetzte Klaviermappe, in die die Noten DER JUNGE PIANIST hineingesteckt

wurden. Und dann ging sie an Muttis Seite in die Bergstraße 5, erster Stock, zu Fräulein Erna Spohr, bei der auch die Geschwister Unterricht hatten.
An den Nachmittagen und nach den Schularbeiten übte sie immer dann, wenn Emmy nicht zu Hause war. Denn Emmy war höchst musikalisch, nutzte jede freie Minute für das Klavierspiel und litt nur ungern Konkurrenten. Sobald Eva ihre ersten Stückchen gelernt hatte, saß sie einträchtig mit Katharina am Klavier und zeigte dem Schwesterchen, wie dem Instrument Töne zu entlocken waren. Dabei erwies sich die Kleinere als geschickt und aufnahmefreudig und hatte bald das Pensum erreicht, das Eva-Maria beherrschte.

Die Musikalität der Brandt-Kinder war eine Eigenschaft, die alle vier miteinander verband, was sich am deutlichsten dann zeigte, wenn sie sich an frühen Winterabenden in dem großen Eßzimmer zusammenfanden und Schallplatten auf dem Grammophon abspielten, denen sie dann gemeinsam im Dunkeln lauschten. Dabei war die erste zu überbrückende Schwierigkeit, sich auf die Musik zu einigen, denn Emmy liebte Wagner, Martin zog Mozart vor, und die beiden »Kleinen« schwankten zwischen Strauß-Walzern und der geliebten Platte »Das gibt's nur einmal, das kommt nicht wieder«.
Wenn sich aber erst einmal einer von den Vieren durchgesetzt hatte, gaben sich auch die übrigen dem Ohrenschmaus hin, wobei es fast selbstverständlich war, daß am meisten Wagner gehört wurde.

Ostern 1937 war Eva-Marias Volksschule überfüllt. Die Klassen wurden aufgeteilt und einige Schülerinnen in die Elisabeth-Schule in der Nähe des Gymnasiums Augustum »zwangsversetzt«. Da Martin seit einem Jahr dieses Gymnasium besuchte, begrüßte Eva ihre Versetzung in die neue Schule mit Jubel, glaubte sie doch, nun jeden Morgen den Schulweg mit dem Bruder gemeinsam zurücklegen zu können. Sie hatte nicht damit gerechnet, daß es einem elfjährigen Schüler im Jahre 1937 außerordentlich peinlich war, an der Seite eines Mädchens in die Schule zu gehen, auch wenn das die eigene Schwester war. Martin saß von nun an ungewöhnlich pünktlich am Frühstückstisch und ging regelmäßig fünf Minuten vor Eva los. Das Mädchen konnte sich bemühen, wie es wollte, es blieb bei diesen fünf Minuten früher. Schließlich gewöhnte sich Eva daran, Martins Schulranzen nur von weitem zu sehen, und tröstete sich mit den von der Mutti zugesteckten fünf oder zehn Pfennigen, von denen sie sich auf dem Markt, den sie kurz vor der Schule zu überqueren hatte, eine oder zwei saure Gurken kaufte, die, obwohl in Pergamentpapier eingewickelt, aus ihrer ledernen Brottasche tropften und ganz schnell einmal während des Unterrichts unter der Bank angebissen wurden. Das war für Eva ein größerer Genuß als Bonbons oder Schokolade. Außerdem war es billiger und gesünder.

Die Lehrer der neuen Schule waren härter und strenger. Evas Zensuren rutschten beim nächsten Zeugnis bedenklich. Vom Rechenlehrer bekam sie ein paar Ohrfeigen, weil sie in seinem Unterricht gelacht hatte; die Handarbeitslehrerin gab ihr im Söckchenstricken eine Vier, der Musiklehrer bezeugte ihr Unmusikalität, und im Turnen war sie sowieso wieder die Letzte. Nur in Deutsch glänzte sie. Was Schreiben und Lesen anging, war sie mit ihren Leistungen an der Spitze. Daß das Fach von ihrer Klassenlehrerin gegeben wurde und diese sie deshalb ins Herz schloß, war Evas Glück. Die allgemeine Beurteilung fiel daher so aus, daß der Vater die beiden Vieren im Zeugnis nur mit einem mahnenden Zeigefinger bedachte, ansonsten aber ganz zufrieden war.

Was die neuen Freundschaften in der neuen Schule betraf: Eva hatte sich so schnell integriert, daß sie bald eine Freundin fand, mit der sie die ganze Schulzeit über und darüber hinaus verbunden blieb. Die kleine Anwaltstochter Annemarie wohnte in einer Villa um die Ecke, fast in Sichtweite vom Brandtschen Hause, und die beiden Mädchen legten ihren Schulweg meist gemeinsam zurück. Sie sahen sich auch an den Nachmittagen, wenn sie sich einmal nicht sahen, dann telefonierten sie für zehn Pfennige quasi um die Ecke und erzählten sich das Neueste.

Der Sommer 1937 war lang und heiß. In Scharen strömten Kinder und Jugendliche an den Nachmittagen zum Freibad »Weinlache«, das an einem toten Arm der Neiße lag. Kein Mensch wußte, warum es so hieß, keiner dachte auch darüber nach. Es war so in den Volksmund übergegangen, und dabei blieb es.

Eine langgestreckte Wiese, eine Art Halbinsel, trennte die Badeanlage vom Fluß, auf dem Kähne und Paddelboote dahinzogen. Die Sonnenhungrigen lagen auf ausgebreiteten Decken zwischen beiden Wasserarmen und genossen die friedlichen Sommerstunden.

Wenn die Väter Zeit hatten, fuhren die Familien geschlossen auf Fahrrädern oder im Auto zu den östlich der Neiße gelegenen Freibädern Thielitz und Florsdorf. Thielitz war näher an der Stadt und daher schneller erreichbar. Aber die von ausgedehnten Liegewiesen umgebenen Schwimm- und Planschbekken Florsdorfs waren gepflegter und ließen leichter die Vision eines echten Ferientages aufkommen. In Florsdorf verbrachte man den Tag bis zum Abend und fuhr dann müde und sonnendurchglüht heim.

Emmy und Martin hatten sich längst freigeschwommen. Katharina strampelte in einem umgebundenen Korkgürtel dort, wo das Kinderbecken schon etwas tiefer war und an das Schwimmerbecken angrenzte.

Eva aber war wieder einmal von wildem Ehrgeiz gepackt und stieß sich vom Rand des tiefen Beckens ab, um ohne Schwimmhilfe bis in die Mitte zu gelangen. Sie, der kleine Angsthase, war im Wasser niemals ängstlich. Es war ihr Element.

»Vati!« rief sie triumphierend zum Vater hinüber, der an der anderen Seite des Beckens seine ruhigen Runden schwamm. »Vati, guck' doch mal!« Da ging sie unter. Aber dann tat sie instinktiv das Richtige. Sie trat das Wasser mit Armen und Beinen und kam atemlos wieder hoch, gerade als Herbert Brandt seine

Tochter emporziehen wollte. Eva sah den entsetzten Ausdruck in der Miene des Vaters gar nicht. Sie schlang ihre Arme um seinen Hals und strahlte:
»Hast du geseh'n – es ging - schon ganz – prima.«
Und jedesmal schluckte sie dazwischen ein bißchen Wasser hinunter. Der Vater schwamm mit ihr zur Treppe, ließ sie heraufsteigen und klapste sie auf den nassen Po:
»Lauf schnell zu Mutti und trockne dich gut ab. Als nächstes lernst du ordentlich schwimmen.«

Bald nach seiner Machtergreifung bemühte sich Hitler, die kleine Reichswehr, die nach dem Versailler Diktat dem gedemütigten Deutschland verblieben war, zu einer schlagkräftigen, dem aufblühenden Lande gemäßen Wehrmacht erstarken zu lassen. Die allgemeine Wehrpflicht wurde eingeführt, der Beruf des Offiziers erneut attraktiv gemacht. Es gab wieder die sogenannten Zwölfender, den Unteroffizier oder Feldwebel, der sich nach Abschluß seiner Ausbildung verpflichtete, zwölf Jahre beim Militär zu bleiben. Daß keiner von ihnen diese zwölf Jahre beendete, konnte zu der Zeit niemand wissen. Wer später mit dem Leben davonkam, saß die Jahre seiner militärischen Laufbahn in Gefangenenlagern ab.
Hitlers Generäle verstanden es, auch die Mehrzahl der Reserveoffiziere aus dem Ersten Weltkrieg in die Wehrmacht einzubeziehen. Es wurden neue Uniformen erstellt und alle dienstbereiten Offiziere in regelmäßigen Abständen zu Übungen einberufen.
Im Herbst 1938 zog Herbert Brandt nach Glogau ins Manöver. Er war inzwischen Hauptmann der Reserve. Hanna beschloß, ihn am Wochenende zu besuchen. Sie packte ihre »beiden Kleinen« ins Auto, das von einem Angestellten der Firma Brandt gesteuert wurde. Die Fahrt ging über Bunzlau und Haynau, und gleich hinter Liegnitz in einer Linksbiegung scharf nach Norden. Es war ein sonniger Tag. Hanna genoß diese kleine Reise, die sie durch die grüne, leicht wellige niederschlesische Tiefebene führte. In Liegnitz machte sie die Kinder auf das hoch

aus dem Dächergewirr des Städtchens aufragende Piastenschloß aus dem zwölften Jahrhundert aufmerksam, ohne selbst zu wissen, welche geschichtliche Bedeutung es einmal gehabt hatte. »Herbert wüßte es«, dachte sie und sehnte den Augenblick des Wiedersehens um so heftiger herbei.
In Glogau überquerte der Wagen die Oder, die die Stadt in zwei Teile teilte, auf der schwungvollen Hindenburgbrücke und hielt ein paar Straßen weiter vor dem Hotel »Deutsches Haus«, in dem Hauptmann Brandt zwei Zimmer bestellt hatte.
Die beiden kleinen Mädchen waren aufgeregt und glücklich. Es war das erste Mal, daß sie in einem richtigen Hotel übernachten durften. Sie trugen gemeinsam ihre Köfferchen in das ihnen angewiesene Zimmer und hopsten eine Weile vergnügt auf den Betten herum, bis die eintretende Mutter es ihnen entsetzt verbot.
»Wascht euch rasch die Hände, Kinderle, und dann kommt – wir wollen den Vati in der Kaserne besuchen.«
Auch das war aufregend. Die Kinder waren im Nu fertig. Sie gingen über die Oderbrücke zurück. Am Tor zum Kasernengelände mußten sie stehenbleiben. Hanna wollte gerade um Einlaß bitten, als Hauptmann Brandt auf einem schlanken Braunen auf seine Familie zuritt. Er sprang vom Pferd, hielt es am Zügel und ging seiner Frau und den Kindern entgegen. Auf dem ernsten Männergesicht lag der Glanz verhaltener Freude. Katharina wollte unbedingt mal aufs Pferd, Hanna strahlte ihren Mann an, als hätten sie sich vor einer Viertelstunde verlobt, und Eva sah sich nach allen Seiten um, ob auch genügend Publikum da wäre, das ihre Zugehörigkeit zu einer solchen Autorität, wie sie ihr Vater darstellte, wahrnahm.
Über den weitläufigen Platz liefen Offiziere und Soldaten. Sie sahen alle sehr dienstlich aus, und Hanna und die beiden Kinder fanden es ganz in Ordnung, als Herbert sie bat, eine Weile vor dem Kasernentor auf ihn zu warten. Wenig später kam er heraus, die Familie bestieg das nachgekommene Auto, und der Angestellte Toller fuhr sie nach Herbert Brandts Anleitung durch die kleine Stadt. Auf der Oderterrasse tranken sie Kaffee

und Kakao, gingen auf den Promenaden spazieren, was die kleinen Mädchen langweilig fanden, und fuhren schließlich aus der Stadt hinaus zu den Oderwiesen, auf denen an diesem sonnigen Frühherbsttag halb Glogau lag, um sich mit einem Bad in dem ruhigen, breiten Strom zu erfrischen. Herbert hatte schon in der Kaserne seine Uniform mit Zivilkleidung vertauscht, wechselte nun unter dem Bademantel den Anzug mit der Badehose und planschte kurz darauf mit seinen Töchtern im seichten Flußwasser. Toller schwamm mitten in der Strömung, und Hanna saß auf einer Decke am Ufer und bewachte die zurückgelassenen Kleidungsstücke. Friedlicher, fröhlicher und unbeschwerter konnte das Leben in Deutschland kaum sein.

Zwei Monate später war die Kristallnacht.

Eva-Maria hatte eine kleine Freundin, Renate Braun, die schräg gegenüber in der Moltkestraße wohnte. Sie war die Tochter eines erfolgreichen Görlitzer Rechtsanwaltes. Ihre Mutter war eine so auffallend schöne Frau, daß selbst zehnjährige Mädchen wie Eva bewundernd davon Kenntnis nahmen. Renate hatte schwarze Haare und schwarze Kirschenaugen. Und was sie für Eva so interessant machte: Sie ging regelmäßig zum Religionsunterricht in die nahegelegene Synagoge. Dabei trafen sich die beiden Mädchen oft am Nachmittag, wenn Eva den gleichen Weg zu ihrer Klavierstunde zurücklegte. Neugierig ließ sie sich von Renate die Hefte zeigen, in denen in hebräischer Schrift die Texte des Alten Testaments und die Gebete aufgeschrieben waren. Wenn die Freundin hinter der großen Tür des Gotteshauses verschwunden war, sah Eva ihr noch lange nach in stiller Bewunderung für die so anders Erzogene. Dabei hatte sie immer den geheimen Wunsch, auch einmal dieses schöne Gebäude betreten zu dürfen. Als sie dieses Begehren der Mutter gegenüber äußerte, rief sie strikte Ablehnung hervor.

»Aber Mutti, Renate ist doch meine Freundin!«

»Das hat nichts mit der Synagoge zu tun. Renate ist Jüdin. Du würdest ihre Religion gar nicht verstehen!«

»Kann man das nicht lernen?«

»Nein, Eva, das kann man nicht. Es ist sehr anders.«
Als Eva-Maria am 10. November 1938 in die Schule kam, war ein erregtes Getuschel überall im Gange. Sie drängelte sich dahin, wo es etwas zu hören gab, und fand heraus, daß man über Nacht Renates Synagoge in Brand gesteckt hatte. Auf dem Heimweg machten Eva und Annemarie einen Umweg durch den Seume-Park und die Otto-Müller-Straße und blieben verstört vor den noch qualmenden Trümmern des eingestürzten Gotteshauses stehen. In ihren kindlichen Gemütern begriffen sie, daß hier ein ungeheures Unrecht geschehen war, und der Gedanke an die durch dies Geschehen so schwer getroffene Freundin trieb der warmherzigen Eva die Tränen in die Augen. Sie wollte Renate ganz innig ihr Mitgefühl ausdrücken, wenn sie sie das nächste Mal sah.
Aber Eva-Maria sah Renate nie wieder. Sie konnte es sich nicht erklären und fragte die Mutter nach einiger Zeit, was wohl aus der Freundin geworden wäre. Hanna zögerte mit der Antwort.
»Ich kann es mir auch nicht erklären«, sagte sie schließlich.
Aber das genügte Eva nicht.
»Du mußt es doch wissen, Mutti. Du kennst die Brauns doch. Ob wir mal nachfragen?«
»Ich glaube«, sagte Hanna, als ihre Tochter nicht nachgab, »ich glaube, Brauns sind weggezogen, in eine andere Stadt.«
»Weil ihre Synagoge verbrannt ist?«
»Ja, auch deshalb. Ich kann es mir denken.«
Die Antwort war ausweichend und unklar. Mehr aber war nicht zu ergründen.
Die »Kristallnacht« wurde am Mittagstisch nicht erwähnt, obwohl doch sonst solch gravierende Ereignisse eingehend besprochen wurden. Es war merkwürdig still im Hause Brandt nach diesem neunten November, so, als gingen die Eltern den Kindern aus dem Wege. Emmy und Martin, beide engagiert in der Hitlerjugend, hätten eine Kompromittierung des bestehenden Regimes gar nicht verstanden. Und die »beiden Kleinen« sollten aus solchen Konflikten möglichst herausgehalten werden.

Aber das gelang nicht ganz. In der Nacht nach der »Kristallnacht« weinte Eva bitterlich in ihr Kopfkissen.

Die russische Fürstin

Seit Ende 1937 kam in regelmäßigen vierwöchigen Abständen das Ehepaar von Tzeschau zu Besuch. Die Brandts hatten Tzeschaus auf einer Abendgesellschaft bei gemeinsamen Freunden kennengelernt. Für Herbert war es eine hochwillkommene Gelegenheit, im Gespräch mit den gebürtigen Russen seine russischen Sprachkenntnisse aufzufrischen. Das Ehepaar folgte den Einladungen in das Haus Brandt nur zu gern. Sie waren glücklich, in dem deutschen Gastland, das ihnen nur schwer zur Heimat wurde, ihre eigene Sprache sprechen zu können.

Die Kinder sahen diesen »russischen Abenden« mit einer Mischung aus Neugier und bei ihnen ungewohnter Scheu entgegen. Sie durften alle mit an dem ausgezogenen Eßtisch sitzen, hatten sich– nach vorangegangener Ermahnung – vorbildlich zu benehmen und waren schon deshalb mucksmäuschenstill, weil es genügend Außergewöhnliches zu sehen und zu hören gab.

Frau von Tzeschau entstammte dem russischen Hochadel, das hatte Hanna ihren Kindern erzählt. Sie war in gerader Linie mit dem Zarenhaus verbunden. Ihr erster Ehemann war Fürst Boldareff. Als die Bolschewisten 1918 ihr Land von Zarenherrschaft und Adel »befreiten«, wurden der Fürst und sein Sohn auf eigenem Grund und Boden erschossen. Der Fürstin gelang mit Hilfe ihres Gutsverwalters von Tzeschau die Flucht nach Deutschland. In einem kleinen Beutel führte sie ein Perlenkollier und ein Brillantarmband mit sich. Das war der Grundstein für ein neues Leben.

In der Nähe von Görlitz kauften sich die beiden ein kleines Haus und ein paar Morgen Land und wurden Bauern, russische Bauern in Deutschland.
Als in dem kleinen Dorf, in dem sie wohnten, eine Tuschelei umging über ihr Zusammenleben, heiratete die Fürstin Boldareff ihren Gutsverwalter und wurde eine schlichte Frau von Tzeschau.
Sie war schlank und hochgewachsen, ihr Haar grau und altmodisch hochgesteckt, ihr Alter unbestimmbar. Das feine Gesicht war von unzähligen Fältchen durchzogen, die eher die Schwere als die Zahl der Jahre markierten. Nie hatte Eva, die die Fürstin stets mit einer Mischung aus Hingabe und Respekt betrachtete, bei einer Dame so furchtbar zerarbeitete Hände gesehen. Es mochte wohl daran liegen, daß diese Hände ein Leben lang fein und zart gewesen und nie mit Derbem in Berührung gekommen waren. Nun, da sie zupacken mußten und dies auch ohne Scheu taten, wehrten sie sich gegen diese ungewohnte Härte mit Schwielen und Hornhaut.
Frau von Tzeschau schämte sich ihrer abgearbeiteten Hände nicht. Sie hatte sie mit ihrem letzten Brillantring geschmückt und bewegte sie so selbstverständlich bei der Mahlzeit und später, wenn sie eine Zigarette rauchte, als seien sie zart und gepflegt wie ehedem.
An den »russischen Abenden« gab es ein mehrgängiges Essen, meistens mit Wild als Hauptgang. Die Fürstin und ihr Gemahl ließen nach russischer Sitte und zur heimlichen Gaudi der Kinder von jedem Teil der Mahlzeit ein Stückchen auf dem Teller zurück. Das bedeutete, so erklärte der Vater später, daß sie zur Zufriedenheit der Gastgeber restlos gesättigt seien.
Als Getränk gab es russischen Tee aus Gläsern in Messingeinsätzen, der so dunkel war, daß er wie Kaffee aussah. Hanna und Herbert gossen sich heißes Wasser dazu, und die Kinder bekamen »blonden« Pfefferminztee.
Nach dem Essen zogen sich die Eltern mit ihren Gästen in das Herrenzimmer zurück, in dem das über dem Sofa hängende sibirische Bärenfell genau die richtige Atmosphäre für die nun

beginnenden russischen Gespräche lieferte. Hanna holte sich eine Häkelei aus Seidengarn hervor, saß lächelnd im Sessel und verstand kein Wort.

Wenn sich hin und wieder eines der Kinder nachher doch noch ins Herrenzimmer schmuggelte, erzählte die russische Fürstin in ihrem herben, noch immer gebrochenen Deutsch von ihrer glanzvollen Jugend, den Jahren vor dem Ersten Weltkrieg. Die russischen Winter mit ihren Schlittenfahrten, den Bällen, der tiefverschneiten Steppe – nur davon wurde erzählt. Nie von Sommer und Sonne, als ob es die in Rußland nicht gegeben hätte.

Für Eva, die atemlos zuhörte und vor lauter Aufregung aus den Fransen der Häkeldecke auf dem runden Tisch unentwegt Zöpfchen flocht, waren die Erzählungen von den Wolfsjagden am eindrucksvollsten. Sie sah es buchstäblich vor sich, während ein Schauer nach dem anderen ihr über den Rücken fuhr, wie die Fürstin, umgeben von den Jagdbegleitern, auf ihrem Pferd dem aufgespürten Wolf nachgaloppierte, daß der Schnee um sie aufstob, und dem keuchenden Opfer schließlich die Lanze in den Leib rammte. Die Wölfe wurden nicht geschossen, sie wurden gejagt wie in Urzeiten.

Nie fand Eva diese Schilderungen abstoßend, im Gegenteil, sie bewunderte die Frau, die solche Taten vollbracht und offenbar auch Freude daran gefunden hatte. Sie selbst, Eva, hätte niemals den geringsten Wunsch gehabt, irgend etwas Ähnliches im Leben zu vollbringen. Aber diese Frau mit dem feinen Gesicht und den schrecklichen Händen mußte einfach solch eine Vergangenheit haben. Sie war wie ein Märchenbuch, dessen Seiten nie endeten.

Der kleine, rundliche Herr von Tzeschau saß meist still dabei, wenn seine Frau souverän erzählte, sah sie mit einem Ausdruck stiller Bewunderung an, und es schien, als hätte er das Glück, seine Herrin sein eigen nennen zu dürfen, noch immer nicht ganz erfaßt.

Heimatkunde

Eva, deren Schulbegeisterung längst nachgelassen hatte, liebte ein Fach: Heimatkunde. Alles, was in und um Görlitz herum geschehen war, fand ihre ungeteilte Aufmerksamkeit. Dazu gehörten all die Sagen und Histörchen, über die jede Stadt so reichlich verfügt. Görlitz war eine sehr alte Stadt, ihre Urkunden gingen auf das elfte Jahrhundert zurück. Es hatte Zeit genug gehabt, um die vielen prachtvoll erhaltenen Gebäude seiner Altstadt ein Netz von wahren und ersonnenen Geschichten zu weben.

Evas neue Schule lag nahe dem Altstadtkern, und oft machte die Lehrerin mit der Klasse rasch einen Gang auf die umliegenden Gassen und Plätze, um die vorher erzählten Legenden an Ort und Stelle zu veranschaulichen. So tappten sie auch eines Tages auf Zehenspitzen in die am Obermarkt gelegene, fast siebenhundert Jahre alte Dreifaltigkeitskirche und schoben sich tuschelnd und kichernd in die Bänke. Fräulein Ritter wartete, bis auch das letzte Wispern verstummt war, und begann dann mit ihrer Erzählung.

Die alte Kirche war vom Franziskanerorden erbaut worden, dessen Klostergebäude, nebenan gelegen, das heutige Gymnasium war. (Eva begrüßte ihren Gymnasiastenbruder daraufhin am Mittagstisch mit einem verschmitzten »Na, Bruder Martin!«)

Nun aber lauschte sie der gruseligen Geschichte vom Klötzelmönch. Die erfahrene Lehrerin wußte, daß Kinder mehr gehörte Grausamkeiten verkraften können, als gemeinhin angenommen wird, und erzählte die Sage, wie sie überliefert war:

»Es war im Mittelalter, als ein junger Wanderbursche durch das westliche Stadttor eintrat und sich zur Abendmesse, weil die Glocke gerade so einladend bimmelte, in die Kirche begab. Sein Tagesmarsch war lang gewesen, und er war müde. Er schlief über den monotonen Gebeten der Kirchgänger ein. Er verschlief auch das Schließen des Kirchenportales und wachte erst gegen Mitternacht in der dunklen, kalten Kirche auf.«

»Huch« und »Hach« zischelte es. Die Augen der Mädchen waren groß auf die Erzählerin gerichtet, die kleinen Hände fest ineinander verkrampft.

Das Fräulein zeigte auf eine schmale Tür, die im Chorgestühl eingelassen und durch das gleiche Schnitzwerk kaum sichtbar gemacht worden war.

»Der Handwerksbursche hörte ein vorsichtiges Schlüsselrasseln, und dann öffnete sich diese Tür plötzlich. Ein gebückt gehender Mönch, dessen Laterne sein häßliches Gesicht beleuchtete, klapperte auf seinen Holzpantinen durch die leere Kirche, die den Schall laut wiedergab, und schleifte etwas hinter sich her. Was meint ihr, Kinder, welches Entsetzen den jungen Wanderer ergriff, als er den Leichnam eines Mädchens erblickte, das an seinem blonden Haar über den Kirchenboden gezerrt wurde. Aus Angst tat er das einzig Richtige: Er verhielt sich mucksmäuschenstill. Der Mönch wuchtete vor dem Altar eine schwere Grabplatte hoch, ließ den toten Körper dahinein gleiten und verschloß die Gruft wieder. Dann klötzelte er auf seinen Pantinen davon. Dort drüben könnt ihr die Grabplatte sehen.«

Die Kinder schoben sich aus ihren Bänken und drängelten sich nach vorn.

»Liegt das Mädchen immer noch drin?« wollte eines wissen.

»Nein. Der Handwerksbursche hat sein nächtliches Erlebnis am nächsten Morgen auf dem Rathaus berichtet. Man fand die Tote, die seit zwei Tagen von ihrer Mutter vermißt worden war, und der junge Mann erkannte unter den Mönchen, die ihm vorgestellt wurden, auch den Verbrecher wieder.«

»Und den ham se aufgehenkt«, stellte Eva-Maria zufrieden fest.

»Nein«, korrigierte die Lehrerin. »Man hat sich eine viel härtere Strafe ausgedacht. Wenn einer aufgehenkt wird, ist er sehr schnell tot. Er braucht nicht viel zu leiden. Diesen Mönch aber hat man hier in der Kirche lebendig eingemauert. Das war ein langsamer, qualvoller Tod. Dort drüben sind ein paar Steinreihen, die sich nicht recht in das Gesamtmauerwerk fügen. Das soll das aufrechte Grab des Klötzelmönchs sein. Sein Geist, sagte man lange, sei nicht zur Ruhe gekommen. Immer, wenn irgend etwas in der Kirche oder im Kloster klapperte, hieß es: Das ist der Klötzelmönch.«

Fräulein Ritter klatschte leicht in die Hände.

»So, Kinder, nun kommt wieder raus in die Sonne.«

Sie brauchte nicht lange zu warten. Mit erstaunlicher Geschwindigkeit strebten die kleinen Schülerinnen dem Ausgang zu und reckten ihre etwas blaß gewordenen Gesichter in die schon wärmende Maisonne.

»Seht ihr dort drüben, an der Ecke der Fleischergasse, den steinernen Frauenkopf an der Hauswand? Er blickt genau in die Richtung der Kirche. Seht ihr ihn? Das soll der Kopf der armen Mutter sein, die nach ihrer Tochter vergebens Ausschau gehalten hat.«

Die Uhr in dem schlanken Kirchturm, der seit Jahrhunderten einfach »der Mönch« hieß, begann zu schlagen. Laut und leise zählten die Mädchen mit.

»Was, schon zehn?« Annemarie schüttelte verwundert den Kopf. »Da is die Zeit aber schnell vergangen.«

»Bis zehn Uhr haben wir noch sieben Minuten Zeit.« Die Lehrerin verschaffte sich wieder durch Händeklatschen Gehör. »Kommt einmal alle um mich herum, Kinder, damit ich nicht so brüllen muß. – Seht ihr dort drüben das Schild am Eingang der Gasse? Richtig, ›Verrätergasse‹ heißt sie. Und die hat etwas damit zu tun, daß die Uhr vom ›Mönch‹ seit über vierhundert Jahren jede volle Stunde sieben Minuten zu früh anschlägt. Es gab nämlich zu Beginn des sechzehnten Jahrhunderts eine kleine Gruppe Verschwörer, die über längere Zeit nachts zusammenkam und den Sturz des Rates der Stadt beriet. Es waren Meuterer, Unzufriedene, Rebellen, die zur Durchsetzung ihrer Pläne Mord und Brandschatzung im Schilde führten.«

Fräulein Ritter blickte streng in die Runde. An fünfzig Kinderaugen blickten gläubig und gespannt zu ihr auf.

»In allem waren sie sich einig. Nur über das Wo und Wann hatten sie noch zu befinden. Eines Nachts, bevor sie sich voneinander trennten, belauschte sie ein Nachtwächter, der seit einiger Zeit Verdacht geschöpft hatte. Er erfuhr den ganzen, grausigen Plan: Am nächsten Tag, Punkt zwölf Uhr mittags, wollten die Rebellen das Rathaus stürmen und alle Stadtväter überwältigen und töten.«

»Was sind ›Rebellen‹?« fragte eine aufgeregte Kinderstimme. Fräulein Ritter war in ihrem Erzählstrom etwas aus dem Takt gekommen. Einen Moment hielt sie verwirrt inne und blickte die kleine Fragerin an.

»Das sind die Verschwörer, Gabriele, eben die Verräter, nach denen später diese Gasse genannt wurde. Sie wollten nach der Legende auch die Stadt in Brand stecken, was bei der dichten Bebauung mit Holzhäusern damals kein sehr schwieriges Unterfangen war. Kein vernünftiger Mensch kann einsehen, wozu das gut sein sollte. – Der Nachtwächter begab sich am nächsten Morgen ins Kloster, fand unter den Mönchen einen, der ihn in seinem gewitzten Plan unterstützte und die Kirchturmuhr sieben Minuten vorstellte. Die Ratsherren, die in jeder Beziehung gewissenhaft und pünktlich waren, verließen nach dem Glockenschlag Punkt zwölf Uhr mittags ihre Amtsstuben und eilten heim zu ihrem Mittagsmahl. Sieben Minuten später stürmten die Verräter das leere Rathaus, wurden von der informierten Wache gefangengenommen und am nächsten Tag nach einem gerichtlichen Schnellverfahren auf dem Fischmarkt hingerichtet.«

»Auf dem Fischmarkt, da drüben?«

»Ja, auf dem Fischmarkt. Und seitdem schlägt die Uhr im ›Mönch‹ sieben Minuten zu früh die volle Stunde an. So, Kinder, nun kommt aber. Es ist gleich Pause.«

Heimatkunde. Für Eva war es ein Fest, wenn die Schulklasse sich aufmachte, um den alten Nikolaifriedhof zu besuchen. Es war der älteste Friedhof der Stadt. Und manche der alten Sagen und Histörchen hatte etwas so herrlich Gruseliges, daß kein Lehrer aufmerksamere Schüler hatte als der, dem diese Geschichten geläufig waren. Da gab es zum Exempel gleich links neben dem großen, steinernen Eingang eine merkwürdig geformte uralte Linde, deren Geäst so knorrig und wirr den zerfurchten Stamm umstand, daß es aussah, als hätte die Natur sich geirrt und das Wurzelwerk zuoberst gekehrt, aus dem nun das grüne Laub sproß. Über Jahrhunderte hatte sich die Sage erhalten, daß der junge Knappe eines Raubritters zum Tode verurteilt wurde, obwohl er bis zuletzt seine Teilnahme an der Wegelagerei bestritt. Auf dem Wege zum Galgen kam er am Grab seiner Mutter vorbei, zog neben dem Grabstein ein junges Lindenbäumchen aus dem Erdreich und pflanzte es mit der Krone nach unten wieder ein.

»Und wißt ihr, was der junge Mann damit bedeuten wollte?« fragte die Lehrerin die gespannt lauschenden Neunjährigen. Betretene Stille. Nicht einmal Evas blühende Phantasie reichte für eine Antwort.

»Wenn dieses Bäumchen aus der Krone Wurzeln schlägt und das Wurzelwerk zu grünen beginnt, ist das der Beweis für meine Unschuld, sagte der Knappe.«

»Und –« fragten die Kinder atemlos, »Wurde er wieder freigelassen? Hat der Baum Blätter gekriegt?«

»Nein. Der Junge wurde gehenkt. So schnell geht das nicht mit dem Blätterwachsen, nicht einmal, wenn eine Unschuld bewiesen werden soll.«

Mittags berichtete Eva-Maria begeistert von dem Friedhofsbesuch. »Da ist das Grab von einem Mädchen, Minchen Herzlieb hieß sie, und die ist ganz jung gestorben. Und ein ganz berühmter alter Mann hat sie geliebt. Ich hab' seinen Namen vergessen«, gestand sie zögernd.

Hanna lächelte.

»Du wirst den Namen des großen alten Mannes noch so oft hören, daß du ihn bald nicht mehr vergessen wirst. Er war Deutschlands größter Dichter, Johann Wolfgang von Goethe.«

»Ja, der«, rief Eva und fügte bewundernd hinzu: »Was du alles weißt, Mutti!«

»Es ist nichts Außergewöhnliches, von Goethe zu wissen, Ev-

chen. Das gehört bei einem gebildeten Menschen einfach dazu. Uns beide aber, dich und mich, verbindet auch noch mehr mit ihm: Du bist nämlich am gleichen Tag wie er geboren, am 28. August.«
Evas Augen blickten versonnen. Sie stocherte zerstreut in ihrem vierten Kartoffelpuffer und fühlte sich plötzlich wohltuend im eigenen Wert gesteigert. Emmys Stimme holte sie abrupt von ihrem kleinen, imaginären Sockel.
»Guckt mal, die Dicke fängt schon an zu dichten!«

Die Gespräche der Brandtschen Mittagstafel waren auch ein Teil der kindlichen Berichterstattung. Sie durften alle von den Begebenheiten ihrer Vormittage erzählen und ihre Fragen und Meinungen zur Diskussion stellen. Nur schreien und sich zanken durften sie nicht. Was die Eltern miteinander zu besprechen hatten, geschah meist hinter den verschlossenen Türen zum Herrenzimmer, und die Kinder wußten, daß sie bei solchen Gelegenheiten draußen bleiben mußten. So wurden ihnen Probleme und Sachverhalte ferngehalten, die die Arglosigkeit ihrer Kindheit belastet hätten. Sie hatten genug zu tun, ihren schulischen Verpflichtungen soweit nachzukommen, daß die Ergebnisse den Vorstellungen der Eltern und der Lehrer entsprachen. Dazu kam mit dem Beginn des zehnten Lebensjahres der Dienst in der Hitlerjugend, den sie als ernste Aufgabe betrachteten und der ihre kleinen Persönlichkeiten aufwertete. Sie waren eben nicht mehr nur spielende Kinder, sie widmeten ihre Zeit der Gemeinschaft, dem Sport, dem Liedersingen und den Geländespielen. Dabei wurde in erster Linie Kameradschaft geübt. Daß dahinter die politischen Ziele des Hitlerregimes standen, die die Basis schon mit den Jüngsten zu erfassen suchten, war denen, die es betraf, am wenigsten klar.
Die wenigen vorhandenen Medien reichten nicht aus, die Menschen mit den Nachrichten von Geschehnissen aus aller Welt zu überfluten. Das war in Hitlers Sinne ein Vorteil, von dem man erst Jahrzehnte später wußte. Es gab kein Fernsehen, längst nicht in jedem Haushalt ein Radio, und was die täglichen

»Görlitzer Nachrichten« brachten, wurde auch nicht bis zur letzten Zeile ausgelesen.
Es war ein aufregendes Ereignis, als Herbert Brandt eines Tages ein großes, nußbaumhölzernes Radio im Eßzimmer aufstellen ließ. Dieses größte Zimmer des Hauses war die eigentliche Begegnungsstätte der Familie. Hier fand man sich dreimal täglich zu den Mahlzeiten zusammen, und hier war auch der geeignete Standort für solch ein Gerät, an dem jedes Familienmitglied seinen Anteil haben sollte.
Später saßen alle dicht drumrum geschart, wenn im Kriege die Fanfaren vor den Sondermeldungen die Luft des Raumes durchschnitten und den atemlos Lauschenden mitgeteilt wurde, was Propagandaminister Goebbels für mitteilenswert hielt. Eva und Katharina waren noch zu kindlich, um ein dauerndes Interesse an diesem neuen Möbel zu behalten. Sie spielten immer noch lieber mit ihren Puppen, bastelten und malten und begannen mit ihren ersten kleinen Handarbeiten.

Bad Kudowa

Ostern 1938 wurde Katharina eingeschult. Sie gewann in ihrer liebenswürdigen, intelligenten Art schnell das Herz ihrer Klassenlehrerin und wurde deren Lieblingsschülerin. Ihre Arbeiten erledigte sie gewissenhaft und entwickelte bald eine gestochen scharfe, runde Kinderhandschrift, die sich von den mit Klecksen verzierten Heften Eva-Marias deutlich unterschied. Im Rechnen war sie fix und logisch und hätte, wäre der Altersunterschied nicht so groß gewesen, die immer abgelenkte, verträumte Schwester sicherlich bald überrundet.
Eva hatte sich inzwischen zu einer rechten Leseratte gemausert. Sie las alles, was ihr in die Finger kam, der gern lauschenden Schwester vor: »Kasperle« und »Nesthäkchen«, »Pucki« und »Goldköpfchen«, bändeweise. Nach dem abendlichen Be-

ten und Gute-Nacht-Sagen zog sie heimlich das Buch unter dem Kopfkissen hervor, knipste die Nachttischlampe an und las im Flüsterton weiter. Das war streng verboten, und sie wußte das. Aber es erhöhte auch den Reiz des Unternehmens. Bis sie einmal vom Vater erwischt wurde. Sie hatte zwar den Finger ständig auf dem Schalter der Lampe, war aber nicht schnell genug, um in Sekundenschnelle das Licht auszuknipsen, das Buch zu verstecken und sich schlafend zu stellen. Der Vater schaltete das Deckenlicht an, zog die Lektüre unter dem Kopfkissen hervor und versetzte dem erschrockenen Kind damit ein paar Klapse auf den Po. Eva-Maria vergaß es nie. Es war die einzige Züchtigung, die ihr der Vater zuteil werden ließ, und sie empfand sie widerstrebend als gerecht, denn sie hatte wissentlich gegen sein Verbot gehandelt.

Den kalten, schneereichen schlesischen Wintern folgten lange, sonnige Sommermonate. Dazwischen gab es erst stürmische, später milde Frühlingswochen. Überhaupt hatte jede Jahreszeit die ihr gebührende Länge und die ihr angemessenen Wärme- und Kältegrade. Die Frühlingsstürme fegten den Winter hinweg, jagten die Wolken über den Himmel und machten ihn frei für die erste Bläue und die an Kraft gewinnenden Sonnenstrahlen. Die länger werdenden Tage wuchsen in köstlicher Milde dem ersehnten Sommer entgegen. Zwar brachte Mairegen auch damals schon Segen, aber es gab selten erschreckende Temperaturstürze, und ein Rätselraten, ob der Sommer endlich begonnen habe oder gar schon vorüber sei, existierte nicht. Sommer war Sommer, und Winter Winter, und der Frühlingshimmel unterschied sich von dem des Herbstes nur durch die unterschiedliche Tiefe seiner Bläue.
Im Frühjahr schwollen die Wasser der Neiße oft zu beängstigender Höhe an. Sie überfluteten regelmäßig die Leschwitzer Wiesen, begruben die Uferpromenaden unter sich und schossen in gurgelndem Schmutzigbraun unter den Brücken hindurch. Die Kinder drängten sich in Scharen auf der Reichenberger Brücke, der standfestesten der Neißebrücken, schoben sich

durch die Reihen der Erwachsenen hindurch bis vorn an das steinerne Geländer und starrten mit sensationsgierigen Blikken, in denen sich gleichzeitig Entsetzen und Neugier spiegelten, in die strudelnde Tiefe. Massenhaft Treibholz tanzte auf den lehmgrauen Wellen, zerrissene Matratzen, aufgerissene Federbetten, einmal eine tote Kuh, deren riesig aufgeblähter Bauch mit den wie hölzern abstehenden Beinen kaum unter der Brücke hindurchzugehen schien, so hoch war der Pegel. Eva und Annemarie kniffen sich vor Aufregung gegenseitig in die Arme, als der gewaltige Tierkadaver von den wirbelnden Wassern in lächerlichen, kleinen Kreisen vorwärtsgetrieben wurde.

Ostern 1938 wurde ausnahmsweise und erstmalig nicht zu Hause gefeiert. Hanna, die eine Schilddrüsenerkrankung nur schwer überwunden hatte, sollte sich in Bad Kudowa einer Kur unterziehen. Da sie sich über die Feiertage nicht von Mann und Kindern trennen wollte, wurde kurzerhand für die ganze Familie in dem Badeort Quartier gemacht.
Die Kinder genossen diese außergewöhnlichen Osterferien. Hanna mußte sich schonen, viel liegen, und durfte nur geruhsame kleine Spaziergänge machen. Dafür nahm Herbert Brandt seine Gören überall hin mit und zeigte ihnen das im ersten Frühjahrsgrün stehende Glatzer Bergland. Einmal fuhren sie über die Grenze in die Tschechoslowakei. Im Sudetenland hatte Brandt in einer Glasfabrik Geschäftsbesuch zu machen. Anschließend besuchte er Heimarbeiter in ihren ärmlichen Häuschen. Die Kinder standen staunend und stumm da und sahen zu, wie die Männer in einer Ecke der Wohnküche mit unterschiedlich feinen Schleifsteinen und -nadeln herrliche Muster in Kristallvasen, -teller und -karaffen zauberten. Den weißen Glasstaub pusteten sie von der Oberfläche und wischten mit einem weichen Tuch nach, bis die kleinen Sonnen, Blüten und Sterne vielfarbig im Licht funkelten. Die Männer arbeiteten im Akkord, was bedeutete, daß sie sich kaum eine Minute Ruhe gönnten. Ihre Augenlider, nur unzureichend durch eine lederumrandete Brille geschützt, waren rot und geschwollen, voller

winzigster Glassplitter. Wie schon in der Josephinenhütte, erzählte Herbert seinen Kindern noch einmal mit leiser Stimme, daß viele dieser Heimarbeiter mit der Zeit erblindeten. Eva und Katharina waren entsetzt. Ihre kleinen Herzen quollen über vor Mitgefühl.
»Warum machen sie das dann?«
»Weil sie ihre Familien ernähren müssen. Die Glasschleiferei ist in dieser Gegend ein weitverbreiteter Beruf. Oft übernimmt ihn der Sohn nach dem Vater.«
»Wo er doch weiß, daß er auch blind werden kann?«
»Ja, trotzdem. Er nimmt das Risiko auf sich. Es gibt hier wenig Möglichkeiten für andere Berufe. Etwas Künstlerisches ist ja auch dabei, wißt ihr? Wenn da unter den Händen so ein prachtvolles Kristallstück entsteht, das ist schon befriedigend.«
»Kriegt er dann viel Geld dafür?«
»Nicht sehr viel, fürchte ich. Er muß seine Arbeiten in der Fabrik abliefern, und die möchte ja dann auch noch daran verdienen. Darum sind diese Arbeiter auch ganz froh, wenn hin und wieder so ein Privatmann kommt wie ich und ihnen etwas abkauft. Über einen kleinen Bestand dürfen sie verfügen.«
»Vati, kaufen wir jetzt ganz schnell was für die Mutti? Sie freut sich sicher ganz doll.«
Herbert Brandt strich seiner Kleinsten liebevoll über den Kopf.
»Wir werden alle zusammen ein besonders schönes ›Osterei‹ für die Mutti aussuchen.«
Sie entschieden sich für eine Kristallschüssel mit kleinen Sonnen und einem gezackten Rand. Eva studierte aufmerksam das Gesicht des Arbeiters, als dieser eine angemessene Summe in Empfang nahm. Draußen drückte sie die Hand des Vaters. »Er hat sich wirklich gefreut, Vati, ich hab's ganz genau gesehen. Seine Augen in den roten Rändern haben fast so geleuchtet wie sein Kristall.«

In dem Städtchen Nachod, in dessen Schloß einst Wallenstein geboren wurde, erklärte der Vater augenzwinkernd, er hätte noch einige tschechische Kronen übrig, und was seine Töchter

wohl dazu meinten, wenn er jetzt mit ihnen in das Schuhgeschäft Bata ginge und jeder ein Paar Schuhe kaufte. Die Freude war bei allen dreien groß, wenngleich sie sich unterschiedlich äußerte. Emmy hängte sich mit ihrer spröden Zärtlichkeit sofort an Vaters Arm, während Eva und Katharina mit lautem Jubel voranhüpften. Martin stellte sich solange vor den benachbarten Sportladen und betrachtete interessiert die Angelutensilien, um gegebenenfalls bei der Rückkehr der anderen einen dem Schuhkauf entsprechenden Wunsch zu äußern. Er mußte eine ganze Weile warten. Im Schuhgeschäft wühlten die Mädchen in Schachteln und konnten sich erst dann definitiv entschließen, als der Vater dies energisch gebot. Jede hatte beim Herauskommen ihr Päckchen selbst in der Hand, und nun kam auch endlich Martin mit seinen Anglerwünschen dran.
Hanna fühlte sich mit ihrer Kur zusehends besser. Sie trank regelmäßig ihren Brunnen, und den Kindern machte es in der ersten Zeit Spaß, sie beim Auf- und Abgehen in den weitläufigen Wandelgängen zu begleiten. Sie fanden es aufregend, ein eigenes Henkelglas und einen Glastrinkhalm zu bekommen. Das Brunnenwasser schmeckte ihnen allerdings wenig. Emmy hatte sich vorsichtshalber erst gar nicht damit befaßt.
»Wieso denn – ich bin doch nicht krank.«
Der Ostersonntag, an dem in der fremden Umgebung die Eier gesucht wurden – in den weißen Pensionsnachttischen und zwischen den Blumentöpfen, die ihnen nicht gehörten –, ließ die Kinder sich zum ersten Mal auf zu Hause freuen. Sie waren zufrieden, als sie nach vollen zwei Wochen wieder ins Auto klettern und die Heimreise antreten durften.
Hanna blieb noch für eine Woche in Kudowa und kam mit dem Zug nach.

In den ersten Maitagen, wenn die Temperaturen zu klettern begannen, wurden schon in aller Frühe die an den Fensterrahmen angebrachten Außenthermometer inspiziert. Bei 14° Celsius durften Kniestrümpfe, ab 18° Söckchen getragen werden. Das waren die äußeren Attribute, mit denen der Sommer eingeläutet wurde. Der Garten, der rundum von Fliederbüschen eingerahmt war, versank in einer Farbenorgie von hell- und dunkellila, weiß und purpurrot. Mettwitz schnitt bündelweise die blühenden Zweige ab, ohne daß dies in die duftende Mauer sichtbare Lücken riß, und füllte große Zinkwannen damit. Nach der Schule saßen die Brandt-Kinder – außer Emmy, die dieses Treiben albern fand – im Garten, banden riesige Sträuße und verkauften sie auf der Straße an erfreute Passanten, das Stück für eine Mark. Es dauerte Jahre, ehe Hanna dahinter kam, welch einträgliches Geschäft ihre Sprößlinge mit der Verteilung der Fliedersträuße verbanden. Als die Gebinde dann nur noch verschenkt werden durften, ließ der kindliche Eifer nach. Die Fliedermengen vertrockneten in den Zinkwannen.

Die heißen Sommertage begannen pünktlich Anfang Juli. Es gab oft hitzefrei. Die Kinder packten gleich nach dem leichten sommerlichen Mittagessen, das auf der großen Veranda eingenommen wurde, ihre Badesachen zusammen und machten sich auf den Weg zu der beliebten »Weinlache«.

An Schönwetterwochenenden wurde hin und wieder ein Familienausflug nach Florsdorf anberaumt, was die Kinder mit Jubel begrüßten. Hatten sie dann doch endlich einmal beide Eltern ganz für sich. Das Schönste war, daß sich der Vater so ausführlich mit ihnen beschäftigte. In seinem schwarzweiß gestreiften Badeanzug stieg er mit ihnen ins Wasser, lobte Emmys tadellosen »Schlußsprung« vom Fünf-Meter-Brett, mahnte Martin, ruhiger zu schwimmen und nicht wie ein Ertrinkender

zu japsen und korrigierte Evas noch linkische Schwimmversuche im Korkring.
Hanna lagerte indessen mit Katharinchen auf einer großen Decke auf der Wiese, las ihrer Jüngsten kleine Geschichten vor und packte nach einer Weile umfangreiche Picknicktaschen aus, um die hungrig gewordenen Schwimmer mit Kuchen, Broten und harten Eiern zu überraschen.
Sommerhitze. Nachts gingen oft kräftige Gewitter nieder, denen die »beiden Kleinen« mit angenehmem Schauer in ihren behaglichen Betten lauschten. Beide hatten keine Angst vor Gewittern. Aber sie lagen wach und genossen den Aufruhr der Natur als himmlischen Sensationskitzel. Am nächsten Morgen schien die heiße Julisonne auf die blankgescheuerte Erde, ließ die restliche Nässe in kleinen, gekräuselten Schwaden aufsteigen und sacht verdunsten. Der Himmel war wieder blau über der Stadt und zauberte rundum Ferienstimmung.
Sommer 1938. Bei Brandts wurde wieder einmal der große Reisekorb gepackt, Berge von Wäsche, Kleidern und Strandgarderobe gewaschen, gebügelt und in griffbereiten Stapeln beiseite gelegt. Mitte Juli wurde der neue dunkelgrüne »Adler Jupiter«, ein bequemer Sechssitzer, mit Eltern, Kindern, Kindermädchen Hilde und restlichem Kleingepäck vollgestopft, Herbert Brandt lenkte den Wagen nach Norden.
Bei Cottbus erreichten sie das neuerbaute Teilstück der Autobahn, die Berlin umrundete und von Eberswalde nach Stargard führte. Dahinter passierten sie die Grenze zum polnischen »Korridor«, einem ehemaligen Stück Westpreußen, das sich als schmaler Landstrich bis zur Ostseeküste erstreckte und nach dem Versailler Diktat Polen zugesprochen worden war.
Wie in allen Grenzgebieten und politischen Landverschiebungen nach verlorenen oder gewonnenen Kriegen gab es auch hier Reibereien und ernsthafte Zwistigkeiten zwischen der die Oberhand gewinnenden polnischen Bevölkerung, die auf ihre Versailler Rechte pochte, und dem verbleibenden Rest Deutscher, Westpreußen also, die seit fast hundertfünfzig Jahren in diesem Gebiet ansässig waren und verbittert zusehen mußten,

wie die Heimat ihrer Väter durch politische Manipulationen in die Hände des östlichen Nachbarn geriet. Der kaum verborgene, unter der Oberfläche schwelende Haß fand seinen grausamen Ausbruch 1939 im Bromberger Blutsonntag, an dem am 3. September 1939 Tausende von Volksdeutschen in Bromberg und Umgebung auf bestialische Weise ermordet wurden. Männer von 18 bis 80 Jahren wurden vor den Augen ihrer Angehörigen erschossen oder bis zur Unkenntlichkeit verstümmelt und erschlagen, mit Knüppeln, Gewehrkolben und Bajonetten. Mädchen und Frauen wurden geschändet und vergewaltigt. Die Häuser der Ärmsten wurden geplündert, das Mobiliar zertrümmert. Der Deutschenhaß war so unsäglich, daß er sich mit den Greueltaten durch das polnische Militär noch steigerte.
Aus Oberschlesien wurde von ähnlichen Ausschreitungen berichtet. In den Grenzgebieten war die deutsche Bevölkerung wehr- und rechtlos. Deutsche Kriegsgerichtsräte wurden an die Orte der Gewalttätigkeiten geschickt und mit Vernehmungen und Aufklärungen beauftragt.
Jetzt aber war noch Sommer 1938. Der Völkerhaß schwelte unter einer unsichtbaren Decke, die immer zerschlissener wurde. Selbst ein friedliches deutsches Auto, das über die Straßen des polnischen Korridors fuhr, reizte die Passanten zu Gesten der Antipathie. Die Brandt-Kinder betrachteten mit wachem Interesse durch die Wagenfenster das vorbeigleitende Land. Sie begannen die vielen Störche zu zählen, die auf den Feldern umherstaksten. In ungläubige Bestürzung gerieten sie, als ein paar Polen auf der Straße dem deutschen Auto mit erhobenen Fäusten nachdrohten. Bei der Durchfahrt eines Städtchens marschierte ein Zug bewaffneter polnischer Soldaten vor ihnen. Herbert Brandt mußte das Gas wegnehmen und im Schneckentempo hinter den Männern herfahren. Er öffnete dabei das Fenster, um etwas frische Luft in das Wageninnere zu lassen.
»Guck' mal, Vati, die komischen Mützen«, krähte Eva mit solch durchdringender Stimme, daß sich die Soldaten der letzten Reihe umdrehten. Ihre Gesichter zeigten unverhüllte

Abneigung. »Das gehört zur polnischen Uniform«, sagte der Vater leise. Eva betrachtete die merkwürdigen, graubraunen Kopfbedeckungen mit Ausdauer. Auf der eigentlichen Kappe saß auf einem Stiel ein mausgraues Stoffquadrat, das wie ein kleines Tablett darüber schwebte und offenbar keine andere Bedeutung hatte, als die Zierde des polnischen Kopfputzes zu sein.

»Komisch«, kicherte sie, »ein viereckiger Heiligenschein.«

»Nun halt mal eine Weile den Mund, Eva«, verwies die Mutter sie. »Ich möchte jetzt sowieso, daß ihr ganz still seid, Kinderle.«

Die leise ausgesprochene Mahnung ließ die Kinder betroffen schweigen. Sie wurden bedrückt und ängstlich und atmeten erst wieder auf, als sie die zweite Grenze hinter Dirschau passierten.

Am späten Nachmittag fuhren sie durch Danzig, meldeten bei den Verwandten in Langfuhr, bei denen die mit der Bahn vorausgefahrene Emmy schon seit einer Woche Ferien machte, ihre Ankunft und fuhren weiter nach Glettkau. Das für vier Wochen gemietete Ferienhaus wurde von den Kindern so lautstark eingenommen, daß Hanna sich energisch gegen den Tumult wehrte. »Herbert, nimm doch die Kinder bitte mit zum Strand, damit Hilde und ich auspacken können.«

Auch dieser Vorschlag wurde mit großem Jubel begrüßt. Eva und Katharina hüpften auf dem Weg um den Vater herum. Martin trödelte etwas hinterher. Seine Augen blieben an den Auslagen der Strandgeschäfte hängen, den hübschen blauen Schaufeln mit den Holzgriffen und den bunten Gummiringen, mit denen man Wurfspiele machen konnte. Nachdenklich blieb er davor stehen, studierte die aufgeklebten Preise und stellte sachlich fest, als der Vater ihn zum Weitergehen ermahnte: »Brauchen könnten wir beides.«

»Nachher«, entschied Herbert Brandt, »auf dem Rückweg.«

»Nachher is es zu.« Martin rührte sich nicht vom Fleck.

»Dann kaufen wir es morgen früh.«

»So früh, wie wir zum Strand geh'n, is es noch zu.«

Der Vater begriff, daß es sich hier um einen symbolischen, un-

verzüglichen Einstieg in die Ferien handelte, kaufte eine Schaufel und drei leuchtend bunte Gummiringe und verteilte sie an die Kinder.
Als sie sich den Dünen näherten und die See dahinter rauschen hörten, rannten die Drei mit Freudengeheul los. Und dann standen sie stumm und andächtig auf der höchsten Erhebung des weißen Sandes und sahen hinaus auf das endlose, ständig bewegte, mit Schaumkronen bedeckte Meer. Der Vater blieb ein paar Schritte hinter ihnen, blickte über die Köpfe seiner Kinder hinweg und empfand es als Glück, daß ihnen das Land seiner Kindheit zur zweiten Heimat geworden war.
Am nächsten Tag zog Emmy zu ihnen ins Ferienhaus. Ihr Familiensinn hatte sich etwas gelockert. Mit ihren mehr als fünfzehn Jahren zeigte sie wenig Lust, für die jüngeren Geschwister »das Kindermädchen zu spielen«, wie sie – nach Hannas Meinung unpassend – ausdrückte. Lieber traf sie sich am Strand mit Gleichaltrigen, zu denen auch die jungen Danziger Verwandten gehörten, und flanierte mit ihnen am Wasser entlang. Mit ihrer schmalen, sportlichen Figur und den sich zu herber Schönheit entwickelnden Gesichtszügen fand sie rasch die Aufmerksamkeit junger Westpreußen. Da Emmy die Gradlinigkeit und Entschlußkraft ihres Vaters geerbt hatte, suchte sie sich aus der Schar der Anbeter zielsicher den heraus, der ihrem Wesen am ehesten entsprach, und hatte damit ihren »Ferienfreund«. Ihre Neigung blieb jedoch abwartend kühl und hatte mit backfischhafter Verliebtheit wenig zu tun. Desto heftiger fing Eva Feuer für den nordischen Adonis. In ihr zeigten sich die ersten weiblichen Regungen, in die sie den Verehrer der älteren Schwester phantasievoll einhüllte. Auf verschlungenen Dünenwegen schlich sie hinter den beiden her und beobachtete mit neiderfülltem Schauer, wie der blonde Jüngling Emmys Hand ergriff. Abends im Bett erzählte sie Katharina von ihren aufregenden Bespitzelungen, stieß aber bei der kleinen Schwester auf wenig Verständnis.
»Laß sie doch. Was hast du denn davon?« Katharina drehte sich gelangweilt zur Wand.

»Ach, das verstehst du nicht«, zischte Eva ärgerlich zurück. »Du bist eben noch ein Kind.« Es klang verächtlich und enttäuscht.
»Na und?« Katharina gähnte herzhaft. »Ist es denn eine Schande, ein Kind zu sein?«

Eva-Maria war stolz und glücklich, als der Vater sie allein mit nach Danzig nahm. Emmy hatte wieder eine Verabredung mit ihrer Clique, Martin und Katharina wollten am Strand bleiben, und auch Hanna hatte keine Lust zu einer Stadtfahrt.
Eva thronte vorn auf Mutters Sitz, durfte den Hebel für den Winker bedienen, wenn es um die Ecke ging, und genoß es, für die nächsten zwei Stunden Vaters »Einzige« zu sein. Eine gewisse Scheu, die sie dem Vater gegenüber stets empfand, ließ sich allerdings auch durch dieses Gefühl des Ausgezeichnetseins nicht überwinden. Das sonst so lebhafte Kind saß still und abwartend neben dem Mann, der in ruhiger Aufmerksamkeit seinen großen Wagen der Stadt zu lenkte. In Oliva zeigte er ihr den hohen, blattgrünen Wall, der rechts von der Straße den Park umsäumte.
»Dies ist die größte lebende Hecke Europas, Eva. Und Zoppot hat Europas längsten Seesteg.«
»Da wo wir waren, wo die Schiffe anlegen?« fragte Eva.
Sie wußte ganz genau, welchen Seesteg der Vater meinte. Sie wollte durch diese Frage-Antwort nur ihr waches Interesse bekunden.
Vor der mächtigen Fischhalle in der Innenstadt Danzigs, die die Größe einer Bahnhofshalle hatte, stellte Herbert Brandt den Wagen ab, nahm seine Tochter an die Hand, um sie im Gewühl nicht zu verlieren, und schlenderte mit ihr von Stand zu Stand. Hinter den Tischen mit den sorgsam übereinandergeschichteten, silberglänzenden Fischleibern standen behäbige Weiber, die Kopftücher unter dem Kinn geknotet, und priesen ihre Ware lautstark an. Sie hielten sie dem Kunden entgegen, spreizten mit Daumen und Zeigefinger die Horndeckel hinter dem Fischauge ab und zeigten die rosigen Kiemen.

»Janz frisch, das Fischchen, hat heite frieh noch jelebt.«
Dann ließen sie es in die Zinkblechwanne gleiten und wogen großzügig ab.
»Und noch eins drauf, Mannchen, weil Sie's man sind.« Und ein Flunderchen glitschte hinterher. Die Frau wischte sich zufrieden die Hände an der bodenlangen Schürze ab, zog den Knoten des Kopftuches unter dem Kinn fester und nannte den Preis. Eva rümpfte die Nase.
»Das stinkt aber, Vati.«
»Ja«, lachte der Vater. »Von Stunde zu Stunde mehr. Ganz frischer Fisch riecht kaum. Aber toter Fisch hält sich eben nicht lange.«
Die Marktfrau wickelte die Flundern und Barsche in eine Menge Zeitungspapier.
»So, Marjellchen, nu stinkt's nich mehr.«
Mit breitem Schmunzeln reichte sie das Paket über den Stand.
»Komm, Eva, dort drüben hin, da wirst du schnuppern.«
Herbert Brandt nahm die Tochter mit dem empfindlichen Näschen an die Hand und zog sie weiter. Und wie recht hatte er! Hier schimmerten die Fische goldbraun und verströmten einen appetitlichen Räucherduft.
»Kommse, Mannchen, probiernse das Aalchen. Eein Julden fuffzig das janze Bund.«
Eva liebte frisch geräucherte Aale und Flundern. Daß aber ihr ernster, strenger Vater von einem wildfremden Fischweib »Mannchen« tituliert wurde, war ihr unbehaglich. Ängstlich beoachtete sie ihn, wie er sich mit Bedacht einen besonders langen Aal aussuchte, ihn vorsichtig mit zwei Fingern abtastete, und stellte mit Erstaunen fest, daß dabei ein zufriedenes Lächeln über seine Züge glitt. Für Eva wurde eine Geschmacksprobe von dem »Probieraal« abgeschnitten. Begeistert kaute sie das Fischfleisch von der Mittelgräte ab, lutschte das Fett von der ledrigen, dunkelbraunen Haut und wischte sich die glänzenden Finger an ihrem hellen Sommerröckchen sauber. Der Vater sah es, kniff ein Auge zu und schüttelte leise schmunzelnd den Kopf. Verlegen griff Eva wieder nach seiner Hand.

»Gehen wir jetzt, Vati?«
Draußen ragten unter dem grünen »Adler Jupiter« sechs Männerbeine hervor. Fassungslos starrte Eva auf das Phänomen.
»Vati, sieh mal!«
Ruhig ging Herbert Brandt zu seinem Auto, steckte den Schlüssel in die Wagentür und öffnete sie. Die Männerbeine unter ihm kamen in Bewegung. Ein Körper nach dem anderen wand sich unter dem Fahrgestell hervor. Zuletzt erschienen drei hochrote, verlegen grinsende Köpfe.
»Is neei, das Autochen, nich?« entschuldigte sich einer. »Da wollten wir man bloß gucken.«
Sie stellten sich nebeneinander an den Bürgersteig, die Hände tief in den Hosentaschen vergraben, und sahen zu, wie der große Wagen langsam in Richtung Langgasse rollte.
Minuten später standen Vater und Tochter unter dem Wahrzeichen Danzigs, dem mehr als fünfhundert Jahre alten Krantor. Mächtig erhob es sich über ihnen. Sie konnten genau in das riesige Rad hineinsehen, um dessen breite Holzverschalung die Kranwinde lag. Eva staunte.
»Das ist ja groß wie ein Haus, Vati.«
»Ja, Eva, und trotzdem war es eng für die zehn armen Männer, die dort aneinandergepfercht das Rad treten mußten, damit es in Bewegung blieb und die Kranwinde hinauf- und herunterdrehte. An dem riesigen Haken – siehst du, da oben – wurden Lasten befestigt, die in die umliegenden Speicher gehievt wurden.«
»Was waren das für zehn arme Männer?«
»Gefangene – Kriegsgefangene zumeist. Kriege gab es immer, und Gefangene genug. Wenn die ersten vor Erschöpfung zusammenbrachen, kamen die nächsten dran. So grausam war man.«
Eva wurde es ganz unbehaglich zumute.
»Können wir jetzt weitergehen, Vati?«
Sie gingen über die Langgasse, am Neptunsbrunnen und am Rathaus vorbei, und Herbert zeigte seiner aufmerksamen, kleinen Tochter den Artushof und die schmalbrüstigen Patrizier-

häuser, deren Fassaden abwechselnd in gotischem und barokkem Prunk wetteiferten. Zu jedem Haus führte eine kleine, mit einem kunstvollen Schmiedeeisengeländer gesäumte Treppe hinauf.

»An solch ein Geländer habe ich als kleiner Junge einmal in einem bitterkalten Winter die Zunge gelegt, weil der Reif wie Zucker aussah und ich ihn ablecken wollte.«

»Und?« fragte Eva gespannt.

»Die halbe Zungenhaut blieb daran hängen. Ich habe entsetzlich geblutet und fürchterlich geschrien. An überfrorenem Eisen bleibt man mit der Haut kleben. Das muß man wissen, Evchen.«

Obwohl der Kran und die Zungengeschichte auf das phantasievolle Kind einen grauslichen Eindruck machten, schwebte Eva-Maria neben dem bewunderten Vati auf einem unsichtbaren Jubelwölkchen. Die Rückfahrt nach Glettkau ging ihr viel zu rasch. Sie genoß sie trotzdem, vor allem, weil das ganze Auto nach Räucheraal duftete.

Am Sonntag fuhr die Familie mit dem »Dampferchen« zu Verwandten nach Bohnsack. Die Kinder durften in der Weichsel baden. Emmy und Martin schwammen mit den Vettern und Kusinen sogar bis zur Flußmitte und versetzten Hanna wegen der dort deutlich sichtbaren Strömung in nicht gelinde Aufregung. Nachher wurden im Garten Ananaserdbeeren gepflückt, die die Größe von Kinderfäusten hatten. Eva verspeiste ihre genüßlich und in Windeseile und fragte treuherzig:

»Darf ich noch so 'ne Aniserdbeere haben, Tante Lore?«

Das dadurch ausgelöste Gelächter ließ sie verdutzt und verlegen über sich ergehen und bekam dafür eine besonders große Frucht.

Anfang August rüstete sich Zoppot zum alljährlichen Blumenkorso. Für die Sommergäste war dieses Ereignis ein Höhepunkt ihres Seeaufenthaltes. Sie strömten schon am frühen Nachmittag vor dem Kurhaus zusammen, flanierten über den

Seesteg oder nahmen den Kaffee und auch einen Cocktail an winzigen Tischen auf der Kurhausstraße ein. Weißgekleidete Mädchen und junge Männer drehten sich in großen Rhönrädern auf den Kurwegen, bevor der Korso begann. Die Luft schwirrte von sommerlicher Wärme und Blütenduft. Eine beschwingte Heiterkeit lag über der festlichen Menge und ließ nichts von dem Geschehen ahnen, das nur ein Jahr später nicht weit von diesem Ort ein Unheil ins Rollen bringen sollte, das Deutschland einer furchtbaren Zerstörung entgegentrieb.

Hilde hielt die »beiden Kleinen« in ihren gestickten Voilekleidchen fest an den Händen, um sie in der Menge nicht zu verlieren. Sie waren schon von den Brandts und den übrigen Verwandten abgedrängt worden, und das Mädchen war besorgt, wie sie wieder zueinander finden sollten. Als die ersten Wagen des Corsos erschienen, hob sie kurzentschlossen erst Katharina, dann Eva-Maria auf eine steinerne Balustrade, schlang um jedes Kind einen Arm und blieb bei ihnen. Sie konnten alle die Vorführungen wunderbar beobachten. Die kleinen Mädchen waren so gefesselt, daß sie vergaßen, nach den Eltern zu fragen. Da gab es einen Landauer, dessen große Räder blumenumwunden waren und der vier entzückende Biedermeiermädchen mit bunten Schuten auf dem Kopf über die Kieswege fuhr.
Sie bestaunten den Wagen der Danziger Polizei, der in Wagenradgröße das Danziger Wappen, die Löwen und die zwei weißen Kreuze unter der Krone auf rotem Grund zeigte. Der Clou aber war der lebensgroße Schwan, aus Tausenden winziger Margaritenblütenblättchen zusammengesteckt, der einen lebendigen Lohengrin in silberglänzender Rüstung hinter sich herzog. Niemanden wunderte es, daß er den ersten Preis gewann, am wenigsten die kleinen Mädchen in ihren weißen Voilekleidern.
Später fanden sie die Eltern und die »beiden Großen« doch noch im Gedränge. Hilde wurde angewiesen, die »Kleinen« ins Glettkauer Haus und zu Bett zu bringen. Danach wurde ihr ein freier Abend versprochen, den sie dankbar akzeptierte. Sie ließ

es sich dabei nicht anmerken, daß sie mit dem jungen Strandwärter, der täglich die Brandtsche Burg umkreiste, längst für den Abend eine Verabredung hatte.

Herbert Brandt hielt es für gegeben, das herrliche Sommerwetter für einen gezielten Schwimmunterricht zu nutzen. Obwohl er selbst sich immer wieder gewissenhaft der Aufgabe gewidmet hatte, den »beiden Kleinen« die Grundbegriffe beizubringen, war es jetzt an der Zeit, daß Eva unter kompetente Aufsicht kam und ihre Freischwimmerprüfung ablegte. Sie wurde also bei dem gutaussehenden, jungen Bademeister Peter Frey angemeldet, der mit seinen dunklen Locken, den blendend weißen Zähnen und der männlichen Traumfigur ihr frühreifes, romantisches Herz sofort prall ausfüllte. Emmy durfte ihren blonden Strandverehrer wieder für sich allein haben. Eva rieb sich die braune Haut mit Nußöl ein, bis sie von oben bis unten glänzte, zog den Bauch ein und stand jeden Vormittag um elf in der Reihe der Schwimmschüler, die von Peter Frey unterrichtet wurden. Angst vor dem Wasser hatte sie noch nie gehabt. Auch höherer Wellengang, bei dem die Gischt über die Badekappe spritzte, machte ihr nichts aus. Sie war von Ehrgeiz besessen, dem jungen Lehrer zu gefallen und aufzufallen. Das Resultat war zu ihrem Kummer, daß sie auf Grund ihrer erstaunlichen Fortschritte schon nach einer Woche zur Prüfung beordert wurde. Mit ihr mußte ein vierzehnjähriger Junge aus Dirschau antreten, der mit seiner Mutter die Nachbarburg am Glettkauer Strand »bewohnte«.
Der Tag des für Eva großen Ereignisses war der einzige Schlechtwettertag in einer Kette vonSonnentagen. Der Himmel war grau verhangen, es wehte ein kräftiger Wind, später regnete es auch noch. Eva trottete gegen zehn Uhr mutterseelenallein zum Strand. Sie hatte den Badeanzug schon an, den Bademantel darübergezogen. In der rechten Hand schwenkte sie ihre Badekappe. Unter dem linken Arm trug sie ein zusammengerolltes Handtuch. Von der Familie hatte sich keiner entschließen können, sie auf diesem wichtigen Gang zu begleiten. Herbert

hatte nachgeschickte Geschäftspost aufzuarbeiten, Emmy und Martin spielten Halma, und Hanna seufzte mit einem Blick zum Fenster:
»Es ist so gar kein Strandwetter, Evchen.«
Nur Katharina, die treue kleine Schwester, wollte mitkommen. Da sie aber eine leichte Erkältung hatte, wurde es ihr untersagt.
»Laß mal, Katharinchen, das schafft Eva schon allein. Sie ist doch ein großes Mädel.«
In Eva stritten sich die Gefühle. Einerseits machte sie das »große Mädel« stolz, und auch das Bewußtsein, so ganz allein solch einen entscheidenden Schritt zu tun. Andererseits hätte es sie schon glücklich gemacht, wenn Vati, Mutti oder die Geschwister gesehen hätten, wie kräftig und ausdauernd sie schwimmen konnte. Vielleicht würde Emmy sie dann ein bißchen anerkennen und ein bißchen weniger hänseln.
Kurz vor den Dünen traf sie mit Gerhard, ihrem Schwimmgefährten, zusammen. Es tröstete sie, daß auch er allein kam. Er erzählte, daß ihn seine Mutter am ganzen Körper mit Sonnenöl eingerieben habe, »damit das Wasser nicht so in die Haut eindringt.« Und zum Frühstück habe er eine Tafel Schokolade bekommen.
»Die macht satt und liegt nicht so schwer im Magen, weißt du?« Eva hätte sich gewünscht, auch so fürsorglich vorbereitet worden zu sein. Sie trabten beide durch den feinen Sand. Sie waren fast die Einzigen weit und breit. Nur unten, wo die Ostsee ihre Wellen auf den Strand schlug, liefen ein paar Unentwegte mit bloßen Füßen und hochgeschlagenen Jackenkragen.
Eva blieb stehen und sah auf das Wasser.
»Is 'ne ganz schöne Brandung, nich?!«
Gerhard zog sie weiter.
»Na komm! Der Frey wird schon wissen, ob er das heute mit uns macht oder nicht.«
Der Schwimmeister erwartete sie am Badehäuschen.
»Na, ihr zwei, habt ihr Mut?«
Eva und Gerhard nickten etwas beklommen.

»Ihr braucht keine Angst zu haben. Ich bleibe die ganze Zeit bei euch.«
Eva bekam große Augen.
»Wie denn? Schwimmen Sie mit?«
»Nein – so!« Peter Frey lief zum Ende der Mole und sprang im Trainingsanzug in ein dort festgemachtes Ruderboot. Mit ein paar Griffen löste er es vom Steg, packte die Ruder und rief aufmunternd:
»Na los, hinein mit euch!«
Eva kniff die Augen zu, rannte los, daß das Wasser hoch aufspritzte, und warf sich in die andrängenden Wellen. Sie paddelte unkoordiniert herum, verlor die Orientierung und konnte keinen Rhythmus finden. Sie stieß sich zwischen zwei Wellenbergen vom Grund hoch und entdeckte ihren Angebeteten, der nicht weit von ihr in seinem Bootchen schaukelte.
»Seitlich schwimmen«, schrie er. »Seitlich zu den Wellen, und sich tragen lassen. Dann geht's ganz leicht.«
Eva ließ sich tragen. Es war ein herrliches Gefühl. Sie griff mit den Armen ins Wasser, sie umarmte es, und es trug sie.
Hin und wieder schwappte ihr eine Wellenkrone über den Kopf. Doch die meiste Zeit blieb sie oben, atmete ruhig und stieß die Beine kräftig im Gleichmaß mit den Armbewegungen. Gerhard hatte sie vergessen. Sie war allein in ihrem Element. Die beruhigende Nähe des Lehrers machte sie sicher. Nach einer Weile spürte sie, daß es regnete. Die starken Tropfen trommelten auf ihr Gesicht. Es war ein anderes Naß als die Gischt der Wellen. In schrägen Streifen ging der Regen über dem Boot nieder und durchnäßte den Ruderer in Sekundenschnelle. Er fuhr dicht an die beiden Schwimmer heran.
»Nasser können wir nicht werden«, rief er. »Raus mit euch. Ihr habt eure Sache gut gemacht.«
In der kleinen Badebude schrieb er ihre Freischwimmerzeugnisse aus.
»Das waren zwanzig Minuten?« fragte Eva erstaunt. Dabei schlugen ihr vor Kälte die Zähne aufeinander. Auch Gerhard fror jämmerlich. Der junge Lehrer drehte sich zu ihnen um.

»Habt ihr nichts mit zum Umziehen? Dann macht aber, daß ihr heimkommt. Sonst verbringt ihr den Rest der Ferien im Bett.«
Sie rannten den Strand hinauf, rannten, damit sie warm wurden, und trennten sich oben am Deich.
»Bis morgen!« – »Ja, bis morgen.«
Dann stand Eva schlotternd im Wohnzimmer des Ferienhauses, zog den zusammengefalteten Schein aus der Tasche des Bademantels und rief triumphierend:
»Ich hab's geschafft!«
Bevor sie aber in dramatischen Ausschweifungen von dem Geschehen berichten konnte, mußte sie sich trockene Sachen anziehen, bekam eine Strickjacke an und einen heißen Pfefferminztee vorgesetzt und war zu ihrem Entzücken plötzlich der Mittelpunkt der Familie. Herbert honorierte die Leistung seiner Tochter mit einem Taler, was in diesem Falle drei Danziger Gulden bedeutete. Hanna versprach ihr, am nächsten Tag bei einem Bummel durch Danzig einen Konfektladen aufzusuchen, damit sie sich etwas von »Mix« aussuchen könne, der Danziger Schokoladenfabrik, deren Produkte überall höchst beliebt waren..
Emmy gratulierte auf ihre Weise.
»Die Dicke kann gar nicht untergehen – Fett schwimmt oben.«
Mitte August waren die vier Ferienwochen vorüber. Es wurde wieder gepackt, und der Reisekorb und die beiden größten Koffer wurden mit der Bahn zurück nach Görlitz geschickt. Die letzte Nacht in dem Haus, in dem fast nichts mehr an die Sommergäste aus Schlesien erinnerte, war ungemütlich. Am nächsten Morgen gab es ein Abschiedsfrühstück bei Vaters Verwandten in Langfuhr. Auf Evas Platz lag ein winziges Kästchen.
»Für mich?« Fragend sah sie zu Tante Irma hinüber.
»Ja, für dich, mein Kind. Du hast doch bald Geburtstag.«
In dem Kästchen lag auf einem Wattepolster ein kleiner Silberring mit einem milchiggelben Bernstein. Das kleine Mädchen jubelte.
»Mein erster Ring! Und daß der gerade auch noch mit Bernstein is – so richtig von der See!«

Heimkommen war auch wieder schön. Eva und Katharina rannten durch alle Zimmer in der Moltkestraße und nahmen sie wieder in Besitz.
Zwei Tage später fing die Schule an, und zehn Tage darauf hatte Eva Geburtstag. Es war ein sehr bedeutungsvoller Geburtstag: Sie wurde zehn Jahre alt.

Hitlerjugend

Geburtstage wurden in der Moltkestraße immer ganz großartig gefeiert. Hanna verstand es, aus jedem nur denkbaren Anlaß ein Fest zu machen. Weniger als ein Dutzend Kinder schienen das Gelingen eines Kindergeburtstages nicht garantieren zu können. Manchmal waren es sogar noch mehr.
Der Vater hielt sich an seinem eigenen Ehrentag gern bescheiden zurück, ließ sich von Frau und Kindern mit Gaben überraschen, die im Rahmen blieben, und war dabei durchaus nicht einfach zu beschenken. Die Handarbeiten der Kinder begutachtete er genau und kritisch-wohlwollend, sah sofort, wo geschludert oder gewissenhaft gesägt, gestickt und gemalt worden war. Dann gab es ein Lob – oder auch keines, was die Kinder genau zu unterscheiden wußten. Daß er sich über ihre kindlichen Zuwendungen freute, sahen sie an dem versteckten Schmunzeln in den Lachfältchen seiner Augen.
Hanna hatte es mit ihren Geschenken etwas schwerer. Den teuren Velourshut drehte Herbert in den Händen und fragte: »Brauche ich den überhaupt? Ich habe doch Hüte.«
Die feinen Taschentücher, in mühseliger Arbeit mit einem zierlichen Hohlsaumrand versehen, gefielen ihm zwar, ». . . es ist nur schade und unpraktisch, daß die vielen Löcher da hineinpraktiziert sind«.
Ganz unglücklich war er, als er einmal einen bildschönen Mor-

genrock aus weichem kariertem Wollstoff mit eleganten Satinaufschlägen bekam.
»Hanna – soll das etwa heißen, daß ich mich von meinem geliebten alten Morgenrock trennen soll?«
Hanna war den Tränen nahe. Sie war so stolz auf ihre Überraschung gewesen. Nach ein paar Wochen aber hatte sich Herbert an das neue Kleidungsstück gewöhnt, und sie konnte das alte, das sie solange versteckt gehalten hatte, getrost weggeben.

Nur mühsam ließ sich Herbert überreden, am Abend seines Geburtstages ein paar Freunde ins Haus zu bitten.
»Wenigstens ›zum Lichten‹«, drängte Hanna. Das bedeutete, daß man sich nach dem Abendessen zum Glas Wein und etwas süßem oder salzigem Gebäck traf. Meistens setzte es Hanna dann doch durch, daß zu einem »kleinen Abendessen« geladen wurde, zu dem dann die engsten Freunde kamen, Herlangens, Dr. Bieler und Rechtsanwalt Schwindt mit ihren Frauen.
Ihren eigenen Geburtstag pflegte Hanna im März regelmäßig dreimal zu feiern: Am eigentlichen Tag mit der Familie, am nächsten Nachmittag mit einem Damenkaffee, und am darauffolgenden Wochenende mit einer großen Abendgesellschaft. Sie genoß diese Feierlichkeiten, nannte sich selbst »Geburtstagskind« und begann schon Tage vorher mit den Vorbereitungen. »Große Ereignisse werfen ihre Schatten voraus«, pflegte sie zu sagen.
Ein wirklich großes geschichtliches Ereignis allerdings stellte auch Hannas Geburtstag in den Schatten: Am 11. März 1938 marschierten Hitlers Soldaten in Wien ein und holten Österreich »heim ins Reich«. Es hieß von da an die »Ostmark«.
Emmy kroch mit leuchtenden Augen fast ins Radio hinein, aus dem der Jubel von Hunderttausenden von Stimmen scholl, während der Vater mit ernstem Gesicht am Eßtisch saß.
Hanna strahlte.
»Herbertchen, hör' doch mal – ist das nicht ein fabelhaftes Geburtstagsgeschenk?«

Herbert wiegte den Kopf.
»Ich weiß nicht, ob das so fabelhaft ist. Es wird sich erweisen. Man muß sehen, was das Ausland dazu sagt.«
Emmy drehte sich zum Vater um.
»Ach Vati, wen interessiert es denn jetzt, was das Ausland dazu sagt. Das ist eine rein deutsche Angelegenheit. Ich finde es phantastisch, was der Führer gemacht hat. Du hörst ja, wie die Leute schreien vor Begeisterung.«
Herbert zündete sich seine Nachtischzigarre an, stand auf und ging in sein Herrenzimmer. Er setzte sich an seinen Schreibtisch und blickte nachdenklich auf das Hitlerbild, das neben dem von Hindenburg an der Wand hing.
Jetzt aber war August. Der Sommer neigte sich seinem Ende zu, und Eva wurde zehn Jahre alt. Das bedeutete für sie, daß sie nicht nur in ein neues Lebensjahrzehnt, sondern auch in einen neuen, wichtigen Lebensabschnitt eintrat.
Sie war nun befugt, der Hitlerjugend beizutreten, wie es auch alle anderen vom zehnten Lebensjahr an taten. Auf ihrem Geburtstagstisch lag die vollständige Jungmädeluniform, schwarzer Rock, weiße Bluse, schwarzer Schlips und der Lederknoten, der ihn zusammenhielt. Sogar die goldbraune Kletterweste aus kurzgeschorenem Velours hing über einer Stuhllehne. Und an den obligaten Süßigkeitenteller gelehnt war ein Gutschein für ein Paar Bundschuhe.
Eva war stolz und glücklich. Von Emmy bekam sie das Liederbuch »Wir Mädel singen«, dessen Erwerb eine tiefe Kerbe in das schwesterliche Taschengeldbudget geschlagen hatte. Sie kannte einen Teil der Lieder bereits auswendig und schrieb sofort ihren Namen auf die erste Seite – in Schönschrift.
Alles, was sonst auf dem Geburtstagstisch lag, hatte untergeordneten Wert. Eva wurde Jungmädel – das alleine zählte für sie.
Am darauffolgenden Mittwoch marschierte Eva-Maria mit freudigem Herzklopfen auf den Wilhelmsplatz, wo die JM-Gruppen Aufstellung nahmen. Sie wurde einer Gruppe zugestellt, in der sie ein paar Klassenkameradinnen vorfand. Die

Gruppenführerin, ein Mädchen in Emmys Alter, das eine grünweiße Kordel als Zeichen seiner Autorität in schönem Schwung vom Lederknoten bis zur linken Brusttasche baumeln hatte, hielt eine kleine Rede für die Neuankömmlinge, begrüßte sie als Mitglieder der Jugendvereinigung »unseres Führers« und ermahnte sie, stets kameradschaftlich, tapfer und einsatzbereit zu sein.

Evas Wangen glühten. Sie meinte, halb Görlitz müßte diesem unerhörten Ereignis beiwohnen, und wunderte sich, daß die Passanten, längst an diese Jugendaufmärsche gewöhnt, nicht teilnehmend stehenblieben.

Eva hatte sich vorübergehend überlegt, wie es wäre, wenn sie als Jungmädel in Emmys Schar kommen würde. Sie hätte eigentlich in die Gruppe der Schwester gehört, da sie beide dieselbe Wohnadresse hatten. Emmy war seit einem halben Jahr Scharführerin und nahm ihre Aufgabe ebenso ernst wie die grüne Kordel, den sichtbaren Beweis ihrer jungen Würde. Jetzt aber war es Eva ganz recht, daß sie in eine andere Gruppe kam. Sie war hier nicht »die kleine Schwester« der Scharführerin, sondern ein eigenständiges Mitglied dieser neuen Gesellschaft.

Ihre Schaftführerin, die die kleinste Einheit der Gruppe »befehligte«, kannte sie seit langem. Sie wohnte im Nachbarhaus in der Moltkestraße und war drei Jahre älter als sie. Daß sie nun einen Rang innehatte, der ihr Verantwortung auftrug und ihr Ansehen verlieh, ließ den Altersunterschied größer erscheinen.

Jeden Mittwoch und Sonnabend, pünktlich um drei Uhr nachmittags, trat Eva auf dem Wilhelmsplatz zum »Dienst« an. Es war ganz ausgeschlossen, auch nur fünf Minuten zu spät zu kommen, da man sonst den Anschluß verlor, wenn die Gruppe der Mädel singend durch die Straßen marschierte – auf dem Fahrdamm selbstverständlich –, um sich irgendwo in einem Park oder an den Neißeufern zu Geländespielen mit anderen Gruppen zusammenzufinden. Das erzog zur Pünktlichkeit. Keine wollte den »Dienst« versäumen und sich dadurch Strafpunkte aufbrummen lassen.

Im Winter trafen sich die Mädchen in der Ochsenbastei, einem steinalten, dickwandigen Relikt der mittelalterlichen Stadtmauer, oder im Schönhof, einem der schönsten Renaissancehäuser der architektonisch so eindrucksvollen Görlitzer Altstadt.
Dort lernten sie Lieder und Gedichte, die alles glorifizieren, was deutsch war, den »Führer« nicht nur inbegriffen, sondern vorangestellt und verherrlicht.*

Sie war unkritisch und eigentlich unpolitisch, diese »Hitler-Jugend«. Sie war vaterlandsbessenen, wie man es ihr einhämmerte, und idealistisch mit heißem Herzen: Deutschland, Deutschland, über alles!
Ohne daß sie es wollten, tat sich durch diese Wendung in Evas Leben zwischen den »beiden Kleinen« eine kaum merkbare Kluft auf, die sich auch drei Jahre später noch nicht schloß, als Katharina den Jungmädeln beitrat. Sie kam in eine andere Gruppe, beide Schwestern hatten getrennte Erlebnisse, und es war nur eine notdürftige Überbrückung, wenn sie sich gegenseitig davon berichteten. Das gemeinsame Erleben ihrer ersten Kinderjahre driftete auseinander. Es fand sich allenfalls in den großen Sportfesten auf dem Schenkendorffplatz, südöstlich von Görlitz, wieder, wo einen ganzen Tag lang die Görlitzer Jugend versammelt war.
Wenn sich gegen mittag die Geschwister zufällig an einer Gulaschkanone trafen, begrüßten sie sich freudig-verlegen, als hätten sie sich wochenlang nicht gesehen. Es war ein anderes Leben, das sie unter ihren Kameraden führten, jeder für sich, wie auch das schulische Leben anders war als das familiäre im Elternhaus. Sie standen also auf dem Sportplatz nebeneinander, ließen sich den herrlich duftenden, völlig zerkochten Rinder-Nudel-Eintopf in ihr Kochgeschirr füllen und gingen befriedigt zurück zu ihrer Gruppe oder ihrem Fähnlein.

* ». . . im Volke geboren erstand uns ein Führer, gab Glauben und Hoffnung an Deutschland uns wieder . . .«
und: »Führer, befiehl, wir folgen dir!«

Wochenlang vorher wurde für die Wettspiele trainiert, und zum Schluß wurden Urkunden und Sportnadeln verteilt. Es war genau die richtige Methode, den Ehrgeiz der Jungen und Mädchen anzuspornen und sie durch sportliche Leistungen fit zu machen. Sie waren immer alle voll im Einsatz, glühten vor Begeisterung für ihre große Gegenwart und Zukunft und kamen nicht auf »dumme Gedanken«.

Hitler und seine Helfer wußten genau, wie sie die Jugend Deutschlands in ihren Griff bekamen und sich gefügig machten. Es war eine zielstrebige Erziehung, die der jungen Generation genau das lieferte, was sie brauchte, um kritiklos den ihr von oben vorgezeichneten Weg zu gehen: Zusammengehörigkeitsgefühl, unbedingten Gehorsam, vaterländische Ideale, mitreißende Massenkundgebungen und ein ständiges Beschäftigtsein. Das verlieh ihr das Bewußtsein, ein wichtiger Teil dieses Deutschland zu sein, über dessen Grenzen sie nicht hinausdenken durfte. Sie lernten auf der Schule zwar Englisch und Französisch, aber wer kam schon auf die Idee, daß man das einmal praktisch anwenden könnte.

Die Welt für Deutschlands Jugend war klein. Aber diese Jugend vermißte nichts. Für sie war Deutschland groß genug. Sie sangen: »Mein Schlesierland, mein Heimatland . . .« und
»Oberlausitz, geliebtes Heimatland . . .«
und sie meinten damit das ganze Vaterland.

In den Herbstferien machte der HJ-Stamm, zu dem Martins Fähnlein gehörte, eine Fahrt in die Märkische Heide. Über zweihundert feldmarschmäßig ausstaffierte Pimpfe standen in Görlitz auf dem Bahnsteig und warteten auf den Zug nach Forst. Manche der kleinen Kerle wurden von ihren schweren Tornistern, um die sorgfältig eine Wolldecke gerollt war, fast hintenüber gezogen. Die Mienen der 12- und 13jährigen wechselten von fröhlichem, unbeschwertem Jungslachen bis zu ernsten, etwas kummervollen Gesichtern mit streng zusammengezogenen Augenbrauen. Damit nicht erst Abschiedsstimmung aufkommen sollte, wurde schon auf dem Bahnhof

lautstark gesungen: »Ein junges Volk steht auf, zum Sturm bereit . . .« und »Auf hebt unsre Fahnen in den frischen Morgenwind . . .«
Der Morgenwind brauste tatsächlich über den Bahnsteig und zerrte an den schwarzweißen Wimpeln, die an schweren Speeren befestigt waren. Die Trommler schlugen den Takt zu den Liedern auf den großen Landsknechtstrommeln, die ihren halben Körper verdeckten.

Vom Zielbahnhof ging es dann in langen Kilometermärschen unter immer noch sengender Oktobersonne weiter, Lieder singend, staubschluckend, Lasten schleppend. Deutscher Junge, werde hart!
Martin marschierte mit durch den märkischen Sand, die Daumen unter die Trageriemen des Tornisters geschoben, damit die Last nicht so in die Schultern einschnitt. Wenn es nach ihm gegangen wäre, hätte er auf dem Absatz kehrtgemacht. Aber es war ja unmöglich, sich vor allen Kameraden solch eine Blöße zu geben. Er sang mit ernstem Gesicht und lauter Stimme »Steige hoch, du roter Adler . . .« und wünschte sich inbrünstig, endlich am Ziel zu sein.

Das Ziel war eine moosweiche Wiese am Ende eines Dorfes, die auf drei Seiten von einem hochstämmigen Kiefernwald umgrenzt war.
Die Jungen schlugen ihre Zelte auf, immer eins für zwei bis drei Pimpfe. Ein Feuer wurde entfacht und ein Kessel darübergehängt, in dem die Abendsuppe heißgemacht wurde.
Zum Abendabschluß gab es eine Art Zapfenstreich, zu dem eine Trompete geblasen wurde. Dann krochen alle in ihre Zelte und fühlen sich großartig. Hier und da aber preßte manch Pimpflein sein Gesicht in die rauhe Schlafdecke und bemühte sich krampfhaft, ein aufkommendes Heimweh zu unterdrükken. Es war eben doch nicht so ganz einfach, mit zwölf schon ein stahlharter Mann zu sein.

Am frühen Morgen wurde die ganze Mannschaft zu einer symbolischen Wäsche in einem kleinen Teich geführt, dessen Nachtkälte ihnen unter die schlaftrunkene Haut kroch. Danach traten sie an zum Frühappell, standen in Reih und Glied, die klammen Hände an die Hosennaht gelegt. Eine fahle Herbstsonne schnitt schräge Streifen in den von der Wiese aufsteigenden Frühnebel und tauchte die Szene in ein beinahe märchenhaftes, theatralisches Licht. Zu leisem Trommelwirbel zogen zwei Jungen die Hakenkreuzfahne an dem im Erdboden verankerten Mast hoch. Einer trat vor und schmetterte mit heller Knabenstimme den Spruch des Tages:

»Wir wollen sein ein einig Volk von Brüdern ...«

Dann ein Fanfarentusch, und schließlich sang der Chor von Hitlerjungen in den stillen Wald hinein: »Die Fahne hoch, die Reihen fest geschlossen ...« Arme hoben sich dazu in feierlicher Andacht. Manchem allerdings wurde mit derZeit der Arm in der Luft zu schwer, und er lehnte ihn auf die Schulter seines Vordermannes, was streng verboten weil despektierlich war. Trotzdem waren es erhebende Minuten, eine in Mystik getauchte Weihestunde, die die offenen jungen Herzen gefangennahm. Stolz erfüllte sie, die Gefolgschaft eines Mannes zu sein, der alle die wunderbaren Eigenschaften in sich zu vereinigen schien, die er von ihnen forderte: Treue, Wahrhaftigkeit, Fairneß und Mut. Das Bewußtsein, dazuzugehören, ein Teil des großen vaterländischen Ganzen zu sein, das seinem »Führer« bedingungslos folgte, das war es, was diese Jugend begeisterte.

Keiner ahnte, in welch einen fürchterlichen Abgrund sie dieser vergötterte »Führer« wenig später mit diabolischer Konsequenz reißen würde.

Deutschlands Jugend – jedenfalls der größte Teil davon – war glücklich und zufrieden und schwamm auf einer Woge des Idealismus, die immer wieder neu in Schwung gehalten wurde.

Auch Emmy machte solche Hitlerjugendfahrten mit und kam stets begeistert nach Hause. Im Gegensatz zu Martin, der ganz

froh war, wieder am elterlichen Tisch zu sitzen, schwärmte sie von den Tagen der Kameradschaftlichkeit und Einsatzfreude und war jederzeit bereit, wieder loszuziehen. Für sie war es beinahe eine Art Glaubensbekenntnis, was aber nicht ausschloß, daß sie auf den dringenden Wunsch der Eltern hin Ostern 1938 konfirmiert wurde. Der Feier in der Frauenkirche am Marienplatz gingen einige heftige Dispute im Konfirmandenunterricht zwischen Emmy und dem Pfarrer voran, die dieser souverän und geduldig stets zu Ende führte.
Drei Wochen vor dem familiären Ereignis wurde die Hausschneiderin gerufen, die für Emmy ein bezaubernd schlichtes Kleid aus weißem Crêpe de Chine nähte.
Emmy ging beim Orgelklang mit zusammengezogenen Augenbrauen im Zuge der Konfirmanden zum Altar. Irgendwie mußte sie demonstrieren, daß sie sich nicht bedingungslos dem ihr vorgeschriebenen Geschehen fügte. Die Autorität des Vaters aber war so zwingend, daß ihr anfänglicher Widerstand im Keim stecken blieb. Eva-Maria und Katharina, die vor kurzem noch regelmäßig zum Kindergottesdienst gegangen waren, erlebten die Konfirmation der älteren Schwester mit offenerem Gemüt als diese selbst.

Die beiden Kleinen machten nie eine der HJ-Fahrten mit und kannten nicht deren psychologische Reize. Es lag wohl daran, daß sie beide in den Krieg hineinwuchsen und daß die Eisenbahnen später für solche Jugendlager nicht mehr verfügbar waren. Räder mußten rollen für den Sieg!
Im Hause Brandt wurde über die Hitlerjugend und ihre Aktivitäten nie kontrovers gesprochen. Hanna nahm alles sowieso, wie es überall fraglos angenommen wurde. Sie dachte gar nicht daran, daß man auch anderer Meinung als der vorherrschenden sein konnte. Herbert war beruflich und familiär so ausgefüllt, daß ihm für politische Auseinandersetzungen kaum Zeit blieb. Erst die auch in Görlitz sich zeigenden Schrecken der »Kristallnacht«, als jüdische Geschäfte der Gewalt randalierender Nazis zum Opfer fielen, und hin und wieder durchsickernde Gerüch-

te, daß sich jüdische Familien still abgesetzt hatten, machten ihn nachdenklich und führten zu abgeschirmten Gesprächen mit zuverlässigen Freunden. Es sollte noch Jahre dauern, bis Herbert Brandt einen Einblick in die andere Seite Hitlerdeutschlands bekam. Der aber traf ihn dann mit aller Gewalt.

Künstlerische Ambitionen

Es war nicht zu übersehen: Eva-Maria war auf dem schwierigen Wege von der Kindheit zur Jugend. Sie wurde eitel, was zur Folge hatte, daß ihr ihre Rundlichkeit zunehmend Kummer bereitete. Sie interessierte sich weniger für ihre Puppen, dafür brennend für Emmys Verehrer. Dazu kam, daß sie eine steigende Vorliebe für alles entwickelte, was mit dem Theater zu tun hatte. Der Keim hierfür war schon lange gelegt worden.

Das kaum fünfjährige Evchen durfte in einer Aufführung mitspielen, die den Höhepunkt eines weihnachtlichen Abends des Ost- und Westpreußen-Vereins bildete. Es wurde lange vorher geprobt auf der kleinen Bühne im »Braunen Hirsch« am Untermarkt. Alles machte Eva glänzend, wenn sie als kleinster Weihnachtsengel über die Bühne zu schwirren und ein paar Sätze zu sagen hatte. Nur weigerte sie sich kategorisch, dem Weihnachtsmann den vorgeschriebenen Kuß zu geben. Selbst bei der Generalprobe in Kostümen, als der Weihnachtsmann nun wirklich wie ein Weihnachtsmann aussah mit seinem langen weißen Bart, war das Kind nicht dazu zu bringen. Weglassen konnte man diesen Engelskuß nicht, weil im nachfolgenden Text darauf Bezug genommen wurde. Hanna, die das Stück einstudierte, wurde die Hartnäckigkeit der kleinen Tochter nachgerade peinlich. Sie kam schließlich auf die rettende Idee: Eva sollte sich bei dem Kuß die Hände auf den Mund legen, so würden ihre Lippen mit den haarigen Wangen des Himmelsmannes nicht in Berührung kommen. Das Stück lief an dem

festlichen Abend reibungslos über die Bühne und wurde bei einem wohlmeinenden Publikum ein glänzender Erfolg.
Eva-Maria aber hatte Blut geleckt. Es hatte ihr gefallen, auf der Bühne zu stehen, unter sich das Publikum zu haben und dessen Reaktionen und schließlich den Beifall zu hören. Wenn die Mutter mit Katharina und ihr zum Weihnachtsmärchen im Stadttheater am Demianiplatz ging, identifizierte sie sich nicht mit dem kleinen Mädchen Gerda, das seinen Freund Kay suchen ging, sondern mit der Schneekönigin in ihrem glitzernden Silberkleid. So etwas wollte sie einmal werden, eine richtige, große Schauspielerin, der das Publikum zu Füßen lag.
Weder Hanna noch Herbert nahmen die Schwärmerei der Tochter ernst. Sie erkannten nicht die wesentliche Ursache dieses Zukunftswunsches. Eva litt seit Jahren unter ihren Fettpölsterchen. Sie fühlte sich zurückgesetzt, wenn die Geschwister ihren Löffel »Jerolin«, die milchige, wohlschmeckende Lebertranemulsion bekamen; wenn ihnen unter geduldigem Zureden eine zweite Portion auf den Teller gelegt wurde und wenn sie an das Nachmittagsbrötchen gemahnt wurden. Ihr geschah das nie. Aus »erzieherischen Gründen« mußte sie jedesmal drei »Anstandslöffel« von der verabscheuten Milchsuppe mit Klütern schlucken, deren Geruch ihr schon Übelkeit verursachte, während ihre Tränen in den Suppenteller tropften und sie gegen ein Würgen anzukämpfen hatte. Katharina und Emmy bekamen in solchen Fällen eine Ersatzmahlzeit angeboten – Eva nicht.
Sie ging schluchzend und hungrig ins Kinderzimmer und fühlte sich benachteiligt.
In der Schule wurde sie wegen ihrer Unbeholfenheit oft ausgelacht, und zu Hause hänselten die größeren Geschwister. Emmy wußte wohl gar nicht, wie sehr sich die kleine Schwester durch die ganz selbstverständlich gewordene Anrede »die Dicke« verletzt fühlte. Eva konnte sich noch nach Jahren nicht daran erinnern, jemals von Emmy während ihrer Kindheit mit ihrem Vornamen angeredet worden zu sein.
Unter all diesen Umständen entwickelte sich ein starkes Min-

derwertigkeitsgefühl, das sich in ein übersteigertes Geltungsstreben umkehrte. Eva wollte die gefeierte Diva auf der Bühne sein. Niemand sollte sie mehr auslachen dürfen.
Dazu kam, daß die geheimnisvolle Theaterwelt sie wirklich fesselte. Es war etwas anderes, im Publikum auf einer der langen Sesselreihen zu sitzen, oder dort oben zu stehen und den ganz spezifischen Duft der Bühne zu atmen.
Einmal tanzte sie bei einem Kindertanz im Evangelischen Gemeindehaus mit (»Es klappert die Mühle am rauschenden Bach . . .«); ein andermal schwebte sie im Rokokokostüm mit einem jungen Tänzer über die Bühne. Hanna, die bei solchen Veranstaltungen überall unermüdlich und rege wortführend war, wußte, daß von ihren drei Töchtern nur diese begeistert bei der Sache war und nährte, ohne es zu wissen, Zukunftsträume, die keineswegs Herberts Beifall fanden, als sie einmal zur Sprache kamen. Bis dahin hatte es aber noch Zeit. Eva war nun zehn Jahre alt und gedachte sich die ersten Anfänge auf dem Wege der Kunst zu erkämpfen.
Klavierstunde hatte sie seit zwei Jahren. Jeden Dienstag zog sie mit ihrer Klaviermappe, die sie sich in die linke Hüfte stemmte, durch den Otto-Müller-Park zur Bergstraße Nr. 5, wo sie im ersten Stock bei Fräulein Spohr von vier bis fünf Unterricht hatte. Meist kam sie schlecht geübt und mit schlechtem Gewissen und erntete mehr Tadel als Lob. Dabei war es nicht etwa nur mangelnder Fleiß, der ihre Fortschritte hemmte. Da alle vier Brandt-Kinder von Fräulein Spohr unterrichtet wurden, gab es fast täglich einen Kampf um den Klaviersessel. Nach Tisch durfte nicht geübt werden, weil sonst der Herr Präsident Martens von unten mit dem Besenstiel an die Decke klopfte. Die Schularbeiten mußten erledigt werden, und schließlich wollte man ja auch irgendwann einmal spielen, lesen oder hatte Dienst in der Hitlerjugend.
Emmy, mit dem Recht der Ältesten, nahm mit größter Selbstverständlichkeit die meiste Zeit am Klavier für sich in Anspruch. Martin witschte immer auf den Hocker, sobald Emmy ihn freigab. Wenn aber Eva eine halbe Stunde vor Beginn des

Unterrichts, wobei sie die Hälfte davon für den Weg brauchte, zum Klavier sauste, hastig und abgehackt ihre Stückchen herunterstotterte, schrie Emmy aus ihrem Zimmer:
»Falsch! Falsch! Ach Gott, ist die Dicke unmusikalisch!«
Damit wurden Evas musikalische Ambitionen im Keime erstickt. Sie ging nur noch widerwillig zur Klavierstunde und flehte die Eltern an, statt dessen Ballettunterricht nehmen zu dürfen.
Für Herbert Brandt, den nüchternden Geschäftsmann, war dieser Wunsch seiner Tochrer ein unerhörtes Ansinnen. Sein kategorisches »Nein« geriet erst ins Wanken und schlug schließlich in Zustimmung um, als Hanna ihm vorsichtig beibrachte, daß auch Ballett eine Art Sport sei, zudem eine, durch die das kompakte Evchen etwas graziöser zu werden versprach.
Der »Junge Pianist« wurde an Katharina weitergegeben, die ihn in kürzester Zeit bewältigte. Für Eva wurde aus weißem Baumwollstoff ein kurzes, weites Balletträckchen genäht. Sie bekam weiße »Schläppchen« an die Füße und lernte an der Stange die Positionen 1–5, begriff schnell die französischen Bezeichnungen der Übungen und Figuren und zeigte eine Beweglichkeit, die niemand bei ihr vermutet hatte. Mangelnde Musikalität ersetzte sie durch ein ausgeprägtes Rhythmusgefühl. Zu ihrem Entzücken war die Leiterin der Ballettschule gleichzeitig die Choreographin des Opernballetts. Eva schnupperte also mal wieder Bühnenluft.

In diese Zeit fiel Evas erster Kinobesuch zu einem richtigen »Erwachsenenfilm«. Annemarie und Eva hatten sich vom Taschengeld ihre Eintrittskarten gekauft. Der Film war »jugendfrei«. Er spielte in österreichisch-ungarischen Adelskreisen und war konfliktreich und romantisch. Die Hauptdarstellerin war Paula Wessely.
Die politischen Hintergründe verstanden die beiden Mädchen natürlich überhaupt nicht. Aber sie berauschten sich an den traumhaften Garderoben der weiblichen Darsteller und an den Küssen in Großaufnahme. Für den kurzen Heimweg brauchten

sie eine Ewigkeit. Annemarie beschloß, nun mindestens jede Woche einmal ins Kino zu gehen, und Eva beschloß wieder einmal, Schauspielerin zu werden. Der erste Beschluß jedenfalls wurde nach Möglichkeit, was Zeit und Taschengeld betraf, in die Tat umgesetzt. Das jugendfreie Filmangebot war aus gutem Grunde groß. Auch das war ein wirkungsvoller Weg des Propagandaministeriums im Dritten Reich, auf die junge deutsche Generation einzuwirken. Filme wie »Hitlerjunge Quex«, »Schiller«, »Friedrich der Große« wurden begeistert mehrmals hintereinander angeschaut. »Kitty und die Weltkonferenz« mit Hannelore Schroth zog Scharen von jungen Mädchen ins Kino. Später, im Krieg, gab es »Wunschkonzert« mit Ilse Werner, deren halbe Rolle Eva auswendig lernte und vor dem Spiegel nachsprach, »U-Boote westwärts« und »Die große Liebe.« Zarah Leander sang, von allen umjubelt, »Ich weiß, es wird einmal ein Wunder gescheh'n«. Man hoffte und glaubte es. Vor jedem Spielfilm gab es eine Wochenschau, die mit den markigen Klängen der »Lißt-Fanfare« eingeleitet wurde. Jeder deutsche Kinogänger bekam sie so oft vorgespielt, daß er sie bis zu seinem Lebensende nicht mehr vergaß. Mittels dieser Wochenschauen wurden die Zuschauer Teilnehmer an den unerhörten Ereignissen der Vorkriegs- und Kriegszeit. Das erste war im Herbst 1938 Hitlers Einmarsch ins Sudetenland. Es wurden wieder einmal Deutsche »heim ins Reich« geführt. Der Jubel war unendlich, nicht nur der der »Heimgeführten«, sondern auch derer im Reich. In allen Schichten des deutschen Volkes begrüßte man die friedliche Expansionspolitik des Führers. Und da sie offenbar auch vom Ausland toleriert wurde, schwanden schließlich die letzten Zweifel der »Noch-nicht-Anhänger« Hitlers.

In einer Mittelstadt wie Görlitz, in der das Leben auch unter den Propagandawellen Nazi-Deutschlands relativ ruhig und friedlich ablief, von den wenigen Großkundgebungen auf dem Friedrichsplatz oder dem Obermarkt abgesehen, nahmen Wirtschaft, Kultur und Bauwesen einen kontinuierlichen Aufschwung. Die Jahre von 1934 bis 1939 waren wirkliche Frie-

densjahre, wie sie der ganz normale Bürger mit Ruhe und einer gewissen Zukunftsfreude genoß.
Dies waren die Kindheitsjahre der Brandt-Kinder, glückliche Jahre in der Geborgenheit einer etablierten, harmonischen Familie. Herbert Brandt pflegte zu sagen:
»Die Familie ist der kleinste Staat im Staate. Sie muß in Ordnung sein, wenn der Staat gedeihen soll.«

Aufklärung

Hanna hatte sich um die Aufklärung ihrer Kinder immer verschämt gedrückt. Sie selbst hatte mit den rätselhaften Umstellungen ihres jungen Körpers allein fertigwerden müssen. Sie hatte sich ihre Gedanken darüber gemacht, mit ihren Freundinnen allerlei Vermutungen angestellt, sich dann aber gefügt und daran gewöhnt. Wenige Tage vor ihrer Hochzeit war Anna Kirsch in das Zimmer der Tochter gekommen und hatte mit feierlicher Miene und romantischer Weitschweifigkeit das eheliche Liebesleben zu erklären versucht. Die Unterredung erzeugte in der jungen Braut eine Mischung aus Neugier und Furcht. Daß Herbert Brandt ein behutsamer, taktvoller Liebhaber war, legte den Grundstein zu einem vertrauensvollen Glück in dieser Ehe.
Nun wurde es langsam Zeit, die heranwachsenden Kinder mit dieser bedeutungsvollen Seite des Lebens bekannt zu machen. Was Martin betraf, so war der Vater zuständig. Damit war Hanna bei ihren vier Kindern um ein Viertel der kniffligen Frage erleichtert. Die drei Mädchen aber fielen in ihr Ressort. Emmy war fünfzehn, als die Mutter sie eines Tages in ihr Damenwohnzimmer rief. Sie setzte eine förmliche Miene auf, räusperte sich und fing an:
»Emmy, du bist ja nun fast erwachsen. Ich wollte deshalb mal einige Dinge mit dir besprechen, die die Kinder noch nichts an-

gehen, die sie auch noch nicht verstehen würden. Sieh mal, das ist so: Zum Fortbestand des Lebens – der Familie . . .«
Emmy zeichnete mit der Fußspitze gelangweilt das Muster des Teppichs nach.
»Also wenn du das meinst, Mutti, dann brauchen wir gar nicht lange drumrum zu reden. Das weiß ich nämlich schon alles von Martin, und der hat's vom Wolfgang.«
Über Hannas Gesicht flog eine leichte Röte. Sie war verlegen und erleichtert zugleich. Wolfgang war Martins Intimus, ein aufgeweckter, frühreifer Knabe, in dessen Elternhaus die Frage der Aufklärung wahrscheinlich leichter und natürlicher angegangen wurde.
»Martin hat es dir erzählt? Das heißt, der Martin weiß es schon – mit seinen zwölf Jahren!«
Abends sagte Hanna zu Herbert:
»Siehst du, man braucht sich gar nicht so viel einzumischen. Die Kinder machen das schon ganz allein unter sich aus.«
Damit, so meinte Hanna, hatte sie erst einmal für ein paar Jahre Ruhe. Sie übersah dabei, daß ihre kleine Eva-Maria vorzeitig »zur Jungfrau erblühte«. So ganz zu übersehen war es eigentlich nicht. Über Evas rundlichem Bäuchlein wölbte sich bereits, trotz ihrer erst zehn Jahre, ein niedlicher, ansehnlicher Busen, den es rechtzeitig zu stützen galt. Hanna marschierte also mit ihrer Zweitjüngsten und ihrem Stadtköfferchen, mit dem sie nachmittags einzukaufen pflegte, zum Textilhaus Theodor Otto in der Adolf-Hitler-Straße und erstand einen rosafarbenen BH, kleinste Größe. Eva war selig und solange stolz darauf, bis sie vor der Turnstunde im Unkleideraum von ihren Mitschülerinnen – war es Albernheit oder Neid, wer wußte das schon – schallend ausgelacht wurde. Ihr Selbstbewußtsein bekam wieder einmal einen gehörigen Dämpfer. Zu Hause warf sie den Büstenhalter schluchzend in die hinterste Ecke ihres Wäscheschrankes, holte ihn aber nach einer Woche wieder hervor und zog ihn nachmittags an, wenn nur sie es wußte, daß sie ihn trug. Er machte so schön erwachsen.
Daß sie auch in anderer Beziehung erwachsen wurde, erfüllte

sie zunächst mit Entsetzen. Eines Tages im Oktober fühlte sich Eva gar nicht wohl. Sie rief Annemarie an, mit der sie sich verabredet hatte.
»Du, ich glaub', ich werd' krank. Ich habe solche Bauchschmerzen. Und Kopfschmerzen auch.«
Gleich nach dem Abendbrot gingen die »beiden Kleinen«, die nun gar nicht mehr so klein waren, zu Bett. Es war ein Wochenende. Die Eltern waren zu einer Gesellschaft gegangen und hatten sich längst von den Kindern verabschiedet.
Katharina lag schon und las in ihrem auf dem Kopfkissen aufgeschlagenen Buch, als Eva einen kleinen Schrei ausstieß.
»Katharina – ich bin verletzt! Deshalb hab' ich dauernd solche Bauchschmerzen gehabt. Hier ist alles voll Blut!«
Sie hielt der kleinen Schwester ihr Höschen hin.
Beide Kinder betrachteten angstvoll dies sichtbare Zeichen eines unverständlichen Unheils.
Als Hilde ins Zimmer kam, wurde sie in das Entsetzliche eingeweiht. Die trug die Novität in die Küche zu Lotte, und beide Mädchen berieten sich schließlich mit Emmy. Diese, resolut wie immer, rief Eva aus dem Kinderzimmer in das angrenzende Schlafzimmer der Eltern, reichte ihr aus Mutters Wäscheschrank alles, was Eva von nun an alle vier Wochen brauchen würde, und erklärte, dies sei ein natürlicher Vorgang. Jeden Monat einmal würde jetzt ihr Körper ungesundes und unreines Blut abstoßen. Das sei eine Sache, die geheim bleiben müsse. Sie solle vor allem mit Katharina nicht darüber sprechen.
Nicht gerade begeistert von dieser Neuerung in ihrem Leben kroch Eva zurück in ihr Bett und erzählte Katharina im Flüsterton wortgetreu alles, was sie während ihrer Abwesenheit aus dem Kinderzimmer erlebt hatte.
Am nächsten Morgen war Sonntag. Es durfte ausgeschlafen werden. Als Eva ihrer Mutter auf dem Weg zum Frühstückstisch im Korridor begegnete, strich diese ihr flüchtig-liebevoll über den Kopf: »Na, Du kleine erblühte Jungfrau!«
Eva errötete heftig. Diese nur angedeutete Geste, mit der die Mutter zeigte, daß sie bereits informiert war, machte sie ver-

legen und wütend zugleich. Was hatte das mit »Erblühen« und »Jungfrau« zu tun? Warum sagte ihr das niemand? Sie fühlte sich krank und elend und fand sich selbst abscheulich mit all dem »unreinen Blut«, das da aus ihrem Körper ausgestoßen wurde.

Es war das erste Mal, daß sich Eva, die sonst so gern kuschelte und schmuste, von Hanna alleingelassen empfand. Eine unausgesprochene Peinlichkeit drängte sich zwischen Mutter und Tochter, die die bisherige Vertrautheit überschattete.

Für Hanna war diese Angelegenheit fürs erste erledigt. Man sollte Kindern nicht mehr erzählen, als sie unbedingt wissen wollten. Sie würden noch früh genug mit ihren unangenehmen Fragen kommen. Aber darin irrte Hanna.

Eva, Annemarie und Inge, das seit einiger Zeit unzertrennliche Mädchentrio, schlenderte in der JM-Uniform über die Reichenberger Brücke. Die Drei hatten »Dienst« auf dem Friedrichsplatz. Sie waren gut in der Zeit und konnten ein bißchen trödeln.

Das brisante Thema, über das sie diskutierten, vertrug auch keine Eile.

Daß ein Baby im Bauch der Mutter heranwächst, wußten sie. Das war auch hin und wieder nicht zu übersehen. Aber wie kam es da heraus?

»Ich hab' mir von Emmy ein Buch stiebitzt«, verriet Eva. »›Mädel von heute – Mütter von morgen.‹ Aber so ganz genau steht es da auch nicht drin. Es wird bloß so drumrum geredet, als ob man schon alles wissen müßte.«

»Aber ich weiß es jetzt wirklich«, erklärte Annemarie gewichtig. »Meine Schwägerin kriegt in drei Wochen ein Baby. Das ist so: Der Bauch wird immer dicker und dicker, und dann platzt die Bauchhaut auf einmal auf, hier auf der linken Seite. Da entsteht ein Loch, und da wird das Baby dann vom Arzt rausgeholt.«

»Blutet das nicht doll?« fragte Inge und verzog das Gesicht.

»Natürlich blutet das. Deshalb braucht man dabei immer so viel Wasser und eine Menge Tücher.«

»Und wie geht der Bauch wieder zu?«
Annemarie war für die beiden Freundinnen im Moment die Kompetenz in Person.
»Na, wenn das Baby raus ist, ist der Bauch ja wieder leer und fällt zusammen. Das Loch wird, glaube ich, zugenäht und verwächst sich zu einer Narbe.«
»Stell' dir mal vor, wie viele Narben so eine kinderreiche Mutter dann auf dem Bauch hat.«
Die drei Mädchen standen am Brückengeländer und sahen nachdenklich auf das rasch strömende Neißewasser hinunter. Sie waren alle drei zehn Jahre alt.
»Möchtest du unter diesen Umständen viele Kinder haben?« fragte Inge zweifelnd.
Annemarie zuckte die Schultern.
»Ich weiß nicht – ich glaube schon. Es ist ja dann auch wie'ne Belohnung, wenn man das Kind dafür hat.«
»Na weißte – ob das immer so'ne Belohnung ist!«
Inge hatte zwei lebhafte Brüder, die ihrer Mutter oft das Leben schwermachten.
Eva schlug abschließend mit der flachen Hand aufs Brückengeländer und wandte sich zum Weitergehen.
»Ich krieg' vier Kinder, zwei Jungen und zwei Mädchen.«

Einige Jahre darauf hatte Eva-Maria die entscheidende Unterredung mit dem Hausmädchen Hilde.
Es war mitten im Krieg. Hilde war sechzehnjährig aus Hennersdorf ins Haus gekommen als Nachfolgerin der anderen Hilde, die geheiratet hatte. Lotte war vom Staat »einberufen« worden als Arbeiterin in einer Munitionsfabrik. Mehr als eine Hausgehilfin zu haben galt als unzulässiger Luxus. So machte die robuste, kleine Hilde die anfallende Hausarbeit allein, zumal ja auch ein Kindermädchen nun wirklich nicht mehr vonnöten war.
Sie war inzwischen achtzehn, fleißig, fröhlich und bescheiden. Und sie hatte einen Freund. Der war Soldat und hieß Siegfried.

Eva war wieder einmal früher als vorgesehen aus der Schule gekommen. Die letzten beiden Stunden Zeichenunterricht bei Herrn Horn waren wegen Erkrankung des Lehrers ausgefallen, und einen Ersatz gab es wegen der Lehrerknappheit nicht.
Evas erster Gang führte wie üblich in die Küche. Sie warf ihre Mappe auf einen Stuhl, die Jacke darüber, und fragte das Mädchen: »Kann ich dir was helfen?«
»Du koanst Kartoffeln schälen«, erwiderte Hilde in ihrem besten, bei Brandts erlernten Hochdeutsch, und legte erfreut das Messer neben die Schüssel. »Aba ni zu dicke, mir missen spoarn.«
Eva nickte und begann mit der Arbeit. Hilde schnitt eine Zwiebel in Würfel und erzählte glückstrahlend, daß sie einen Feldpostbrief bekommen hätte: Der Siegfried käme auf Urlaub. Dabei rannen ihr die Tränen übers Gesicht, und sie schniefte. Eva lachte. »Das ist ja wohl kein Grund zum Heulen, was, Hildchen?«
Und dann fragte sie neugierig: »Hat er dich schon mal geküßt?«
»Der Siegfried? Nu kloar. Und no mehr oals doas.«
»Noch mehr? Was meinste denn damit? Was hat er denn sonst noch gemacht?«
Sie ließ Messer und Kartoffel sinken und sah das Mädchen gespannt an. »Des weeßte wirklich ni?« Hilde blickte auf die stramme Vierzehnjährige und entschied in ihrem alles andere als dummen, realistisch denkenden Bauernköpfchen, daß es Zeit sei, sie über gewisse lebenswichtige Dinge aufzuklären. Es war schon öfter geschehen, daß Eva spät und im Dunkeln allein vom »Dienst« nach Hause gekommen war. Mehr als einmal hatte sie dabei ein Landser auf Urlaub, der durch die Stadt flanierte, angesprochen, und die Görlitzer Straßen waren während des Krieges am Abend nicht sehr belebt. Es war gut, wenn Eva wußte, was Männer im Sinn hatten, wenn sie eine Frau in der Dunkelheit ansprachen. Es könnte sonst zu unangenehmen Überraschungen kommen.
Hildchen schob also die geschnittene Zwiebel vom Brett in die Pfanne, wartete das Aufzischen des heißen Fettes ab und be-

gann, während sie mit dem Holzlöffel die glasigen Würfel hin- und herschob, monoton und naturgetreu zu erzählen, was Mann und Frau miteinander tun, wenn sie sich lieben. Und da der Bericht nach ihrem bäuerlichen Verständnis noch nicht plastisch genug war, holte sie auch noch die Kuh von der Weide und den Bullen aus dem Stall, stellte zur Vervollständigung noch Bock und Ziege daneben und endete mit der drastischen Schilderung, wie der Hahn die Henne besteigt.

Eva war längst auf den Stuhl gerutscht, auf dem ihre Mappe lag. Sie saß dort unbeweglich und hörte zu, mit ungläubig aufgerissenen Augen.

»Und das hat der Siegfried mit dir gemacht?« flüsterte sie fassungslos. »Und das hast du dir gefallen lassen?«

Hilde lächelte verschmitzt.

»Nu ja, 's woar ja ooch scheen. Und den Siegfried, den hoab' ich no a wenig liaba seitdem. Und desdawegen frei ich mich so, wenn a kimmt.«

»Ihr seid doch aber gar nicht verheiratet!«

»Nu, de Zeiten sind ooch ni normoal. Mir wern schon noch heiraten, später moal.«

Eva schüttelte den Kopf, wie um etwas abzuwehren.

»Und so was machen alle – alle Erwachsenen?« Nach einer winzigen Pause quälte es sich über ihre Lippen: »Vati und Mutti auch?«

Hilde lachte unbekümmert.

»Was meenste wohl, woher de Kinner kommen? Wenn se's ni gemacht hätten, de Eltern, dann wert ihr Vier ja goar ni da.«

Etwas war in diesen Minuten in Eva in Scherben gegangen. Der Respekt und die Achtung, die sie den Eltern entgegengebracht hatte, waren ins Wanken geraten. Für ihre eigene Zukunft tat sich etwas vor ihr auf, vor dem sie Angst und Widerwillen hatte. Sie sollte noch Jahre brauchen, um damit fertigzuwerden.

Eva stand auf. Sie ließ die noch ungeschälten Kartoffeln liegen, ergriff ihre Mappe und die Jacke und ging langsam aus der Küche. Traurig schleifte ein Jackenärmel auf dem Boden hinter ihr her.

Es gab zwei Dinge, die sich die Brandt-Kinder wegen ihrer Besonderheit immer wieder brennend wünschten: Eisenbahnfahren und »zahmes« Fleisch essen.
Das erste ergab sich daraus, daß längere und kürzere Reisen stets im Auto unternommen wurden. Eva und Katharina waren selig, als sie zur Hochzeit von Hilde, dem Kindermädchen, mit der Kreisbahn aufs Land fahren durften. Der kleine Bahnhof lag an der Rauschwalder Straße. Sie fuhren in Lottes Begleitung mit der Straßenbahn Linie 1 dorthin und stiegen um in das Bähnle, das sie nach Nieder-Königshain brachte. Von dort hatten sie noch ein ganzes Stück über Sandwege zu laufen, bis sie das winzige Dorf Liebstein erreichten. In einem der kleinsten Häuser wurde die Hochzeit gefeiert. Zur Trauung gingen alle Gäste zu Fuß in das Nachbardorf, das etwas größer war und darum auch eine Kirche hatte. Nur das Brautpaar und die beiden kleinen Mädchen »von der Herrschaft« fuhren in einer feierlichen schwarzen Kutsche, die von zwei schwerfälligen Gäulen gezogen wurde. Die Kinder staunten später, wie viele Menschen an dem langen Holztisch in der Kate untergebracht wurden und wie vergnügt und zunehmend lauter sie wurden.

Als es anfing zu dämmern, zog Lotte den beiden pflichtbewußt die Jacken an und konnte sie nur damit von dem Ort des interessanten Geschehens weglocken, daß sie ihnen die bevorstehende Heimfahrt mit der Bahn in Aussicht stellte.
Die Vorliebe für Eisenbahnfahrten sollte Eva ein Leben lang erhalten bleiben.
Das zweite allerdings, die Bevorzugung »zahmen« Fleisches vor »wildem«, änderte sich später.
Zunächst aber bekamen die Kinder, wann immer es Fleisch gab, vornehmlich Wild aus Vaters Jagdrevier zu essen. Es gab Hasenrücken, Hasenläufe, Rehgulasch aus der Dünnung, Rehleber mit viel Zwiebeln, sonntags Rehkeule oder Fasan, und

wenn es besonders festlich wurde, kam ein Rehrücken mit Preiselbeeren auf den Tisch.
Abwechslung gab es durch einige Fischmahlzeiten und hin und wieder ein Suppenhuhn vom eigenen Hof. Aber ein Kasseler oder eine Rindsroulade blieben Seltenheit.
Abgesehen von dieser lukullischen Nichtachtung der väterlichen Jagderfolge war jedes der vier Brandt-Kinder glücklich und fühlte sich ausgezeichnet, wenn es mit in den Wald durfte. Herbert nahm nie mehr als eines seiner Kinder mit. Ihm war sonst die Stille, die der Waidmann auf der Pirsch braucht, nicht gewährleistet.
Martin wurde schon hin und wieder mit »auf Anstand« genommen. Er saß dann mucksmäuschenstill neben dem Vater auf dem schmalen Bretterbänkchen im Hochstand am Rande des Waldes, beobachtete mit angehaltenem Atem die dämmrige Wiese, auf die, wie erwartet, nach einiger Zeit der Bock trat. Der Jäger kannte die Zeiten und Gewohnheiten seines Wildes, deren immer wiederkehrende Gleichmäßigkeit diesem zum Verhängnis wurde. Erkannt wurde das Tier an der Form und Endenzahl seines Gehörns, das bei jedem Bock anders war. Danach wurde es auch bezeichnet, wenn es zum Schuß freigegeben wurde. Kranke und schwache Tiere, oft an ihrem schlechten Gehörn und Körperbau erkennbar, kamen eher zum Abschuß als stattliche Sechsender. Ricken, die im Frühjahr mit ihren Kitzen über die abendlichen Lichtungen zogen, hatten generell Schonzeit.
Dies alles lernte Martin ebenso wie die spezifische Jägersprache, deren Ausdrücke ihm bald geläufiger waren als seine lateinischen Vokabeln. Auch die Mädchen sagten bald »Spiegel« statt Schwanz und »Lauscher« statt Ohr. Sie wußten, daß das Reh kein Fell, sondern eine »Decke« hat und daß es vor dem Absprung nicht stehenblieb, sondern »verhoffte«. Die Treibjagden im Herbst machten Emmy und Martin mit und zogen mit der Dorfjugend laut rufend und händeklatschend über die Felder und durch das Unterholz, um das Niederwild, Hasen und Rebhühner, aufzuscheuchen.

Eva und Katharina gingen am liebsten im Winter mit dem Vater zur Wildfütterung. Der Wagen wurde dann am Rande des Waldes abgestellt, Herbert zog einen Rucksack voller Kastanien heraus, die die Kinder gesammelt hatten, dazu noch einen Sack Heu, der so leicht war, daß Eva ihn tragen konnte, obwohl er halb so groß war wie sie, und dann liefen sie über den knirschenden Schnee in den Wald hinein. Evas Atem stand wie eine kleine Säule über dem um den Hals geschlungenen Schal. Die Hände in den Strickfäusteln wurden kalt. Aber das Mädchen war selig, allein mit dem Vater in dieser winterlichen Waldeinsamkeit zu sein und dabei den armen Tieren auch noch etwas Gutes zu tun. Manchmal sahen sie beim Herankommen das Wild an der Krippe stehen, die sich dunkel von dem verschneiten Boden abhob. Dann streckte der Vater leise den Arm aus und bedeutete Eva auf diese Weise, nicht weiterzugehen. Beide blieben solange stehen und betrachteten das friedliche Bild, bis eines der Tiere Witterung bekam und verhoffend den Kopf hob. Diese kleine Bewegung genügte, das ganze scheue Rudel in Sekundenschnelle abspringen zu lassen. Erst dann füllten Vater und Tochter die Futterkrippe auf und gingen schweigend zum Auto zurück. Diese introvertierte Schweigsamkeit, die Herbert Brandt eigentümlich war, entsprach so gar nicht Evas Temperament. Sie fühlte sich dabei bedrückt und unbehaglich und hätte viel lieber mit dem Vater über ihre Eindrücke und Gedanken gesprochen. Aber sie traute sich nicht. Sie half, den Sack und den Rucksack fein ordentlich zusammenzulegen und kroch dann auf den Beifahrersitz des alten blauen Adler, Jahrgang 1928. In der Stadt durfte sie wieder den Winker bedienen, und zu Hause erzählte sie ausführlich von ihren Walderlebnissen. Daß die Hälfte davon ihrer Phantasie entsprang und daß die Anzahl und Größe der beobachteten Tiere gewaltig zunahm – wen störte das. Ihre Zuhörer waren Hilde, Lotte und Katharina, und die waren ein dankbares und unkritisches Publikum.

Daß Weihnachten 1938 die letzte Friedensweihnacht war, ahnte niemand in der Moltkestraße. Es war aufregend und festlich wie immer. Am ersten Feiertag kamen die Omi und die »Tanten«. Silvester durften die »Mädchen« mit ihren Freunden mit an der großen Tafel sitzen. Der Christbaum wurde wie eh und je geplündert und die vielen Schokoladenkringel zusammen mit Nüssen und Quittenbrot bei der Kartenlotterie ausgesetzt und verspielt. Als die Glocken das Neue Jahr einläuteten, durften nur noch die »beiden Großen« bei den Eltern im Weihnachtszimmer sein.

Herbert öffnete die Fenster und ließ die kalte Luft mit den Glockenklängen herein. Am Weihnachtsbaum verglühte das letzte Kerzenlicht, und die Grammophonnadel fuhr über die Schellackplatte mit Haydns Kaiserquartett. Friedlicher konnte nichts auf der Welt sein.

Es war der erste Tag des Kriegsjahres 1939.

Im Frühjahr wurde Eva-Maria im Lyzeum der Stadt Görlitz, der Luisenschule, angemeldet. Sie freute sich unbändig auf den Schulwechsel. Zum einen würde sie nun mit Emmy auf dieselbe Schule gehen. Das übte einen eigenartigen Reiz auf sie aus. Zum anderen verkürzte sich ihr Schulweg von einer Viertelstunde auf knapp fünf Minuten. Hanna meinte, man müßte buchstäblich die Glocke zum Schulbeginn hören, so kurz war die Entfernung über die Gartenstraße bis zum Wilhelmsplatz. Und drittens wurden auch Annemarie und Anneliese im Lyzeum angemeldet. Die Umschulung bedeutete also keine Trennung von den Freundinnen.

Die Volksschuljahre gehörten auf die Schattenseite von Evas bisherigem Leben. Beide Schulgebäude, das in der Schulstraße und das am Elisabethplatz, waren dunkel und schmutzig und nicht geeignet, das Wohlbehagen eines kleinen Mädchens hervorzurufen, das in behaglich-bürgerlicher Umgebung aufwuchs. Eva war unbefangen und vorurteilslos in die Schule gegangen. Sie war niemals vom Elternhaus in ihrer Abneigung unterstützt worden, die sich nach den ersten Monaten einstellte. Sobald sie sich dessen bewußt wurde, wagte sie auch nicht mehr, Klage zu führen gegen die Unannehmlichkeiten, denen sie allmorgendlich widerwillig entgegenging.

Sie hatte ein gutes Verhältnis zu ihrer Klassenlehrerin, die den Deutsch- und Geschichtsunterricht gab. In beiden Fächern glänzte Eva. Aber sie haßte ihre Handarbeitslehrerin, das dickliche Fräulein Biene, das ihr schlechte Noten gab, nicht etwa, weil Evas recht geschickte Finger die Arbeiten nicht zur Zufriedenheit erledigten, sondern weil das kleine Mädchen fortwährend schwatzte. Eva meinte, bei Handarbeiten sei auch ein geistiger Austausch erlaubt, dazu bedürfe es nicht der Stille und des In-sich-gekehrt-Seins. Das widersprach der Auffassung der Lehrerin, die kurzerhand die Gesamtnote heruntersetzte. Damit prangte auf Evas Zeugnis im Herbst eine Vier, die sie dem strengen Vater nur schwer erklären konnte.

Die zweite Vier bekam sie im Singen. Ihre Musikalität hätte zwar leicht einer Drei, wenn nicht gar Zwei genügt. Aber Eva sang nicht nur, sie schwatzte und kicherte auch, nahm den ganzen Singsang nicht ernst und wurde zur Strafe vor die Klassentür geschickt. Als sie dort einsam, aber vernehmlich weiterkicherte, holte sie der Lehrer wieder in die Klasse, versetzte ihr eine schallende Ohrfeige und schrieb in sein Notizbuch die schmähliche Note, die wieder nur das Betragen, nicht aber die Leistung bewertete.

Mit diesen beiden Schandflecken auf dem Zeugnis wurde Eva im Lyzeum angemeldet. Kurz vor den Osterferien versammelten sich alle künftigen Sextanerinnen in der großen Aula der Luisenschule, bekamen ein paar einführende und mahnende Worte des Direktors zu hören und wurden dann auf verschiedene Klassen verteilt. Dort mußten sie sich einer schriftlichen und mündlichen Prüfung unterziehen, die Eva spielend bestand.

Als sichtbares Kennzeichen ihrer jungen Würde trugen die Gymnasiasten dunkelblaue Mützen mit einem schwarzen Schirm, um die sich ein zweifarbiges Band schlang. Diese beiden Farben verrieten, welche Klasse der Mützenträger besuchte.

Bei Martin war Hanna stets vorsichtig und kaufte erst dann das neue Band, wenn seine Versetzung erfolgt war.
Die Lyzeumsschülerinnen bekamen auf ihre dunkelblauen Samtkappen, die Baskenmützen ähnelten, ihre Klassenfarben in einem Winkel aufgenäht. Nichts war für Eva-Maria nun aufregender, als diese Samtmütze mit dem Winkel der Sextanerfarben zu besitzen. Sie bekam sie im April als »Osterei« und trug sie stolz schon in den Ferien, bevor überhaupt der Unterricht in der neuen Schule begonnen hatte.
Wenn sie nun aber gehofft hatte, mit der großen Schwester gemeinsam den Schulweg zurücklegen zu können, so hatte sie sich ebenso geirrt wie bei ihren vorangegangenen Spekulationen mit Martins Begleitung. Zwar trödelte Eva mit dem Frühstück solange, bis die Mutter sie energisch auf den Weg schickte. Emmy aber brachte es immer fertig, noch fünf Minuten später loszuziehen. Sie witschte meist nach dem dritten Klingeln und kurz vor dem Lehrer in die Klasse, manchmal sogar erst mit ihm zusammen, was ihr höchstens ein mißbilligendes »Natürlich, wer den weitesten Weg hat . . .« einbrachte. Eva jedoch, die einmal wirklich zu lange auf Emmy gewartet hatte, bekam einen Verweis und eine Strafarbeit.

Die Sommerreise 1939, die wieder nach Danzig gehen sollte, schien in Frage gestellt, weil die Devisen plötzlich gesperrt wurden. Herbert Brandt ließ alle Geschäfts- und Bankbeziehungen spielen, die er in reichem Maße hatte. Zuletzt gelang es ihm tatsächlich, die benötigte Menge Danziger Gulden zu bekommen. Vor den Kindern wurde dieser Erfolg geheimgehalten. Sie hatten sich auf ihr geliebtes Danzig gefreut und waren enttäuscht, daß die Reise nun irgendwoanders hin gehen sollte.
Die Fahrt mit dem Auto ging geradewegs hinauf nach Pommern. Die Kinder tippten auf Henkenhagen oder Dievenow. In Stettin, der lebendigen, großzügig angelegten Stadt unter einem hellen Sommerhimmel, lenkte Herbert den Wagen in das unterhalb der Hakenterrasse gelegene Hafenviertel. Er ließ die staunenden Kinder aussteigen und zeigte ihnen die am Kai lie-

genden Fracht- und Passagierdampfer. Es roch nach See und Wind und Weite. Zum ersten Mal empfanden die Kinder so etwas wie Fernweh. Es war ein ganz neues Gefühl, das sie noch nie gespürt hatten. Bisher waren sie immer mit dem, was ihnen Deutschland und Heimat war, fraglos zufrieden gewesen.
Katharina streckte ihren mageren Arm in die Höhe und hakte Hanna ein.
»Mutti, wenn ich groß bin, möchte ich mal mit so einem richtigen Dampfer fahren.«
Hanna lächelte vielsagend.
»Vielleicht brauchts du gar nicht solange zu warten.«
Martin kniff Emmy aufgeregt in den Arm. »Du, da fährt jemand mit unsrem Auto weg.«
»Au!« schrie Emmy wütend. »Blöder Bengel, siehst du nicht, daß der Vati es steuert?«
Sie sahen zu, wie der Wagen auf einen großen Parkplatz gelenkt wurde, auf dem Auto an Auto stand. Der Vater stieg aus, übergab einem Aufseher seine Wagenschlüssel und erhielt offenbar eine Art Quittung dafür. Dann strebte er mit raschen Schritten auf die im Hafen vertäute »Tannenberg«, einen riesigen weißen Passagierdampfer, zu.
»Na los, Kinderlein, kommt«, rief Hanna munter. »Sonst fährt der Vati ohne uns nach Danzig.«
Der erste, der sich der neuen Situation problemlos anpaßte, war Martin.
»Ich hab's ja gleich gewußt. Mit Dievenow – das war nur Flunker. Vati und Mutti waren die ganze Zeit so komisch, so geheimnisvoll.«
Emmy war den Tränen nahe. Sie konnte es kaum fassen, nun doch in ihr geliebtes Danzig zu kommen.
Am Fuße der Gangway stand Herbert Brandt mit einem Bündel länglicher Fahrkarten in der Hand und erwartete seine Familie mit dem gewohnten Lächeln in den Augenwinkeln, das seine Befriedigung über die gelungene Überraschung zeigte.
Oben an Deck der »Tannenberg« war ein unglaubliches Gewusel. Es schien, als seien mehr Plätze verkauft worden, als das

Schiff zu bieten hatte. Kabinen gab es offenkundig nur für Auserwählte. Alle übrigen mußten sich mit Liegestühlen auf den Deckplanken begnügen. Da die Fahrt über Nacht ging, waren diese Klappliegen gewissermaßen ein Bettenersatz, ein schlechter, wie Hanna und Herbert feststellten. Auch die Kinder fanden nur mühsam ein paar Stunden Schlaf. Das harte, durchhängende Tuch der Stühle mit den unbequemen Holzarmlehnen bot keine behagliche Lagerstatt. Dazu wurde ringsum gezischelt und geflüstert, Kleinkinder weinten und Mütter beruhigten sie halblaut.
Eva sah zum ersten Mal einen Sonnenaufgang, und noch dazu über dem Meer. Sie stand in ihrem Regenmantel fröstelnd an der Reling und merkte gar nicht, daß sie zitterte.
Über dem grauen, fast glatten Meer hob sich die Sonne, versilberte es erst und vergoldete es dann, und als es ganz hell war, wärmten die langen Strahlen schon. Überall war Meer und Himmel und Licht. Eva fühlte sich sehr erwachsen in ihrem Alleinsein mit dieser Unendlichkeit. Es war jetzt ganz still. Um sie herum schliefen die fremden Menschen in ihren unbequemen Liegestühlen. Plötzlich spürte sie eine Hand auf ihrem Haar und hörte die Stimme des Vaters:
»Das ist schön, Eva, nicht wahr?«
Das Kind sah zu ihm auf. Es fühlte sich mit einem Mal ganz eins mit diesem Manne, den es abgöttisch liebte. Diese Liebe aber unbefangen zu zeigen hinderte sie der Respekt, der die Generationen ihrer Zeit trennte.
Das Anlegen an den Zoppoter Steg wurde von allen inzwischen erwachten Passagieren mit gespannter Aufmerksamkeit verfolgt. Die »Tannenberg« entließ ihre Last ans Ufer und schien im Verlaufe dieses Geschehens höher und höher aus dem Wasser zu steigen. Riesig und weiß leuchtend lag sie am Kai. Die Kinder schieden nur schwer von dem überwältigenden Anblick. Als sie aber die See im Rücken und den Strand vor sich hatten, marschierten sie glücklich in ihre Sommerferien hinein.
Herbert hatte wieder ein Häuschen in Glettkau gemietet. Die Tage waren wie gewohnt voller Sonnenschein. Es regnete

meist nachts. Dann war am Morgen der Strand kühl und frisch. Die sorgfältig aufgeschaufelten und festgeklopften Burgen sahen gesprenkelt aus wie Rauhputz. Aus dem feuchten Sand ließen sich fabelhaft Tiere, Figuren und phantasievolle Bauwerke bilden. Ganze Strandabschnitte muteten wie Ateliers vielbeschäftigter Künstler an. Geschickte Väter klopften, formten und spachtelten mit kleinen Kinderschippen, während helfende Söhne jeden Alters mit Eimern und Gießkannen Wasser herbeischleppten.

In der dritten Ferienwoche wurde dieser Friede von drohenden Wolken überschattet, die laut und leise geraunte Gerüchte mit beängstigender Geschwindigkeit an die Sommeridylle herantrieben. In der zweiten Augusthälfte kamen Meldungen, die »Tannenberg« sei auf offener See von polnischen Schnellbooten beschossen und manövrierunfähig gemacht worden.

Herbert bemühte sich unverzüglich um eine neue Möglichkeit der Rückreise. Eine gehetzte Aufbruchstimmung lag über Danzig und seinen Seebadeorten. Überall wurde gepackt, von Verwandten und Freunden Abschied genommen. Die Ungewißheit einer kriegsbedrohten Zukunft lag lastend auf den Menschen und verdunkelte den eben noch heiteren Sommerhimmel. Nachrichten über polnische Greueltaten an Volksdeutschen im Warthegau und in Kongreßpolen sickerten durch. Die Sommerfrischler wollten heim. Sie fühlten sich so nahe den polnischen Grenzen bedroht. Die meisten von ihnen wußten von dem seit Jahrzehnten aufgestauten Haß in den Grenzgebieten. Unter den deutschen Reisenden wurde Empörung laut über die jüngsten Gewalttaten der Polen.

Sie vereinten die Gemüter in dem Sinne, mit dem Hitler gerechnet hatte.

Der Ansturm auf die wenigen Schiffe, die den Zoppoter Seesteg anliefen, war beängstigend. Jeder fürchtete, zurückbleiben zu müssen. Brandts bekamen Schiffskarten für den »Kaiser«, der nur halb so groß war wie die »Tannenberg« und bis zur vertretbaren Möglichkeit vollgeladen wurde. Als das Schiff vom Kai ablegte, standen die Erwachsenen mit sorgenvollen Mie-

nen an der Reling und blickten dem Zoppoter Strand lange nach.
Die Kinder waren aufgeregt und sensationshungrig.
Statt in den großen Stettiner Hafen lief der »Kaiser« im Morgengrauen des nächsten Tages in Swinemünde ein. Eva und Martin standen dem Vater zur Seite und sahen mit großen Augen auf die langen, schmalen, häßlich-grauen Schiffe, die dicht an dicht den kleinen Hafen so ausfüllten, daß es schien, für das weiße Passagierschiff gäbe es keine Anlegemöglichkeit.
»Vati, guck mal!«
Herbert Brandts Blick war voller Sorge.
»Das sind Unterseeboote, mein Junge. Die können unter Wasser fahren und so den Feind ungesehen angreifen.«
»Welchen Feind denn?«
»Das werden wir sicher bald erfahren.«
»Und wo kommen die Boote auf einmal her?«
»Das weiß ich auch nicht genau. Wahrscheinlich aus Kiel.«
Mit der Bahn ging es weiter nach Stettin, um das Auto abzuholen. Die Rückfahrt über Küstrin und Guben war bedrückt durch die Schweigsamkeit der Eltern. Allmählich aber fanden die Kinder in ihre fröhliche Unbefangenheit zurück, als sie bei Sonnenschein durch die friedlichen kleinen Orte mit ihrem Kopfsteinpflaster fuhren.

Eva-Marias Geburtstag fiel auf einen Montag. Sie war damit ganz zufrieden. So konnte sie doch auch in der Schule gefeiert werden. Beschwingt machte sie sich auf den kurzen Schulweg, als könnte ihr jeder ansehen, daß sie Geburtstag hatte. Sie war jetzt elf Jahre alt, auf der Schwelle zwischen Kind und Backfisch.
Am Nachmittag gab es den obligaten Kinderkaffee mit einem Dutzend fröhlich schwatzender Mädchen, und die kleine Leseratte bekam eine Unmenge Goldköpfchen-, Pucki- und Nesthäkchenbücher. Vier Tage später kam Hanna in aller Frühe ins Kinderzimmer, in dem sich die »beiden Kleinen« noch in ihren Betten räkelten, und verkündete mit ernstem Gesicht:

»Die Schule fällt heute aus, Kinderlein – es ist Krieg.«
Beide fuhren in den Betten hoch und starrten auf die Mutter. Es war ihnen anzusehen, daß sie das Ausmaß dieser Hiobsbotschaft gar nicht erfaßten! Über Evas Lippen kam ein halblautes »Juhu!«.
»Das ist kein Grund zur Freude, Evchen. Krieg ist etwas sehr Schlimmes.«
Über Evas Gesicht zog eine rasche Röte.
»Ich meinte doch nur, weil die Schule ausfällt«, entschuldigte sie sich.
Beim Anziehen trödeln zu können hatte etwas Ferienhaftes an sich. Im Eßzimmer lief während des Frühstücks das Radio. Es lief den ganzen Vormittag und auch noch beim Mittagessen. Eine Sondermeldung jagte die andere, jede wurde mit der neuen, eindrucksvollen Fanfare eingeleitet, deren herausfordernde Klangfülle buchstäblich unter die Haut ging.
Mittags kam Herbert nach Hause und fing an zu packen. Er hatte einen Gestellungsbefehl bekommen und mußte als Hauptmann der Reserve umziehen in die großen Kasernen in Moys südöstlich der Stadt, jenseits der Neißebrücken. Die geschäftlichen Belange hatte er seinen beiden getreuen Prokuristen übertragen. Der Abschied von der Familie fiel nicht allzu schwer. Er konnte es immer wieder einmal einrichten, in der Moltkestraße »vorbeizuschauen«. Trotzdem war Hanna bedrückt und fühlte sich, wie Millionen deutscher Frauen in diesen Wochen, mit den Kindern alleingelassen. Sie, die nie eine Verantwortung hatte tragen und nie eine Entscheidung hatte fällen müssen, litt mehr als andere darunter.
Die Kinder fanden es fabelhaft, den Vater in der Uniform mit den zwei Sternen auf den silbernen Schulterklappen zu sehen. Emmy trug aus Solidarität ein paar Tage auch nur noch ihre Uniform. Sie wechselte nur die weißen Blusen. Die drei jüngeren Geschwister blieben »in Zivil« und nahmen neugierig, aber passiv an den sich überstürzenden Ereignissen Anteil.
Am Nachmittag des 1. September zog das 30. Infanterieregiment, das in Görlitz stationiert war, in langen Zügen durch die

Straßen der Stadt in Richtung Bahnhof. Dort wurde es in Züge verladen, die über den Viadukt nach Osten fuhren. Frauen, Kinder und ältere Männer säumten die Straßen in dichtem Spalier. Sie steckten den Vorbeimarschierenden Blumen, Obst und Zigaretten zu.

Der Jubel war gedämpft. Er glich nicht dem, der den Ersten Weltkrieg eingeleitet hatte. Viele schienen die Unsinnigkeit des Krieges zu empfinden. Krieg störte und zerstörte. Es war ihnen allen doch so gut gegangen in den letzten Jahren. Warum also dieser plötzliche Abbruch der herrlichen Friedenszeiten?

Manche Frau stand mit geröteten Augen am Bürgersteig, das Taschentuch vor die zuckenden Lippen gepreßt. Die Erinnerungen an den letzten Krieg waren noch zu frisch, wachgehalten von den Erzählungen der Eltern und Großeltern.

Die Soldaten selbst zogen mit lachenden Gesichtern vorbei. Die meisten von ihnen waren in der Hitlerjugend »vorgestählt« worden. Daß der Sturm jenseits von Deutschlands Grenzen notwendig geworden war, hatte ein jahrelanger geistiger Drill in ihnen zur Einsicht gebracht. Zwei wichtige Tugenden hatte Hitlers Wehrmacht von den Preußen übernommen: Gehorsam und Disziplin. Ohne diese beherrschenden Merkmale wäre der Krieg weder zu beginnen noch durchzuhalten gewesen.

Eva und Katharina stürmten in Hannas Wohnzimmer.

»Mutti, dürfen wir auch zu den Soldaten?«

Hanna blickte irritiert von ihrer Schreibarbeit auf.

»W a s wollt ihr?«

»Wir wollen mit, den Soldatenzug ansehen. Sie marschieren über die Blockhausstraße. Das ist doch ganz nah – bitte! Hilde und Lotte gehen auch mit.«

»So, tun sie das? Na, dann lauft. Aber bleibt den Mädchen an der Hand bei dem Gewühl.«

Weder die Kinder noch Hanna selbst wären auf die Idee gekommen, daß auch die Mutter zu diesem »Volksfest« mitgehen könnte.

»Wo ist denn Martin?«

»Der ist doch schon längst dort!«

»Und Emmy?«
»Emmy hat irgendwelchen Dienst.«
Als die Hausmädchen mit den »beiden Kleinen« auf der Straße standen, rief Eva eifrig:
»Einen Augenblick noch – wartet bitte!«
Sie hastete die Stufen zu dem Kellerladen im Nachbarhaus hinunter, in dem es vom Wurstaufschnitt über Vogelfutter bis zum Stopftwist ungefähr alles gab, schüttete den Inhalt ihres kleinen Portemonnaies auf den Ladentisch und forderte:
»Dafür möchte ich Zigaretten haben – so viel wie möglich.«
Frau Glogowski sah das Kind prüfend an.
»Willst du etwa schon rauchen?«
»Nicht ich«, haspelte Eva aufgeregt, »die Soldaten!«
»Ach so.« Die Frau schob die Groschen und Pfennige auseinander, zählte die Summe und gab Eva drei kleine Schächtelchen über den Ladentisch.
»Mehr nicht?« Eva war enttäuscht.
»Ich habe dir schon mehr gegeben, als du bezahlt hast. Aber wenn's für die Soldaten ist ...«
Jede der Schachteln enthielt sechs Zigaretten. Auf der einen stand »Schwarz-Weiß«, auf der anderen »R6« und auf der dritten »Juno«. Als Eva mit ihren Gaben zwischen den Menschen am Straßenrand stand, blickte sie prüfend in die Gesichter unter den Stahlhelmen, um zu entscheiden, zu wem »Schwarz-Weiß«, »R6« oder »Juno« passen würde. Als sie ihre Päckchen losgeworden war, verlor der Zug der Vaterlandsverteidiger für sie an Interesse und sie drängte, heimzugehen. Auch Katharina war müde geworden. Krieg war eine anstrengende Sache.

Kriegsjahre

Daß der Krieg nicht im eigenen Land ausgetragen wurde, bedeutete nicht, daß die Bevölkerung davon unberührt blieb. Krieg war nicht mehr, wie in früheren Zeiten, nur Män-

nersache. Die Frauen mußten sich auf eine begrenzte Lebensmittelversorgung umstellen. Sowohl Nahrungsmittel als auch Textilien und Schuhe waren rationiert. Es gab Punktkarten für Bekleidung, Bezugsscheine für Schuhe und Lebensmittelkarten verschiedener Kategorien, von 1 bis 4. 1 bekamen die Schwerarbeiter, 4 die Hausfrauen. Dazwischen gab es Aufteilungen für Angestellte, Beamte und Kinder. Deutsche Hausfrauen lernten umzudenken. Es gehörte einige Phantasie dazu, aus den Zuteilungen regelmäßige Mahlzeiten zu richten, Garderobe herzustellen oder gar kleine Feste zu gestalten. Auch die wurden noch irgendwie aus dem Boden gezaubert.
Deutlich niedergedrückt wurde die Stimmung erst, als die ersten schwarzgeränderten Anzeigen mit dem Eisernen Kreuz über den Namen in den »Görlitzer Nachrichten« erschienen. Das ging unter die Haut, besonders dann, wenn man die Namen kannte.
Die Kinder setzten sich freudig für das Vaterland ein. Oft standen sie an den Sonntagen in bitterer Kälte stundenlang mit den WHW-Büchsen am Straßenrand und klapperten auffordernd. »Eine kleine Spende bitte – für das Winterhilfswerk – eine kleine Spende bitte.«
Wie stolz waren sie, wenn die Büchse nicht mehr klapperte, weil sie schon zu voll war oder weil Geldscheine den hellen Klang der Münzen dämpften. Ob die vielen großen und kleinen Gaben nun wirklich den versprochenen sozialen Zweck erfüllten oder der Rüstung zuflossen wie so vieles andere auch, erfuhren die Spender nie. Aber sie gaben alle – fast alle – gern und fühlten sich getragen von dem erhebenden Gedanken, mit zu der großen Gemeinschaft zu gehören. Ein Volk – ein Reich – ein Führer!
An solchen Sonntagen, an denen die Büchsen auf den Straßen schepperten, gab es in den meisten Haushaltungen zu Mittag Eintopf. Das war von Staats wegen angeordnet und hieß schlicht »Eintopfsonntag.« Eintopf war nach nationalsozialistischem Verständnis ein unaufwendiges Billiggericht. Die Bürger waren angewiesen, manche dadurch ersparte Mark all-

gemeinnützigen Zwecken in Form von erneuten Spenden zuzuwenden. Wieviele Familien aber gab es, bei denen das Eintopfgericht täglich auf dem Tisch stand, sonntags wie alltags, mit und ohne Fleisch!

Mit großer Vehemenz zogen die Kinder und Jugendlichen an den Nachmittagen nach Erledigung der Schularbeiten mit Waschkörben und Handkarren von Haus zu Haus und sammelten alles, was wieder verwendbar war: Buntmetall, Alteisen, Lumpen, Altpapier. Die oft erstaunlichen Erträge wurden in den Schulen bei den Hausmeistern abgeliefert, die sie weiterleiteten.

Martin entwickelte dabei so viel Ausdauer und Findigkeit, daß er vor seinen Mitschülern öffentlich belobigt wurde. Eva zog meist mit Annemarie und Inge los. Sie bevorzugten die Häuser in der nächsten Umgebung, deren Besitzer sie oft kannten. Das war angenehm und häufig recht ertragreich. Die Mädchen zeigten ebensoviel Eifer und Ehrgeiz wie die Jungen. Das Dritte Reich konnte mit seiner Jugend zufrieden sein.

In einem aber hatten die Mädchen einen Vorsprung: In vorausempfindender mütterlicher Fürsorge nahmen sie sich der Soldaten im Felde an. Annemarie, Eva, Inge und Helga gründeten ein »Kränzchen«, wie sie es von ihren Müttern her kannten, das heißt, sie luden sich einmal wöchentlich reihum ein, immer war eine andere die Gastgeberin, tranken Blümchenkaffee, aßen Plunderstücken, wofür jede eine Kuchenmarke mitbringen mußte, und dann strickten sie Pulswärmer, schrieben Briefe und packten Feldpostpäckchen. Die Adressen hatten sie sich von der Feldpostleitstelle geben lassen. Mit einem kleinen, koketten Hintergedanken legten sie zu ihren Liebesgaben jede ein Foto von sich ein und erwarteten mit Spannung die ersten Dankesbriefe. Daraus entwickelten sich ausführliche Korrespondenzen, die oft über Jahre geführt wurden, über Kriegsjahre, nicht zu vergessen. Die Soldaten und die Mädchen kannten sich nur brieflich und anhand von kleinen, beigegrauen Fotos mit gezackten Rändern. Eva allerdings sollte »ihren« Soldaten tatsächlich zu Gesicht bekommen.

Er hieß Theo, hatte eine gestochen schöne Handschrift und schrieb so oft und ausführlich, daß Eva, inzwischen ein romantisch-verträumter Backfisch, in ihrer Phantasie einen Märchenprinzen aus ihm machte. Als er ihr in einem seiner Briefe das »Du« vorschlug, erglühte sie in verlegener Freude und sah sich im Geiste als Soldatenbraut. Katharina vertraute sie sich an – Emmy durfte beileibe nichts davon wissen.
Es war 1942. Der Rußlandfeldzug war seit einem Jahr in vollem Gange. Auch Herbert Brandt war inzwischen ins Feld gezogen. Hanna hatte es nicht leicht mit ihren vier heranwachsenden Gören in dieser schweren Zeit. Zum Glück war noch das Hildchen da, das, ohne die gebührende Distanz zu verletzen, ein Teil der Familie geworden war.
Es war im Spätsommer. Eva war gerade vierzehn geworden und damit in eine neue Lebensphase, das Backfischalter, eingestiegen. Sie war sozusagen auf der Schwelle zum Erwachsensein. Das barg allerlei Konflikte. Von Theo hatte sie zum Geburtstag einen Brief bekommen, daß er Anfang September Urlaub bekäme und auf der Fahrt zu seinen Angehörigen durch Görlitz kommen und dort einen Zug überschlagen würde. Das bedeutete eine ganze Stunde Zeit, die er mit Eva, seiner Kriegsfreundin, verbringen wolle.
Hanna war eingeweiht. Sie hatte im Herrenzimer einen zierlichen Kaffeetisch gedeckt, von Café Zwiebler Kuchen geholt und gemeint, es würde wohl ihrer Tochter recht sein, wenn sie als Mutter an diesem ersten Treffen dabei sein würde.
Eva wagte nicht, nein zu sagen. Im Stillen fand sie die mütterliche Fürsorge übertrieben. Sie sann nach, durch welche List sie Hanna für ein paar Minuten aus dem Zimmer locken könnte und bekam Katharinas Zusage, ihr dabei zu helfen.
Lange bevor der Zug eintraf stand das junge Mädchen vor dem Spiegel, zupfte, striegelte und bürstete an sich herum und zappelte vor Aufregung.
»Doof seh' ich aus, doof!« zischte sie wütend ihr Spiegelbild an. Katharina betrachtete sie eingehend.
»Du siehst sehr hübsch aus«, stellte sie fest. »Ich würde nur den

Gürtel nicht zu eng schnallen, das macht dick. Und außerdem kommt der Zug sowieso nicht pünktlich.«
Aber er war pünktlich. Schlag vier Uhr klingelte es an der unteren Glastür. Als Hilde aufmachen wollte, stürzte Eva aus dem Kinderzimmer und rief:
»Nicht, Hilde – das mach' ich!«
Sie trat mit dem Fuß auf den Türöffner, sperrte die Entréetür weit auf und lauschte gespannt auf die Schritte in den schweren, genagelten Soldatenstiefeln, die der dicke Treppenläufer gnädig dämpfte. Neugierig trat sie vor und lugte über die Biegung der Treppe, auf der jetzt ein graugrünes Krätzchen, die Uniformkappe der Soldaten, erschien. Ein paar Sekunden später stand er vor ihr. Eva starrte ihn an, fassungslos. Sie hatte die normale Größe einer Vierzehnjährigen. Theo war einen halben Kopf kleiner, dafür breit, untersetzt. Sein gutmütiges Gesicht verzog sich zu einem verlegenen Grinsen, das die kleinen Augen zu zwei wäßrig-blauen Schlitzen werden ließ. Er nahm das Käppi ab und hielt ihr seine derbe Hand hin.
»Du bist Eva, was?«
»Ja«, flüsterte Eva und wurde so rot, daß ihr die Tränen in die Augen stiegen. Sie drückte vorsichtig die Soldatenpratze und murmelte ein heiseres: »Komm bitte rein.«
Dabei warf sie einen wütenden Blick auf die Kinderzimmertür, die einen Spalt breit geöffnet war und hinter der ein verhaltenes Lachen gluckste.
Theo band das Koppel ab und legte es zusammen mit dem Käppi auf den Garderobentisch neben dem Fenster. Dann folgte er Evas schüchterner Aufforderung, sich zum Herrenzimmer zu begeben, dessen Tür im selben Moment von innen geöffnet wurde. Hanna stand da mit dem liebenswürdigen Lächeln der gewandten Gastgeberin und streckte dem Eintretenden die Hand entgegen.
»Ich freue mich, Sie kennenzulernen, Herr Ebert. Bitte nehmen Sie Platz. Zu einer Kaffeestunde haben Sie doch Zeit?«
Theo hatte diese Umgebung nicht erwartet. Er schien immer kleiner zu werden. Schließlich versank er in einem der ledernen

Clubsessel und zog sich das Kaffeegedeck näher heran, um es besser handhaben zu können. Hanna saß ihm gegenüber, schenkte die Tassen voll und hielt Konversation, als sei tiefster Frieden und er ein lange erwarteter Gast des Hauses.

Eva hockte auf dem Sofa, lehnte sich an den Kopf des Bären und wagte nicht, den anzublicken, der die Realität ihres erträumten Adonis war.

Theo war mindestens zwanzig Jahre älter als sie. Auf seinem runden Kopf ließ ein spärlicher Haarwuchs erkennen, daß er einst dunkelblond gewesen sein mußte. Als Hanna ihm einen Likör einschenkte, den sie aus dem Mittelfach von Herberts Bücherschrank holte, taute er etwas auf und vertrieb seine Verlegenheit mit einem Wortschwall über sein jetziges und sein früheres Leben. Er sei Metzgergeselle gewesen in Bautzen, wohin er jetzt fuhr, um den Urlaub bei seiner Frau und der Tochter zu verbringen. Und dann zog er aus seiner zerwalkten Wachstuchbrieftasche ein paar Fotos und reichte sie Hanna hinüber. Seine Frau und seine Tochter.

»Sehr hübsch«, sagte Hanna.

Evas Bild legte er auch auf den Tisch, um zu beweisen, daß er es bei sich trug.

Als Hanna ihm den zweiten Likör anbot, steckte Katharina den Kopf zur Tür herein.

»Mutti, kannst du nicht schnell mal kommen . . .«

»Komm rein, Katharina«, rief Hanna ihre Jüngste zu sich. »Sag doch mal guten Tag. Das ist Herr Ebert, Evas Soldatenfreund.«

Theo fühlte sich der weiblichen Übermacht offenbar nicht gewachsen. Hastig sammelte er seine Fotos wieder ein, sah auf seine Uhr und tat erschrocken:

»Entschuldigung – ich muß mich beeilen, mein nächster Zug geht ja gleich.«

Er schraubte sich aus dem Sessel hoch, klappte die Hacken zusammen und packte kräftig zu, als er zum Abschied Hannas und deren Töchter Hände ergriff. Dann wandte er sich gemessen der Tür zu und ging mit wiegenden Schritten über den Flur. Im Entree nahm er Koppel und Käppi, grinste Hilde an, die

neugierig ihren Kopf aus der Küchentür streckte, und polterte die Treppe hinunter.
Eva setzte sich an den Kinderzimmertisch, stützte den Kopf in die Hände und starrte zum Fenster. Enttäuschung, Wut und Melancholie zogen im Wechsel über ihre offene Miene. Katharina setzte sich ihr gegenüber, studierte schweigend dieses heftige Mienenspiel und wartete auf Evas Ausbruch. Der kam nach längstens einer Minute.
»Nie, nie wieder werde ich mich in einen verlieben, den ich noch nicht gesehen habe – schon gar nicht in einen Soldaten! Diese Blamage! Mutti lacht sich sicher schief. Hilde auch.«
»Ich auch.« Katharina grinste und sah die temperamentvolle Schwester gelassen an.
»Nu mach' mal nicht so 'ne Riesenaffäre daraus. Er ist doch 'n ganz netter Kerl und hat so hübsche Briefe geschrieben. Du hast auch schuld mit deiner Phantasie. Warum hast du nur so einen Filmstar aus ihm gemacht, der mit Heiratsabsichten kommen sollte.«
»Hab' ich ja gar nicht«, maulte Eva. Aber sie wußte, daß die kleine Schwester recht hatte.
»Ich schreib' ihm nie wieder«, setzte sie noch hinterher.
Sechs Wochen später antwortete sie ihm auf seinen neuesten Brief, zugegeben, in einem etwas anderen Stil als vorher. Und zu Weihnachten bekam Theo wieder sein Feldpostpäckchen nach Rußland geschickt.

Katharina hatte auch einen Soldaten, den sie betreute. Er hieß Hubert und schickte ihr sein Foto, auf dem sie ein schmaler Jüngling aus großen, dunklen Augen anlächelte. Katharina lächelte zurück, legte das Bild neben ihren Schreibblock und schrieb in ihrer sauberen, gestochen feinen Kinderhandschrift seitenlange Briefe, in denen sie alles mit ihm »besprach«, was sie dachte, tat und empfand. Hubert schrieb genauso ausführlich zurück. Aus seinen Briefen sprach die Freude über diese Korrespondenz, die wertvoller war als gestrickte Pulswärmer und selbstgebackene Plätzchen. Er ging auf alles ein, was Katharina bewegte, und erzählte auch von sich so viel, daß sie ihn kannte, als wären sie sich längst begegnet. 27 Jahre alt war er und Musiker, spielte Trompete und Klavier.

Tatsächlich traf Katharina nie mit ihm zusammen. Im Oktober 1944 kam ein Brief aus einem Lazarett in Ostpreußen, von einer fremden Hand geschrieben. Hubert ließ Katharina wissen, daß er in einem Gefecht seinen rechten Arm verloren hatte. Katharina saß auf ihrem Bett und weinte. Der Brief war an ihrem dreizehnten Geburtstag gekommen. Sie hatte ihn unter den Gratulationen gefunden, die auf ihrem Gabentisch lagen. Eva versuchte, sie zu trösten.

»Wenigstens lebt er ja noch. Und wenn einer erst im Lazarett ist, dann ist der Krieg für ihn zu Ende.«

»Ja, aber w i e er lebt! Er kann ja nie wieder musizieren, und das war doch sein ganzer Lebensinhalt.«

Darauf wußte die weichherzige Eva auch keine Antwort. Sie setzte sich zu Katharina auf das Bett und weinte mit.

Nachdem das Generalgouvernement Polen konstituiert und fest in der Hand der deutschen Besetzer war, ließ Hitler im Mai 1940 seine Truppen durch Holland und Belgien nach Frankreich marschieren. Der Überfall war so überraschend, daß dieser Feldzug vom Beginn bis zum Waffenstillstand nicht länger als vier Wochen dauerte. Hitlers erklärter Feind war Rußland, sein Traum, dem deutschen Volke den Osten zu erschließen. Sein Nichtangriffspakt mit Stalin, 1939, war eine reine Schutzmaßnahme, ein Zeitgewinn. Um dieses Rußland zu bezwingen, das schon Napoleon zum Verhängnis wurde, mußte Hitler sich den Rücken freihalten. Ein besiegtes Frankreich würde keine Gefahr mehr bedeuten.

Rußland war für Hitler eine Faszination. Er wollte das große Land besiedeln, das darauf zu warten schien, das expandierende deutsche Volk aufzunehmen.

Der »Blitzkrieg« gegen Frankreich ließ ganz Deutschland in einen ungeheuren Jubel ausbrechen. Hitler, der unbezwingbare, siegreiche Feldherr wurde brausend gefeiert. Die Wenigen, die seine Gefolgschaft nicht teilten, gingen unter im allgemeinen Siegestaumel. Die breite Masse, die Bürger- und Arbeiterschaft, wußte nichts von ihnen. Was die Braunen und die Schwarzen, SA und SS, taten, um die Bevölkerung von »Störenfrieden« zu säubern, taten sie rasch und mit großer Verschwiegenheit.

Aus Berlin kam ein schwarzgeränderter Brief. Herlangens Zweiter, der strahlende, sonnige Heinz, war im Frankreichfeldzug gefallen, gerade achtzehn Jahre alt. Die vier Brandt-Kinder stürzten von ihrem Vaterlandsjubel in lähmendes Entsetzen. Nie war ihnen der Gedanke gekommen, daß die Grausamkeiten des Krieges sie so nahe berühren könnten. Hanna weinte, und Eva und Katharina gleich mit. Martin zog sich still in sein Zimmer zurück. Und Emmy setzte sich mit einer tiefen Falte auf der Stirn ans Klavier und spielte den Trauermarsch von Chopin. Sie spielte ihn für Heinz. Besser und tiefer konnte sie ihr Gefühl nicht ausdrücken.

Der zweite Ferienaufenthalt in Schreiberhau, im Sommer 1940, unterschied sich von dem ersten ganz wesentlich. Einmal war die Familie, die wieder ins Tescher-Haus einzog, zusammengeschrumpft. Emmy war mit dem ersten Ferientag nach Danzig zu den Verwandten gefahren, Martin war mit Begeisterung wieder unter den vielen Tieren auf dem Forsthof in Krumpohl.

Zum anderen trug Herbert Brandt nicht mehr bequeme Knikkerbocker und derbe Wanderschuhe, nicht die lose Lodenjakke. Er war auch im Urlaub Offizier und durfte seine Uniform nicht ablegen. Sie machten zu viert, Vater, Mutter und die »beiden Kleinen«, Spaziergänge statt Wanderungen. Sie gingen zum Kochel- und zum Zackelfall, aßen schlechten Kuchen auf Marken in den überfüllten Bauden, und Eva bekam Beklemmungen in der Zackelklamm. Einmal fuhren sie mit der Bahn nach Hirschberg, besuchten die majestätische Gnadenkirche und badeten später in einer Badeanstalt in dem dort noch schmalen Boberfluß, um sich von der Hitze des Julitages zu erholen.

Ober- und Mittelschreiberhau boten ein anderes Bild als vor fünf Jahren. Der Krieg war auch in die heiteren Riesengebirgstäler vorgedrungen und hatte sie ernst werden lassen. Die großen Hotels, das Königshotel und der Lindenhof, und viele größere Pensionen hatten nur noch uniformierte Gäste, junge und ältere Offiziere und Soldaten, die hier in der klaren Gebirgsluft ihre im Feld erlittenen Verwundungen ausheilen und sich erholen sollten.
Die beiden Mädchen wurden stumm und beklommen, als ihnen die ersten Verwundeten entgegenkamen, die das eine erhaltene Bein mit Hilfe von zwei Krücken vorwärtsbewegten, oder andere, deren einer Ärmel leer war. Auch die laut-fröhlichen Zurufe, wenn sie unter einer feldgrau-besetzten Veranda entlanggingen, konnten ihre Bedrückung nicht wegwischen. In ihrem Pensionszimmer, abends in ihren Betten, besprachen sie ausführlich miteinander, was ihnen das Herz schwermachte. Nie gingen sie damit zu den Eltern. Eine ganz neue Scheu hielt sie davor zurück. Ein Zwiespalt hatte sich in ihr Leben gedrängt, dessen Sonnenseiten sich zu verdunkeln begannen. Die Geborgenheit des Elternhauses, die sie bisher wie ein Schutzwall umgeben hatte, bekam Löcher. Der frenetische Jubel, die begeisterte Verehrung des glorreichen Führers hatten auch eine andere, schreckliche Seite. Alle Veränderungen, die der Krieg bisher gebracht hatte, waren aufregend, sensationell und irgendwie erträglich gewesen. In der Hitlerjugend, in den Kinos, bei den immer wiederkehrenden Großveranstaltungen wurde es ihnen eingehämmert: Deutschland, Deutschland, über alles. Die Fackel wurde ihnen in die jungen Herzen gesenkt, daß die lodernde Flamme alle in heller Begeisterung mitriß. So hochtrabend jedenfalls drückten sich die Jugendverführer aus, und vielleicht glaubten sie selbst daran.
Mit der anderen Seite des verblendenden Glanzes, mit dem Elend des Krieges, das ihnen auf den sonnigen Wegen Schreiberhaus entgegenkam, mußten sie selbst fertigwerden. Nach Görlitz waren die kriegsbedingten Neuerungen schleichend gekommen. Man wuchs in sie hinein und lebte mit ihnen. Den-

noch gab es hier und da einschneidende Maßnahmen, die betroffen machten. Eine der ersten, die die Familie Brandt betraf, war die Beschlagnahme der beiden Pferde. Eigentum wurde requiriert, dagegen gab es keine Auflehnung. Eva und Katharina hingen über der Brüstung des Kinderzimmerbalkons und sahen zu, wie Mettwitz den »Sepp« und den »Fritz« aus dem Stall holte, ihnen mit bei ihm ungewohnt langsamen Bewegungen die Halfter überstreifte und sie dann mit schleppenden Schritten vom Hofe führte. Die Pferde trotteten mit gesenkten Köpfen hinter ihm her, als ahnten sie ihr Schicksal. Oben auf ihrem Balkon blickten sich die beiden Schwestern an. Ihre Augen schwammen in Tränen.
Mettwitz wurde wenige Tage später eingezogen. Er kam vom Polenfeldzug nicht zurück.
Als einige Wochen später Herberts kleiner DKW, sein »Stadtwagen«, beschlagnahmt wurde, war der Kummer bedeutend geringer. Schmerzlicher war die Einziehung des fast neuen Adler-Jupiter, dem sie so schöne Ferienfahrten zu verdanken hatten. Es blieb nur noch der dunkelblaue »alte Klaus«, mit dem Herbert nach wie vor auf die Jagd fuhr, wenn er Urlaub hatte.
Für die Männer war das Kriegsgeschehen, das sie aus ihren Berufen, Plänen und Karrieren riß, ebenso einschneidend wie für die Frauen, die diese Männer und Söhne ziehen lassen mußten, ohne sich dagegen auflehnen zu dürfen. Dazu kam, daß ihnen plötzlich Verantwortung übertragen wurde, die sie vorher in dem Maße niemals hatten. Daß sie in Männerberufe einspringen mußten, die sie nicht kannten.
In den dreißiger Jahren noch übten nur wenige Frauen der Bürgerschicht einen Beruf aus, allenfalls bis zu ihrer Heirat. Von da an waren sie ausschließlich Hausfrauen und Mütter, und der Mann verdiente das Geld.
Jetzt waren diese Männer plötzlich fort. Das Leben in der Heimat aber mußte weitergehen. All die leergewordenen Arbeitsplätze mußten besetzt werden. Riesige Plakate warben für den bedingungslosen Einsatz der Frauen.

DIE DEUTSCHE FRAU STEHT IHREN MANN AN DER HEIMATFRONT

Es gab mit einem Male Straßenbahnfahrerinnen, Zugschaffnerinnen, Briefträgerinnen. Frauen standen in den Fabriken an den Maschinen, Frauen ersetzten ihre Männer in den Handwerksbetrieben. Besonders schwer hatten es die Bäuerinnen. Die harte Arbeit, die sie bisher mit den Männern geteilt hatten, mußten sie nun allein verrichten. Manches aber wurde »von oben her« organisiert, und nicht einmal schlecht. Zur Feldarbeit wurden nicht nur die »Arbeitsmaiden«, sondern auch ganze Schulklassen abkommandiert. Die Zwölf- bis Vierzehnjährigen rackerten ordentlich und waren tatsächlich eine Hilfe, für die sie mit etwas Gemüse und Obst, hin und wieder auch einem Stück Butter oder ein paar Eiern belohnt wurden. Als Eva einmal mit sechs Eiern vom Ernteeinsatz heimkam, gab es außer der Reihe für jeden ein »Schlag-Ei«, eine Delikatesse, für die die Kinder jede Mahlzeit stehen ließen, zumal die zu der Zeit gebotenen Mahlzeiten viel an Reiz verloren hatten.
Im Herbst sammelten die weiblichen Familienmitglieder in den Wäldern der Königshainer Berge Blaubeeren, Preiselbeeren und Pilze, wobei das Pilzesuchen noch die unterhaltsamste Beschäftigung war. Wer einen besonders schönen Steinpilz, Semmelpilz oder Pfifferling gefunden hatte, zeigte ihn nachher stolz aus seinem Topf, der rasch gefüllt war. Mit den Blau- und Preiselbeeren war das viel mühsamer und strapazierte die Geduld der Kinder aufs äußerste. Es dauerte ewig, bis der Boden des Gefäßes mit den winzigen Kügelchen bedeckt war. Und was Eva betraf, so konnte sie sich gerade in diesem Augenblick nicht beherrschen, schüttete den ganzen Segen in ihre Hand und stopfte ihn in den Mund. Es half ihr nachher nichts, zu jammern, sie hätte nur so wenig gefunden. Die blauen Lippen und Zähne verrieten die Naschkatze.
Im Mai gingen Martin, Eva und Katharina selbdritt auf Maikäferfang. Sie fuhren mit der Straßenbahn nach Biesnitz bis zum Fuße der Landeskrone, marschierten mit ihren Rucksäcken in

Richtung Jauernick und sammelten dort die Käfer kiloweise von den Birken und Haselnußsträuchern, die schon fast leergefressen waren.
Die braunen Tierchen, die bisher begehrte Tauschobjekte dargestellt hatten und in mit Blättern ausgelegten Schachteln zu diesem Zweck sogar in die Schule mitgenommen worden waren (»Müller« gegen »Kaiser« – die Aufgliederungen waren auf der Bauchseite zu erkennen), nahmen nun den dringend benötigten Rang von Hühnerfutter ein. Körner gab es kaum noch, Kartoffelschalen allein taten es nicht, um das liebe Federvieh zum Eierlegen zu animieren oder für den Suppentopf attraktiv zu machen. Auf frischgebrühte Maikäfer aber stürzte es sich mit Lust und Begier. Leider hatten die Eier nachher auch einen merkwürdigen Maikäfergeschmack. Gekocht konnten sie gar nicht gegessen werden. Aber Hanna war schon froh, sie in den Sonntagskuchen schlagen zu können.

Das zweite Kriegsweihnachten war anders als das erste. Alles, was dazugehörte, war viel mühsamer zu bekommen. »Tante Hulda« wurde zwar noch gebacken, aber statt der Mandeln wurden Haselnüsse genommen, statt Honig kam Kunsthonig hinein. Die genügende Zahl an Kerzen gab es nur durch Beziehungen, die Herbert glücklicherweise hatte. Weihnachtsbäume waren noch reichlich da, aber das Lametta hatte man schon Strähnchen für Strähnchen vom Vorjahr aufgehoben.

Die Jungmädelgruppen zogen mit Körben voller Äpfel, Nüsse und Tannenzweige durch Kliniken und Sanatorien, die in Lazaretts umgewandelt und bis zum letzten Bett belegt waren. Sie stellten sich in den Fluren oder Sälen auf und sangen Weihnachtslieder.
Eva, die dabei neugierig umhersah, erblickte hier und da in einem blassen, eingefallenen Männergesicht Tränen. Ihre Stimme begann zu zittern, als sie das sah. Sie hatte nicht damit gerechnet. Voller Mitgefühl und guten Willens, etwas zu geben, etwas Tröstliches, war sie in das Lazarett gekommen. Daß es

da aber Männer gab, die beim Klang der Weihnachtslieder weinen könnten, das war ihr nicht in den Sinn gekommen.

Kohlfuhrt

Die Firma Herbert Brandt lief trotz der Kriegswirren in fast uneingeschränktem Ausmaß weiter. Chemikalien wurden wie vorher gebraucht. Sie waren schwieriger zu beschaffen, aber Stadler und Trobach, die langjährigen, getreuen Prokuristen, fanden immer wieder Mittel und Wege, den Geschäftsgang in Fluß zu halten. Das Büro in der Leipziger Straße arbeitete ungehindert, obgleich die Anzahl der männlichen Angestellten weitgehend dezimiert war. Dafür wurden Frauen eingestellt, die vor ihrer Ehe als Stenotypistinnen oder Kontoristinnen gearbeitet hatten. Sie wurden gar nicht gefragt, ob sie wollten, sie wurden einfach »kriegsdienstverpflichtet«. Da das Betriebsklima in der Chemikaliengroßhandlung ausgezeichnet war, gab es durchweg zufriedene Mitarbeiter.
Das Lager und der Versand in dem über dem Hof liegenden ehemaligen Fabrikgebäude funktionierten reibungslos. Nach wie vor wurden die Görlitzer Apotheken und Drogerien ebenso beliefert wie die Tuch- oder Bonbonfabriken. Finanzielle Einbußen brachte der Krieg also bis dahin keineswegs. Herbert, der stets vorsorgend in die Zukunft blickte, dachte daran, einen Teil seines flüssigen Kapitals in einer Immobilie anzulegen. Er hatte vier Kinder und besaß drei Häuser, das bedrückte seinen Gerechtigkeitssinn. Während seiner Urlaube holte er Angebote ein, zunächst in der Stadt Görlitz, später in der ländlichen Umgebung. Dies erwies sich schließlich als ihm genehmer. Man konnte eine Jagdpacht damit verbinden und den Gedanken eines Sommerhauses für die Familie realisieren. Es sollte also nicht nur »angelegt«, sondern auch genutzt werden.
Bei den Besichtigungsfahrten der angebotenen Objekte hock-

ten meist Katharina und Eva auf der Rückbank des »alten Klaus« und begutachteten mit. Dabei verhielt sich Katharina größtenteils still und abwartend. Eva aber äußerte ihre Meinung laut und überschwenglich. Am nachhaltigsten tat sie das bei dem in einem parkartigen Garten gelegenen 18-Zimmer-Haus in Zentendorf auf der westlichen Seite der Neiße. Offensichtlich war das Haus seit mehreren Jahren nicht mehr bewohnt worden. Die Dorfbewohner nannten es »das Schloß«, was ein etwas hochtrabender Name für das gedrungene, weitläufige Gebäude war. Seine unteren Räume besaßen repräsentative Größe. Eine kleine Freitreppe führte von der Terrasse in den Garten, in dem ein leeres Schwimmbecken und ein verödeter Tennisplatz von einem gewissen Luxus zeugten. Die ganze Pracht sollte 40000,– Reichsmark kosten, ein Betrag, den Herbert ohne Zögern hätte hinlegen können, wenn nicht so vieles dagegen gesprochen hätte.

Es war genau die Umgebung, die sich die romantische Eva erträumte. Alle Roman-, Kino- und Theatervorstellungen wuchsen in ihrer Phantasie zu rauschenden Festen zusammen, bei denen sie als Gastgeberin von der Freitreppe in den Garten blickte.

Sie stieß Katharina in die Seite, die still neben ihr stand.

»Ist das nicht herrlich? Sag' doch auch mal was!«

»Es ist viel zu groß«, gab die Schwester nachdenklich zurück. »Wenn wir immer hier wohnen würden – vielleicht. Aber möchtest du immer in Zentendorf wohnen?«

»Aber wir könnten doch alle Ferien hier sein! Nicht wahr, Mutti?«

Hanna lächelte über das Ungestüm ihrer Tochter.

»Und was würdest du in den Ferien hier anfangen?«

Eva-Maria überlegte keinen Augenblick.

»Schwimmen, Tennis spielen, lesen – zum Beispiel.«

»Und wer soll die achtzehn Zimmer bewohnen, und wer das Haus sauberhalten? Nein, Eva, dazu gehört genügend Personal, wenn man sich nicht totrackern will, und du weißt, daß es das jetzt nicht mehr gibt.«

»Es wird ja nicht immer so bleiben.« Eva gab noch nicht auf. »Vati, was sagst du denn dazu?«
Der Vater zog die Stirn in Falten und sah recht nachdenklich aus. »Ich will mir noch das Jagdrevier ansehen, dann werden wir darüber reden.«
Hanna sah ihn erstaunt an.
»Aber Herbert – sind das nicht Argumente genug?«
Er drehte sich um und ging voraus zum Wagen. Damit dokumentierte er, daß die letzte Entscheidung er – der pater familias – fällen würde.
Ob das Objekt schließlich fallengelassen wurde, weil das Jagdrevier nicht seinen Vorstellungen entsprach, oder ob Hannas Gründe ihn überzeugten, blieb den Kindern verborgen.
Ein einziges Mal konnten Eva und Katharina nicht mitfahren, weil sie noch Schule hatten. Als sie mittags heimkamen, war der große Eßtisch nur für vier gedeckt. Hilde brachte einen riesigen Turm Kartoffelpuffer auf einer runden Platte herein und verkündete: »Nu mißta moal alleene essen, de Herrschaften kumm erschte oabends heem.«
Emmy riß sofort das Regiment an sich, übernahm es, jedem einen tellergroßen Kartoffelpuffer aufzulegen und reichte Apfelmus herum, nachdem sie sich selbst genommen hatte.
»Nimm und gib weiter«, imitierte sie den Vater dabei und löste allgemeine Heiterkeit aus. Sie war die einzige, die über die Exkursion der Eltern Bescheid wußte.
»Sie wollen sich ein Haus in der Kohlfurter Heide ansehen.«
»Ohne uns?« Eva war empört.
»Ohne uns, stell dir vor«, sagte Emmy streng. »Hin und wieder werden auch ohne uns Entscheidungen getroffen.«
Und genauso war es. Das Haus in der Kohlfurter Heide wurde spontan von Hanna und Herbert akzeptiert. Am folgenden Sonntag fuhren alle hinaus, um es zu besichtigen. Martin blieb daheim. Er war zu einem Jungengeburtstag eingeladen, den er nicht versäumen wollte. Aber Emmy, Eva und Katharina quetschten sich auf die Rückbank des »alten Klaus«, wobei Emmy auf ihrer Seite ein Tuch vor das Wagenfenster hielt, so-

lange sie durch die Stadt fuhren, damit man sie in dem »ollen Vehikel« nicht erkennen konnte.

Es ging am jenseitigen Neißeufer in nördlicher Richtung durch die herb-schöne Landschaft der Görlitzer Heide, die bei Penzig nahtlos in die Kohlfurter Heide überging. Hinter Kohlfurt bog der Wagen rechts von der Chaussee auf einen breiten Sandweg, der beiderseits von weiten, frühlingsgrünen Matten gesäumt war. Etwas entfernt schoben sich immer wieder kleine Waldstücke in die Heideflächen, oft auch nur niedriges Buschwerk. Weit und breit war kein Haus zu sehen. Erst nachdem der Weg durch ein Stück Kiefernwald und da wieder hinausgeführt hatte, lag am Rande einer Lichtung ein behäbiges Bauernhaus mit einem von allerlei Federvieh bevölkerten Hof und mehreren Stallungen. »Ooch«, machte Eva erstaunt, und Emmy stellte sachlich fest: »Das kann's doch nicht sein.«
»Natürlich nicht, Emmy«, bestätigte der Vater und bog auf einen noch kleineren Weg ein, der wieder unter die Kiefern führte.
»Aber hier ist es«, sagte er, hielt den Wagen an und zog die Handbremse hoch.
Die drei Schwestern kletterten heraus und liefen auf das Holzhaus zu, das in seinem dunklen Braun unter den hohen Stämmen fast verschwand. Ein Treppchen führte zu der kleinen Veranda, von der aus man in das Innere gelangte. Hanna holte aus der Handtasche einen Schlüssel und schloß auf. Die Tür öffnete sich mit einem unwilligen Knarren, als fühlte sie sich in ihrer abgeschiedenen Ruhe gestört. Herbert ging voran und schlug von innen die hölzernen Fensterläden auf, daß Licht und Luft in die Räume strömte.
Das Haus war voll eingerichtet. Selbst Bettzeug lag auf den hölzernen Bettgestellen, und im Wohnzimmerschrank stand reichlich Geschirr. Hanna ging in die kleine Küche, stellte den Wasserkessel auf den Elektroherd und holte gemahlenen Gerstenkaffee aus ihrem Beutel. Katharina sah sich suchend um. »Mutti, ich muß mal. Wo ist denn das Klo?«

Hanna lachte. »Das ist hier wildromantisch. Komm mal mit.« Draußen, zwanzig Schritte vom Haus entfernt, stand das »Häuschen« unter den Bäumen, wahrhaftig mit einem ausgeschnittenen Herzen in der Tür. Emmy wollte sich totlachen. »Ein Plumpsklo! Das ist ja wie im Witzblatt!«
Katharina ging etwas zögernd darauf zu, verschwand dann aber zwangsläufig doch eilig hinter dem Herzen.
Als Hanna und Eva-Maria den Kaffee und den mitgebrachten »Abgerührten« aus der Kastenform auf den gedeckten Verandatisch stellten, als die Stille so still war, daß man die Vögel singen hörte, fragte Herbert mit einem Aufatmen:
»Na, ist das nicht schön?«
»Zentendorf ist es nicht«, brummelte Eva.
»Da hast du recht«, gab der Vater zu. »Aber es hat den unbestreitbaren Vorteil, daß man es hier ab- und irgendwo anders wieder aufbauen kann. Jeder Balken und jede Latte ist mit einer Nummer versehen. Und wenn der Krieg zu Ende ist, nehmen wir unser Ferienhaus einfach mit nach Danzig und setzen es bei Glettkau ganz nahe an den Strand. Ist das nicht eine wundervolle Aussicht?«
Nahezu bis Kriegsende blieb das Holzhaus bei Kohlfurt das erklärte Ausflugsziel der Familie, obwohl es mit der Zeit umständlicher wurde, es zu erreichen. Als das Auto nicht mehr zur Verfügung stand, weil das Benzin nur für wichtige, nachgewiesene Fahrten zugeteilt wurde, weil auch Hanna keinen Führerschein hatte und Herbert im Felde war, fuhren die Daheimgebliebenen mit der Eisenbahn bis Kohlfurt und hatten vom Bahnhof aus noch gut eine Dreiviertelstunde zu laufen, was mit dem nötigsten Gepäck oft beschwerlich war. Milch und Eier gab es vom nahegelegenen Bauernhof, aber sonst mußte die ganze Verpflegung mitgenommen und, was übrig war, später wieder zurückgetragen werden. Trotzdem war es für die jungen Leute ein immer wieder neu herbeigewünschtes Abenteuer, besonders, wenn Eva und Katharina ohne Erwachsenenbegleitung mit ein paar Freundinnen hinausziehen durften. Sie kamen sich bei dieser Exkursion sehr selbständig vor, koch-

ten sich Nudeln und Grießbrei, schmökerten und schwatzten viel und verzogen sich später als gewohnt in die beiden Schlafräume. Tagsüber sonnten sie sich auf den Holzplanken des obersten Plateaus. Nie kam es weder den jungen Mädchen noch Hanna in den Sinn, daß in dieser Einsamkeit irgendeine Gefahr für sie bestehen könnte. Auch der lange Weg zwischen Haus und Bahnhof wurde nie anders als ein Naturerlebnis angesehen, das sie immer offenen Herzens und Auges genossen.

Wenn sie in der frühen Dämmerung zurückliefen, um den Zug nach Görlitz zu erreichen, traten oft Rehe aus dem Wald auf die Lichtung, und die Jägerstöchter baten dann die Freundinnen, recht leise zu sein und das seltene Schauspiel mit ihnen zu bewundern.

Im Herbst 1943 bekam Herbert Brandt Urlaub nach einer Kesselschlacht bei Smolensk, bei der er nur knapp Tod oder Gefangenschaft entronnen war. 350 km von Moskau entfernt war sein Bataillon plötzlich von den Russen umzingelt worden. Hanna hatte wochenlang keine Nachricht von ihm bekommen. Die Qualen der Ungewißheit hatten sie zermürbt. Aber Hannas Naturell war von Optimismus geprägt. Sie behielt auch in den verzweifeltsten Situationen einen Hoffnungsschimmer zurück, und sehr oft behielt sie damit recht.

Diesmal hatte sie allerdings der Mut doch verlassen. Sie bekam überhaupt keinen Brief; statt dessen stieg Herbert eines Tages plötzlich in der Moltkestraße die Treppe hoch. Hanna stand an der Entreetür wie angewurzelt und traute ihren Augen nicht. Es war selten genug, daß sie selbst einmal die Haustür aufmachte. Es hatte sich nur gerade ergeben, weil die Mädels noch in der Schule waren und Hilde Kräuter aus dem Garten holte.

»Herbert!« Sie fiel ihm so heftig um den Hals, daß seine Uniformmütze herunterfiel. Schluchzend lag sie in seinem Arm, und ein kleines, triumphierendes »Ich hab's – ja – gewußt!« löste sich ruckhaft von ihren Lippen.

Herberts Miene war gezeichnet von der überstandenen Gefahr und den Strapazen. Er blieb ernst und still und konnte seine Erlebnisse offenbar auch nach Tagen noch nicht abschütteln.

Den Kindern fiel auf, daß Vater und Mutter beide bedrückt wirkten. Eva und Katharina besprachen diesen Eindruck.

»Wahrscheinlich hat Vati viele Tote gesehen«, meinte Katharina. »Und überhaupt ist es ja ein Wunder, daß er aus dem Kessel rausgekommen ist.«

Ihre Augen waren bei dem Gedanken groß vor Entsetzen.

Aber Herbert Brandt hatte mehr gesehen als die Gefallenen der Kesselschlacht. Die Fahrt im Urlauberzug durch Polen hatte ihm Merkwürdigkeiten gezeigt, denen er solange nachging, bis er hier und dort und bröckchenweise die Wahrheit erfuhr: Auf beinahe jedem Bahnhof, den sein Zug passierte, standen lange Güterwaggons, vollgepfercht mit Menschen, die ihn mit stummen, verzweifelten Gesichtern anschauten. Es waren Judentransporte, die ins Nichts führten, Güterzüge der »Endlösung«. Major Brandt – er war inzwischen befördert worden –, der seit drei Jahren aktiv im Felde stand, war fassungslos, als er von der Bestimmung dieser Transporte hörte. Er mußte es erst von mehreren glaubwürdigen Seiten bestätigt bekommen, ehe er die entsetzliche Wirklichkeit erfaßte.

Er hatte sich vorgenommen, Hanna nichts davon zu erzählen. Aber als sie, der sein verändertes Wesen nicht entging, in ihn drang, gab er den Entschluß auf, sie zu verschonen. Die Zeiten waren hart geworden. Hanna hatte Anspruch darauf, nicht länger die von aller Unbill abgeschirmte, verwöhnte Frau zu sein. Sie war die Gefährtin dieser schweren Jahre und sollte sie mit ihm teilen.

Die Unterredung zwischen den Eheleuten war von einer Erschütterung gezeichnet, die beide in tiefe Verzweiflung stürzte. Ein Weltbild brach für sie zusammen, das den Glauben an den Sinn der Vaterlandsverteidigung, an die Integrität des »Führers« und an das Dritte Reich restlos zerstörte.

Als während dieser Herbsttage die Eltern und ihre beiden Jüngsten mit der Bahn in ihr Kohlfurter Haus fuhren, stießen sie zum ersten Mal in der Heimat auf ein Zeugnis der Hitlerschen Ausrottungspolitik. Ihrem Zug gegenüber, der minutenlang auf dem Penziger Bahnhof anhielt, stand solch ein Gütertransport, in dessen Waggons Männer, Frauen und Kinder zu Hunderten gestopft waren. Viele streckten flehentlich die Arme heraus, als hofften sie, die da draußen, die frei waren, könnten ihnen helfen.

Eva und Katharina starrten bestürzt auf diese verzweifelte Menschenfracht.

»Vati, was sind das ...« Eva drehte sich um, verstummte. Die Augen des Vaters standen voller Tränen.

Ein dreifaches Fest

Die attraktive Emmy, die nicht nur musikalisch, sondern auch sportlich, ehrgeizig und selbstbewußt war, hatte außer einer blendenden Figur und einem schmalen Gesicht von herber Schönheit auch an jedem Finger einen Verehrer. Sowohl um das eine als auch um das andere beneidete und bewunderte sie die kleinere Schwester. Emmy, unter deren Neckereien und kleinen Bosheiten sie so oft litt, war für Eva die Inkarnation des Erstrebenswerten.

Längst hatte Brandts Älteste erreicht, was sie sich von Anfang an fest vorgenommen hatte: Sie war Jungmädelführerin mit Karriere geworden, erst Schaft-, dann Schar- und schließlich Gruppenführerin. An ihrem Knoten baumelte jetzt die grünweiße Kordel, und alle Untergebenen hatten sie zackig zu grüßen. Davon waren die jüngeren Schwestern nicht ausgenommen – Dienst war Dienst. Katharina nahm diese Pflicht, die ihr zu sehr ins Privatleben hineinging, nicht ernst. Wenn sie im »Dienst« mit Emmy zusammentraf, genügte ihr ein lässiges »Na?«. Eva dagegen hob den Arm, murmelte »Heil Hitler« und grinste verlegen.

Emmy besaß natürlich ein chromblitzendes Rad, das sie auch sorgfältig pflegte (im Gegensatz zu Martin, der seine »Rostkarre« langsam verkommen ließ) und machte mit ihren wechselnden Freunden Radtouren in die Görlitzer Umgebung.
Eva besaß weder ein Rad noch konnte sie überhaupt radfahren. Es brachte ihr niemand bei. Martins Rad mit der Mittelstange war ihr zu schwierig, und an Emmys durfte sie natürlich nicht ran. Wieso Katharina eines Tages plötzlich radfahren konnte, dahinter kam niemand. Als ihre Klasse eine Radtour nach Königshain machte, borgte sie sich von Martin das Rad, der noch nie zu etwas nein gesagt hatte, und fuhr mit.
Eines Tages waren Emmys Freunde alle »abgesetzt«. Für sie gab es nur noch einen – den Fähnleinführer Gunther. Er war blond und blauäugig und das leibhaftige Abbild dessen, was sich Hitler und seine Gefolgsleute unter der deutschen Jugend germanischer Abstammung vorstellten.
An ihn hatte die spröde Emmy ihr Herz verloren. Das unzertrennliche Paar fand in den Kreisen seiner jugendlichen Freunde viel Beachtung und Anerkennung. Man akzeptierte sie.
Emmy und Gunther gingen völlig konform in ihren Idealvorstellungen. Sie hatten die gleichen Interessen und achteten sich gegenseitig. Emmy war jetzt siebzehn, Gunther ein Jahr älter.
Daß es bei den vielerlei Ablenkungen für Emmy schwierig wurde, sich auf ihr Abitur vorzubereiten, war nicht von der Hand zu weisen. Die blendenden Zensuren der früheren Schuljahre waren abgesunken. Emmy stand leistungsmäßig in der Klassenmitte. Diesen Stand zu halten drängten nicht nur Vater und Mutter, auch sie selbst bemühte sich in plötzlicher Einsicht darum. Nach den Winterferien 1940 begann sie intensiver zu arbeiten, ohne jedoch Gunther und die »Dienst«-Nachmittage allzusehr zu vernachlässigen, und legte Mitte März 1941 ein durchaus befriedigendes Abitur hin, gegen das der Vater, der zu der Zeit auf Urlaub kam, nichts einzuwenden hatte.
Emmys Abitur allein war aber nicht der Grund, weshalb Herbert Brandt einen Kurzurlaub von der Front eingereicht hatte.

Am 28. März war Martins Konfirmation. Es war selbst im Krieg, in den ersten Jahren jedenfalls, undenkbar, wenn dieses wichtige Ereignis ohne den Vater stattgefunden hätte. Hanna wußte, daß es absolut nicht selbstverständlich war, in den sich immer bedrohlicher zuspitzenden Zeiten diese paar Urlaubstage zu erwirken. Um so dankbarer war sie, als es gelang.
Da Omi Kirsch am 23. März achtzig Jahre alt wurde, faßten sie die drei Anlässe zusammen, um ein gehöriges Fest zu feiern. Es war beinahe wie im Frieden. Die große, weiße Doppeltür zwischen Wohn- und Eßzimmer war weit geöffnet. Quer vor dem ockerfarbenen Kachelofen stand ein langer gedeckter Tisch mit Leckereien, die manche der Gäste seit langem nicht mehr zu Gesicht bekommen hatten: Geflügelsalat und russische Eier, kalter Rehbraten und schlesische Gurkenhappen. Hanna hatte ihre schon schmalgewordenen Vorräte geräubert und aus Weckgläsern geholt, was sie jahrelang aufgehoben hatte. Der Clou war der in hauchdünne Scheiben geschnittene Wildschweinschinken, den Herbert aus Polen mitgebracht hatte.
Das einzige, das nicht friedensmäßig ausfiel, war das Brot. Es war grau und klitschig und schmeckte sauer.
Nach der feierlichen Einsegnung in der Frauenkirche am Marienplatz bekam Martin seine Geschenke von der Familie und den Paten, die sich im Eßzimmer um ihn versammelten. Der Konfirmand sah sehr erwachsen aus in seinem dunkelblauen Anzug.
Im Eßzimmer war auch die große Tafel mit weißem Damast gedeckt. Jeder ging hin zu dem reichlichen Buffet, häufte sich nach genußvollem Auswählen die Teller gerade so voll, daß es nicht unbescheiden aussah und noch immer den gesellschaftlichen Normen entsprach und nahm am Tisch Platz. Wein wurde in die schönen, alten Römer geschenkt, und dann erhob sich der uniformierte Hausherr und hielt eine feierliche Rede. Er tupfte mit der Serviette über die Lippen, ließ seinen Blick über die Runde der erwartungsvoll ihm zugewandten Gesichter schweifen und begann:
»Liebe Freunde und Verwandte – meine liebe Familie.

Wenn wir vor einigen Jahren, bevor der Krieg begann, drei erfreuliche Anlässe gehabt hätten, um ein Fest zu feiern, so wäre das auch schon ungewöhnlich gewesen. H e u t e ein solches Fest feiern zu können, so wie wir es jetzt tun, ist nicht nur ungewöhnlich – es ist ein Geschenk, für das wir zutiefst dankbar sein müssen. Daß wir alle gesund sind, daß uns dieser friedlich-festliche Rahmen möglich ist, und daß uns das behagliche Zuhause bisher erhalten geblieben ist.« Herbert räusperte sich.
»Es gibt in diesem Augenblick Plätze auf dieser Welt, Plätze auch in unserem Vaterland, die furchtbar zerstört sind. Wir dürfen das nicht vergessen, wenn wir uns anschicken, eine fröhliche Feier zu begehen. Unsere Stadt, unsere Straße, unser Haus sind eine friedliche Ausnahme in diesem Krieg. Wir sind im Moment noch eine Insel des Friedens. Nur meine Uniform erinnert an die harte Wirklichkeit, die wir auch jetzt nicht ganz vergessen dürfen. – Wir trinken nun einen Schluck auf die Jubilarin, einen auf Martin, unsern Konfirmanden, und einen auf Emmy, die Abiturientin. Und einen Schluck auf das baldige Ende des Krieges.«
Herbert hob sein Glas, setzte es an die Lippen und trank es zur Hälfte leer. Bei dem letzten Satz hatte seine Stimme zu zittern begonnen.
Hanna sah, daß seine Augen feucht geworden waren. Sie faßte seine Hand, die noch auf der Stuhllehne lag.
Emmy starrte den Vater an. Was hatte er für eine merkwürdige Rede gehalten! Viel zu tragisch, fand sie. Und wenn schon vom Krieg die Rede war, dann hätte man doch wohl auf den »Endsieg« trinken müssen und nicht einfach nur auf den Frieden. Welch herrliche Siege hatten die deutschen Armeen schon errungen. Polen lag am Boden, Frankreich hatte kapituliert. Der Seekrieg gegen England hatte begonnen. Täglich gab es im Radio Sondermeldungen. Die Wochenschauen brachten atemberaubende Berichte vom Kampfgeist der deutschen Soldaten. Mußte man nicht begeistert sein? Wie konnte der Vater bei dieser Familienfeier, die alle Anzeichen eines guten Gelingens zeigte, nur solche Moll-Töne anschlagen! Es klang ja fast so, als

hätte er etwas gegen diesen Krieg, den der Führer zum Wohle Deutschlands führen mußte.
Emmy nahm sich vor, am nächsten Tag mit dem Vater darüber zu sprechen, allein, in seinem Herrenzimmer.
Die Gesellschaft genoß das in diesem dritten Kriegsjahr immer noch so stilvolle Familienfest doppelt in dem Wissen, daß es nicht selbstverständlich war. Man war heiter und gelöst, labte sich an dem lukullischen Buffet und am Wein. Dennoch blieb es nicht aus, daß die Herren, die sich in Herberts Zimmer zu einer Zigarre zusammenfanden, aktuelle Themen zur Sprache brachten, die sie bedrückten. Viele jüngere Freunde waren eingezogen und standen in Polen, Frankreich und Dänemark. Der Luftkrieg zwischen England und Deutschland hatte begonnen. In den westdeutschen Städten und Berlin gab es fast jede Nacht Fliegeralarm. Görlitz war bislang verschont geblieben. Selten heulten die Sirenen, wenn feindliche Geschwader sich der Hauptstadt näherten. Es war Krieg, auch wenn sich die Fronten im Osten und Westen gewandelt hatten. In Polen gab es Truppenverschiebungen, die jene, die sie gewahr wurden, nachdenklich machten.
Herbert Brandt knipste mit dem Abschneider die Spitze der Zigarre ab und schüttelte abwehrend den Kopf.
»Ich kann mir nicht denken, daß Hitler den Wahnsinn begeht, mit Stalin einen Krieg anzufangen. Ich kenne Rußland inzwischen. Es ist ein Land, das alles verschlingt, alles, was sich ihm entgegenstellt. Es ist ein Moloch, ist es unter jeder Regierung gewesen. Napoleon ist schließlich auch an Rußland zerbrochen.«
Dr. Baila blies den Rauch seiner Zigarre in einer dünnen Fontäne an die Decke.
»Ich fürchte, das muß dem Führer mal einer genauso eindringlich sagen, wie Sie es eben getan haben, Herr Brandt. Aber ich fürchte ebenso, daß er kein Ohr dafür haben wird. Er ist ehrgeizig und hat gerade im Osten große Pläne.«
»Und der Nichtangriffspakt, was ist damit?« fragte Präsident Martens. »Man kann ihn doch nicht einfach über Bord werfen.«

Pfarrer Rauch hob sein Glas gegen das Licht, daß der bernsteinfarbene Cognac auffunkelte.
»Man wird können, wenn es soweit ist. Hitler wird immer eine plausible Erklärung dafür finden.«
»Wir werden es nicht ändern können«, sagte Herbert Brandt und hüllte sich so nachhaltig in »blauen Dunst«, daß seine Augen feucht wurden. »Das ist das Schlimme.«
»Und was ist, wenn der Führer auch dort weiter siegt, in diesem Moloch Rußland?« fragte Dr. Baila.
»Wir werden sehen.« Herberts Miene blieb ernst und bedrückt, bis er sich den dritten Cognac genehmigt hatte. Von da an wurde er gelöster, bis er in vorgerückter Stunde seine Gäste mit dem russischen Lied »Stenka Rasin« unterhielt – auf russisch! Hanna sah besorgt zu ihm hinüber. Sie kannte ihren schwerblütigen Mann und wußte, daß diese aufgesetzte Heiterkeit ein Schutzwall war, den er vor seine düsteren Vorahnungen gebaut hatte. Schließlich ließ sie sich aber auch von dem Strom der allgemeinen Fröhlichkeit mittragen. Es entsprach viel mehr ihrem Naturell.
Irgendwann wurde sie gewahr, daß Eva und Katharina immer noch unter den Gästen saßen. Es war nach elf Uhr, und Katharina hatte schon ganz glasige Augen.
»Marsch ins Bett, Kinderle«, gebot die Mutter und war selbst erstaunt, daß kein Widerspruch kam. Gehorsam gingen die »beiden Kleinen« von einem zum anderen und verabschiedeten sich. Herbert nahm seine beiden Töchter rechts und links in die Arme, und jede drückte auf die ihr zugewandte Wange einen Kuß.

Die böse Dreizehn

Eva war zwölf, als sie zum ersten Mal ins Theater ging – ins richtige Theater. Nicht, daß sie das traditionsreiche Görlitzer Stadttheater nicht schon von innen kannte, dessen guter Ruf im Lande darauf begründet war, daß es als Sprungbrett für namhaft gewordene Künstler galt. Otto Gebühr hatte hier auf der Bühne gestanden, der gebürtige Görlitzer Victor de Kowa und Arno Aßmann. Der Zauber der Bühne, der bis ins Parkett hinunterwehte, hatte Eva schon bei den Weihnachtsmärchen gefangengenommen. Nun aber, an einem Maisonntag 1941, sah sie »Die Nibelungen« von Friedrich Hebbel.

Eva saß mit glänzenden Augen und glühenden Wangen im ersten Rang, Seite, und beugte sich vor, damit ihr weder optisch noch akustisch etwas entging. Es war ein sonniger Nachmittag. Draußen liebkoste ein strahlender Mai die Straßen und Plätze der Stadt. Cafés und Eiskonditoreien, deren schmalbemessenes Kontingent schon am frühen Nachmittag zur Neige ging, waren überfüllt. An der Neiße und auf der Landeskrone tummelten sich die Spaziergänger, die zur Hälfte feldgrau gekleidet waren.

Das Stadttheater war dennoch brechend voll. Die Eintrittskarten waren von der HJ ausgegeben worden, einheitlich zum Schleuderpreis von zwei Reichsmark pro Platz. Eva saß zwischen Annemarie und Inge und ließ sich von der Nüchternheit der schwarz-weißen und schwarz-braunen Uniformen, die den Zuschauerraum ausfüllten, nicht in ihrem Kunstgenuß stören. Sie ließ sich von Hebbels Sprache faszinieren, die die »Brunhild« der Johanna Bassermann so meisterhaft beherrschte.

»Was weißt denn du von meiner Einsamkeit.«

Schwer wie Steine in einen See fielen die Worte in die Stille des riesigen Raumes. Eva war tief ergriffen.

Auf dem Heimweg überlegte sie, welche Rolle sie nun zuerst lernen sollte, die der Kriemhild oder lieber Brunhild. Sie verschob die Entscheidung auf den nächsten Sonntag, für den sie wieder eine Theaterkarte hatte: »Kriemhilds Rache.«

Erstaunlicherweise hatte sich das kleine Mädchen in den Darsteller König Gunthers verliebt, nicht in den blonden Siegfried, dem alle Görlitzer Mädchenherzen zuflogen. Eva beschloß, dem jungen Schauspieler vorzusprechen, sobald sie eine Rolle gelernt hatte. Er wohnte in einer Pension in der Jakobstraße, das hatte sie herausgefunden.

In Eva-Maria fand ein Umbruch statt, der weder für sie noch für ihre Umgebung erfreulich war. Sie begehrte bei jeder Gelegenheit auf, fühlte sich mehr denn je unverstanden und ungerecht behandelt. Ihre Eitelkeit nahm zu. Sie wollte mit Macht eine junge Dame werden. Solche Bestrebungen gingen sowohl Emmy als auch Katharina ganz ab. Das hinderte Emmy jedoch nicht, sich hin und wieder aus dem Kinderzimmerschrank etwas zu stibitzen, was ihr gerade gefiel. Emmy bekam immer, was sie wollte, ob der Weg dahin legal war oder nicht. Als Eva ihre neue Schiffchenkappe aus kariertem Taft, die durch eine Seidentrottel so keß aussah, vermißte und mit Herzklopfen in Emmys Schrank wiederfand, war es die ältere Schwester, die ihr Vorwürfe machte.
»Was hast du nur in meinem Schrank zu suchen! Und überhaupt – wie kommst du denn so einfach in mein Zimmer?«
Eva fühlte sich gedemütigt und war wütend über diese schreiende Ungerechtigkeit.
»Du hast viel schönere Sachen als ich. Warum mußt du mir auch noch wegnehmen, wenn ich mal was habe.«
»Wenn du nicht in meinen Schrank geguckt hättest, wüßtest du es ja gar nicht.«
Emmys Logik war umwerfend. Sie klatschte Eva das Käppchen auf den Kopf und schob sie zur Tür hinaus. »Heul' nicht, dumme Liese.«

Am Samstag vor Muttertag, der im Hause Brandt stets gefeiert wurde wie ein zusätzlicher Geburtstag, zog die Familie am Vormittag geschlossen zur Stadthalle am Neißeufer, unterhalb der Reichenberger Brücke. Dort gab es eine der vielen Großveranstaltungen, die für das Dritte Reich so charakteristisch waren. Der riesige Saal, dessen freitragende Decke ein statisches Wunder war, war angefüllt mit alten und jungen Menschen, dazwischen Uniformen aller Art, vom Pimpf bis zum hohen Wehr-

machtsoffizier. DRK-Schwestern hatten darauf zu achten, ob jemand in dem Gewühl erste Hilfe brauchte.
In der politischen Feierstunde hielt Kreisleiter Dr. Malitz eine klingende Rede auf alle deutschen Frauen, die vier und mehr Kinder – nicht geboren – sondern Adolf Hitler und dem Deutschen Reich g e s c h e n k t hatten.
»Unser Führer nimmt das Geschenk an, das deutsche Mütter ihm und unserem geliebten Vaterland gemacht haben. Nur ein volkreiches Deutschland ist stark und wird den Feinden trotzen können. Wir brauchen tapfere Soldaten und tüchtige Mädel, die uns beim Vormarsch und beim Aufbau helfen, die uns helfen, über unsere bisherigen Grenzen hinaus ein starkes, unbesiegbares Großdeutschland zu errichten.«
Und darum, so schloß Dr. Malitz, habe der Führer allen Müttern mit vier und mehr Kindern eine Auszeichnung verliehen, das »Mutterkreuz am Bande«.
»Nicht nur die Soldaten im Felde sollen Orden bekommen. Unsere Mütter sind die Helden der Heimat!«
Dabei kippte seine Stimme vor Anstrengung um, was zum Glück im brausenden Beifall unterging.
Dieser Rede folgte eine Laudatio des Oberbürgermeisters der Stadt Görlitz, Dr. Meinshausen, der anschließend eine schier endlose Liste verlas. Jede der Aufgerufenen erhob sich und reihte sich in eine lange Schlange ein, die am Rednerpodium begann und bis zur Saalmitte reichte. Die deutschen Mütter standen an, um sich Hitlers Orden um den Hals hängen zu lassen. Hanna stand mitten unter ihnen, lächelte in einer Mischung aus Stolz und Verlegenheit und schritt mit militärischer Exaktheit, die Arme rechts und links im Wechsel emporwerfend, zurück zu ihrem Platz. Herbert sah ihr mit einem Lächeln entgegen.
Zu Hause gab es Geschenke, die in Hannas Wohnzimmer auf den Tisch gebaut wurden: Handarbeiten der Kinder, von Herbert eine elegante Handtasche, jetzt schon eine Rarität. Der Inhalt des gleichfarbigen Portemonnaies sollte helfen, die Haushaltskasse aufzubessern. Herbert dachte immer praktisch.

Als er später am Abend mit seiner solcherart gefeierten Frau ein Glas Wein trank, fragte Hanna nachdenklich:
»Warum denn nicht die Mütter mit drei Kindern oder zwei? Wo ist denn die Grenze? Manche Frau kann vielleicht nicht mehr Kinder bekommen, obwohl sie gern möchte.«
»Ja«, stimmte Herbert zu, »da hast du recht. Und was der Kreisleiter sagte: daß die deutschen Jungen in erster Linie Soldaten werden sollten, gefiel mir auch nicht so ganz. Es gibt ja schließlich auch noch andere Berufe, und der Krieg wird mal zu Ende gehen. Ich finde die Propaganda der Regierung zu parteiisch. Wir wollen doch nicht mit Scheuklappen durchs Leben gehen.«
Hanna legte ihre Hand auf die ihres Mannes.
»Herbertchen, das wollte ich dir noch sagen: Ich habe unsere Kinder alle d i r geschenkt. Als sie geboren wurden, wußte ich ja noch gar nicht, wer Adolf Hitler war.«
Sie nahm das Mutterkreuz zwischen die Finger und betrachtete es nachdenklich.

Evas schulische Leistungen ließen bedenklich nach. Ostern war sie gerade noch mal so in die Untertertia gerutscht, mit je einer Vier in Geschichte und Physik, und in Erdkunde sogar einer Fünf. Dazu hatte sie von der erbosten Lehrerin einen Tadel bekommen, weil sie sie vor der ganzen Klasse lächerlich gemacht hatte mit der Frage nach den Langerhansschen Inseln. Das Schlimme war, daß Fräulein Illmer tatsächlich mit dem Zeigestock die Inseln auf der großen Wandkarte suchte, natürlich ohne sie zu finden, bis sie das vielstimmige, glucksende Gelächter in ihrem Rücken irritierte und sie die vergebliche Suche aufgab. Eva, die am ungeniertesten lachte, bekam ihren Tadel. Nach der Stunde erkundigte sich Fräulein Illmer im Lehrerzimmer vorsichtig, weshalb die Langerhansschen Inseln ein Grund zum Lachen seien.
»Das sehe ich auch nicht ein«, erwiderte das allgemein beliebte Fräulein Dr. Dorn. »Ich habe beim letzten Biologieunterricht mit den Mädels die Funktion der Langerhansschen Inseln in der Bauchspeicheldrüse besprochen. Vielleicht fanden es diese

Kindsköpfe komisch, die ›Inseln‹ in den Erdkundeunterricht zu transferieren.« Dabei saß ein winziger, amüsierter Schalk in Fräulein Dorns Augen.
Weder mit den Geschwistern noch mit den Freundinnen konnte sich Eva vertragen. Zu den Mädchen in der Küche war sie patzig und zu Hanna ausgesprochen frech. Dabei wunderte sie sich selbst oft, wie weit sie ungestraft gehen konnte. Es gärte in ihr, und sie war sich selbst nicht gut.
»Eva ist weder Fisch noch Fleisch«, sagte Hanna begütigend, wenn von irgendeiner Ecke Klagen kamen. »Das wird besser, wenn sie erstmal Backfisch ist.« Aber damit hatte es noch mehr als ein Jahr Zeit.

Für die Sommerferien bekamen Martin und Eva eine Einladung zu den Verwandten nach Danzig. Die Aussicht, selbständig, ohne die Begleitung Erwachsener, eine solch lange Reise zu unternehmen, beglückte die Geschwister. Sie wurden vorübergehend vernünftig und beinahe erwachsen, was bei Eva ebenso überraschte wie bei Martin, der mit seinen knapp sechzehn Jahren das Flegelalter noch immer nicht ganz überwunden hatte.
Emmy war seit Ende Mai im Arbeitsdienst. Sie kam nach sechs Wochen für ein paar Urlaubstage nach Hause und war in der graubraunen Uniform kaum wiederzuerkennen. Die ungewohnte, oft harte Arbeit auf dem Land, der ständige Aufenthalt an der frischen Luft hatten nicht nur ihre Muskeln gestählt, sie hatte davon auch tüchtig Hunger bekommen. Die derbe Kost, mit der sie ihn stillen mußte, hatte ihr ordentlich etwas auf die Rippen gepackt. Eva sah es mit unendlicher Genugtuung. Sie fühlte sich der älteren Schwester plötzlich sehr verbunden. Ihr fiel auf, daß sie nicht ein einziges Mal die »Dicke« genannt wurde.
Während Martin und Eva mit der Bahn nach Norden fuhren, blieb Hanna mit ihrer Jüngsten zu Haus, nahm sie mit zu Café Zwiebler oder fuhr mit ihr zum Burghof hinaus, um unterhalb der Landeskrone einen Spaziergang mit ihr zu machen. Sie ver-

suchte, Katharina zu verwöhnen, was aber nichts daran änderte, daß sich das Kind entsetzlich langweilte. Die Schulfreundinnen waren verreist, die Geschwister alle fort. Schließlich lud Hanna die gleichaltrige Renate aus Berlin ein, mit deren Eltern die Brandts seit Jahrzehnten befreundet waren. Für beide Mädchen waren die Ferien damit gerettet.

Eva und Martin starteten also mit der Bahn gen Danzig. Mutter und Schwester brachten sie auf den Bahnhof und winkten lange hinterher. Der Zug war brechend voll. Die beiden mußten sich mit schmalen Sitzplätzen begnügen. In Schneidemühl stiegen sie aus und ratterten mit einer romantischen Kleinbahn durch den Wald bis zu einer überdachten Bank, über der das Schild KRUMPOHL baumelte. Das war ihr erstes Reiseziel. Sie stapften mit ihren beiden Koffern den Waldweg entlang bis zu der Försterei, in der sie die erste Ferienwoche verlebten und ordentlich Landluft schnupperten. Dann ging es denselben Weg zurück, und in Schneidemühl bekamen sie den Zug über Dirschau nach Danzig.

Zum ersten Mal fuhren sie im Danziger Bahnhof ein. Sonst hatten sie die Stadt stets mit dem Auto erreicht. Einmal auch via Zoppot mit dem Schiff. Und das war gar nicht so lange her. Die Tante und beide Kusinen erwarteten sie auf dem Bahnsteig. Danzig war vom Krieg noch kaum gezeichnet. Es war alles so, wie es immer gewesen war, wenn man davon absah, daß im Straßenbild viele Uniformen auftauchten. Und die Hakenkreuzfahnen hatten die Geschwister vorher auch nicht gesehen. Sie hingen in Mengen aus beinahe jedem Fenster. Neu war auch, daß der Danziger Gulden vom Markt verschwunden war. Die geltende Währung war jetzt die Reichsmark. Aber Langfuhr und Oliva, der Zoppoter Strand und die schöne alte Innenstadt waren unverändert.

Sie fuhren täglich hinaus zum Baden, verbrachten mehrere Nachmittage auf dem berühmten Danziger Domnik und gaben dabei zügellos ihr Taschengeld aus.

Kurz nach ihrer Heimkehr wurde Eva-Maria dreizehn. Sie war in den letzten Tagen vor ihrem Geburtstag so unausstehlich, daß Hanna glaubte, einschneidende Maßnahmen ergreifen zu müssen. Die sahen so aus, daß auf dem Geburtstagstisch die Dinge fehlten, die Eva sich am brennendsten gewünscht hatte, daß ein Bericht an den Vater mit der Feldpostnummer 1893712 abging, und daß endlich Emmy beauftragt wurde, der Mutter bei der Erziehung der so schwierig gewordenen Tochter zu helfen. Das bedeutete für Eva, daß sie von nun an streng unter Kuratel stand. So oft Emmy nach Hause kam, hatte sie jetzt legal das Zepter in der Hand und half Hanna, die ungebärdige Geschwisterschar zu zügeln.

Dabei kam Martin noch am besten weg, der immer ihr Kumpel gewesen war und ihr im Alter zu nahe stand, um sich von ihr zurechtweisen zu lassen, obwohl das auch manchmal nötig gewesen wäre. Hanna empfand die Unterstützung durch die große Tochter als rechte Erleichterung. Das Familienoberhaupt fehlte ihr auch in dieser Hinsicht sehr. Sie war daran gewöhnt, daß Herbert alle Entscheidungen traf und die Zügel in der Hand hielt.

Eva hatte zum Geburtstag ein Tagebuch mit einem Schloß bekommen, in das sie alle ihre unausgegorenen Träumereien, ihre Kümmernisse und geheimen Leidenschaften hineinschrieb, die ihr dreizehnjähriges Leben erfüllten. Das Tagebuch war ihr eine Hilfe, ein Ventil, mit dem sie all den inneren Wirrwarr zu ordnen versuchte, der ihr junges Leben so unruhig machte. Das Tagebuch widersprach nicht, es hielt schön still und nahm alles in sich auf, was das kleine Mädchen loswerden mußte. Die erste scheue Verliebtheit prangte ebenso auf den Seiten wie die unerlaubte Sehnsucht nach dem Theater. In dem beruhigenden Bewußtsein, daß dieses Tagebuch ein Hort des Vertrauens und der Verschwiegenheit war, schloß Eva es jedesmal gewissenhaft ab, wenn sie es erneut beschrieben hatte, und verstaute es unter ihrer Leibwäsche, was ihr zusätzliche Sicherheit zu sein schien. Den winzigen Schlüssel trug sie Tag und Nacht an einem Kettchen um den Hals.

Eines Tages geschah das Entsetzliche, an dem Evas augenblickliche kleine Welt zusammenbrach. Es war in der Weihnachtszeit. Emmy hatte ein paar Tage Urlaub bekommen und war zu Hause. Eva hatte den Nachmittag bei der Omi auf dem Friedrichsplatz verbracht, hatte ihr auf dem Flügel vorgespielt und dabei übersehen, wie die fast taube Anna Kirsch bei jedem falschen Ton leicht zusammenzuckte. Wie immer aber waren diese Stunden voller Harmonie. Als Eva ging, bekam sie von der Großmutter neben innigen Küssen noch eine Mark fürs Kino.

Zu Hause begegnete ihr Emmy auf dem Flur und witzelte:

»Du machst also jetzt ernst mit deinen Theaterplänen. Hätte ich gar nicht gedacht, daß du so viel Initiative entwickelst.«

»Wieso?« fragte Eva mißtrauisch.

»Na, du hast doch wohl diesen Theaterheini, den Gernot Heise, besucht. Oder etwa nicht? Verknallt bist du auch in ihn.«

Eva antwortete nicht. Sie stürzte an der Schwester vorbei ins Kinderzimmer, riß ihren Schrank auf und wühlte im Wäschefach. Das Tagebuch lag zwischen ihren Nachthemden, wo es immer gelegen hatte, seit sie es besaß. Sie holte es hervor und untersuchte es eingehend. Das Schloß war zu und offensichtlich unversehrt, der Schlüssel hing an ihrem Hals.

Eva setzte sich auf einen Stuhl und dachte nach. Woher konnte Emmy wissen, was sie offenbar wußte? Nur Katharina hatte sie von ihrem Vorsprechen erzählt. Und zu Katharina hatte sie ein uneingeschränktes Vertrauen. Sie war genauso verschlossen wie Evas Tagebuch. Katharina wußte auch, wie enttäuschend dieser Besuch bei Gernot Heise gewesen war. Er hatte sie behandelt wie ein dummes Gör, hatte sich zwar ihre theatralischen Ausbrüche angehört, ihr aber dann geraten, noch ein paar Jahre zu warten, ehe sie sich endgültig für den Weg entschied, der ihr Leben bestimmen sollte. Die schmuddlige Pension in der Jakobstraße, das dunkle, unaufgeräumte Zimmer hatten ein Übriges dazu getan, Evas Leidenschaft ein wenig zu dämpfen.

Dies alles wußte wirklich nur Katharina. In der Form hatte sie es nicht einmal dem Tagebuch anvertraut. Und das – überlegte

Eva – wußte Emmy zweifellos auch nicht. Sonst hätte sie sicher eine Bemerkung darüber gemacht.
Es ließ Eva keine Ruhe. Am Abendbrottisch fragte sie die große Schwester, woher sie das alles wisse.
»Was? Meinst du deine Tagebuchergüsse? Du mußt es besser verstecken, wenn es geheim bleiben soll. Ich hab's gefunden, als ich mir von dir ein Nachthemd borgen wollte.«
Eva erstarrte. Sie wurde dunkelrot. Ihre Augen füllten sich mit Tränen.
»Aber es ist doch zu!« rief sie mit erstickter Stimme. »Verschlossen! Und der Schlüssel ist hier!«
Hastig nestelte sie das Kettchen unter ihrem Pullover hervor.
Emmy lachte. »Ja, in der Mitte, wo das Schloß sitzt. Aber oben und unten ist es offen. Man kann leicht die Seiten auseinanderbiegen und die ganze Litanei lesen.«
Eva stieß ihren Stuhl zurück und stürzte aus dem Zimmer. Sie zerrte ihr Tagebuch aus dem Schrank, hockte sich vor den Kachelofen und öffnete das Kohlentürchen. Schluchzend riß sie Seite für Seite aus dem geliebten Buch, das ihr in der unruhigen Zeit zwischen Kind und Frau ein geduldigter Partner gewesen war, und warf sie auf die verglimmende Glut, die hell auflodernd Evchens Innenleben verschlang.
Katharina kam ins Zimmer, stellte sich neben Eva und sah der Prozedur schweigend zu. Dann legte sie die Hand auf das Haar der Schwester, wuschelte tröstend ein bißchen darin herum und sagte leise: »Ich schenke dir ein neues zu Weihnachten.«
Aber Eva schüttelte nur stumm den Kopf.

Im Juni hatte der Krieg gegen Rußland begonnen, und im Dezember erging ein Aufruf an die Bevölkerung, alle verfügbaren Skier abzuliefern. Natürlich kostenlos und aus reinem Idealismus. Die deutschen Armeen waren in dem überrumpelten Rußland rasch vorangekommen. Als sie der russische Winter überfiel, standen sie kurz vor Moskau. Und da blieben sie buchstäblich stecken. Die Nachschubwege waren lang und beschwerlich. Die Versorgung geriet ins Stocken. Es fehlte an der nötigen winterlichen Ausrüstung. Die Frauen in der Heimat strickten sich die Finger wund, schickten Pulswärmer, Socken und Pullover an die Front. Aber das war nur ein Tropfen auf den heißen Stein.

Nun also die Skier. Adolf Hitler konnte mit der begeisterten Opferbereitschaft seiner Deutschen rechnen. Überall wurden die geliebten Bretter hervorgeholt und zu den Sammelstellen gebracht. Auch Emmy ging mit verkniffenem Gesicht auf den Boden und kramte ihre sorgfältig zusammengebundenen Ski hervor. Für sie war es ein echtes Opfer. Sie hatte diesen Sport besonders gemocht. Aber es war nötig geworden, und da wurde gar nicht viel gefragt, auch wenn es verdammt schwerfiel.

Der Jahreswechsel von 1941 zu 1942 war in Deutschland nirgendwo mehr ein rauschendes Fest. Unzählige hatten in den Luftangriffen ihr Heim und Hab und Gut verloren, in unzähligen Familien hatte der Tod Wunden gerissen. Die Versorgung der Bevölkerung wurde immer knapper. Wer Beziehungen irgendwelcher Art hatte, pflegte sie.

Brandts versuchten hier und da über die Thiemendorfer Bauern etwas zu bekommen, aber über ein Stückchen Butter und etwas Gemüse aus dem bäuerlichen Garten ging das auch nicht hinaus. Manchmal bekamen sie etwas Getreide für ihre Hühner, die im übrigen aber von Kartoffelschalen und Salatabfällen lebten und diese kärgliche Ernährung rührend und verläßlich mit dem täglichen Ei honorierten.

Hannas frauliche Formen glichen sich den Zeitläuften an. Sie wurde rank und schlank wie ein junges Mädchen. Auch Emmy bekam wieder ihre schmale, sportliche Figur, als sie den Arbeitsdienst absolviert hatte und ins Privatleben zurückkehrte.

Katharina war ein Heimchen wie eh und je. Nur Eva blieb rundlich. Bei ihr schlug schon das Betrachten einer Speise an. Dabei bemühte sie sich verzweifelt um ein attraktives Aussehen. Sie flocht ihr volles, dunkles Haar im Nacken zu einem Zopf, dachte abends vor dem Einschlafen konzentriert über ihre Garderobemöglichkeiten nach und entwickelte bald eine erstaunliche

Geschicklichkeit im Nähen von Röcken und Kleidern, die sie selbst entwarf. Das Material dazu fand sie in der großen Kostümkiste auf dem Boden, in der immer noch der Fundus aus den Zeiten der Theateraufführungen beim Ost- und Westpreußenverein lagerte. Dabei blieb ihr der Hang zum Theatralischen. Sie raffte und rüschte die Stoffe und übersah dabei, das dies ihrer Figur keineswegs schmeichelte.

Ihre Freundinnen begannen, sich nach dem männlichen Geschlecht zu orientieren. Sie »gingen« mit dem und jenem, oder er »ging« mit ihr. Mit Eva »ging« keiner. Das pummlige Mädchen war für die jungen Männer von 15 bis 17 ein »Es«. Eva hingegen versuchte sich aus ihrer ständigen Unsicherheit zu retten, indem sie in jedes Fettnäpfchen trat, das irgendwo in Reichweite stand. Das trug dazu bei, daß der Kreis der ihr Zugetanen immer kleiner wurde. Es war ein circulus vitiosus. Immer wieder nur war die einzige Rettung für ihr durcheinandergewirbeltes Innenleben die unerschütterliche Liebe von Katharina. Für Eva war sie der Fels in der Brandung. Das schloß nicht aus, daß sich die Schwestern auch zwischendurch zankten und lautstark stritten. Es kam sogar vor, daß sie sich nach Herzenslust prügelten, wobei die wendige, kleine Katharina durchaus nicht immer die Unterlegene war. Im Grunde aber hielten sie zusammen wie Pech und Schwefel. »Meine dicke Hälfte«, sagte Katharina manchmal zärtlich, und bei ihr klang das Wort »dicke« nie verletzend – »wir sind zusammen ein Ganzes.«

Nicht nur Eva, auch Hanna atmete auf, als das dreizehnte Jahr zu Ende ging und die Vierzehn gefeiert werden konnte. Diesmal fehlte nichts auf dem Geburtstagstisch, was absichtlich zurückgehalten wurde. Er war ohnehin bescheiden genug. Eva hatte ihre Wünsche in Anbetracht der schweren Zeit entsprechend reduziert. Das Prunkstück war ein kleiner, in Gliedern beweglicher Silberfisch, der an einem Kettchen hing und der dokumentieren sollte, daß Eva-Maria Brandt dicht davor stand, ein waschechter Backfisch zu werden. Hanna hatte einen Silberlöffel geopfert, um an dieses kleine Symbol zu kommen, das ihr geradezu unerläßlich erschien. Sie stand neben dem Geburtstagstisch und deklamierte mit einem vielsagenden Lächeln:

»Mit vierzehn Jahren und sieben Wochen
ist der Backfisch ausgekrochen.
Mit fünfzehn Jahr'n und sieben Tagen
fängt das Herz leis an zu schlagen.
Mit sechzehn Jahr'n und sieben Stunden
hat das Herz ein Herz gefunden.
Mit siebzehn Jahr'n und sieben Minuten
fängt das Herz schon an zu bluten.
Mit achtzehn Jahren, ei der Daus,
ist die Backfischzeit dann aus.«

Eva war der Vortrag der Mutter ein bißchen peinlich. Auch sah sie nicht ein, daß ihr Herz erst in einem Jahr anfangen sollte zu schlagen. Es schlug schon lange, und zwar sehr heftig und meistens vergeblich. Aber das Kettchen freute sie. Sie trug es stolz an der Stelle, an der vor Jahresfrist der Schlüssel zu ihrem Tagebuch gehangen hatte.

Der erste Kuß

Alles, was malen und zeichnen betraf, fesselte Eva. Die Zeichenstunden bei Herbert von Hoerner, dem sensiblen Schriftsteller mit dem doppelten Talent, waren für sie Glücksstunden. Sie hatte die unbestreitbare Gabe, Dinge, die sie sah, naturgetreu auf das Papier bannen zu können und machte davon auch außerhalb der Schule reichlich Gebrauch. Wenn die Zeichenstunde auf den Wilhelmsplatz verlegt wurde, wo die Mädchen dann auf mitgebrachten Schemeln hockten und Häuser, Bäume oder das Reiterdenkmal Kaiser Wilhelms mit Kohlestift oder Farbe wiederzugeben versuchten, schwelgte Eva in ihrer Arbeit und überhörte oft die Schulglocke, die laut genug über den Platz schellte. Erst wenn ihr der verständnisvolle Lehrer auf die Schulter tippte und »Aufhören, Eva« sagte, packte sie ihr Malzeug zusammen, nahm ihren Schemel und trottete hinter den anderen drein.

Ein großartiges Ereignis war die Ausstellung der Bilder von Engelhardt-Kyffhäuser in der Ruhmeshalle. Der Maler, der auch in den oberen Klassen der Luisenschule Unterricht gab, hatte seine aufsehenerregende Folge »Der große Treck« in allen Räumen des mächtigen Kuppelbaues jenseits der Neiße ausgestellt. Die ganze Schule pilgerte klassenweise dahin.

Viele der Schülerinnen betrachteten den Ausflug zur Ruhmeshalle als willkommenen Anlaß, ein paar Schulstunden unter den Tisch fallen zu lassen. Eva aber war wirklich interessiert. Sie ging durch die Säle und über die weiten Treppen, genoß das Gebäude und die Ausstellung und hatte bald ihre Klassengemeinschaft verloren.

Sie entging somit den langatmigen Erklärungen einer Museumsführerin, konnte vor jedem Bild verweilen, solange sie wollte, und ließ sich von den erschütternden Darstellungen des Elends und der Not, die in langen Flüchtlingszügen aus dem Osten gekommen waren, gefangennehmen. Als es mit einem Mal so merkwürdig still um sie herum wurde und sie nur noch die Absätze der Museumswärterin auf den Steinfußboden knallen hörte, wurde ihr klar, daß sie die letzte der Luisenschülerinnen war. Hastig lief sie die breite Mitteltreppe hinunter, auf der ihr Herbert von Hoerner gutmütig lächelnd entgegenkam.

»Nun aber schnell, Eva-Maria. Hat's dich wieder so gepackt, ja?«

Das nachmittägliche Privatleben der jungen Mädchen zwischen 14 und 15 war voller Spannung und Aufregungen. Wenn auch die JM und BDM-Zusammenkünfte einen guten Teil ihrer Freizeit in Anspruch nahmen, blieb doch noch genug für allerlei Unternehmungen, wie sie die Backfische aller Generationen vorher und nachher durchlebten und durchbebten. Selbstver-

ständlich schwärmten sie für unerreichbare Sterne am Theaterhimmel, gaben am Bühneneingang Blumensträuße ab, die das letzte Taschengeld verschlungen hatten, und schrieben verschämte kleine Liebesbriefchen, für die sie allenfalls eine flüchtige, unpersönliche Dankeskarte bekamen. Ernster zu nehmen waren schon die ersten Jugendfreundschaften, die häufig durch gemeinsame Aktivitäten mit der HJ entstanden, oft auch bei den beliebten nachmittäglichen Stadtbummeln oder bei Café Herrmann auf dem Postplatz, wo die von der Mutter erbettelten Kuchenmarken umgesetzt wurden. Dann gab es gemeinsame Kinobesuche und schließlich Spaziergänge in der Görlitzer Umgebung, die immer ausgedehnter wurden.
Die Zauberwelt der Romantik, vom Erröten bis zum ersten Kuß, konnte auch Hitlers straffe Jugendorganisation den jungen Menschen nicht nehmen.
In Evas Klasse gab es einige Mädchen, die schon ihren »festen« Freund hatten und die Hanna, als Eva neidvoll davon berichtete, »frühreif« nannte.
»Laß nur, Evchen, damit hat es noch Zeit. Außerdem sind diese Jungen sowieso nichts für dich. Du wirst doch wohl andere Ansprüche stellen. Paß nur auf – ein paar Jahre weiter, und du lernst einen richtigen Mann kennen.«
Aber die »paar Jahre weiter« ermutigten Eva nicht. Die Männer waren alle an der Front. Urlauber, die meist in Gruppen durch die Stadt zogen, zeigten wenig Interesse für eine pummlige, vierzehnjährige Lyzeumsschülerin. Mit den Gymnasiasten von der blauen und der roten Penne, so genannt nach der Farbe ihrer Schülermützen, war das etwas anderes. Die waren jetzt da und verfügbar. Sie waren in dem reizvollen Stadium an der Schwelle zum Mannestum und besaßen eine gehörige Portion Selbstbewußtsein, das der erwachenden Weiblichkeit der jungen Mädchen Anerkennung einflößte. An dem ungeschriebenen Gesetz, daß in Liebesdingen alle Initiativen vom männlichen Partner auszugehen haben, hatte sich noch nichts geändert. Ein Mädchen, das von sich aus die Offensive ergriff, gab es kaum. Avancen wurden erst demjenigen gemacht, der sein un-

mißverständliches Interesse bekundet hatte. Für Eva, deren bisher kindliche Gefühle sich nun in sehr ausgeprägt weiblichen Bahnen bewegten, hatte dieses Interesse bisher noch keiner gezeigt. Der Trend der Zeit war das schlanke, sportliche Mädchen. Keiner der Jungen hatte Lust, sich mit der kleinen Dickmamsell zu zeigen und womöglich das Gespött der Kameraden auf sich zu ziehen. Zu den ersten »gemischten« Einladungen, bei denen im elterlichen Wohnzimmer auch schon mal nach Grammophonmusik getanzt wurde, bekam auch Eva hier und da eine Aufforderung. Ihre Freundinnen baten dann einen Solo-Jüngling dazu, so daß sie paarweise waren.

Aber eine regelrechte Freundschaft kam auch dadurch nicht zustande. Irgend etwas sträubte sich in der durchaus gutwilligen Eva, sich stante pede in den ihr Zugedachten zu verlieben, zumal der auch kein Entgegenkommen zeigte.

Das Schlimme war: Eva war schon verliebt. Und zwar, was die Sache komplizierte, in den hübschen Freund ihrer Freundin Gesine. Der war schmal, blond und blauäugig und hatte volle, rote Lippen. Einen richtigen Kußmund. Daß Gesine die Qualität dieser Lippen schon oft und ausgiebig gekostet hatte, daraus machte sie gar keinen Hehl. Gesine saß in der Klasse hinter Eva, schrieb die Hälfte der Unterrichtsstunden kleine Briefchen, die in der Klasse umherwanderten, und hielt so alle auf dem Laufenden über ihr bewegtes Privatleben. Sie verzeichnete seit langem nicht zu übersehende Erfolge in der Görlitzer »Männerwelt« und pflegte diese auch durch großzügige Einladungen, Bootsfahrten auf der Neiße und Spaziergänge an deren Ufern.

Irgendwie ergab es sich einmal, daß Gesine mit ihrem blonden Freund Jochen in Richtung Altstadt zog, und daß ihnen dort ganz zufällig Eva-Maria Brandt begegnete. Ob Eva nun gerade Altstadtstudien trieb oder ob sie von dem Ausflug der Freundin wußte, sei dahingestellt. Tatsächlich spazierten alle drei zu der fast fünfhundert Jahre alten Peterskirche, die, auf einem Fels erbaut, in ihrer wunderbar in sich geschlossenen Gotik ein Prachtstück des alten Stadtkerns war. Als sie an der Kirchentür klinkten, fanden sie die verschlossen. Ob es in Luthers Sinn ist oder nicht, protestantische Kirchen öffnen nur am Sonntag dem Gläubigen ihre Pforten.

Aus einem banalen Grunde gerieten Gesine und Jochen in einen Streit, bis schließlich Gesine auf dem Absatz kehrtmachte und durch die Altstadt zurück der elterlichen Wohnung zustrebte. Eva und ihr Idol blieben am Kirchenportal stehen und sahen der Erzürnten nach, bestürzt und ein bißchen verlegen.

»Wir gehen in die Krypta, und ich spiele dir was auf der Orgel vor«, entschied Jochen plötzlich.

Eva war hingerissen.

»Ja, darfst du das denn?« fragte sie.

»Ich darf das«, erklärte Jochen mit einer Bestimmtheit, die keinen Zweifel zuließ. »Der Küster kennt mich, ich habe hier schon öfter gespielt.«

Eva wußte, daß Jochen musikalisch war, auch, daß er Orgel spielte, aber sie hatte ihm noch nie zugehört. Jetzt würde er nur für sie spielen, das erhöhte den Reiz des Erlebnisses.

Die Krypta war offen. In dem erstaunlich kleinen Raum unter der großen Kirche schob sich Eva in eine der Bänke und ließ die Orgelklänge über sich hinwegbrausen. Herz und Sinne öffneten sich ihr. Sie war das beste Publikum, das sich ein Künstler wünschen konnte. Als Jochen von seiner Orgelbank rutschte und zu ihr kam, saß sie mit solch verklärten Augen da, daß sie der Freund ihrer Freundin in die Arme nahm und küßte. Eva bog den Kopf zurück, wie sie es in vielen Filmen gesehen hatte. Ihr Mund war weich und zärtlich. Aber als sich zwischen ihre Lippen plötzlich eine Zunge schob und in ihrem Mund einen Tanz aufführte, als sei eine Schlange hineingefahren, schob sie den über sie Gebeugten entsetzt von sich. Alles Wunderbare, das sie sich erträumt hatte, versank in Ekel und Abwehr. Das, was da so unvorbereitet in sie eindrang, machte alles zunichte, was sie sich in langen Nächten zusammengedichtet hatte. Sie gab den heißgeliebten Jochen tränenlos und ohne Reue an ihre Freundin Gesine zurück.

Die Ziege

Herbert Brandt war nie anders als ein treusorgender Vater gewesen. Bei einem seiner Urlaube brachte er plötzlich eine schneeweiße Ziege nach Görlitz, um die schmalgewordene Milchration für die Familie und – vielleicht später – auch die Fleischration aufzubessern. Natürlich bekam der erfreuliche Zuwachs sofort einen Namen, was ausschloß, daß er je geschlachtet werden könnte. Also blieb die Hauptaufgabe der Ziege, Milch zu geben, und Eva, die in solchen Dingen wendig und einsatzbereit war, setzte sich mit einem Schemel in den ehemaligen Pferdestall, wo auf einer Strohschütte das verängstigte Tier stand und ihr dümmlich entgegenglotzte. Eva besann sich ihrer Unterweisungen beim Melkermeister Felgner auf dem Gutshof bei Lauban und begann, an den beiden Zitzen des Geißleins zu ziehen. Aber die Zitzen waren auffallend klein, und es kam kein einziger weißer Tropfen heraus. Es dauerte einige Tage, bis auch der Vater akzeptierte, daß die Ziege ein Zwitter war und somit für die erwarteten Genüsse ungeeignet.

Herbert war wieder im Feld, als Hanna aktiv wurde und den Ziegenzwitter in der Zeitung zum Tausch anbot. Die junge weiße Ziege zog nach einigen Tagen aus dem Stall aus und dafür eine alte schwarze ein, die kurz vorher gezickelt hatte und aus deren großen, grauen Zitzen reichlich Milch floß. Ein neues Problem entstand in der Futterfrage. Die neue Ziege »Martha« war hochwüchsig und dünn, dabei erstaunlich gefräßig. Sie verschlang alles, was man ihr in der Emailleschüssel anbot, kaute ständig und schien nie satt zu sein. Das bißchen Heu, das bei dem wöchentlichen Rasenschnitt abfiel, reichte nicht annähernd aus, und aus der Küche kamen immer weniger Abfälle, weil ja alles bis zur letzten Möglichkeit verwertet wurde. Wenn »Martha« nichts im Maul hatte, schrie sie, unaufhörlich, zeternd und vorwurfsvoll. Sie ging den Bewohnern der Moltkestraße 3 solange auf die Nerven, bis Hanna beschloß, der ständigen Meckerei ein Ende zu machen. Auf die zusätzliche

Milch würde man in Zukunft verzichten müssen. Ein paar deftige Fleischmahlzeiten waren schließlich auch nicht zu verachten.

Die Kinder wurden vorsichtshalber gar nicht gefragt. Als sie aus der Schule kamen, schwang ein ungewohnter Bratenduft durchs Haus, und auf den Mittagstisch wurde auf der nur noch selten benutzten Bratenplatte ein mächtiges Stück Fleisch aufgetragen, das den Rehkeulen aus Friedenszeiten von ferne ähnelte. Hanna nahm ein Tranchierbesteck, schnitt dicke Scheiben vom Knochen herunter und machte dazu ein geheimnisvolles Gesicht.

»Hat Vati das geschickt«, fragte Martin, »oder woher haben wir das plötzlich?«

Eva schnupperte mißtrauisch an ihrem Fleischstück und murmelte: »Riecht aber gar nicht nach Wild.«

Katharina legte Gabel und Messer zurück, die sie eben aufgenommen hatte, und flüsterte erblassend: »Das ist Martha!!«

»Na und?« Hanna schob einen großen Bissen in den Mund und blickte fröhlich kauend in die erstarrte Kinderrunde. »Nun habt euch mal nicht so, Kinderle. Das Geschrei jeden Tag war ja nicht mehr auszuhalten. Außerdem gab sie kaum noch Milch, weil sie zu wenig Futter bekam.«

Eva schluckte. »Aber deshalb schlachtet man sie doch nicht gleich. Und wir sollen sie jetzt auch noch aufessen.«

Hanna sah ratlos von einem zum anderen. Es war kein Zweifel – ihre Kinder streikten. Sie aßen ihre Kartoffeln und den Rotkohl vom Teller, aber Fleisch und Soße rührten sie nicht an. Es war eine beklemmende Stille im Eßzimmer. Hanna schmeckte die Ziegenkeule plötzlich auch nicht mehr.

»Aber den Nachtisch werdet ihr doch essen.«

Sie war froh, daß der Gelbkirschenbaum so viel getragen hatte, daß sie reichlich einwecken konnte. Katharina musterte das Kompott in der Kristallschüssel eingehend.

»Da sind Maden drin«, mäkelte sie, »ganz viele.«

Hanna war außer sich.

»Aber Kind, die sind doch so klein – die sieht man ja gar nicht!«

Sie war in diesen Dingen immer sehr großzügig, was besonders die »beiden Kleinen« nie verstehen konnten.
Als Hanna nach dem Essen in die Küche kam, um mit Hilde zu beratschlagen, was nun mit der toten »Martha« geschehen sollte, war der Teller des Mädchens auch nur halb leergegessen. Was zu »Martha« gehört hatte, lag noch drauf.
»Ich kunnt's nich iba mich bringen, gnä' Frau. Wo ich se doch imma gefittert hab. Und denn hat se mich so angeglubscht mit ihren großen, traurigen Oogen.«
»Was machen wir denn nun, Hilde?«
»Ich – wenn Se mich fragen, gnä' Frau, ich wird no amoal een Tauschangebot machen inna Zeitung: FRISCHES FLEESCH GEGEN A GOANS ODA NE ENTE.«
Hanna fand die Idee glänzend. Sie ging sofort zum Telefon und gab die Anzeige auf. Schon am nächsten Tag mittags hatte sie ihre Ente, setzte sie in die Hühnerschar und war froh, »Martha« bis auf die gebratene, angeschnittene Keule los zu sein.
Die Kinder waren mit der Lösung einverstanden. Die Ente bekam den Namen »Lilli«, was sie vor dem sicheren Tod zunächst bewahrte.
Übrig blieb nun immer noch »Marthas« Keule. Hanna konnte sich nicht entschließen, in diesen mageren Zeiten ein Dreikilostück Fleisch einfach wegzuwerfen. Sie sann auf eine List und führte sie prompt aus. Das Fleisch wurde durch den Wolf gedreht, mit Ei und eingeweichten Semmeln versetzt, gewürzt, gesalzen und gebraten. Mittags gab es Bratklopse mit Rosenkohl und Stampfkartoffeln.
Martin, Eva und Katharina – Emmy war im Arbeitsdienst – aßen Stampfkartoffeln und Rosenkohl und lehnten »Martha«-Klopse ab. Sie waren sehr schnell hinter den Schmu gekommen.
Zum Abendessen wurde Tante Hede von Viethoff eingeladen. Sie war mit ihrer Lebensmittelkarte IV schlecht dran und ziemlich ausgehungert. Mit sichtlichem Vergnügen verzehrte sie vier handtellergroße Klopse. Die Kinder sahen ihr stumm und angeekelt dabei zu. Den Rest bekam sie in Butterbrotpapier gewickelt und trug ihn zufrieden nach Hause.

Einquartierung

Während Berlin und West- und Süddeutschland unter zunehmenden Bombardierungen der Alliierten litten, die eine schöne Stadt nach der anderen grausam zerstörten, blieb Schlesien mit seinen Klein- und Mittelstädten auch in den letzten beiden Kriegsjahren noch eine Oase der Ruhe. Scharenweise wurden die Kinder aus den zertrümmerten Städten in die schlesischen Dörfer und kleineren Stadtgemeinden geschickt. KLV nannte man das: Kinderlandverschickung. Wie oft mußten sich traurige Mütter von ihren Kleinen trennen, die schon die Männer und älteren Söhne im Feld stehen hatten. Sie taten es mit wehen Herzen, um der Sicherheit ihrer Kinder willen. Die Tapferkeit der deutschen Frauen war unbeschreiblich, ihre Ausdauer und Einsatzwilligkeit nahezu grenzenlos. Sie waren es auch, die dem am Boden liegenden Deutschland nach dem Kriege wieder auf die Beine halfen.
Zunächst aber waren sie für Hitler eine Kraft, mit der er rechnen konnte. Die Frauen an der »Heimatfront« waren der Fels, auf den er baute.
Herlangens waren von Berlin nach Essen versetzt worden und kamen, was Fliegeralarm und Luftangriffe betraf, vom Regen in die Traufe. Anfang 1943 schickten sie Felix, ihren Jüngsten, nach Görlitz. Er bezog Martins Zimmer und wurde mit seinem trockenen Humor und seiner schlaksigen Jungenhaftigkeit schnell und gern in den kleingewordenen Kreis der Familie aufgenommen. Felix nutzte die Übersiedlung nach Görlitz als willkommenen Anlaß, aus eigenem Entschluß aus der ungeliebten Hitlerjugend auszuscheiden. Er meldete sich in Essen nicht ab und in Görlitz nicht an. Seine Uniform hatte er einfach zu Hause gelassen. Er ging in die Sekunda des Gymnasiums Augustum am Klosterplatz, folgte ohne Schwierigkeiten dem Unterricht, obwohl er seine Schularbeiten sozusagen mit der linken Hand machte, und verbrachte die Nachmittage vorzugsweise in der Stadt oder ihrer Umgebung.

Evas Verhältnis zu dem Freund ihrer Kindheit hatte sich gewandelt, obwohl sie sich immer noch selbst als Nummer eins in seinem Leben betrachtete. Sie belegte ihn vorsichtig mit Beschlag, soweit er das zuließ. Und da er in seiner Gutmütigkeit selten Einspruch erhob, glaubte sie, ein gewisses Vorrecht auf ihn zu haben. Zunächst hatte Eva sich selbst geprüft, ob sie sich vielleicht in Felix verlieben könnte. Aber er kam ihr mit solch einer selbstverständlichen, kameradschaftlichen Natürlichkeit entgegen, daß sie ihre Regungen schleunigst ad acta legte und die Gefühle auf freundschaftlich-schwesterlich umstellte. Gerade dies aber trug dazu bei, daß er ihr Felix blieb, der Freund ihrer frühen Kindheit.
Felix war knapp fünfzehn Jahre alt. Er war mächtig in die Höhe geschossen, überragte Hanna um Haupteslänge, war beängstigend dünn und futterte wie ein Scheunendrescher. Hanna mußte recht erfinderisch sein, um ihr junges Völkchen satt zu kriegen, wobei ihr Katharina die wenigsten Sorgen machte. Ihre Jüngste war mit ihren elf Jahren klein und zierlich wie eh und je und aß wie ein Spatz. Eva hingegen, schon mit vierzehn mit allen möglichen körperlichen Rundungen und Reizen ausgestattet, verschwand öfter einmal in der Speisekammer und stopfte sich verbotenerweise den Mund voll, getreu der naiven Vorstellung: Wenn's keiner sieht, macht's auch nicht dick.
Hanna schickte die Kinder öfter einmal zu Besorgungen in die Stadt, ausgestattet mit Geld und Lebensmittelkarten. Eva hatte einen diebischen Spaß daran, mit Felix einkaufen zu gehen. Der Freund dachte gar nicht daran, in den Geschäften den vorgeschriebenen und üblichen Hitlergruß zu entrichten. Mit einem fröhlichen »Guten Tag« betrat er den Laden und erntete erstaunte, manchmal mißbilligende Blicke. Kein Mensch wagte es zu dieser Zeit, in der Öffentlichkeit »Guten Tag« zu sagen. Beim Hinausgehen schmetterte Felix sein »Auf Wiedersehen« in die verdutzte Runde. Draußen wollte Eva sich ausschütten vor Lachen.
Hanna fand das gar nicht komisch, als es ihr erzählt wurde. Sie

fürchtete, daß ihr so liberal denkender Schützling womöglich einmal von einem Fanatiker angezeigt werden könnte.
»Im Gegenteil, Mutti«, berichtete Eva eifrig. »Beim Fleischer auf dem Demianiplatz haben wir 200 Gramm mehr Wurst bekommen, als uns zustand. Und der Fleischer hat dabei ganz verstohlen gegrinst.«
»Ich möchte aber nicht auf diese Weise unsere Wurstration aufgebessert haben«, beharrte Hanna. »Dann soll Felix meinetwegen gar nichts in den Geschäften sagen. Obwohl das heute auch schon verdächtig ist.«
Felix war also wieder gutmütig und sagte der Pflegemutter zuliebe gar nichts beim Einkaufen. Nur beim Fleischer am Demianiplatz blieb es beim »Guten Tag« und »Auf Wiedersehen«, und die Folge war stets ein Wurstzipfelchen mehr im Einwickelpapier.
Eva und Felix hatten es oft gar nicht eilig, mit ihren Einkaufsnetzen nach Hause zu kommen. Sie trödelten gern durch die verdunkelte Stadt, stellten sich mitten auf die autoleere Straße und betrachteten den klaren Sternenhimmel. Felix kannte die Sternbilder fast alle und erklärte sie seiner Freundin. Und Eva war eine begeisterte und gelehrige Partnerin, die rasch die Namen und die Sternformationen behielt und sicher benennen konnte. »Wenn ich mal da oben bin«, sagte Felix einmal, »dann mußt du hier auf der Straße stehen und zu mir raufgucken.«
»Aber wie soll ich denn wissen, wo du da oben bist«, gab Eva zu bedenken.
»Ganz einfach. Du kennst ja jetzt die Bilder. Wenn da plötzlich was mehr ist, das bin dann ich«, grinste Felix.
»Glaubst du an so was?« fragte Eva unsicher.
»So was ähnliches schon. Ich glaub nur nicht, daß ich mich dann gerade in der Andromeda oder den Haaren der Berenike verstecken werde.«
Ein Jahr später wurde die ganze Sekunda zur Flak eingezogen. Felix verabschiedete sich mit einem trockenen: »Mal sehen, ob ich kriegsentscheidend sein werde.« Und danach traurig-verächtlich: »Nu muß ich doch noch in so 'ne Uniform kriechen.«

Die knapp Sechzehnjährigen wurden unter der Obhut ihres Studientrats in den Warthegau gebracht, bekamen eine oberflächliche Ausbildung und anschließend die Aufgabe, den herandrängenden Feind im Osten in Schach zu halten.
Acht Monate danach erschien der begleitende Studienrat allein wieder in Görlitz. Er hatte die Flucht ergriffen und seine Schützlinge in Polen ihrem Schicksal überlassen. Er hätte gar nicht heimzukommen brauchen. Wochenlang vermied er es, sich in Görlitz auf der Straße sehen zu lassen. Und das war in seinem Fall auch angeraten. Die unglücklichen Familien, deren Söhne ihm anvertraut gewesen waren, hörten nie wieder etwas von den jungen Flakhelfern. Sie blieben verschollen.
Eva, die immer solange optimistisch war, bis die harte Wirklichkeit sie eines Schlechteren belehrte, glaubte unverbrüchlich an Felix' Rückkehr. Manchmal stand sie auf der Straße und sah zum funkelnden Winterhimmel auf, erkannte die Sternbilder und ertappte sich dabei, daß sie nach einem neuen, ungewöhnlichen Stern suchte. Aber dann rief sie sich selbst zurück.
»Ist ja Quatsch. Woher soll ich denn Felix so schnell erkennen. Er kann ja noch nicht da oben sein. – Oder vielleicht doch?«

Der Krieg dringt ins Familienleben ein

Weihnachten 1942 war wie ein Friedensweihnachten. Martin kehrte aus seinem Wehrertüchtigungslager in Guhrau zurück, stolz auf sein dort erworbenes HJ-Leistungsabzeichen und glücklich, nun nicht mehr Heimweh haben zu müssen. Daß er es geschafft hatte, das Sportabzeichen zu bekommen, war für den schmalen Jungen mit »der eingefallenen Hühnerbrust«, wie Emmy spöttelte, von großer Bedeutung. Es war der Beweis von Energie und Ausdauer, mit denen er die geforderten Leistungen erkämpfte. In den sechs Wochen des Lagerlebens war aus Martin ein muskulöser Bursche gewor-

den, der mit dem blassen Jungen, der über einem Löffel Lebertran Tränen vergoß, nur noch entfernte Gemeinsamkeiten hatte.
Die ganze Unterprima des Gymnasiums war Mitte Dezember heimgekommen, besuchte wieder die Schule und begann, sich auf Weihnachten zu freuen. Das WE-Lager und die lauten Befehlsstimmen seiner ausbildenden Unteroffiziere wurden weit in den Hintergrund ihres Bewußtseins gedrängt.
Herbert bekam Heimaturlaub und brachte allerlei selten gewordene Genüsse mit: Zwei Fasane, einen Hasen und eine polnische Gans. Am 24. Dezember stand wie gewohnt der große Weihnachtsbaum aus Thiemendorf in der linken hinteren Eßzimmerecke. Seine weißen Wachskerzen leuchteten und dufteten, wie sie es immer getan hatten. Die Tische rundum an den Zimmerwänden waren mit lauter wichtig gewordenen Dingen aufgedeckt, Seifen, Unterwäsche, einfaches Briefpapier und neue Jacken aus gewendeten Mantelstoffen. Emmys Pullover war aus zwei aufgeribbelten alten neu erstanden, und das Botanikbuch, das Martin sich gewünscht hatte, kam aus dem Antiquariat. Hanna war es lieb, daß Martin, was die Natur betraf, jetzt mehr von der Praxis in die Theorie überwechselte. Die Jahre waren vorbei, in denen sie beim Taschenleeren der Jungenhosen in angelutschte Bonbons faßte, an denen zerschnittene Regenwürmer klebten, die der passionierte Angler vorrätig hielt.

Für Herbert hatte die erfinderische Hanna gegen ihr gut erhaltenes Stadtköfferchen einen grauen Veloursbut eingetauscht.
Er setzte ihn sich auf den Kopf und lächelte gerührt:
»Du bist ein Optimist, Hanna. Wann, meinst du, werde ich ihn tragen können?«
Hanna sah ihren Mann mit einem Blick an, in dem Sorge und Hoffnung miteinander kämpften.
»Nächstes Jahr vielleicht?«
Herbert schüttelte unmerklich den Kopf. In seinen Augen lag eine große Traurigkeit.

Am ersten Feiertag wurden wieder die Omi und die Tanten geholt, und wieder duftete das Haus nach Gänsebraten. Weil die Kriegsgans aber kleiner war als die vorangegangenen Friedensgänse, hatte eine der Rodeländerhennen mit dran glauben müssen und brodelte im Topf über der Bratröhre.
Am Nachmittag gab es Blümchenkaffee – »der ist sowieso gesünder«, befand der Vater – und »Tante Hulda in der Kastenform«, ein weiteres Rezept der verstorbenen Familientante. Dazu »Liegnitzer Bombe«, ohne Mandeln selbstverständlich und nicht so schokoladendunkel wie üblich, weil die Kakaozugabe durch geröstete Gerstenkörner ersetzt worden war. Daß aber auf zwei kleinen Schälchen tatsächlich Quittenbrot herumgereicht wurde, war Hannas gelungene Überraschung.

Als Herbert Brandt am 31. Dezember 1942 um Mitternacht die Fenster öffnete, um die Glockenklänge aus der Stadt in das Weihnachtszimmer strömen zu lassen, saß die ganze Familie um den Eßtisch und prostete sich mit dem Teepunsch zu, für den der Vater eine Flasche Rotwein und Hanna eine halbe Flasche Rumersatz spendiert hatte. Die Gesichter der Eltern waren ernst dabei und ließen auch bei den Kindern keine ungetrübte Fröhlichkeit aufkommen.
»Wir wollen dankbar sein, daß wir heute hier alle so friedlich zusammensitzen«, sagte Hanna. »Und wir wollen jede Stunde genießen, die wir den Vati hier haben.«
»Und mich«, setzte Martin hinzu.
»Wieso?« fragte Hanna alarmiert. »Werdet ihr etwa auch schon eingezogen?«
Martin nickte.
»Ich komme Ostern zum Arbeitsdienst.«
»Aber du bist doch noch gar nicht mit der Schule fertig!«
»Wir bekommen das Notabitur – im März.«
»Seit wann weißt du das?«
»Seit Beginn der Weihnachtsferien.«
»Und warum sagst du es uns dann erst jetzt?« Hanna war er-

regt. Martin guckte von einem zum anderen. Er sah in lauter gespannte Gesichter.
»Weil ich uns das Weihnachten nicht verderben wollte«, sagte er langsam.

Hanna nutzte die Anwesenheit ihres Mannes, um mit ihm wichtige Angelegenheiten zu besprechen, sich noch weiter in die geschäftlichen Belange der Firma einführen zu lassen und gemeinsam mit ihm Besorgungen zu machen.
Sie lief an einem Januartag, an dem Görlitz mal wieder im Schnee versank, mit hochgestelltem Pelzkragen, die Hände im Muff vergraben, nach einem kurzen Schulgespräch die Gartenstraße hinunter. Herbert kam ihr von der Moltkestraße her entgegen, wie sie es verabredet hatten. Sie freute sich auf den gemeinsamen Stadtgang, war aber gleichzeitig in Gedanken noch mit der jüngsten Unterredung beschäftigt. Evas Klassenlehrer hatte die Mutter zu einem Gespräch gebeten. Die Leistungen ihrer Zweitjüngsten hatten bedenklich nachgelassen. Evas Kopf war voller Flausen. Sie machte ihre Schularbeiten nur noch sporadisch, wenn sie gerade Lust dazu hatte, stiftete einen Teil der Mitschülerinnen zu allerlei Unfug an, und das in diesen ernsten Zeiten. Kurz, es wäre wünschenswert, wenn die Mutter die Zügel etwas straffer ziehen würde.

Hanna überlegte, ob sie ihrem Herbert diese Unerfreulichkeiten vorenthalten sollte, um ihm nicht die wenigen Urlaubstage zu vergällen. Andererseits wäre es gut, wenn Eva einmal ein väterliches Machtwort zu hören bekäme, das bestimmt nachhaltiger wirken würde als alle mütterlichen Ermahnungen.
Sie sah der vertrauten Gestalt entgegen, die mit raschen Schritten auf sie zukam. Irgend etwas aber war merkwürdig an Herbert. Hanna entdeckte die Ursache erst, als ein Soldat sie überholte und zwanzig Meter weiter zögernd grüßend an ihrem Mann vorbeiging. »Herbert!« rief sie laut. »Geh' da hinein!« Sie wies auf eine Haustür, die ihm am nächsten war.
Herbert blieb stehen.

»Was ist los?« fragte er.
Mit ein paar Schritten war Hanna bei ihm. Sie öffnete die Tür und zog ihn in das fremde Haus.
»Herbert«, Hanna gluckste mit einem unterdrückten Lachen, »du hast den neuen Hut auf!«
Verblüfft griff Herbert zu seinem Kopf und hielt den grauen Veloursbut in der Hand. Im übrigen aber war er mit seiner Uniform bekleidet, wie es für Urlauber Pflicht war. Beide brachen in Gelächter aus, das für wenige Minuten erholsam alle Sorgen in den Hintergrund drängte.
»Deshalb wußte der arme Soldat nicht, ob er dich rechtens grüßen sollte. Was machen wir jetzt?«
»Ich bleibe hier, und du holst mir von zu Hause meine Uniformmütze«, entschied Herbert. »Ohne Kopfbedeckung kann ich genausowenig auf die Straße gehen wie mit diesem Hut.«
Noch immer in sich hineinlachend lief Hanna die wenigen Schritte bis zur Moltkestraße.
»Ich werde ihm nichts von Eva erzählen«, beschloß sie, tauschte die Kopfbedeckungen um und machte sich erneut auf den Weg.

Mit dem Abschluß der Unterprima bekam Martin im April tatsächlich sein Notabitur und mußte sich zwei Tage nach Ostern im Arbeitsdienstlager Liegnitz melden. Ein Vierteljahr lang marschierte er nun in Reih und Glied mit seinen gleichaltrigen Kameraden, den Spaten auf der Schulter, zackige Lieder schmetternd, in aller Herrgottsfrühe los, um Gräben für Hausfundamente auszuheben und Straßen für Deutschland zu bauen. Der Arbeitsdienst veränderte den schmalen, blassen Martin beträchtlich. Als er nach vier Wochen braungebrannt und breitschultrig in seiner graubraunen Uniform auf Urlaub kam, waren die Schwestern stolz auf ihn.
»Er hat so was Männliches bekommen«, stellte Eva-Maria fest.
»Na und?« fragte Katharina. »Wundert dich das? Was der jetzt leisten muß.«
Auch Emmy mußte hart arbeiten. Nach der Absolvierung ihres Arbeitsdienstes hatte sie ein »Pflichtjahr« abzudienen, bevor sie

an ein Studium denken konnte. Sie kam auf einen Bauernhof in der Nähe von Schneidemühl, auf dem es außer zwei polnischen Kriegsgefangenen kein männliches Wesen mehr gab. Die Bäuerin war zum fünften Mal schwanger. »Alles Urlaubskinder«, sagte sie mit einem lächelnden Seufzer. Die schwereren Arbeiten mußte sie Emmy übertragen. Das Repertoire reichte von der Feldarbeit über Küchendienst bis zur Kinderbetreuung, und die lernte Emmy aus dem Effeff, vom Füttern bis zum Wickeln und aufs Töpfchen setzen. Sie war ständig zum Umfallen müde und hatte ein dauerndes Schlafdefizit.

In diese schwere Zeit hinein kam in die Moltkestraße die Nachricht von Gunthers Heldentod. »Gefallen für Großdeutschland.« Es war im August 1943. Herbert war gerade zu einem Sonderurlaub heimgekommen, was für Hanna eine große Erleichterung in dieser schwierigen Situation bedeutete. Sie wußten beide, daß diese Botschaft die schwerblütige Emmy wie ein Keulenschlag treffen würde und fürchteten eine nicht absehbare Reaktion. Kurzentschlossen besorgte Herbert Eisenbahnfahrkarten, deren Dringlichkeit er maßgeblich begründete, und beide Eltern fuhren besorgt auf Emmys Bauernhof.

Als sie ankamen, trat ihnen die hochschwangere Bäuerin ebenso sorgenerfüllt im Hausflur entgegen. Emmy habe heute morgen ihre letzten Briefe von der Front zurückbekommen und sei seitdem im Wald verschwunden.

»Seit wann?« fragte Herbert kurz.

»Es könnte drei Stunden her sein.«

»Hat sie etwas mitgenommen?«

»Eben diese Briefe und einen kleinen Beutel. Der sah so schwer aus.« Die Augen der Frau weiteten sich plötzlich in einem ahnungsvollen Erschrecken.

»Was ist?« fragte Herbert. »Könnte es eine Waffe sein? Haben Sie Waffen im Haus?«

Die Bäuerin drehte sich um, so schnell es ihr der schwerfällige Zustand erlaubte, und eilte mit dem typischen Watschelgang der Hochschwangeren auf eine Tür zu, hinter der sich das Wohnzimmer mit dem großen Bauernschrank befand. Zögernd folg-

ten ihr die beiden Besucher. Als sie einen kleinen Schrei ausstieß, stand Herbert im Raum. Die Bäuerin hatte einen Schub aufgezogen und stützte sich schwer auf das stabile Holz.
»Er ist weg«, flüsterte sie, »der Revolver. Ich brauche so etwas hier, wenn ich allein bin, so ohne Mann. Und dann die Polen . . .«
Herbert war schon wieder draußen.
»Bleib du hier«, rief er Hanna im Vorbeihasten zu. »Ich gehe sie suchen.«
Hanna lief in der Stube von Fenster zu Fenster, blickte hinaus und sah nichts, rannte aus der Tür und kehrte wieder zurück. Sie bekam einen Blümchenkaffee, von dem sie hastig zwei Schluck trank. Dann begann sie ihre Wanderung von neuem. Die junge Frau saß hinter ihr und sagte kein Wort. Nach einer Weile ging sie in die Küche, um für die Kinder das Mittagessen zu bereiten.

Indessen lief Herbert durch den Wald, der hinter der Wiese, die das Haus umgab, begann. Er rief laut Emmys Namen, fragte einen alten Pilzsammler nach dem Mädchen.
Nach beinahe einer Stunde fand er sie.
Emmy saß auf einem Findlingsstein am Rande einer Waldwiese, mit hochgezogenen Beinen, und hatte den Kopf auf die Knie gelegt. Neben ihr lagen ein paar verschlossene Briefe im Gras. Der Briefbeschwerer war die Pistole.
Als sie den Vater aus einiger Entfernung ihren Namen rufen hörte, hob sie den Kopf. Ihr Gesicht war kalkweiß, die Augen groß und tränenleer. Sie wartete bewegungslos, bis er bei ihr war. Ein trockenes Schluchzen stieg in ihr hoch.
»Ich bin feige, Vati. Ich konnte es nicht tun. Und dabei wollte ich genauso sterben wie er.«
Herbert strich seiner Tochter wortlos übers Haar. Er ergriff den Revolver und steckte ihn ein.
»Komm, Emmy. Es wird im Augenblick wenig helfen, wenn ich sage, daß deinen Schmerz heute viele Frauen und Mädchen teilen. Aber du mußt auch daran denken, daß wir denselben

Schmerz empfänden, wenn du dir etwas antätest. Und das wirst du doch nicht wollen, nicht wahr?«

Emmy ging mit ihm. Der Vater legte ihr den Arm um die Schulter, eine ungewohnte Geste, die ihr wohltat.

Als Hanna der Tochter weinend um den Hals fiel, verschloß sich Emmys schmerzliche Miene wieder. Sie rettete sich in eine herbe Abwehr. Der unverständliche Krieg hatte ihr junges Glück zerstört. Es bedurfte dieses Schicksalsschlages, um ihren unerschütterlichen Glauben an den Führer und die Integrität seiner Ziele ins Wanken zu bringen. Es half ihr auch nichts mehr, daß in Gunthers Briefen immer wieder von der Freude stand, für das Vaterland, für die Idee zu sterben. Emmy war der Boden unter den Füßen fortgezogen worden. Sie mußte versuchen, wieder Halt zu finden, und sie fand ihn in ihrer Familie. Sie alle respektierten ihre Trauer und drangen nicht in sie.

Herbert sorgte dafür, daß sie in Marburg einen Studienplatz bekam. Die neue Umgebung, die neue Beschäftigung gaben Emmy mit der Zeit dem Dasein zurück. Sie studierte Biologie, die Lehre vom Leben.

Das war die Zeit, in der auch in Schlesien der Widerstand gegen Hitler wuchs und sich in den Zusammenkünften auf Moltkes Rittergut Kreisau manifestierte. Die Fäden waren so fein gesponnen, daß nur die Eingeweihten von dem weitreichenden Netz wußten, das sich um Hitler und sein mörderisches Regime zusammenziehen sollte. Der Kreisauer Kreis, der die Rettung Deutschlands und Millionen Deutscher hätte sein können, zerbrach, als Helmuth James Graf von Moltke im Januar 1944 verhaftet wurde. Ein Jahr später wurde er hingerichtet, obwohl er mit dem Attentat vom 20. Juli 1944 nichts zu tun hatte.

Sein Widerstand sollte gewaltlos sein. Die Ideen und das Denken Graf Moltkes und seiner Freunde waren getragen von hoher Moral, staatsmännischer Weitsicht und ethischem Empfinden. Dem engstirnigen Nationaldenken Hitlers stand der überstaatliche Gedanke eines geeinten Europas gegenüber.

Wenn das westliche Ausland, zu dem vorsichtige Kontakte gesucht wurden, die Integrität dieser kleinen deutschen Elitegruppe erkannt und ihre Umsturzbemühungen unterstützt hätte, es wäre ein anderes Deutschland aus diesem Krieg hervorgegangen, und die Grenze, an der heute zwei Weltmächte aneinanderstoßen, liefe nicht durch Berlin und an der Oder und Neiße entlang, sondern läge bei Tilsit und Kattowitz.

Genießt den Krieg – der Frieden wird fürchterlich

Obwohl es in Görlitz selten Fliegeralarm gab und man allenfalls die feindlichen Geschwader in großer Höhe über die Stadt fliegen hörte, wurde doch auf Anordnung des Staates geprüft, ob die Luftschutzkeller den Sicherheitsbestimmungen entsprachen. Es gab Luftschutz- und Erste-Hilfe-Übungen, die vom Roten Kreuz geleitet wurden. Gasmasken wurden pro Kopf verteilt und das schwierige Aufsetzen in der Gemeinschaft geprobt. Viele Kinder und Frauen bekamen Angstzustände unter den festanliegenden Gummikappen, durch deren kreisrunde Augenfenster sie wie Eulen starrten. Das vorgeschraubte Blechfilter bot die einzige Luftzufuhr. Mancher glaubte zu ersticken, obwohl ja gerade dieses Filter vor giftigen Dämpfen schützen sollte. Vor jeder Haustür hatte ein Eimer mit Wasser und einer mit Sand zu stehen, daneben eine Feuerpatsche. Das war Pflicht und wurde bei Fehlen der Gegenstände streng gerügt. Meistens brauchte dies der prüfende Blockwart nur einmal zu tun. Die Deutschen waren pflichtbewußt und gehorsam. Das alte Preußen lebte noch.
In den Schulen wurden die Kinder zu Nachtwachen eingeteilt, falls einmal eine verirrte Brandbombe in den leerstehenden Gebäuden Schaden anrichten könnte; eine Vorsichtsmaßnahme, die glücklicherweise nie zu Aktivitäten Anlaß bot. Auf Görlitz fielen nur in den allerletzten Kriegstagen ein paar Bomben, und

das sicherlich nicht in einem fliegerischen Großeinsatz. Sie trafen sieben Häuser in der Stadt, darunter die Löwen-Apotheke auf dem Obermarkt, die durch ein dabei ausbrechendes Feuer teilweise zerstört wurde. Ansonsten blieb Görlitz, was Kriegseinwirkungen betraf, weitgehend verschont.

Die Nachtwachen in der Luisenschule bestanden aus einem Mitglied der Lehrerschaft und jeweils vier Schülerinnen aus einer Klasse. Die Mädchen meldeten sich gern dazu. Zwar wurde in solchen Nächten fast gar nicht geschlafen, zum einen, weil es bitter kalt war und die dünnen Decken nicht ausreichten, zum anderen, weil unaufhörlich geschwatzt wurde. Aber – das war das Verlockende – die todmüden Nachtwächter wurden am nächsten Tag vom Schulunterricht befreit. Sie durften den ganzen Vormittag in ihren eigenen Federbetten verpennen und holten gegebenenfalls am Nachmittag die Schularbeiten von der Banknachbarin.

Für Eva fiel dies in eine Zeit der Krise. Sie war fünfzehn Jahre alt, es ging so einiges in ihr vor, und oft glaubte sie, es nicht überstehen zu können, wenn sie am nächsten Morgen wieder in die Schule gehen müßte. Ihr Leistungsspiegel neigte sich mal wieder bedrohlich abwärts. Sie verbrachte mehr Zeit damit, aus irgendwelchen übriggebliebenen Fummeln ein tragbares Kleidungsstück zu entwerfen und zusammenzunähen, als Vokabeln zu lernen und Mathematikaufgaben zu lösen. Dadurch verlor sie den Anschluß an das Klassenniveau und langweilte sich während der Unterrichtsstunde oder stand Ängste aus, wenn der eine oder andere Lehrer auf ihre erschreckend klaffenden Lücken stieß. Einzig in Deutsch glänzte sie. Die Aufsätze fielen ihr leicht und wurden gut zensiert. Das Studium der deutschen Klassiker machte ihr sichtlich Vergnügen. Sie lernte freiwillig die großen weiblichen Partien der Dramen, die im Unterricht besprochen wurden. Es befriedigte ihren Ehrgeiz, wenn sie sie auch deklamieren durfte. Mit Feuereifer zitierte sie so eines Tages den langen Monolog der »Jungfrau von Orleans«. Ihre eigene Begeisterung riß sie so mit, daß sie am Schluß die Arme hob:

». . . das Schlachtroß steigt, und die Trompäten schmättern!«
Sekundenlang verblüffte Stille. Dann kam aus der hintersten Reihe ein »Täterätä!«, und die ganze Klasse brach in schallendes Gelächter aus.

Eva lief blutrot an. Ein mühsames Lächeln quälte sich auf ihre Züge. Mit hängenden Armen schob sie sich auf ihren Platz zurück. Endlich einmal hatte sie etwas dargestellt, hatte es fertiggebracht, ein Publikum in ihren Bann zu ziehen. Und da mußte sie doch wieder über das Ziel schießen und erntete – wieder einmal – Gelächter. Unter ihrem verlegenen Lächeln kämpfte sie mit den Tränen. Sie hatte eine ungeheure Wut auf sich, auf die anderen, auf Schiller, dessen glühende Sprache sie zu dieser Lautmalerei getrieben hatte.

Zu Hause erzählte sie Katharina den Vorfall. Die »kleine Schwester« warf sich aufs Bett und bekam einen Lachanfall.

»Ist das komisch!« schrie sie »Ist das zum Totlachen! Geradezu fabelhaft finde ich das.«

Eva stand verblüfft vor ihr.

»Wieso fabelhaft? Eine Blamage war's.«

»Ach wo.« Katharina setzte sich auf und wischte sich die feucht gewordenen Augen. »Das war doch eine Meisterleistung, die Trompete so durch die Worte schmettern zu lassen. Du mußt dich nicht immer selbst so wichtig nehmen, Eva. Kein Mensch wollte dir was Böses tun. Du hast bloß keinen Sinn für die Situationskomik.«

»Aha.« Eva nickte. Sie stellte sich vor den Spiegel, warf die dunklen, offenen Haare zurück und deklamierte:

». . . das Schlachtroß steigt, und die Trompäten schmättern!«
Zweistimmig lachten sie, und das fegte den Kummer von Evas empfindlicher Seele.

Daß Hitlers große Siegeswelle längst abgeebbt war, daß das aufmunternde Zuversichtsgeschrei von Goebbels ein letzter Versuch war, das gepeinigte, ausgeblutete Volk immer wieder und immer noch in Durchhaltestimmung zu versetzen, sickerte mehr und mehr durch. Das Propagandaministerium

versuchte zwar mühsam, die Tatsachen zu verschleiern. Aber Gerüchte und Anekdoten kursierten hinter der vorgehaltenen Hand.
»Deutschland wird so klein werden, daß es unter einer Eiche Platz hat; erst dann wird es wieder aufblühen.«
Dieses kleingewordene Deutschland würde nicht als Sieger aus dem mörderischen Ringen hervorgehen, das die ganze Welt erschütterte. »Genießt den Krieg – der Frieden wird fürchterlich!«
Richtig hungern mußten die meisten Deutschen erst nach 1945. Dann haben sie jämmerlich gefroren und verkauften, was sie nur entbehren konnten, um zu überleben. Die ersten Friedensjahre waren tatsächlich furchtbar.
Noch aber war Krieg. Man schrieb das Kriegsjahr 1944.
Verzweifelt hoffte man auf eine Wunderwaffe, die den Krieg doch noch zugunsten Deutschlands entscheiden würde. Man sprach immer wieder davon. Sie sollte am Kanal eingesetzt werden und von Frankreich aus Englands Städte zerstören. Je mehr davon gemunkelt wurde, desto unglaubwürdiger erschien es mit der Zeit.
Inzwischen wurden aber Deutschlands Städte zerstört. Nacht für Nacht warfen englische und amerikanische Luftgeschwader ihre Bombenlasten auf das Land, das nur noch aus rauchenden Trümmern zu bestehen schien. Hamburg, Frankfurt, Kassel, München, Berlin – kaum eine deutsche Stadt blieb verschont. In Görlitz hörte man davon nur durch persönliche Berichte. Weder in den Wochenschauen noch im Rundfunk erfuhr man etwas über das Ausmaß der Vernichtungen, über diese demoralisierende Seite des Krieges. Daß aber alles mit wachsender Geschwindigkeit einem Ende zutrieb, ahnte man auch hier. Herbert Brandts Miene wurde immer niedergeschlagener, wenn er auf Urlaub kam. In seinen Augen lag eine tiefe Trauer. Nur noch selten verzog sich sein Mund zu einem Lächeln. Er führte mit Hanna oft lange Gespräche hinter der verschlossenen Herrenzimmertür, die darauf zielten, alle Möglichkeiten der nächsten Zukunft zu bedenken.

Eva wurde Ostern 1944 in der Frauenkirche eingesegnet. Sie war gern in den Konfirmandenunterricht gegangen, hatte voll Fleiß die Psalmen, Gebete und Lieder auswendig gelernt und sich eifrig an den Unterrichtsgesprächen beteiligt. Die Konfirmation bedeutete für sie ein weiterer Schritt auf das Erwachsenendasein zu, das zu erreichen sie mit Inbrunst erstrebte. Im Gegensatz zu Katharina hatte sie nur noch wenig Kindliches an sich, äußerlich ebenso wie im Wesen. Dem Vater hatte sie während eines Urlaubs die Erlaubnis abgetrotzt, sich die dicken, langen Zöpfe abschneiden zu dürfen. Jetzt trug sie die Haare schulterlang mit einer leichten Dauerwelle. Nichts machte sie glücklicher als ein Paar Schuhe, das geschwungene Fünf-Zentimeter-Absätze hatte. Zur Konfirmation bekam sie auf Punktkarte ein schlichtes, dunkelblaues Seidenkleid, das in seinem geradelaufenden Schnitt die Figur vorteilhaft kaschierte.

Die kleine Familienfeier war kriegsgemäß bescheiden. Zwar war die ausgezogene Tafel im Eßzimmer wie eh und je bei solchen Anlässen mit festlichem Damast, Silber und Kristallgläsern gedeckt. Aber was in den goldgeränderten Deckelschüsseln auf den Tisch kam, war im Vergleich zu den früher üblichen vier- bis sechsgängigen Festmenüs ein schlichtes Sonntagsgericht. Hanna war froh, daß sie noch zwei Gläser Preiselbeeren für die eisern gehütete eingeweckte Rehkeule bekommen hatte, die in mundgerechten Stücken in einer dunklen Rotweinsoße schwamm. Der kleingewordene Gästekreis genoß die Rarität.

Wesenigs waren zu dritt aus Berlin gekommen, Patenonkel Ernst mit Frau und Tochter Renate, die Patentanten Hilde und Grete und sogar Tante Irma aus Danzig.

Die heißgeliebte Omi Kirsch fehlte. Sie war im Februar ganz ruhig eingeschlafen, sie war einfach vom Nachmittagsschlaf nicht mehr aufgewacht. Es war der erste tiefe Kummer in Eva-Marias jungem Leben. Als sie die fremdgewordenen, wächsernen Züge der Toten sah, durchschüttelte sie ein überwältigender Schmerz im Bewußtsein der Unwiederbringlichkeit. Sie hatte sich bisher nie Gedanken darüber gemacht, daß die Omi, die

doch von Anfang an da war, einmal diesen letzten Weg gehen würde.
Martin, der ebenso wie der Vater und Onkel Ernst in Feldgrau an der Tafel saß, hatte ein paar Tage Urlaub bekommen. Er war als Reserveoffiziersbewerber, kurz ROB, von seiner Ausbildung in Frankreich gekommen und wurde anschließend in Bunzlau, der kleinen schlesischen Töpferstadt, stationiert. Hanna freute sich darüber. Die kurze Entfernung war mit der Bahn leicht zu überwinden, und mehr als einmal fuhr sie später mit Eva oder Katharina zu den Bunzlauer Kasernen, um den Sohn zu besuchen.
Im Juni, als Martin schon wieder auf dem Weg nach Frankreich war, kam eine Einladung von Tante Irma aus Danzig. Eva-Maria durfte ein paar Ferienwochen bei ihr verbringen. Es war wenige Wochen vor ihrem sechzehnten Geburtstag, als sie selig mit ihrem Gepäck, zum größten Teil phantasievolle, selbstgenähte Kleider, Röcke und Kappen, den Zug in Richtung Nordosten bestieg.
In Breslau stand Brigitte Herlangen am Bahnhof. Eva unterbrach ihre Reise für einen Tag und eine Nacht und ließ sich von der Freundin Schlesiens schöne Hauptstadt zeigen.
Die eindrucksvollen Bauten, die von der wechselhaften Geschichte Breslaus zeugten, waren noch alle erhalten, das prächtige Renaissancerathaus, der Dom, der mit seiner majestätischen Backsteingotik seit Jahrhunderten die Dominsel beherrschte, die barocken Universitätsgebäude mit dem berühmten Leopoldinum. Stundenlang liefen die beiden Mädchen durch die Stadt, überquerten die vielen Oderarme auf den vielen Brücken und aßen schließlich, müde geworden, in Brigittes kleiner Studentenbude eine große Schüssel Makkaroni mit einem Stich zerlassener Margarine.
Am nächsten Vormittag fuhr Eva weiter nach Danzig. Wehmut erfaßte sie, als der Zug bei Dirschau über die Brücke mit den gewaltigen Eisenkonstruktionen ratterte. Rechts daneben sah sie die kleinere Straßenbrücke, über die die wenigen Autos fuhren, die jetzt noch unterwegs waren. Sechs Jahre waren es her, daß

eine vergnügte Familie Brandt über diese Brücke in die Ferien fuhr. Es war Eva, als zählten diese Jahre doppelt. Die Welt hatte sich verändert, jedenfalls die für Eva überschaubare. Das junge Mädchen lehnte am Rahmen der Eisenbahntür und versuchte, die vorbeifliegende Landschaft mit seinen Blicken festzuhalten. Es war immer noch schön und friedlich in Westpreußen. Der Krieg hatte das Land noch nicht verwüstet. Aber er stand draußen vor der Tür. Mit beängstigender Stetigkeit bewegten sich die Fronten auf die Heimat zu. Von dem Ende, wie es neun Monate später Wirklichkeit wurde, hatte niemand eine Vorstellung.

Der 20. Juli, dieser tragische Fehlschlag in der Geschichte Deutschlands, der eine durchgreifende Wende bringen und Millionen Menschenleben hätte retten können, stand dicht bevor. Die tapferen Männer, die ihn planten, lebten noch. Sie arbeiteten fieberhaft an den Möglichkeiten für eine Befreiung ihres Vaterlandes von dem in jeder Beziehung unfaßbaren Naziunwesen. Deutschlands Elite stand vor ihrem grausigen Sturz. Ein unbegreifliches Schicksal ließ das Böse siegen.

Eva-Maria erlebte ihre Danziger Tage sehr bewußt. Es waren heiße, strahlendschöne Sommerwochen. Fast täglich fuhr sie mit der Kusine nach Zoppot an den Strand. Zweimal war sie dabei, als das ganze Strandareal und die ersten dreihundert Meter der Ostsee beim Herannahen feindlicher Flugzeuge eingenebelt wurden. Am Zoppoter Seesteg, an dem sie vor fünf Jahren mit der schneeweißen »Tannenberg« angekommen waren, lagen jetzt graue Kriegsschiffe, Zerstörer und Unterseeboote. Der Hafen des nahen Gdingen, das seit einiger Zeit Gotenhafen hieß, war voll davon.

Das Straßenbild Danzigs war geprägt vom Militär. An der Universität studierten Angehörige der Stukos, der Studentenkompanien. Bei privaten Einladungen waren die männlichen Gäste alle in Uniform, solange sie das fünfzigste Lebensjahr noch nicht erreicht hatten. Geflaggt war – aus welchen Gründen auch immer – fast täglich. Aus allen Häusern und allen Stockwerken wehten die roten Hakenkreuzfahnen. Der Krieg hatte auch Danzig sein Siegel aufgedrückt. Keine Stadt Deutschlands machte eine Ausnahme.

Eva hörte in der altehrwürdigen, das Häusermeer der Altstadt überragenden Marienkirche ein Orgelkonzert, bei dem ihre Gedanken schwer wurden. Zum ersten Mal verließ sie ihr jugendlicher Optimismus. Ängstliche Vorahnungen erfüllten sie.
Wenige Tage später bekam Tante Irma ein Telegramm von Hanna. Herbert war in Warschau durch polnische Heckenschützen verwundet worden und war auf dem Rücktransport nach Schlesien. Von irgendeiner Lazarettstation hatte er geschrieben. Und nun telegrafierte Hanna: »Herbert verwundet – Eva heimkommen.«
Nicht, daß Eva als besondere Unterstützung für die niedergeschlagene Mutter zurückfahren sollte – Hanna war in Sorge geraten durch Gerüchte über Truppenverschiebungen im Osten. Zudem konnten Danzig und Königsberg durch feindliche Bomber gefährdet werden. Es war schon beruhigender, wenn wenigstens die »beiden Kleinen« zu Hause waren.
Eva nahm bedrückt Abschied von den Verwandten. Als der Zug aus der Bahnhofshalle rollte und in großem Bogen die Stadt westlich umrundete, stand sie am Fenster und sah lange zurück auf den hochragenden Turm der Marienkirche. Ein großer, stiller Schmerz tötete ein Stück Kindsein in ihr und machte sie erwachsen.
Herbert war inzwischen in ein Lazarett in Schweidnitz gekommen. Hanna reichte einen Dringlichkeitsbescheid ein und bekam für sich und ihre Töchter Fahrkarten für die Eisenbahn.
In der alten schlesischen Garnisonsstadt trafen sie mit Martin zusammen, der Anfang Juni von Frankreich nach Schweidnitz verlegt worden war. Sie deponierten ihre Regenmäntel und die beiden kleinen Koffer im Hotel »Goldene Krone« und machten sich gemeinsam auf den Weg in das nahegelegene, Lazarett gewordene Krankenhaus, das nur noch einen Seitenflügel für die Zivilbevölkerung reserviert hielt.

Herbert hatte einen infizierten Beindurchschuß und sah bleich und abgezehrt aus. Er freute sich über die Familieninvasion und ließ sich interessiert alles berichten, was während seiner Abwesenheit geschehen war. Aber schon nach einer Viertelstunde wirkte er geschwächt und überanstrengt. Hanna schickte ihre Kinder aus dem Zimmer und blieb noch ein paar Minuten allein bei ihrem Mann. Als sie auf den Flur trat, wirkte sie unruhig und verstört.

»Laß mal, Mutti«, tröstete Katharina, »der Vati wird das schon überstehen. Denk' mal, was für ein Segen, daß er jetzt nicht mehr an der Front sein muß. Vielleicht ist der Krieg sowieso bald aus, dann braucht er gar nicht mehr dahin zurück.«

Hanna nickte und strich ihrer Jüngsten dankbar über das Haar. Ob aber der Krieg so rasch zu Ende gehen würde, wie sie sich Herberts Genesung erhoffte, wagte sie zu bezweifeln.

Vier Wochen später kamen Vater und Sohn aus Schweidnitz heim. Herbert wurde aus dem Lazarett nach Hause entlassen. Er ging noch auf einen Stock gestützt, nahm aber dennoch sofort wieder die Arbeit in seinem Betrieb auf.

Martin hatte einen vereiterten Finger und kam ins Görlitzer Carolus-Krankenhaus in Rauschwalde, das auch Lazarett geworden war. In allen Krankenhäusern und Kliniken der Stadt überwogen die Militärpatienten, junge Männer, deren Gliedmaßen zerschossen waren oder die im Dreck der Schützengräben schwere Infektionen aufgefangen hatten.

In der zweiten Augusthälfte kam Emmy aus Marburg mit Johannes angereist. Sie hatte sich Weihnachten mit dem fröhlichen, blonden Medizinstudenten verlobt. Jetzt wollten beide heiraten. Die Gelegenheit war günstig. Wer weiß, wann in diesen unsicheren Zeiten die Familie mal wieder so vollzählig beisammen sein würde.

Hanna sprach mit dem Pfarrer und schickte das junge Paar zu ihm. Herbert organisierte ein Restaurant, das noch ein paar Flaschen Wein im Keller hatte und sich für das Hochzeitsmenü in barer Münze zuzahlen ließ, wozu die Lebensmittelkarten nicht reichten. An die Beschaffung weißer Seide war nicht zu denken, weder auf Punktkarten noch unter der Hand. Emmy bekam das Brautkleid ihrer Cousine geliehen, die ein Jahr zuvor in Schreiberhau geheiratet hatte. Irgendwoher kam auch ein Brautschleier, und Hanna schenkte ihrer Tochter eine kleine Perlenkette.

»Perlen bedeuten Tränen«, unkte Hilde düster, der das Schmuckstück in der Küche vorgeführt wurde. Aber Emmy schüttelte den Kopf. »Ich habe meine Tränen hinter mir, Hilde.«

Sie war trotz ihrer Jugend eine ernste Braut.

Eva hatte im Bekanntenkreis der Mutter ein paar Stoffreste organisiert und nähte für die ältere Schwester, die sie mit verbissener, trotziger Bewunderung liebte, ein langes, altrosa Polterabendkleid. Sie sagte auch mit Hingabe das Gedicht auf, mit dem sie den Brautkranz überreichte, und war sich ihres Erfolges in dem überschaubaren Kreis eines wohlwollenden Publikums sicher.

Am letzten Tag des August 1944 ging die kleine Hochzeitsgesellschaft zu Fuß von der Moltkestraße zur Frauenkirche. Herbert hatte mit dem Hinweis auf seine Verwundung eine Droschke mit zwei Pferden besorgen können. Er hatte dazu eine Genehmigung einholen müssen und sich bei dieser Gelegenheit besonders schwer auf seinen Stock gestützt. Emmy mußte nun also nicht in ihrem bodenlangen weißen Kleid durch die Straßen laufen.

Hanna hatte sich die Hochzeit ihrer Ältesten ganz anders vorgestellt. Wehmütig dachte sie an das eigene Fest zurück, mit dem ihre Ehe begann und das damals unter den Eindrücken des eben erst beendeten Weltkrieges stand. Dennoch hatte es einen bescheidenen Glanz gehabt und war der Hochzeit einer Generalstochter würdig gewesen.

Durch einen Tränenschleier sah sie Emmy neben dem blonden Johannes am Altar stehen und die Ringe wechseln, die sie durch Tausch gegen zwei Sätze Bettwäsche erworben hatte. Schwere Sorgen wollten sich auf sie senken. Aber Hannas gewohnter Optimismus gewann schließlich wieder die Oberhand.

»Es ist gut, daß Emmy in diesen Zeiten nicht allein ist, wenn sie schon in Marburg sein muß. Und Johannes wird seine Stellung in dem Marburger Lazarett sicher bis Kriegsende behalten.« Beruhigt über diese Gedankengänge stahl sich ein Lächeln unter Hannas Tränen hervor.
Das Hochzeitsmenü wurde im »Sauren Zulp« auf der Elisabethstraße in einem langgestreckten, nach hinten liegenden Raum gereicht. Die Tafel war festlich gedeckt, es gab Fisch, Wild und Rotwein, später sogar noch ein Glas Sekt. Herbert hielt eine ernste, den Umständen angepaßte Rede, bei der hin und wieder seine Stimme vor Rührung zitterte. Bald darauf erhob sich Pfarrer Langer und heiterte die bedrückt gewordene Stimmung mit einer kleinen Anekdote wieder auf. Emmy, sagte er, wäre schon als Konfirmandin nie ganz bequem gewesen. Sie hätte ihn als Vertreter der Kirche und der Religion immer wieder gefordert. Das sei gut und interessant gewesen. Emmy war nicht der Typ, der sich bedingungslos anglich. Etwas weniger Sprödigkeit und etwas mehr Hingabe und Toleranz würde er ihr jedoch für die Ehe anraten. Sonst würde es kommen wie bei dem Hans und der Grete, die zusammen Schlitten fuhren. »Oben am Berg stellte sich die Grete den Schlitten zurecht, und der Hans fragte, ob er nicht mit aufsitzen könne. Da drehte die Grete den Kopf und meinte gönnerhaft: Mitfahren kannste, aber lenken tu ich!«

Evas bisheriges Leben hatte sich seit ihrer Rückkehr aus Danzig entscheidend geändert. Der Schulunterricht wurde nach dem Ende der Ferien nicht wieder aufgenommen. Die Luisenschule war Lazarett geworden, die Lehrer und Lehrerinnen wurden zum Kriegsdienst verpflichtet. Es waren die letzten Kraftanstrengungen, die Hitler und seine Kumpane machten, bevor Deutschland unterging: der totale Krieg. Auch Kinder und junge Mädchen wurden nun für seine Ziele eingespannt.
Eva und einige ihrer Klassenkameradinnen wurden in die Blechfabrik Köhler auf der Dresdner Straße befohlen, wo sie Munitionskistendeckel zusammenschweißen mußten. Ein

alter Meister ging von einem Mädchen zum anderen, drückte ihm in eine Hand den Schweißbrenner, in die andere ein Stück Draht, und zeigte ihm, wie man es zum Schmelzen bringen und in den Spalt einfügen mußte, damit er geschlossen wurde. Vier Ecken pro Deckel, und möglichst fünfzig pro Stunde. Die Mädchen bekamen dunkle Brillen auf, die die Augen schützten, Gummischürzen aber erst, nachdem Evas Stoffkittel auf dem Schoß in Flammen aufgegangen war. Mittags gab es in einer kleinen Kantine einen Schlag undefinierbaren Eintopf in eine weiße Steingutschüssel. Nachmittags um fünf steckten sie ihre Arbeitskarte in die Stechuhr, die sie ebenso morgens um sieben bedient hatten.
Evas sechzehnter Geburtstag wurde durch einen Nachschlag in die Mittagsschüssel hervorgehoben. Als sie abends heimkam, war der Gabentisch wie üblich im Eßzimmer gedeckt: Ein Stück Seife, ein Buch aus dem Antiquariat, das sie sich gewünscht hatte, eine Jacke, die es auf Bezugsschein gegeben hatte, und eine Mokkatasse für die Hamsterkiste. Beim gemeinsamen Abendbrot wurde mehr von Emmys bevorstehender Hochzeit als vom Geburtstag gesprochen. Er fiel so ziemlich aus. Es war Evas letzter Kriegsgeburtstag.

Ein paar Wochen später forderte Herbert seine Tochter als Kriegsdiensthelferin für die eigene Firma an. Sehr viel leichter war es für Eva im väterlichen Betrieb nicht. Sie war keineswegs die bevorzugte Cheftochter. Vielmehr wurde sie ins Lager gesteckt, mußte Warenaufträge zusammenstellen und lernte, schwere Pakete für den Bahntransport zu packen und zu verschnüren. Das tat sie ohne zu murren, bis sie sich eines Tages verhob und vor Bauchschmerzen nicht mehr geradestehen konnte. Von da an wechselte sie ins Büro über, bekam bei einem älteren Fräulein Unterricht in Stenografie und Maschinenschreiben und erledigte alle Arbeiten eines kaufmännischen Lehrlings. Eva tat das gern. Als der Vater ihr den ersten Brief diktierte, den sie in einem annehmbaren Tempo mitstenografieren konnte, war sie stolz und glücklich.

Zu Hause hatte Eva inzwischen Emmys kleines Zimmer bezogen. Bei aller Liebe zu der kleineren Schwester hob es doch ihr Selbstbewußtsein, zum ersten Mal im Leben ein eigenes Reich zu haben. Emmy hatte nur einen Teil ihrer Bücher nach Marburg mitgenommen. Den Rest verschlang Eva in langen Lesestunden bis tief in die Nacht hinein. Zu mehr Aktivitäten blieb ihr nicht viel Zeit. Sie war voll berufstätig und abends oft müde und abgespannt. Trotzdem mußte sie noch zweimal in der Woche zum »Dienst«, mittwochs und sonnabends, und kam erst gegen zehn Uhr im Dunkeln heim. Seit zwei Jahren war sie nicht mehr bei den Jungmädeln, sondern im BDM, in den man mit vierzehn Jahren aufgenommen wurde. Und hier hatte sie sich gleich zu Beginn für die Spielschar gemeldet, die ständig Theaterstücke probte und an gemeinsamen Heimabenden vor den anderen Gruppen aufführte. Die Zusammenkünfte fanden im Schönhof statt, einem der ältesten und schönsten Patrizierhäuser der Altstadt. Es war zwar oft unbehaglich, am Abend durch das verdunkelte Görlitz in die fast menschenleere Altstadt zu gehen. Aber sobald Eva in dem hellen Raum mit den anderen zusammen war, fühlte sie sich geborgen.

Die Weihnachtsvorbereitungen waren jetzt umständlich und mühsam. Man mußte viel Phantasie aufbringen, um für jeden ein Geschenk zu finden, das ihn tatsächlich erfreute. Katharina und Eva räuberten die Reste der Kostümkiste auf dem Boden und bastelten und schneiderten nach Möglichkeit nützliche Dinge. Über manche Unzulänglichkeit bei der Fertigstellung sahen die Beschenkten großzügig hinweg.

Der Heilige Abend in der Moltkestraße lief trotz aller Schwierigkeiten auch 1944 nach alter Familientradition ab. Zwar fehlte Emmy, die mit ihrem Ehemann in Marburg blieb, und in der Küche gab es nur noch Hilde. Aber Hanna verschwand wie immer für ein paar Stunden im Weihnachtszimmer, am Abend wurde wieder dreimal geläutet, und der Lichterbaum stand in seiner gewohnten Ecke und erleuchtete den Raum mit seinen Kerzen.

Es sollte das letzte Weihnachtsfest sein, das in dieser Form im Hause Brandt gefeiert wurde.

Die erste Flucht

Was Hanna sich gewünscht hatte, war eingetroffen: Herbert wurde nicht mehr an die Front gerufen. Man hatte ihn u.k. gestellt, das hieß, er war nunmehr für seinen Betrieb »unabkömmlich«. Zudem wurde dieser Betrieb als kriegswichtig anerkannt.

Herbert war jetzt fünfundfünfzig Jahre alt. Seine Verwundung heilte sehr langsam. Er mußte sich immer wieder im Lazarett zur Untersuchung vorstellen. Es war sinnvoll, wenn er in der Heimat blieb und seine Firma leitete.

Im Januar kamen böse Nachrichten aus dem Norden. Das Schiff »Wilhelm Gustloff« war mit Tausenden von Verwundeten und Flüchtlingen an Bord beschossen worden und untergegangen, obwohl es deutlich als Lazarettschiff durch ein großes rotes Kreuz gekennzeichnet war. Von den Danziger Verwandten kam kein Zeichen mehr. Herbert machte sich Sorgen über ihr Schicksal.

Den Görlitzer Bahnhof passierten täglich mit Flüchtlingen vollgestopfte Züge, die über den Viadukt aus dem Osten kamen. Verängstigte, mutlose Menschen waren es, die ihre Heimat hatten aufgeben müssen.

Die BDM-Mädchen und Hitlerjungen wurden dem Roten Kreuz zubeordert. In stundenlangen Einsätzen und in bitterer Januarkälte betreuten sie die Durchreisenden, brachten ihnen Tee und heiße Suppe oder schleppten ihr Gepäck, wenn sie Kontaktadressen zu Verwandten und Freunden in Görlitz hatten. Die Stadt barst aus allen Nähten. Jedes Bett war belegt. In den Turnhallen der Schulen lagerten die heimatlos Gewordenen auf dünnen Decken oder mitgeschlepptem Bettzeug. Alte und Kinder jammerten, tapfere Frauen versuchten zu trösten, selbst am Rande der Erschöpfung.

Eva und Katharina hatten beide Bahnhofsdienst, als am zwölften Februar ein langer Transportzug aus Breslau kam. Sie sahen sich nur einmal flüchtig auf einem der Bahnsteige. Ihre Augen lagen tief vor Müdigkeit.
»Wann hast du heute Schluß?«
»Wenn dieser Zug raus ist.«
»Und wo fährt der hin?«
»Nach Dresden, soviel ich weiß.«
Der nächste Tag war der dreizehnte Februar, der Tag, an dem Dresden vernichtet wurde.

Zwei Tage später fuhr Herbert Brandt seinen Lieferwagen, der nicht mehr mit Benzin, sondern mittels eines Holzkohlenbrenners angetrieben wurde, vor dem Haus Moltkestraße 3 vor. In das nicht allzu geräumige Gefährt wurden alle Koffer und Kisten verfrachtet, die Hanna mit Hilde Tage vorher gepackt hatte und die das Tafelsilber, Damastwäsche, kostbares Porzellan und Bücher enthielten. Nicht nur diese Dinge sollten bei Verwandten in Thüringen in Sicherheit gebracht werden, sondern auch Eva und Katharina. Sie hatten ihre eigenen Gebrauchsgegenstände und Kleider selbst gepackt und sahen ihrer Reise in die nächste ungewisse Zukunft mit mehr Neugier als Besorgnis entgegen. Auch daß Hanna sich von ihnen trennen und mit dem Vater wieder zurück nach Görlitz fahren wollte, bekümmerte sie nicht sonderlich. Sie kannten zwar die Frau des Onkels in Neustadt noch nicht, ihn aber hatten sie bei seinen Besuchen in Görlitz immer besonders geschätzt. »Nur zwei, drei Wochen«, hatte die Mutter erklärt, »bis sich etwas entschieden hat. Dann holen wir euch heim und können von da an sicher alle zusammenbleiben.«
In dem sächsischen Städtchen Bischofswerder, wenige Kilometer südwestlich von Bautzen, übernachteten sie bei Geschäftsfreunden. Der kleine Ort war überfüllt, in keinem Hotel mehr

ein Bett zu bekommen. Das Haus ihrer Gastgeber war bis unter das Dach belegt. In jedem Zimmer, auf jedem Sofa, sogar auf zwei zusammengeschobenen Sesseln schlief ein Durchreisender. Die Frau des Hauses stand den ganzen Tag mit ihrem Mädchen in der Küche und bereitete Verpflegung für die Flüchtlinge.
Die Hilfs- und Opferbereitschaft der Deutschen für Deutsche war fast grenzenlos. Ladeninhaber verkauften alles, was sie noch hatten, auch ohne nach Lebensmittel- oder Punktkarten zu fragen. »Besser, als daß es der Russe kriegt«, war die Devise.
Am Tage streiften Eva und Katharina durch die kleine Stadt. Der Marktplatz war zu einem quirlenden Durcheinander von Fluchtautos und Pferdefuhrwerken geworden. Hier und da tauchte ein bekanntes Gesicht aus Görlitz auf. Ein hastiges Händeschütteln, ein »Glück auf den Weg«. Die Abschiedsstimmung lag wie eine bleierne Decke über der Hektik des Geschehens.
Am späten Nachmittag, als die frühe Dunkelheit das Aufbruchtreiben tarnte, zog ein Wagen nach dem anderen aus dem Städtchen in Richtung Autobahn, die nach Westen führte. Die Scheinwerfer der Autos waren schwarz übermalt. Nur aus zwei schmalen, waagerechten Strichen leuchtete ein matter Schimmer auf die Straße. Aus den Holzkohlenkochern sprühte hin und wieder ein Funkenregen. Die Nacht war sternklar und kalt. Vorsichtig wurden die Motoren gedrosselt. Große Geschwindigkeiten konnten mit dem minderwertigen Treibstoff ohnehin nicht erzielt werden. Ab und zu fuhr Herbert den Wagen an den Straßenrand und schüttete aus einem Sack, der ein Viertel der Ladefläche einnahm, Holzkohle nach. Gegen Morgen erreichten sie Neustadt. Sie hielten vor dem Hause der Verwandten und klingelten. Vier müde, eingefallene Augenpaare sahen der schlanken, blonden Frau entgegen, die ihnen öffnete.
Nach dem wohltuenden, beinahe friedensmäßig üppigen Frühstück legten sich Hanna und Herbert in dem großzügig angebotenen Schlafzimmer eine Stunde zum Schlaf nieder, dann verabschiedeten sie sich von den Töchtern und ließen sie in der

Obhut der Cousine zurück. Die vielen Kisten und Koffer waren mit Hilfe von tschechischen Werksarbeitern, die der Fabrik des Vetters zugeteilt waren, in einer Bodenkammer verstaut worden. »Auslagern« hieß das und wurde zu dieser Zeit überall in Deutschland betrieben, von Ost nach West und Nord nach Süd. Überall, wo keine Bomben fielen, stapelten sich die Kisten mit den Habseligkeiten derjenigen, die um ihr Eigentum bangten.

Für Eva und Katharina brach eine bittere Zeit an. Sie lernten erfahren, was es bedeutet, ungebetene Gäste, Flüchtlinge zu sein. Mit hungrigen Augen sahen sie zu, was für selten gewordene Delikatessen auf den Tisch der Verwandten kamen, die durch allerlei Beziehungen ins Haus flossen. Um ihre Plätze an der Tafel stand die strikt abgemessene Menge herum, die sie auf ihre Lebensmittelmarken zugeteilt bekamen, nicht mehr und nicht weniger. Gekocht wurde in der Küche auch getrennt, und das war, bei zwei Jugendkarten, eine schwierige Sache. Nicht ein Krümchen Zucker, nicht eine Messerspitze Fett gestand ihnen die Hausfrau zusätzlich zu. Sie hatte seit der ersten Frühstücksstunde mit den Eltern viel von ihrem Charme verloren. Die beiden jungen Mädchen mußten als Dank für ihre Aufnahme in dem Hause die Küche besorgen und die Reinigungsarbeiten vornehmen, was ihnen nicht leicht von der Hand ging. Sie waren eben nicht daran gewöhnt. Evas handwerkliche Geschicklichkeit verführte die Cousine dazu, ihr den vom Verfall bedrohten Teppich im Wohnzimmer anzuvertrauen. Täglich lag Eva mehrere Stunden auf den Knien und mühte sich, mittels grober Nadel und Wollfaden diesen Zerfall aufzuhalten.

Als am Morgen des elften März – es war Hannas fünfzigster Geburtstag, zu dem ihr Herbert auf der nächtlichen Fahrt nach Thüringen gratulierte – die Eltern am Gartentürchen standen und klingelten, um ihre Töchter abzuholen, standen beide Mädchen schluchzend vor Glück hinter den Glasscheiben der

Haustür. Es dauerte eine Weile, bis sie sich soweit gefangen hatten, daß sie den Eltern die Pforte öffnen konnten.
In Deutschland gab es inzwischen ein unbeschreibliches Durcheinander. Parolen und Gerüchte jagten sich. Hoffnungen keimten auf und wurden in der nächsten Stunde wieder zunichte gemacht.
Städte wurden weiter bombardiert. Tiefflieger griffen Flüchtlingszüge auf den Straßen an. Die Armeen waren in Auflösung begriffen und fluteten von allen Fronten zurück in das zertrümmerte Reich. Es gab kaum noch eine intakte Familie, kaum noch ein Fleckchen der Unberührtheit und Stille.
Herbert Brandt hatte versucht, seinen Betrieb nach Pulsnitz auszulagern, der kleinen sächsischen Stadt mit den Lebkuchenfabriken, die er immer noch mit Pottasche und Hirschhornsalz belieferte. Er errichtete ein kleines Lager am Rande des Städtchens und mietete für seine kleingewordene Familie die untere Etage eines Landhauses. Die Besitzerin hatte das Haus längst verlassen. Es war bis unters Dach mit Möbeln vollgestopft, so daß Brandts kaum die Möglichkeit hatten, sich mit ihren wenigen Habseligkeiten auszubreiten. Dennoch war das enge Zusammenleben der Vier nach den jüngsten Erfahrungen von Zufriedenheit geprägt. Eva entwickelte plötzlich hausfrauliche Initiativen, kochte und kaufte ein, Hanna stand Herbert mit der Bewältigung aller Schreibarbeiten zur Seite – obwohl niemand wußte, ob die abgesandte Post je noch ankam – und Katharina las viel und beschäftigte sich mit dem kleinen Hund aus der Nachbarschaft, für den niemand mehr Zeit hatte. Die ersten Vorfrühlingsstrahlen einer Sonne, die sich um die kriegerischen Auseinandersetzungen einer wildgewordenen Menschheit nicht kümmerte, ließ die Bäume und Sträucher vorzeitig knospen. Nachts fegten die Frühjahrsstürme den Himmel klar, und in den Herzen der Umhergetriebenen keimte wieder einmal Hoffnung auf.
Am 18. April verkündete der Vater beim Abendbrot in der engen Wohnküche:
»Morgen packen wir, und übermorgen fahren wir heim.«

Eva und Katharina waren für eine Minute sprachlos. Hanna stieß einen Seufzer aus: »Endlich!«
In ihrer Begeisterung fingen sie schon am Abend mit der Packerei an. Aber das verhalf ihnen auch nicht zu einem früheren Aufbruch. Herbert hatte noch allerlei Geschäftliches zu erledigen. Am Nachmittag kam er mit ein paar Päckchen Thorner Katharinchen und einer Liegnitzer Bombe zurück.
»Wie Weihnachten«, stellte Katharina fest.
Herbert lächelte und verstaute die Rarität im Wagen.
»Die halten sich lange. Bis Weihnachten bestimmt.«
Am zwanzigsten April um acht Uhr früh waren Gepäck, Eltern und Töchter verladen. Der kleine Lieferwagen ratterte aus dem Städtchen hinaus und die Straße entlang in Richtung Osten. Scharen von Flüchtlingen strömten ihnen entgegen, mit Hand- und Pferdekarren, Koffern und Pappkartons. Sie starrten den einzigen Wagen an, der in die Richtung fuhr, aus der sie kamen.
»Die sind wohl verrückt geworden, was?« hörten die Brandts mehr als einmal. Herbert ließ sich nicht beirren. Er hatte seine Informationen und wußte, daß Görlitz im Moment eine Oase der Ruhe war.
Als sie abends ihr Haus aufschlossen, als sie den langen Korridor entlangliefen und alle Zimmer wieder in Besitz nahmen, war nicht nur Hanna überwältigt von Glück und Dankbarkeit. Eva und Katharina bereiteten ein Abendbrot in der riesigen Küche, die so leer geworden war. Hilde war schon seit Februar wieder auf dem Lande und arbeitete auf den Feldern und in den Ställen. Eva setzte den Wasserkessel auf die Gasflamme und sah sich um.
»Kannst du dir vorstellen, daß wir hier mal zu sieben Leuten »Tante Hulda« gebacken haben?«
Katharina schüttelte den Kopf.
»Es ist alles so weit weg.« Sie legte die Hände auf den Herd, vorsichtig, obwohl er kalt war. »Und hier hat immer der Korb mit den Küken gestanden.«
»Ich weiß«, nickte Eva. »Wir haben sie mit Hirse und gekochtem, zerkleinerten Eigelb gefüttert.«

Sie zog die Schübe des Küchenschrankes auf.
»Es ist noch alles da«, staunte sie. »Die Bestecke und das Putzzeug und alle Kochlöffel.«
»Warum auch nicht?« Katharina war wie immer sachlich. »Was wir nicht eingepackt haben, ist natürlich noch hier.«
Als sie um den Eßtisch saßen, der wie zu alten Zeiten mit einem weißen Tuch gedeckt war, zog ein Friede bei ihnen ein, der die Unruhe und Ungewißheit draußen ließ.
»Wir werden das Kriegsende hier erwarten«, sagte Herbert Brandt ruhig. »Es kann nicht mehr weit sein.«

Zweite Flucht und Kriegsende

Die Tage in Görlitz unterschieden sich doch ganz wesentlich von den letzten Wochen vor der Flucht nach Thüringen. Die Stadt war leerer geworden. Die meisten der Freunde und Bekannten waren schon im Januar mit Sack und Pack davongezogen, ins Fichtelgebirge oder noch weiter südlich in die bayrischen Alpentäler. Jeder, der dort eine Anlaufadresse hatte, schätzte sich glücklich.
Viele Geschäfte waren geschlossen, »vorübergehend geschlossen«, wie ein Schild an der Ladentür lapidar Auskunft gab. Die, die noch geöffnet waren, hatten plötzlich ein wunderbares Warenangebot, von dem man während des ganzen Krieges nichts geahnt hatte. Allerdings lagen die Kostbarkeiten nicht wohlfeil auf dem Verkaufstisch, daß jeder zugreifen konnte. Man mußte schon recht vertraut sein mit den Ladenbesitzern, im besten Falle auch noch Tauschobjekte anbieten können.
Die milder werdenden Frühlingstage lockten Blumen und Grün aus der Erde und den Zweigen der Bäume. Die Natur schien mit tröstender Heiterkeit die Bedrückung von den Menschen nehmen zu wollen. Obwohl die Front näher rückte und man weit in der Ferne Geschützdonner hören konnte, keimte

immer wieder die Hoffnung auf: es kann ja nicht mehr lange dauern.
Von Verwundeten auf durchfahrenden Lazarettzügen kamen Nachrichten, daß Breslau zur Festung erklärt und von den Russen umzingelt sei. Die Görlitzer fingen an zu rechnen. Breslau war hundertvierzig Kilometer entfernt. Wenn es bald einen Waffenstillstand gab, konnten sie hoffen, noch ungeschoren zu bleiben.
Aber der Durchhaltewille des braunen Regimes schien ungebrochen. Der »Volkssturm« wurde erfunden. Hitlerjungen und ältere Männer erstellten die neuen Kompanien. Mütter und Frauen, die sich von der Jugend ihrer Kinder und dem Alter ihrer Männer ein Verschonen erhofft hatten, mußten sie in die schrecklichste Phase dieses entsetzlichen Krieges ziehen lassen. Sie mußten es erleiden, sie konnten sich nicht dagegen wehren.
Zehn Tage nach seinem sechsundfünfzigsten Geburtstag war Hitler tot. Er hatte es vorgezogen, sich der Verantwortung zu entziehen, als das furchtbare Ende unabwendbar war.*

Dem Deutschen Volk wurde mitgeteilt, Hitler sei im Kampf um Berlin in unerschütterlicher Pflichttreue gefallen. Er wurde von der Mehrheit der noch immer Blindgläubigen tief betrauert und als Held gefeiert.
In der Peterskirche hoch über der Görlitzer Altstadt fand ein ergreifender Gottesdienst statt. Auch Hanna ging mit ihren Töchtern dahin. Pfarrer Neuberger hielt eine Rede über das Bibelwort: SIEHE, DIE FURCHT DES HERRN, DAS IST WEISHEIT, UND MEIDEN DAS BÖSE, DAS IST VERSTAND.
Viele der Zuhörenden in der gedrängt vollen Kirche weinten. Sie kamen sich wohl vor wie eine Herde ohne Hirten, die der Gefahr überlassen war. Auch Eva schluchzte mit, als sie in den Augen der Mutter Tränen sah. Sie konnte nie einen anderen

*) Zehn Monate früher wäre sein Tod noch ein Segen gewesen. Jetzt war er bedeutungslos.

weinen sehen, ohne auch ergriffen zu sein. Auf Katharinas spitzem Gesichtchen lag eher Enttäuschung als Trauer. Mit verbissener Miene und klangvoller Stimme sang sie mit, als der ganze Kirchenraum erfüllt war von dem vielstimmigen Gesang:
»Wir treten zum Beten vor Gott den Gerechten . . .«
Bei der dritte Strophe ließ die Klangfülle nach. Hier und da wurde wieder ein Schluchzen laut. Die Verzweiflung und Erschütterung eines kleinen Teiles des deutschen Volkes fand hier, in der Peterskirche in Görlitz, ihren Ausdruck:

»Wir loben Dich oben, Du Lenker der Schlachten,
und flehen, mögst stehen uns fernerhin bei,
daß Deine Gemeinde nicht Opfer der Feinde.
Dein Name sei gelobt. O Herr, mach uns frei!«

Fünf Tage später erging von der Stadtverwaltung die strikte Weisung, Görlitz zu verlassen. Die Kämpfe waren so nahe gerückt, daß täglich der Geschützdonner zu hören war. Immer wieder tauchten russische Tiefflieger über der Stadt auf und trieben die Passanten in die nächsten Hauseingänge. Sie richteten aber keinen großen Schaden an und waren so schnell wieder weg, wie sie gekommen waren.
Nun aber wurde Görlitz evakuiert. Wer nur irgend transportfähig war, mußte die Stadt verlassen. Nur noch wenige Stunden sollte es in den Privathaushalten Gas und Strom geben, dann wurde alles gesperrt.
Bei Brandts wurde den ganzen Tag über gepackt. Herbert nahm sich einen Spaten und vergrub zwei große Kisten mit Büchern und Bildern hinter der Heulaube. In der Nacht gab es Fliegeralarm. Zwei Stunden verbrachten sie im Keller, zitternd vor Müdigkeit und Aufregung. Noch in sternklarer Nacht, in der sich langsam von Osten her die erste Helligkeit hochschob und die Gestirne blasser werden ließ, packte Herbert mit seinen beiden Töchtern den kleinen Lieferwagen so randvoll, daß kaum noch Platz für die Mitfahrenden blieb. Immer wieder flogen russische MIG's über sie hinweg. Das Geknatter der

Maschinenpistolen riß nicht ab, mal kam es näher, mal war es entfernt. Eva verspürte in dieser bedrohlichen Situation überraschend wenig Angst. Sie hatte gar keine Zeit zum Nachdenken. Dazu bot die beruhigende Nähe des Vaters ein Sicherheitsempfinden, das sie noch nie verlassen hatte. In seiner Gegenwart konnte ihr nichts passieren. Daß Katharina ebenso fühlte, wußte Eva-Maria.

Hanna ging währenddessen oben im Haus noch einmal durch alle Räume, sah nach, ob etwas liegengeblieben war, was mitzunehmen wäre, und nahm mit wehen Blicken Abschied von ihrem Heim, das vierzehn Jahre lang der Hort ihres Glückes gewesen war.

Um vier Uhr früh, als das Nachtdunkel endgültig in lichtes Grau überging, befahl Herbert Brandt seiner Familie:

»Jetzt marsch ins Bett – noch eine Stunde Schlaf!«

Gehorsam und nur zu gern warfen sich Eva und Katharina auf ihre unbezogenen Betten und schliefen sofort ein. Als der Vater sie nach einer reichlichen Stunde weckte, war es hell. In der Ferne hörten sie den Lärm der Gefechte, ein vertraut gewordenes Geräusch der letzten Tage.

Zögernd verließ Katharina das geliebte Kinderzimmer. Sie warf noch einmal einen Blick in die Küche und den langen Korridor hinab. Aus der Familie war sie die Einzige, die in ihrem ganzen Leben noch nirgendwo anders gelebt hatte. Eva legte ihr liebevoll den Arm um die Schultern.

»Mir fällt's auch schwer, Kathrinchen. Aber der Krieg ist ja sicher bald aus, und dann kommen wir wieder.«

Katharina zog die Augenbrauen zusammen und nickte wortlos. Mit gesenktem Kopf ging sie hinter Eva die geschwungene Treppe hinunter. Durch das bunte Jugendstilfenster mit der früchtetragenden Göttin fiel ein mattes Licht und erhellte ihren Weg.

Draußen kletterten die beiden Mädchen auf die Pritsche des Wagens und suchten sich unter der grauen Plane zwischen den Gepäckbergen einen Sitzplatz. Herbert überzeugte sich, daß seine Töchter so untergebracht waren, daß sie eine lange Fahrt überstehen konnten, und deckte die Daunensteppdecken aus dem Elternschlafzimmer über ihre Knie.

»Ist's so gut, ja?«

»Es ist gut, Vati. Wohin fahren wir denn?«

»Nach Sachsen. Nach Crimmitschau. Ich habe dort ein Auslieferungslager. Mein Vertreter wird uns aufnehmen.«

Herbert stemmte die Rückklappe hoch und verankerte sie mit Haken rechts und links an den Seitenwänden des Wagens. Dann ging er nach vorn in die Fahrerkabine, setzte sich neben Hanna und warf den Motor an. Es schepperte und ratterte, und aus dem Auspuff kamen dunkle Schwaden. Langsam und schwankend setzte sich das überladene Gefährt in Bewegung. Als es das schmiedeeiserne Einfahrtstor passierte, glitt das zu lose auf das Dach gebundene letzte Fahrrad der Familie seitlich in die Pfingstrosenbüsche. Herbert warf nur einen kurzen Blick darauf, wendete den Wagen nach links und fuhr die Moltkestraße hoch, die Blockhaus- und Goethestraße in Richtung Süden, über Seidenberg nach Zittau. Die Stadt wirkte fast menschenleer, als ob sie die einzigen wären, die hinausflüchteten. Erst bei Leschwitz trafen sie auf alle möglichen abenteuerlichen Fuhrwerke, deren Betreiber offenbar schon früher auf den Beinen gewesen waren. Vollbepackte Räder und Kinderwagen wurden geschoben, Handkarren mit langen Deichseln und Pferdewagen ohne Pferde, vor die sich Frauen und Männer selbst gespannt hatten. Hier und da gab es noch einen alten, klapprigen Gaul, der bis dahin in irgendeinem Stall das Gnadenbrot gefressen hatte und nun plötzlich zum Retter in der Not wurde. Auf der linken Straßenspur überholten die wenigen Motorisierten die Elendskarawane.

Eva und Katharina betrachteten unter der halb herabgelassenen Wagenplane den Zug mit gemischten Gefühlen.

»Wir sind wieder mal die Priviligierten«, murmelte Katharina. »Ich schäme mich richtig.«

Eva zuckte die Schultern.

»Wenn wir's nicht wären, wären es andere. Daß wir es so haben, das haben wir Vati zu verdanken. Aber leid tut's mir um die armen Leute schon.«

Katharina war unzufrieden.

»Wenn wir nicht so viel Trödel aufgepackt hätten, könnten gut noch ein paar alte Leute oder Kinder mit uns fahren.«

»Glaubst du, die würden sich von ihren Klamotten trennen? Und wo willst du da anfangen und wo aufhören?«

Eine Weile blickten die beiden noch stumm auf die Zurückbleibenden.

Hinter Ostritz wurde die Straße freier. Der Wagen gewann an Fahrt und konnte ohne weiteren Halt die kleine sächsische Stadt Zittau erreichen. Als Herbert mitten in einem unglaublichen Menschen- und Autogewühl in der Innenstadt die Ausfallstraße suchte, erschollen plötzlich die Sirenen – Fliegeralarm! Wie gehetzt stob alles auseinander. Brandts verließen den Wagen und flüchteten in einen großen öffentlichen Luftschutzkeller direkt neben dem Rathaus. Wieder hörten sie das durchdringende Motorengeräusch russischer Tiefflieger. Ein paar Brandbomben fielen verstreut über die Stadt. Irgendwo ballerte von einem verlorenen Außenposten deutsche Flak. Es klang so vergeblich. Nach einer Stunde kam der langgezogene Entwarnungston. Herbert hatte sich im Bunker nach der einzuschlagenden Richtung erkundigt und fuhr nun ohne Aufenthalt in die Zittauer Berge. Auch hier waren lange Züge flüchtender Städter unterwegs. Es begann bereits zu dämmern, als sich das Auto die ansteigenden Straßen mühsam mit seiner Last emporwand. Auf der höchsten Anhöhe, von der sich ein herrlicher Blick weit ins Land bot, hielt Herbert an und fragte in einem der ersten Häuser Oybins nach einem Nachtquartier für seine Familie. Die Land- und Villenhäuser waren alle bis unters Dach mit Flüchtlingen belegt. Brandts waren nicht die Ersten, die die Heimat verlassen mußten. Viele hatten schon die langen Wege aus den ober- und mittelschlesischen Gebieten hinter sich. Sie waren zu erschöpft und niedergeschlagen, um weiterzuziehen. Hier glaubten sie sich sicher, und was die Görlitzer als Durchgangsstation ansahen, betrachteten sie als Dauerquartier. Die

Not machte bescheiden, nicht nur die Hilfesuchenden, sondern auch die, die auf kleinsten Raum zusammenrückten, um Platz in ihren Häusern zu schaffen. Die Aktenmappe voller Geld, die Herbert Brandt mit auf den Weg genommen hatte, machte in dieser Umgebung wenig Eindruck. Was sollte man jetzt mit Geld anfangen! Wer Raum und Brot hatte, gab dies auch ohne Entgelt.

Und Raum fanden sie endlich für ein paar Nachtstunden. Herbert und Hanna bekamen ein Bett in einer Kammer, die beiden Mädchen schliefen auf Matratzen in der Waschküche des Hauses. Sie waren todmüde, sie hätten jetzt überall geschlafen. Auf dem schmalen Bett lagen Herbert und Hanna eng aneinandergedrückt und starrten mit offenen Augen ins Dunkel. Keiner wagte richtig zu atmen, um den anderen nicht durch sein Wachsein zu beunruhigen. Bis sich doch leise ein Seufzer von Hannas Lippen rang. Herbert tastete nach ihrer Hand und hielt sie fest. »Sei nicht traurig, Hanna. Wir leben doch alle, das ist die Hauptsache.«

»Alle?« Hanna schickte noch einen tiefen Seufzer hinterher. Von Emmy hatten sie lange nichts gehört. Sie wußten nur, daß sie ein Kind erwartete und daß Marburg immer wieder bombardiert wurde. Und von Martin war die letzte Post vor Wochen aus der Tschechei gekommen. Das Beste wäre noch, wenn er in Gefangenschaft geraten wäre, dann wäre der Krieg für ihn aus. Und wer weiß, wann sie nach Görlitz zurückkämen. Als ob Herbert ihre Gedanken erraten hätte, drückte er noch einmal beruhigend ihre Hand.

»Und nach Hause kommen wir bestimmt auch bald wieder.«

»Ach Herbert, ich bin ja immer da zu Hause, wo du bist.« Hanna lächelte unter Tränen.

Ein sonniger Maimorgen schüttete seine Lichtfülle auf eine von Menschenmassen vollgestopfte Landschaft. Die sonst so stillen Gebirgsorte barsten schier von der Menge der Flüchtlinge. Eva und Katharina kamen mit schmerzenden Gliedern aus ihrer Waschküche hervor, in der sie auf den dünnen Strohmatratzen

schlecht geschlafen hatten. Auch Hanna und Herbert waren unausgeruht. Sie versuchten, den Töchtern ihre sorgenvollen Mienen zu verbergen.
Das Fluchtziel, Crimmitschau, lag westlich von ihrem derzeitigen Aufenthalt. Herbert bemühte sich zu erkunden, welcher Weg dahin führte. Aber es gab keine Wege nach dem Westen mehr. Von überall drängten die Russen vor. Sie mußten sich den schier endlosen Flüchtlingszügen anschließen, die sich in zähem Strom über die Straßen schoben. Immer wieder stießen russische Tiefflieger auf sie herab, immer wieder hielt Herbert Brandt den Wagen an und gebot seiner Familie, in den Straßengräben notdürftig Schutz zu suchen. Der Lärm war unbeschreiblich. Kinder und Frauen schrien, Bordwaffen knatterten, Motoren heulten auf. Eva klammerte sich an die Mutter. Mit schreckgeweiteten Augen zeigte sie auf den Straßenrand, an dem eine junge Mutter lag, die ihr lebloses Baby im Arm hielt. Eine breite Wunde klaffte unter ihrem blonden Haar und ließ einen Blutstrom auf die Grasnarbe fließen. Es war das erste Mal, daß Eva in die blicklosen Augen des Todes sah.
Katharinas wachsbleiches Gesichtchen schien ganz klein geworden. Mit düsterer, unbeweglicher Miene blickte sie auf das Grauen um sich her. Sie gab keinen Laut von sich, fügte sich nur schnell und gewissenhaft den Anordnungen des Vaters. Neben und auf der Straße hinderten Bombentrichter die Weiterfahrt. Brennende Autos standen quer, andere halb in den Straßengraben gekippt. Und mitten in dem Inferno lagen die, die diese Hölle überstanden hatten, still, mit aufgerissenen, starren Augen, mit verzerrten Mündern, die eben noch geschrien hatten, Menschen, die erst die Heimat und dann das Leben verloren, dessen letzte Stunden entsetzlich waren.
Hanna war erstaunlich tapfer. Solange sie sich in Herberts Obhut wußte, konnte kein Feind ihr etwas anhaben. Sie war folgsam wie ein Kind, warf sich mit ihrem Pelzmantel, den sie trotz der Hitze trug, in den Straßengraben und kletterte wieder auf den Beifahrersitz, sobald Herbert eine Weiterfahrt für möglich hielt.

Immer tiefer wurde der anwachsende Konvoi der Autos nach Süden abgedrängt. An Crimmitschau war nicht mehr zu denken. Die tschechische Grenze kam näher. Kurz vor Leitmeritz passierten sie am Nachmittag ein Dorf, in dem sich auf dem Anger die Autos stauten. Eine große Menschenmenge quirlte durcheinander. Herbert hielt den Wagen an.

»Ich geh' mal nachsehen«, erklärte er kurz. Schon nach wenigen Minuten kam er zurück.

»Da wird ein Fliegerbekleidungslager aufgeteilt, und alles stürzt sich auf den Plunder.«

»So'n Quatsch!« Katharina rümpfte die Nase. »Wer will denn jetzt noch Uniformen haben!«

Hanna schüttelte leicht den Kopf.

»Wenn der Stoff gut ist, könnte man noch Röcke oder Mäntel daraus nähen«, meinte sie nachdenklich. »Ehe man gar nichts hat . . .«

»Sehr richtig.« Herberts Entschluß war sofort gefaßt. »Kommt mit, Mädels, wir sehen zu, was wir kriegen.«

Riesige Ballen zusammengebundener Jacken und Mäntel wurden auf den Platz geschleppt. Die Verschnürungen wurden aufgeschnitten, und aus den auseinanderfallenden Packen zerrten hastige Hände die Kleidungsstücke. Eva und Katharina schleppten, was sie konnten. Die Stoffe waren schwer und warm. Der Weg zurück zum Wagen wurde ihnen lang. Eva drehte sich zum Vater um, der ihnen nachkam.

»Das Auto ist doch schon so voll, Vati. Wie sollen wir denn das noch alles unterbringen?«

Herbert warf seinen Packen auf den Boden und nahm ihr die Last ab. »Das geht schon, Eva. Wir müssen nur ein bißchen zusammenrücken.« Es ging wirklich. Als alles verstaut war, hockten die beiden Schwestern hoch oben auf dem Gepäck und mußten die Köpfe unter der Wagenplane etwas einziehen. Bequem war es nicht, aber sie mußten trotz ihrer unbehaglichen Situation doch lachen. Katharina zog ein viereckiges Traubenzuckerpäckchen aus der Tasche, das noch aus der väterlichen Firma stammte, und gab Eva ein Stück hinüber.

»Wir sind lächerliche, habgierige Besitzsüchtige«, sagte sie kauend. »Stell' dir nur vor, wie wir beide jetzt jahrelang in Fliegerblau rumlaufen werden.«
Eva wickelte nachdenklich ihr Traubenzuckerpäckchen aus.
»Weißte, was mir dabei einfällt, Katharina? Wenn die jetzt solche Bekleidungslager einfach rausschmeißen, kann das wirklich nur bedeuten, daß der Krieg bald zu Ende ist. Wer keine Uniformen braucht, braucht auch keine Soldaten mehr. Und ohne Soldaten gibt's keinen Krieg.«
Gleich hinter Leitmeritz erreichten sie die tschechische Grenze. Und diese Grenze war geschlossen. Am Schlagbaum hing schlaff eine gelbe Fahne: SEUCHENGEFAHR. Auf dem großen Platz davor stauten sich wieder einmal Autos, Militärwagen, Lastwagen, Lieferwagen und Pkw. Sie fuhren alle im Schrittempo im Kreise. Keiner wollte den Augenblick verpassen, an dem der Schlagbaum womöglich doch hochgehen würde. Und dieser Augenblick kam in der nächsten halben Stunde. Plötzlich explodierte eine Granate mitten in der Wagenkolonne. Es entstand ein lärmender Tumult. Angstschreie mischten sich in das Gedröhn aufheulender Motoren. Mit einem Mal war die gelbe Seuchenfahne verschwunden. Die Grenzbarriere wurde hochgezogen, die Wagen durften passieren. Sie ordneten sich sofort nach preußischer Manier in einer schnurgeraden Reihe und fuhren diszipliniert hintereinander.
Das Ortsschild THERESIENSTADT hatten Hanna und Herbert bei der Durchfahrt erkannt. Sie sahen sich an, sagten aber nichts. Jeder wußte vom anderen, was er dachte.
Eva und Katharina, die unter ihrer Wagenplane nur nach hinten aus dem Auto schauen konnten, erblickten plötzlich etwas ganz Merkwürdiges. Aus einer Ansammlung flacher Baracken strömten Menschen in schwarzweißgestreifter Kleidung, Massen von Menschen. Sie schienen unglaublich dünn zu sein. Manche torkelten über das Feld. Sie hielten sich aneinander fest, als drohten sie in der leichten Abendbrise umzufallen. Einige riefen etwas. Sie konnten es über die Entfernung nicht verstehen. Und dann schüttelten diese Menschen ihre Fäuste in

der Luft, Fäuste, die wie kantige Klumpen auf viel zu dürren Armen saßen.
Eva griff nach Katharinas Hand.
»Du, ich glaube, die haben Gefängniskleidung an. Seh'n die nicht so aus, so wie Strafgefangene? Paß auf, irgendwer hat da ein Gefängnis aufgemacht.«
Katharina nickte langsam. »Kann sein. Aber so viele! Hat denn ein Gefängnis so viele Häftlinge?«
Sie starrten bewegungslos auf die sonderbare Menschenmenge, die mit dem sich vergrößernden Abstand immer kleiner wurde.
Langsam wurde es dämmrig. Es war nach neun Uhr abends. Kurz vor Brüx hielt die Wagenkolonne an. Militärkrads überholten sie mit abgeblendeten Scheinwerfern. Sie hatten Order zu erkunden, welcher Weg befahrbar sei, ohne daß man dem Russen in die Arme lief.
Herbert Brandt stieg aus, ging zur Ladeklappe seines kleinen Lkw und blickte in das Wageninnere. Die beiden Mädchen waren hellwach. »Vati, was waren das für Baracken und für viele gestreifte Menschen da an der Grenze? Hast du die auch gesehen?«
Herbert nickte ernst. »Da ist ein KZ geöffnet worden.«
»Ein KZ – was ist denn das?«
»Das ist ein Konzentrationslager, in dem Juden und politische Gefangene furchtbar mißhandelt worden sind.«
Katharina sah den Vater mit großen Augen an. »Und das hast du gewußt?«
»Ich weiß es noch nicht sehr lange, Katharina. Es ist schrecklich. Aber was konnte man dagegen tun? Die es versucht haben, sich dagegen aufzulehnen, sind selbst dort hineingekommen.«
Von der Spitze des Konvois kamen die Auskundschafter auf ihren Motorrädern zurück, so leise es nur möglich war. Die Nachricht, daß russische Panzer von Osten her direkt auf die Flüchtlinge zukamen, lief wie ein Lauffeuer von Wagen zu Wagen. Niemand wußte, wer das Kommando in der Hand hatte.

Plötzlich bog der ganze Treck rechts ab auf eine Nebenstraße. Eine zweite Nachricht, mehr ein Gerücht, schwang wie eine kleine Hoffnungsfahne hinter der ersten her: Es sollte der Waffenstillstand ausgerufen sein, der Krieg war aus, niemand durfte mehr schießen.

Der verhaltene Jubel konnte sich noch nicht recht lösen. Noch war die Parole nicht zur Gewißheit geworden.

Inzwischen war der neunte Mai angebrochen. Im Schrittempo fuhren die mehr als hundert Wagen wie eine müde gewordene, graue Schnecke noch immer tief in tschechisches Gebiet, einem unbekannten Ziel entgegen. Sie waren kurz vor Saaz, als gegen fünf Uhr morgens in unmittelbarer Nähe ein Panzerschuß krachte. In der Morgendämmerung sahen sie die Silhouetten der Panzer gegen den heller werdenden Himmel stehen. Rechts Panzer, links Panzer, vorn und hinten Panzer. Und alle trugen das deutsche Wehrmachtszeichen. Aus einem der Autos stieg ein weißhaariger Mann, richtete sich neben der Wagentür hoch auf und schrie:

»Das sind deutsche Panzer – das sind doch Deutsche! Sie werden uns beschützen!« Er zog ein großes, helles Tuch aus der Tasche und winkte. In dem Augenblick traf ihn die Granate. Aus den deutschen Panzern schossen russische Besatzungen. Teile seines Wagens wirbelten durch die Luft. Hanna bedeckte ihre Augen mit den zitternden Händen. Tränen stürzten hervor.

Ein paar Autos bogen auf einen Feldhohlweg ein, der nur noch für schmale Wagen befahrbar war. Herbert zwängte sich hinterher, mit höchster Konzentration das Steuerrad gerade haltend, damit er keinesfalls an den aufsteigenden Feldseiten steckenblieb. Plötzlich blieb der Lieferwagen mit einem Ruck stehen. Die beiden Mädchen purzelten unter der Plane von den Kofferstapeln. Sekunden später erschien das Gesicht des Vaters am rückwärtigen Ausstieg.

»Raus hier!« befahl er kurz. »Sofort!«

Im selben Augenblick detonierte eine Granate in unmittelbarer Nähe mit ohrenbetäubendem Knall. Das Auto vor ihnen barst auseinander, Wagenteile flogen durch die Luft. Herbert hielt in der rechten Hand seine Aktentasche, mit der linken schob er Hanna die Böschung hinauf auf das Feld. Hanna ließ sich widerstandslos nach oben befördern. Ihr Vertrauen in Herberts Umsicht war grenzenlos.

Sie trug immer noch ihren Persianermantel, der warm und schwer auf ihren Schultern lastete und sie in ihrer Beweglichkeit hinderte. Aber Herbert hatte gesagt, daß sie den Mantel retten sollte, und so behielt sie ihn an, trotz aller Unbequemlichkeit.

Katharina zögerte einen Moment, während Eva schon den Eltern nachkrabbelte.

»Da oben ist doch freies Feld, da sieht man uns doch!«

Als mit einem hohen Pfeifton Schüsse in den Hohlweg fuhren und ein MG hinterherknatterte, war sie mit zwei Klimmzügen oben. Eva sah nicht einmal dem Schuh nach, der sich bei der Kletterei von ihrem rechten Fuß löste und auf den Weg zurückfiel. In hundert Meter Entfernung sah sie drei, vier Panzer stehen, die die Mündung ihrer Geschütze auf die im Hohlweg steckengebliebene Wagenreihe gerichtet hielten. Ein Auto nach dem anderen wurde systematisch in die Luft gejagt. Eva drehte sich um, als ihr Wagen an der Reihe war. Eine riesige Wolke Bettfedern wirbelte hoch.

»Muttis Daunendecken«, dachte sie, als der Vater sie anbrüllte: »Runter! Kopf runter!«

Er selbst warf sich lang auf den Boden und bedeckte seinen Kopf mit den Armen. Hanna und die Töchter machten es ihm nach. Minutenlang blieben sie so liegen, spürten, wie die Erde rechts und links von ihnen durch Einschüsse hochgepeitscht wurde. Menschen, die aufrecht über das Feld liefen, brachen, von Kugeln und Granatsplittern getroffen, schreiend zusammen. Es roch nach Erde und Blut und Pulverdampf. Eva preßte das Gesicht auf den schwarzen Acker und betete: »Lieber Gott, hilf, daß das bald aufhört. Lieber Gott, hilf, daß wir alle am Leben bleiben!«

Sie blieben am Leben. Nach einer Zeit, die Eva nicht schätzen

konnte, waren es Minuten, war es eine Stunde gewesen? – verzog sich der Gefechtslärm in die Richtung der Hauptstraße, von der sie abgebogen waren. Herbert richtete sich halb auf. Hinter ihm lag ein stöhnender Mann mit einer stark blutenden Kopfwunde. Seine Frau kniete weinend neben ihm und versuchte, mit einem Taschentuch den Blutstrom einzudämmen. Herbert nahm sein eigenes Tuch dazu.
»Haben Sie ein Hemd an?« fragte er die Frau. »Los, ziehen Sie es aus. Wir brauchen es.«
Unverzüglich entledigte sich die Frau ihrer Jacke und Bluse und reichte Herbert das Hemd herüber, der mit geschickten Händen einen festen Turban um den verletzten Kopf knotete. Der Mann war bei Bewußtsein.
»Können Sie robben?« fragte ihn Herbert. Er nickte.
»Dann kommen Sie.«
Auf allen vieren robbten sie am Feldrand entlang auf ein Wäldchen zu, voran Herbert Brandt mit der Aktentasche, die er fest umklammert hielt, dahinter der Verwundete mit seiner Frau, und dann Hanna in ihrem Persianermantel. Den Schluß bildeten Eva und Katharina, die nebeneinander krochen, damit jede von der anderen wußte, wie und wo sie sich befand.
Die frühe Maisonne warf wärmende Strahlen auf das Feld des Todes und der Verwüstung. Immer noch peitschten vereinzelte Schüsse darüber hin. Sie kamen wie aus Geisterhand. Von den Schützen, ob Tschechen oder Russen, war nichts mehr zu sehen.
Die kleine Gruppe Menschen, die auf den Wald zustrebte, sah nicht rechts und nicht links. »Nicht umsehen!« hatte Herbert befohlen. Auf dem tiefsten Punkt einer abschüssigen Wiese, die eine Buschreihe von dem Wäldchen trennte, fand Herbert einen in eine Decke gewickelten Gummimantel und eine Soldatenhose.
»Nicht doch, Herbert, wirf's weg!« bat Hanna ängstlich.
»Nein«, entschied er und wickelte das Paket bedächtig auseinander.
»Das ist der neue Anfang.«

Auf einer kleinen Lichtung breitete er die Decke aus, legte den Gummimantel daneben und riet allen ihm Anvertrauten, erst einmal eine Stunde zu schlafen.
»Jetzt?« fragte Katharina ungläubig. »Hier?«
»Ja«, sagte Herbert. Seine Stimme duldete keinen Widerspruch. Er ließ sich von Hanna das letzte weiße Taschentuch geben, das sie besaßen, und knotete es an einen starken Ast, den er neben der Decke in den Boden rammte. Die Soldatenhose reichte er Eva hinüber.
»Zieh' sie an.«
»Über das Kleid?« Eva zögerte.
»Ja, mach' schon!«
»Aber da seh' ich ja doof aus.«
»Das sollst du auch.«
Es war merkwürdig still im Wald, fast friedlich. Ab und zu pfiff in der Ferne noch ein Schuß. Aber das war weit weg und betraf sie nicht mehr. Sie schliefen bis zum hellen Mittag, tief und traumlos vor Erschöpfung.
Eva erwachte, als sie die leise Stimme des Vaters neben sich hörte. Sie öffnete blinzelnd die Augen und sah in den Doppellauf einer auf sie gerichteten Schrotflinte. Mit Erstaunen merkte sie, daß sie weder Angst hatte noch in Panik geriet. Die überlegene Ruhe des Vaters gab ihr auch noch in dieser Situation ein Gefühl der Geborgenheit.
Herbert weckte die schlafende Runde und gebot mit leiser, beherrschter Stimme:
»Steht alle ganz langsam auf und hebt die Hände hoch. Wir werden gefangengenommen.«
Keiner sah den anderen an. Ohne ein Wort erhob sich die kleine abgeschlagene Gruppe. Den Verwundeten mußten sie stützen. Er bot alle verfügbare Energie auf, um auf den Beinen stehen zu können. Die Frau, die das Gewehr hielt, trug eine grüne Joppe. Ihre blonden, gelockten Haare fielen unter einem Jägerhut auf die Schultern. Das schöne, großflächtige Gesicht war verschlossen und haßerfüllt.
»Loss«, befahl sie, »komm!«

Sie machte eine heftige Bewegung mit dem Gewehrlauf in die Richtung, aus der sie alle vor ein paar Stunden gekommen waren. »Da –« sagte sie, »marrsch!«
Hinter Herbert stand plötzlich der dazugehörige Förster, unverkennbar in seiner grünen Lodenuniform. Auch er hielt sein Gewehr auf die Flüchtlinge gerichtet, wortlos.
Rasch packten sie ihren »neuen Anfang« zusammen, den Herbert aus der Wiesensenke gefischt und der ihnen die ersten guten Dienste geleistet hatte, und liefen im Gänsemarsch durch den Wald, vorn und hinten eskortiert von den beiden Tschechen. Der schmale Waldweg mündete in eine breite Sandstraße, auf der von allen Seiten Versprengte des deutschen Trecks zusammengetrieben wurden, wenig zimperlich mit Kolbenstößen und Fußtritten. Ein langer Zug entstand, ein Zug verängstigter, übernächtigter Menschen, eine lange Kette Elend.
Auf der Kreuzung zweier breiter Wege befehligte ein russischer »Hauptmann« eine kleine Gruppe tschechischer Partisanen, ein gedrungener, vierschrötiger Kerl, der jedem seiner Untergebenen mit barschem Befehlston eine Anzahl Flüchtlinge zuteilte. Die bunt durcheinandergewürfelten Gruppen setzten sich durch den Wald in Bewegung, Kinder, Frauen, Junge und Alte, Soldaten und Zivilisten.
Herbert Brandts kleine Schar wartete still und bedrückt, bis sie eingeteilt wurde. Und dabei geschah das Unglaubliche. Der Blick des Russen fiel auf Eva, die in ihrer über den Rock gezogenen Soldatenhose steckte und sich selbst in dieser prekären Situation schämte, als sie der Musterung standhalten mußte. Über das derbe Gesicht des Partisanenhäuptlings ging ein breites Grinsen. Er griff in seinen Beutel, der ihm an einem zerfransten Trageriemen quer über der Brust hing, und zog eine Büchse Ölsardinen hervor. Umständlich öffnete er sie, er hatte plötzlich Zeit. Und während ihm das Öl über die Finger tropfte, schickte er begehrliche Blicke aus seinen schrägen, kleinen Augen zu Eva. »Du gutt Mädel«, sagte er und hielt ihr mit weit vorgestrecktem Arm sein Geschenk hin. »Da, essen.«

Eva warf einen entsetzten Blick zum Vater hinüber. Herbert nickte ernst.

»Nimm es an«, riet er. »Es kann uns nützen.«

Zögernd hob Eva die Hand, zog sie aber im selben Moment angewidert zurück. Auf dem Gesicht des Russen erschien ein gutmütiges Lachen. In weitem Bogen schwenkte er seinen ausgestreckten Arm zu Hanna herum und hielt ihr seine Ölsardinen unter die Nase. »Da, Mama, nemmen«, forderte er. »Mädel dumm, Mädel Angst – du nemmen.«

Hanna griff unschlüssig nach der öltriefenden Blechdose, und schließlich war es Herbert, der sich mit zwei spitzen Fingern eine Sardine herausfischte und sie in den Mund steckte. Der Russe betrachtete ihn wohlgefällig.

»Das gutt. Du Mann – nix Angst. – Du Pappa von Mädel?«

Herbert nickte.

»Äta moja tschenna, a äti moji dotscheri.« (»Das ist meine Frau, und das sind meine Töchter.«) Er wies erklärend auf seine Familienmitglieder.

Der Russe war begeistert. Er fiel Herbert um den Hals und hielt im gleichen Augenblick mit seinem weit durch die Luft rudernden Arm einen vorbeifahrenden Lastwagen an. Auf seinen Befehl wurde die Ladeklappe heruntergekippt und die kleine Flüchtlingsgruppe, die um ihn herumstand, auf die leere Pritsche gehievt. Der Kopfverwundete wurde von vielen hilfreichen Händen hochgeschoben. Erschöpft sank er in einer Wagenecke zu Boden. Eine große Menge Blut hatte den provisorischen Verband um seine Wunde tief dunkelrot gefärbt. Angstvoll kniete seine Frau neben ihm. Als Letzter kletterte der russische Offizier auf den Lastwagen, ließ die Ladeklappe wieder festmachen und gab Befehl zur Weiterfahrt.

Herbert sprach russisch. Er sprach die Sprache, die er noch Jahrzehnte nach seiner sibirischen Gefangenschaft nicht vergessen, sondern vielmehr immer weiter gepflegt hatte. Die Gefangenen auf dem Lkw hörten mit Staunen zu, erleichtert, einen Vermittler in ihm zu haben.

Sie würden nach Karlsbad gefahren, übersetzte Herbert Brandt.

Dort würden sie freigelassen und könnten gehen, wohin sie wollten. Im übrigen sei diese Autofahrt eine Reverenz an seine Tochter, auf die der Hauptmann ein Auge geworfen hätte. Er würde ohnehin zu ihm und seiner Frau nur noch »Papa« und »Mama« sagen. Dabei warf Herbert einen beschwörenden Blick auf Eva. »Bleib' ruhig«, hieß das, »vertrau' auf mich.«
Der Russe nickte zufrieden und zog aus seinem Beutel eine Tüte mit Zwiebäcken, die er zur Vervollständigung des Festmahles großzügig verteilte. Schließlich holte er eine Mundharmonika aus seiner Manteltasche und blies den Hochzeitsmarsch in langsamen, getragenen Akkorden, die mit jeder Unebenheit des Waldbodens mitschuckelten.
Eva hielt Katharinas Hand fest umklammert. Sie hatte Angst. Im Geiste sah sie sich, von der Familie getrennt, auf irgendeinem russischen Kuhdorf als einzige verfemte Deutsche. Ein Blick auf das aufmerksame, ruhige Gesicht des Vaters löste ihre Spannung. Solange er da war, hatte sie nichts zu befürchten. Sie glaubte sogar ein winziges, amüsiertes Lächeln in seinen Augenwinkeln zu erkennen.
Der Wagen verließ den Wald und fuhr auf ein Dorf zu. Auf dem von Menschen gedrängt vollen Anger wurden eben einige Hundert Gefangene zu einem Zug geordnet. Der Lkw hielt hinter der Menge.
»Aussteigen!« befahl der verliebte Russe kurz und war plötzlich verschwunden. Eva und Katharina kletterten als Letzte von der Pritsche und sahen, wie der Verwundete mit dem Kopfverband in eine Baracke geführt wurde, auf deren Holztür ein rotes Kreuz gemalt war.
»Na Gott sei Dank!« murmelte Katharina.
Die kleine Lastwagengruppe schloß sich als Nachhut dem Gefangenenzug an, der sich langsam in Bewegung setzte. Bevor sie ihn erreichte, wurde sie noch einmal angehalten. Ein tschechischer Soldat in einer so korrekten Uniform, als hätte die tschechische Armee keinen Tag aufgehört zu bestehen, streckte sein Gewehr als Barriere vor und zwang sie, stehenzubleiben.

»Da, Schuh – ausziehen.« Er wies mit seiner Waffe auf ihre Schuhe und dann auf ein Gefährt, das hinter ihnen von zwei deutschen Soldaten gezogen wurde. Es war randvoll mit Schuhen und Stiefeln beladen. Hanna sah Herbert fragend an.
»Müssen wir wirklich?«
Herbert nickte. Ohne ein Wort entledigte er sich seines Schuhwerks und warf es auf die merkwürdige Ladung. Katharina nestelte an einer Schnalle und schimpfte leise: »Reine Schikane!«
»Bschsch!« machte der Vater und legte den Zeigefinger an die Lippen. Eva stand dabei und sah zu. Sie hatte nichts auszuziehen. Ihre Schuhe waren in dem Feldweg steckengeblieben, in dem sie beschossen worden waren. Die Strümpfe waren sowieso in Fetzen. Da war es egal, ob sie sie aus oder an hatte.
Als Eva den Kopf hob und in die Richtung sah, in die sie zu gehen hatten, erstarrte sie. Mitten über die Dorfstraße zog sich ein Wall aus umgestürzten Leiterwagen, Autoreifen, Pflugscharen, ausgehängten Türen und Baumstämmen, eine provisorische Panzersperre, mit der Hitlers überall zurückflutende Armeen auch in der Tschechei den Feind aufzuhalten gesucht hatten. Die Sperre war flankiert von tschechischen Soldaten und Zivilisten, zwanzig, dreißig auf jeder Seite, Männer und Frauen, bewaffnet mit Mistgabeln, Knüppeln und Gewehren. Geschmückt war die Panzersperre mit Maiengrün und bunten Bändern, ein Siegestor, durch dessen schmale Mittelöffnung eben jetzt die ersten des Gefangenenzuges getrieben wurden. Mit Geschrei und Gejohle, mit lautgewordenem Haß, der hier und jetzt ein Ventil gefunden hatte, stürzte sich das Volk auf die Wehrlosen und prügelten sie durch diese Via Dolorosa des zwanzigsten Jahrhunderts. Wer zusammenbrach, blieb liegen. Der eine oder andere bekam den »Gnadenschuß«, wie man es bei Pferden tut, die nicht mehr aufstehen können.
Katharina hatte Herberts Hand gefaßt, Eva hängte sich an Hannas Arm. Stumm, mit starr aufgerissenen Augen schritten sie auf das Entsetzliche zu, dem sie nicht entrinnen konnten. Je näher sie kamen, desto deutlicher war zu unterscheiden, daß das gellende Schreien nur tschechische Laute enthielt. Die Ge-

fangenen ließen sich schicksalsergeben vorwärtstreiben, mit gesenkten Köpfen. Nur hin und wieder kam ein gequälter Aufschrei.
Als hätte sich die Meute ausgetobt, als interessierte sie das Ende des Zuges nicht mehr, fing sie an, sich zu verlaufen, als die vier Brandts durch das Gerümpel stolperten, das sich rechts und links von ihnen auftürmte. Sie konnten unangefochten passieren. Hinter ihnen rumpelte der Handwagen mit den abgelegten Schuhen. Die beiden Soldaten, die ihn zogen, Kinder noch in Uniform, atmeten auf.
Neben der Straße saß auf einem Feldstein ein deutscher Offizier. Seine Mütze war ins Gras gefallen. Das graue Haar hing in Strähnen über sein aschfahles, schweißnasses Gesicht. Aus den durch einen Hieb gespaltenen Lederstiefeln quoll ein breiter Blutstrom. An seiner Seite stützte sich ein Bauer auf seine Sense, deren geschwungenes Blatt blutverschmiert war.
»Da, Mutti, sieh mal!« Vor Grauen krallten sich Evas Finger in Hannas Arm.
»Guck weg, Eva«, flüsterte die Mutter. Aber Eva konnte kein Auge von dem Verletzten wenden. Es war unvorstellbar, daß sie vorbeigehen sollten, ohne Hilfe zu leisten. Als sie fast in einer Höhe mit ihm waren, trat ein tschechischer Soldat herzu und stieß ihn mit dem Gewehrkolben an.
»Aufstehen, weiter – chod!«
Der Verletzte schüttelte müde den gesenkten Kopf.
Hanna zog Eva fort. Drei Schritte hinter ihnen peitschte ein Schuß, ein Körper fiel dumpf auf das Gras.
Eva sah sich nicht um. Sie blickte fragend zum Vater. »Ist er jetzt tot?«
Herbert nickte.
Sie marschierten stumm auf der Asphaltstraße, die die hochstehende Mittagssonne unerträglich heiß werden ließ. Die nackten Füße klebten an dem weichen Teer. Nach einigen hundert Metern wurde ihnen durch ein lautes »Stoj!« geboten, anzuhalten und sich links herumzudrehen. Sie standen in vier langen Reihen längs der Straße und blickten in ein Dutzend Ge-

wehrmündungen, die die Partisanen auf sie gerichtet hielten. Langsam schritten die Männer die Reihen ab. Hin und wieder blieb einer stehen, ein Schuß zerriß die lähmende Stille. Sekunden später der schwere Aufprall eines Körpers. Von irgendwoher wurde Weinen laut, ein Aufschrei, der durch barsche Männerstimmen erstickt wurde. Die Reihen drehten sich zurück zur Straßenrichtung, der schweigsame Marsch ging weiter. Am Feldrand lagen ein paar leblose Körper, die meisten in feldgauer Uniform, das Gesicht auf dem Boden. Junge Männer, die bis hierher durch den Krieg gekommen waren.
Es war der 9. Mai 1945, ein Tag nach dem Waffenstillstand. Niemand wagte, sich nach den Zeugnissen schrecklicher Willkür umzusehen. Hanna zitterte am ganzen Leib. »Nie werden ihre Mütter und Frauen erfahren, daß sie hier liegen«, ging es ihr durch den Kopf. Sie dachte an Martin, von dem die letzte Nachricht aus Pilsen gekommen war. Vorsichtig tippte sie Herbert an.
»Werden wir jetzt alle erschossen?« wisperte sie.
Herberts leises »Ja« war kaum vernehmbar, aber es klang so unumstößlich, daß Eva und Katharina ihre Hände faßten und drückten, in kaum verhohlener Panik. Eva angelte mit der Rechten nach Hannas Arm.
»Ich möchte das nicht, Mutti!« Ihre Stimme war tränenerstickt. Hanna strich über ihre Hand.
»Laß nur, Evchen, Martin ist vielleicht auch schon da – und Emmy – dann sind wir alle wieder zusammen.«
Ein mahnendes »Pscht!« von dem tschechischen Begleitsoldaten ließ sie verstummen.
Zweimal mußten sie noch anhalten. Zweimal noch peitschten Schüsse, brachen Körper leblos zusammen. Auf diese kurze Entfernung gab es keinen Fehlschuß.
Am Nachmittag kam der Befehl: Frauen rechts aufs Feld, Männer links. Eine natürliche Scham gab es nicht mehr. Zu dringend war das Bedürfnis geworden. Im Nu waren die Röcke hoch und die Hosen runter, und jeder erleichterte sich ungeniert in der Menge. Ebenso rasch erhob sich eine fast unerträg-

liche Wolke des Gestanks über den Feldern zu beiden Seiten der Straße. Die tschechischen Bewacher hielten ihre Gewehre im Anschlag, den Kolben auf die Hüfte gestemmt, und wandten keinen Blick von dem Geschehen. Wer fertig war, nahm gehorsam wieder seinen Platz auf der Straße ein, stumpf und gleichgültig die einen, tief gedemütigt die anderen. Die meisten hielten die Augen gesenkt. Wer Hunger hatte, spürte ihn kaum. Der Durst war schlimmer. Und zu trinken gab es nichts.

Die Straße stieg an. Es war früher Abend. Auf der obersten Anhöhe standen breitbeinig vier, fünf Soldaten, wie Scherenschnitte gegen den hellen Himmel. Ein erneutes »Stoj!« brachte die schleppenden Schritte der Gefangenen zum Stehen. Halblaut lief durch die Reihen die Frage, wer russisch sprechen könne. Die Soldaten da oben seien Russen. Herbert Brandt ging nach vorn, führte ein kurzes Gespräch mit ihnen und wandte sich zu der Kolonne um. »Wir sind von hier ab frei. Jeder kann gehen, wohin er will. Die Tschechen übergeben uns den Russen, und die lassen uns frei.«

Ein erlöstes Aufatmen ging durch die Reihen. Herbert und Katharina griffen geistesgegenwärtig nach den zuoberst liegenden Schuhen auf dem Handkarren, bevor dessen ganzer Inhalt auf die Straße gekippt wurde. Die russischen »Befreier« mischten sich unter die erschöpften Deutschen und holten sich grinsend ihren Tribut, der ihnen hier und da sogar freiwillig gegeben wurde. Wo sie eine Uhr auf einem Handgelenk sahen, tippten sie darauf und winkten mit dem gebogenen Zeigefinger: »Dawai, dawai!« In einer Mischung aus Angst und Dankbarkeit nestelten vor allem die Frauen die Armbanduhren ab. Auch Hanna überhörte Herberts unwilliges »Laß das doch!« und lief mit ihrer Uhr unaufgefordert zu dem kleinen Soldatentrupp. Wer weiß, dachte sie, wozu es gut war.

Es war zu nichts gut, denn diese Russen sahen sie nie wieder. Sie hatten ihre Arme bis zu den Ellenbogen mit Uhren bestückt und lachten den dummen Deutschen hinterher, die erlöst die auf der anderen Seite abfallende Straße hinuntertorkelten. Es war unbeschreiblich, dieses Gefühl, dem möglichen Tod entronnen zu sein.

Die lange Wanderung

Das Dorf, das wenige Kilometer weiter von den Flüchtlingen überschwemmt wurde, war das erste hinter der tschechischen Grenze auf sudetendeutschem Boden. Es wurde wieder deutsch gesprochen. Der tschechische Haß blieb draußen. Die Bauern öffneten ihre Häuser und Türen und nahmen die erschöpften Vertriebenen auf wie die biblischen Samariter. Herbert und Hanna bekamen mit ihren beiden Töchtern die eheliche Schlafstube in einer bescheidenen Kate. In Windeseile wurde zusätzliches Bettzeug bezogen und auf eine Liege gebreitet, auf die Eva todmüde sank. Katharina kroch auf die Bettritze zwischen Vater und Mutter. Wo die Hausbewohner in dieser Nacht schliefen, erfuhren sie nicht. Sie waren auch zu müde, um danach zu fragen.

Eva erwachte von einem merkwürdigen Geräusch. Es klang wie das schwere, hastige Atmen eines aufgeregten Mannes. Sie blinzelte in die Richtung, aus der das Schnaufen kam, und sah am Fußende ihres Lagers die graubraune Uniform eines Russen. Das genügte. Bevor Eva tief unter die Decke kroch, schickte sie noch einen Hilferuf: »Vati!« zum bäuerlichen Ehebett hinüber. Im selben Moment saß Herbert aufrecht im Bett und donnerte ein gebieterisches »Won!« (»Raus!«). Das Zimmer, das voller Russen war, leerte sich augenblicklich. Wie gescholtene Kinder drängelten sich die Soldaten durch die niedrige Tür in den Nebenraum.

Herbert lief hinterher. In strengem Ton befahl er, das Schlafzimmer nicht mehr zu betreten, bevor er und seine Familie angezogen seien.

Eva krabbelte verschwitzt wieder unter ihrer Decke hervor. Sie wußte nicht, was schweißtreibender gewesen war, das gewaltige Federbett oder ihre Angst.

Als die Brandts die kleine Wohnküche betraten, wuselte es dort von erdbraunen Uniformen. Einer der Soldaten hockte auf der Lehne des zerschlissenen Sofas und versuchte, einer erbeuteten Ziehharmonika Marke »Hohner« ein paar Töne zu entlocken. Dann hielt er mit ein paar Sätzen der so fremden Sprache das Instrument den beiden Mädchen hin.

»Wer darauf spielen kann«, übersetzte der Vater, »darf es behalten. Wie ist's, Katharina, du kannst das doch?«

Katharina schüttelte heftig den Kopf.

»Ich will nicht – hier nicht.«

»Aber Herbert«, wandte Hanna ein, »was sollen wir denn jetzt mit einer Ziehharmonika!«

»Eintauschen«, erklärte Herbert, »gegen etwas Eßbares.« Besitz war für ihn immer die Möglichkeit des Fortbestehens.

Auf dem Herd stand eine große Kanne Gerstenkaffee, daneben ein Emaillekrug mit frischer Milch. Die kleine Bäuerin schenkte geschäftig vier Tassen voll und reichte sie den Flüchtlingen. Sie war froh, mit den vielen Russen nicht allein sein zu müssen. Von einem Laib Brot schnitt sie dicke Scheiben. Als sie das sahen, füllten die ungebetenen Gäste in Uniform die Tischplatte plötzlich mit einem gewaltigen Klumpen Margarine, einem Stück Ziegenkäse und mehreren rosafarbenen Kochwürsten. Irgendwoher kam auch noch ein Topf Honig. In beinahe unbeschwerter Unbekümmertheit ergab sich die merkwürdige, zusammengewürfelte Runde dem opulenten Frühstück.

Als sich die Familie Brandt zum Aufbruch anschickte, wurden ihr von allen Seiten Raritäten zugesteckt: Brot, Schmalz und Käse. Alles wurde in einem Leinenbeutel untergebracht, den Eva in die Hand gedrückt bekam. Ein letztes Mal bot der junge Soldat Katharina die Ziehharmonika an, aber sie schüttelte den Kopf.

Auf der Dorfstraße war reges Treiben. Lange, nun nicht mehr geordnete Flüchtlingszüge strömten südwestwärts aus dem Dorf hinaus. Ihrer aller Ziel war Karlsbad, die nächste größere

Stadt. Von da aus waren es nur noch wenige Kilometer bis zur Grenze. Wenn man erst mal im Vogtland war, standen einem alle Wege offen.

Die Menschen waren müde und zerschlagen. Viele hatten die Nacht im Freien verbracht. Manche zogen Leiterwägelchen mit, die randvoll mit Habseligkeiten aufgetürmt waren. In den Straßengräben auf beiden Seiten lag massenhaft weggeworfenes Zeug. Herbert und Eva bückten sich hin und wieder und hoben einige brauchbare Dinge auf, eine Feldflasche, eine Leinenschürze, einen Kochtopf. Nach einer Weile hatten sie ein ganz schönes Gepäck beisammen und schleppten es befriedigt mit. Hanna wandte nicht einmal den Kopf nach den fremden Sachen.
»Eva, laß doch – das gehört uns doch nicht!« sagte sie einmal.
»Na und?« fragte Eva. »Wem gehört es dann? Glaubst du, die kommen noch mal zurück, die das hingeschmissen haben? Und wenn wir es nicht nehmen, dann nehmen es andere.«
»Aber stell' dir bloß mal vor«, wandte Hanna schwach ein, »man weiß ja gar nicht, wer das war, dem es vorher gehört hat.«
Herbert blieb ungerührt.
»Du mußt dich an den Gedanken gewöhnen, Hanna, daß wir im Moment bettelarm sind. Wir können jetzt alles gebrauchen, besonders, wo es so zum Zugreifen daliegt.«
Katharina rümpfte die Nase.
»Es ist doch albern, das alles jetzt mitzuschleppen. Wer weiß, wie lange wir noch laufen müssen und wo wir schließlich landen. Mit dem ›neuen Anfang‹ können wir auch ein bißchen später beginnen.«
Herbert und Eva sagten nichts darauf. Sie trugen jeder ein zugeschnürtes Bündel, und Katharina hatte sich widerwillig einen Kochtopf mit einer Schnur an den Gürtel binden lassen.
Das größte Geschenk war ein Paar Turnschuhe, die Eva auf einem Hof bekam, auf dem am späten Mittag aus riesigen Töpfen Suppe an die müden Wanderer verteilt wurde. In all dem Flüchtlingsgewusel und während des Suppeverteilens sah die

Gutsfrau Evas zerschundene, nackte Füße. Sie schickte eins ihrer Kinder ins Haus und ließ es die Turnschuhe holen. Sie waren aus derbem, schwarzem Drillichstoff und hatten eine dünne Gummisohle. Eva spürte jedes Steinchen hindurch, und doch war es so viel besser, als auf nackten Sohlen durchs Sudetenland zu marschieren.

Hin und wieder mischten sich nun auch freigelassene Soldaten unter die wandernden Zivilisten. Sie waren abgerissen und zerlumpt, manche verwundet, manche humpelten an Stöcken. Der Krieg war eben erst aus, aber der Haß auf beiden Seiten schwelte weiter.

Sie hörten von fürchterlichen Greueltaten an SS- und Arbeitsdienstleuten. Massenhaft waren die jungen Leute in Seen getrieben worden, in voller Uniform. Wer aus dem Wasser wieder hochkam, wurde erschossen. Später hieß es von ihnen: Verschollen.

»Dieses Hin und Her ist furchtbar! Kann denn der Haß nicht mal ein Ende nehmen?« sagte einer dieser armseligen Ex-Soldaten bitter. Er lief seit ein paar Stunden an Evas Seite, auf einen Stock gestützt, mit notdürftig verbundenem Bein.

Es war hochsommerlich warm, obgleich der Mai erst sein erstes Drittel hinter sich gebracht hatte. Am Nachmittag wagte sich Eva mit ihrem Verwundeten auf einen kleinen Hof abseits der Straße. Der quälende Durst trieb sie in die bäuerliche Küche. Sie klopften artig an und drückten die nur angelehnte Tür vorsichtig auf. »Ob wir wohl etwas Wasser bekommen könnten?«

Ein wütender Wortschwall wetterte ihnen entgegen:

»Diese verdammten Flüchtlinge, diese Schmarotzer! Raus! Ich hab' eben meine Küche gewischt – jetzt will ich Ruhe haben und keinen Dreck mehr.«

Eva war im Nu draußen. Sie zitterte am ganzen Leibe. Bisher war man ihr immer mitleidsvoll und freundlich entgegengekommen. Mit solch einer Reaktion auf ihre bescheidene Bitte hatte sie keine Sekunde gerechnet. Sie stand an den Pfosten der Haustür gelehnt und wartete auf ihren Begleiter.

Von drinnen kamen Fetzen eines heftigen Wortwechsels zu ihr, dann ein lautes Türenschlagen. Tief aufatmend stand der Soldat wieder neben ihr.
»So, dem Weib hab' ich es aber gegeben.«
Er faßte seinen Stock so fest, daß die Fingerknöchel weiß hervortraten, und stapfte an Evas Seite der Landstraße zu.
»Es ist schlimm, daß es in solchen Zeiten noch solche Menschen gibt. Die Küche könnte einen Wasserfleck bekommen! Wer weiß, wie lange sie überhaupt noch in dieser Küche bleiben kann!«
Am Abend erreichten sie das Städtchen Lubenz. Herbert Brandt klopfte bei der einzigen Drogerie des kleinen Ortes an. Drogisten, Apotheker und Fabrikanten fühlte er sich durch seinen Beruf immer verbunden. Eine resolute junge Frau öffnete ihnen ihr Haus. Sie entpuppte sich als das Musterbeispiel eines Engels in der Not. Nicht nur Brandts wurden bei ihr aufgenommen, sondern so viele Flüchtlinge, wie das Haus nur faßte. Herbert, Hanna und ihren beiden Töchtern wurde das Schlafzimmer der Hausherrin zugewiesen. Sie bezog lauter Bettzeug mit frischer Wäsche, öffnete ihren Schrank und zog spitzenbesetzte, seidene Nachthemden heraus, die sie an die weiblichen Hausgäste verteilte. Herbert bekam einen Schlafanzug ihres im Felde verschollenen Mannes. Sie selbst ging überhaupt nicht zu Bett. Die ganze Nacht saß sie an der Nähmaschine und nähte aus rotweißgewürfeltem Stoff verschieden große Säckchen, die sie mit ihren Zucker-, Mehl- und Reisvorräten füllte, um sie den Flüchtlingen mit auf den Weg zu geben.
Mehrmals während der Nacht hämmerten herumstrolchende betrunkene Russen an die Haustür.
»Frau, komm«, lallte es draußen.
Auf der Treppe standen verängstigte Frauen und Männer, alle in den Nachthemden und Schlafanzügen des Drogistenehepaares, und warteten, bis Herbert Brandt erschien und mit Stentorstimme sein »WON!« brüllte. Dann folgten ein paar eindrucksvolle russische Sätze, die keiner verstand, die aber für einige Zeit wieder Ruhe einkehren ließen.

»Was sagst du eigentlich immer zu den Russen, wenn sie an die Tür klopfen?« fragte Hanna, als sie zum dritten Mal zurück ins Bett krochen. Herbert schmunzelte.
»Ich sage: »Ich bin Major, und das Haus mit allen Frauen gehört mir«,« erläuterte er. »Und das ist ja auch gar nicht mal so falsch, nicht wahr?«
Als am nächsten Morgen ein prachtvolles Frühstück bereitstand und die Gastgeberin mit strahlendem, aufmunterndem Lächeln einen starken Kaffee einschenkte, holte Herbert aus seiner geretteten Aktentasche ein Bündel Geldscheine.
»Erlauben Sie mir das, bitte«, sagte er vorsichtig. »Es ist ja fast alles unbezahlbar – aber wenigstens die materiellen Werte dürfen wir Ihnen doch ersetzen.«
Die junge Frau drehte ihm in höchstem Erstaunen ihren Kopf zu, dann schüttelte sie ihn so heftig, daß die braunen Locken flogen.
»Nee«, sagte sie fest. »Nee, das kommt nicht in Frage. Pappi, wasch' dich kühl, da bleibste klar!«
Eva und Katharina waren einen Augenblick fassungslos. Dann brachen sie in prustendes Gelächter aus. Daß jemand so mit ihrem strengen, gebieterischen Vater sprechen durfte und damit nur ein paar amüsierte Lachfältchen in seinen Augenwinkeln erzeugte, das war absolut neu. Herbert steckte sein Geld weg, faßte beide Hände der Wohltäterin und sagte: »Danke. Tausend Dank!«
»Siehste, Pappi, das is mehr wert.«
Sie drückte seine Hände und drückte ihm auch noch einen Kuß auf jede Wange.
Den Tag über war Herbert Brandt unentwegt beschäftigt. Er lief durch den Ort, zog Erkundigungen ein, knüpfte Bekanntschaften und plante die Weiterfahrt. Denn eine Fahrt wurde es. Herbert hatte eine Frau aufgetan, der irgendein Russe – weshalb auch immer – ein Pferd geschenkt hatte. Nach einer Weile hatte er zu diesem Pferd auch einen Wagen organisiert, wahrscheinlich mit Hilfe seiner gefüllten Aktentasche. Und dann hatte er herausgefunden, daß ein Bauer aus Neiße in Schlesien

mit sieben Töchtern, einer Unmenge Enkelkindern, drei Wagen und mehreren Pferden unterwegs in Richtung Westen war. Der Mann ließ sich überzeugen, daß er ein Pferd zuviel hatte. Er borgte es Herbert als zweites Zugpferd vor seinem Wagen, und nun hatte der mit diesem Bauern zusammen einen regelrechten kleinen Treck.

Nach einer lebhaften Nacht, in der wieder fast stündlich an der Tür rüttelnde Russen angebrüllt werden mußten, ging es in aller Morgenfrühe los. Die Wagen des kleinen Trecks waren nicht groß, sie konnten nur das Gepäck und einen Teil der Wanderer wider Willen aufnehmen. Die anderen trabten nebenher. Außer Hanna fand von der Brandt-Familie keiner einen Platz.

Die Straßen waren gesäumt von zerschossenen Autos. In den Straßengräben lagen turmhoch Stahlhelme, Waffen und Munition, dazwischen auch hier weggeworfenes Flüchtlingsgut. Zerstörung, Ohnmacht, Entsagung. Es war das erschütternde Ende eines grausamen Krieges.

Kurz vor Karlsbad bot sich ihnen ein erstaunliches Bild. Auf einer Waldwiese saßen einige hundert Männer, Soldaten und Zivilisten. Sie wurden von bewaffneten Partisanen in phantasievoller Aufmachung bewacht. Alle trugen Soldatenhosen, karierte Hemden und Schirmmützen. Jeder Mann, der diesen Sammelplatz passierte, wurde aus dem großen Flüchtlingszug herausgeholt. Frauen und Kinder ließen sie weiterziehen. Es gab großen Jammer und viele Tränen. Aber die barschen »Sieger« blieben unerbittlich. Sie waren ein Teil der russischen Großmacht, die diesen Krieg gewonnen hatte, und man hatte sich ihnen zu fügen.

Herbert Brandt blieb stehen, und mit ihm die vier Fuhrwerke und die kaum zwanzig Personen, die den kleinen Treck bildeten. »Russen?« fragte er auf deutsch.

»Da, da, Ruski.« Einer der Männer faßte ihn am Ärmel und versuchte, ihn von der Straße zu ziehen. Aber augenblicklich lokkerte sich sein Griff, als Herbert in fließendem Russisch fragte,

wer sein Vorgesetzter sei und ob er den einmal sprechen könnte. Der Mann wurde unsicher. Er wandte sich zu einem Kumpel um, der in hartem, fehlerhaftem Russisch antwortete. Sie hätten Befehl, alle Männer gefangenzunehmen.
»Wozu?« fragte Herbert. »Der Krieg ist aus. Wo ist euer Offizier?« Dabei merkte er, daß ein Teil der Männer überhaupt nicht verstand, was er sagte. Als sie die Köpfe zusammensteckten und sich berieten, hörte er anstatt der russischen nur tschechische Laute. Er war erleichtert und gar nicht erstaunt, als ihm und seinen Leuten gestattet wurde, weiterzuziehen.
»Was war denn, Herbert?« fragte Hanna verängstigt.
»Sie behaupten, Russen zu sein, aber es waren Tschechen«, antwortete Herbert ruhig. »Als sie mein Russisch hörten, wußten sie, daß ich es herausbekommen würde und wagten nicht mehr, uns dazubehalten. Vor allem mich nicht.«
Die Türme der Stadt standen im Abenddämmern vor ihnen, als ihnen ein merkwürdiger, endloser Zug entgegenkam: Hunderte von Männern, Männer jeden Alters. Sie gingen langsam, mit gesenkten Köpfen. Manche trugen ein zusammengeschnürtes Bündel. Als sie in einer Höhe waren, wichen die Männer den Pferdefuhrwerken aus. Die Flüchtlinge standen stumm am Straßenrand und ließen die Kolonne vorüberziehen. Fragende und verzweifelte Blicke trafen sich.
Herbert Brandts kleiner Treck zog in die Stadt ein, bedrückt und mitfühlend. Was sie geahnt hatten, bestätigte sich wenig später: Alle Männer bis zu fünfundsiebzig Jahren waren aus Karlsbad hinausgeführt worden – mit unbekanntem Ziel. Die Stadt war eine Frauenstadt geworden. Es war nicht schwer, in den männerlosen Häusern ein Quartier zu bekommen. Die verängstigten Bewohnerinnen rissen sich um die unverhofften Gäste. Wenigstens eine Nacht nicht allein sein in dem von Russen überquellenden Karlsbad!
Die Egerbrücke war gesperrt. Einem Ondit zufolge sollte auf der anderen Seite des Flusses der Amerikaner stehen. Es klang wie eine Verheißung.

Am Morgen war die Brücke wieder geöffnet. Die Wagen zukkelten darüber hin. Der russische Wachposten drehte ihnen gelangweilt den Rücken zu. Ein amerikanisches Pendant auf der anderen Seite gab es jedoch nicht. Seit fünf Tagen war der Krieg zu Ende, aber das Gebiet westlich von Karlsbad hatte weder die östliche noch die westliche Besatzungsmacht unter ihre Oberhoheit genommen. Es schien schlicht vergessen worden zu sein. Fast den ganzen Tag wanderte die kleine Gruppe Heimatloser durch neutrales Territorium, immer auf der Suche nach einem amerikanisch besetzten Landstrich. Sie passierten die vielen »Grüns« des Erzgebirges, Heinrichsgrün, Pfaffengrün, Oberneugrün. In Silbersgrün übernachteten sie. Sie bekamen das leichte, bittere Bier dieser Gegend, Bratkartoffeln und Sülze und herrliche weiche Betten. Eva und Katharina schliefen zusammen in einem großen bäuerlichen Kastenbett.
»Ob wir wohl irgendwo mal unsere Wäsche waschen können?« seufzte Katharina. »Jetzt haben wir sie seit Görlitz Tag und Nacht an. Wir müssen stinken wie die Wiedehopfe.«
»Für mich stinkst du nicht«, murmelte Eva schlaftrunken. »Vielleicht bin ich so an deinen Geruch gewöhnt.«
Die Amerikaner, auf die sie am nächsten Tag bei Klingenthal endlich stießen, öffneten ihnen nicht den quer über die Straße gelegten Schlagbaum. Man müsse auf die Russen warten, übersetzte Eva, die zum ersten Mal ihr Schulenglisch gebrauchen konnte. Die Russen würden in wenigen Tagen dieses Gebiet besetzen und dann entscheiden, was mit all den umherziehenden Deutschen geschehen soll.
Herbert Brandt schüttelte ablehnend den Kopf.
»Wir kehren um«, bestimmte er, und alle kehrten augenblicklich um. Keiner stellte die Richtigkeit seiner Entscheidungen in Frage. Seine Autorität in der Schar, die die Not zusammengeführt hatte, wurde bedingungslos akzeptiert.
Sie fuhren zurück nach Graslitz und von dort in mühseligen, stundenlangen Märschen mit nur wenigen kurzen Pausen über die ganze Höhe des Erzgebirges. Sie mieden die Straßen und benutzten die steilansteigenden Holzfällerwege, um der dro-

henden Möglichkeit einer Begegnung mit den Russen zu entgehen.
Längst waren Hanna und die anderen Bevorzugten von den Pferdewagen abgestiegen. Für die ausgemergelten Tiere, die in diesen Tagen kaum genügend Futter bekommen hatten, war das Aufwärtsziehen der mit dem Gepäck beladenen Fuhrwerke beschwerlich genug. Die armseligen Dörfer am Hang und auf dem Kamm des Gebirges schienen von der Turbulenz der letzten Kriegsjahre ausgespart worden zu sein. Der Krieg war spurlos an ihnen vorbeigegangen, hatte einen Bogen um sie gemacht. Auch das gab es in dem zu Boden gedrückten Deutschland. Das bedeutete nicht, daß dieses Verschontsein die Armut gebannt hätte. Je ärmer die Dörfler, desto größer war das Mitgefühl mit den Vertriebenen, desto spontaner der Wille, das Wenige, das sie besaßen, zu teilen. Manchmal war das nicht mehr als eine Scheibe Brot mit etwas Quark oder ein paar Pellkartoffeln mit einem Becher dünnen Kaffee. Das war nicht viel, wenn der Troß täglich mehr als dreißig Kilometer zurücklegte und das unwegsame Gelände die ganze Kraft erforderte.
Der Abstieg auf der anderen Seite des Gebirgskammes war ebenso anstrengend wie der Aufstieg. Das Vogtland lag vor ihnen. In Blauenthal beschloß Herbert Brandt, sich von dem Treck zu trennen. Die Familie legte einen Rasttag ein und bastelte aus zwei Rädern und ein paar organisierten Brettern und Nägeln einen primitiven Handkarren, auf dem das Gepäck befördert werden sollte. Vorn diente eine lange Stange als Deichsel. Es war ein Gefährt, das der Arche Noah alle Ehre gemacht hätte. Katharina betrachtete es von allen Seiten und brummelte befriedigt:
»Jetzt brauchen wir noch ein Minipferd, Vati, oder wer soll das ziehen?«
Herbert fuhr sich mit dem Ärmel über die schweißnasse Stirn.
»Die Stange ist ja lang – das können immer zwei hintereinander ziehen. Wir können uns abwechseln.«
»Und wer sind die zwei zum Abwechseln, wenn wir nur drei dafür da sind?« Katharina sah ihn mit großen Augen an.

»Jedesmal ich, und ihr nacheinander«, gab der Vater ruhig zurück. Alle drei wußten, daß für Hanna eine solche Aktion unvorstellbar war.
Sie standen auf der sanft geneigten Uferböschung eines lebhaft strömenden Flüßchens.
»Und jetzt ins Wasser, dreckig, wie wir sind.«
Im Nu warfen sie die Oberkleidung ab und tauchten in das klare, kühle Naß.
»Unbeschreiblich«, prustete Katharina. »Ein richtiger Ferientag!« Eva schwamm schon in der Mitte des Flusses.
»Wie in der Weinlache«, rief sie zurück, »bloß viel sauberer!«

Am nächsten Tag wurde der Handwagen gepackt und in Richtung Vogtland gezogen. Noch immer ging es durch Niemandsland. Zeitweise waren sie ganz allein auf der Landstraße. Mittags überfiel Herbert Brandt zum ersten Mal eine Schwäche. Im Schatten eines Busches setzte er sich auf einen Feldstein. Sein Gesicht war hochrot, er atmete schwer. Seine drei Frauensleut standen besorgt um ihn. Eva und Katharina schwammen alle Felle davon. Sie konnten gar nicht begreifen, daß die robuste Standhaftigkeit des Vaters einmal ins Wanken geraten könnte. Hanna begann zu flattern vor Angst. Was sollte sie nur anfangen mit den Kindern, mit dem kranken Mann – in dieser Situation! Das zwang Herbert, alle Kräfte erneut zu sammeln. Sein Verantwortungsbewußtsein für Frau und Töchter brachte ihn wieder auf die Beine. Den kleinen Gepäckkarren durfte er aber nicht mehr ziehen. Er fügte sich widerstrebend und ging neben Hanna her, während die beiden Mädchen den Wagen die Straße entlang schoben und zogen.
»Wird es euch nicht zu viel, Kinder?«
Sie blieben stehen.
»Nee, Vati, laß man. Wenn's zuviel wird, schmeißen wir was auf die Straße.« Katharina grinste ein bißchen.
Abends passierten sie kurz vor Treuen im Vogtland ungehindert den ersten amerikanischen Posten.
Die kleine vogtländische Stadt hatte eine Adresse für sie:

Krauses aus der Moltkestraße 2. Es war ein überwältigendes Wiedersehen.

Crimmitschau

Die Tage in Treuen waren der bescheidene Neubeginn eines zivilen Lebens. Brandts bekamen zwei Doppelzimmer in einer kleinen Hotelpension. Sie meldeten sich auf der Flüchtlingserfassungsstelle und erhielten Lebensmittelkarten und Bezugsscheine. Viel zu kaufen gab es nicht dafür. Aber Herberts Geld war immer noch zugkräftiger als alle amtlichen Papiere. Es gelang tatsächlich, für Eva ein Paar Schnürhalbschuhe aus kräftigem Rindleder zu erstehen. Eva war inzwischen bescheiden geworden. Sie drehte die Füße auf dem Boden und betrachtete das neue Schuhwerk.

»Genau wie die Dinger, die ich vor acht Jahren in Görlitz bekam, weißte noch, Mutti? Damals war ich so unglücklich, und heute bin ich froh. Wo ist bloß mein Schuhfimmel geblieben?«

Die Lebensmittelkarten gaben sie zum größten Teil in einer Werksküche für Gemeinschaftsverpflegung ab. Jeden Mittag gingen sie dahin, holten sich in einer weißen Steingutschüssel zwei Kellen zu einem graubraunen Brei aufgekochtes Dörrgemüse und aßen es an langen Tischen in einer Fabrikkantine. Dabei entstanden immer wieder Gespräche mit schlesischen Flüchtlingen, von denen Treuen überquoll.

Die Vogtländer waren nicht gerade glücklich über die Invasion. Sie hatten selbst zu kämpfen in dieser Zeit der Entbehrungen. Nun sollten sie auch noch das Wenige, das sie hatten, mit den Fremden teilen. Bei jeder Gelegenheit ließen sie es die Eindringlinge spüren, wie wenig willkommen sie waren. Im Grunde wollten die meisten von ihnen weiter, wie auch Brandts. Sie blieben nur notgedrungen, weil es absolut keine Transport-

möglichkeit gab. Eisenbahnen fuhren noch nicht, und auf eine Autogelegenheit mußte man lange warten.
Am 20. Mai war Pfingsten. In der evangelischen Kirche predigte Pfarrer Heuser aus Görlitz. In den Bänken und auf den Gängen drängten sich die Schlesier. In der Not hatten sie alle wieder zu Gott gefunden, auch die, die vorher über seine Existenz nicht nachgedacht hatten.
Hanna hatte den Kopf über ihre gefalteten Hände gebeugt und betete inbrünstig. Weder von Emmy noch von Martin wußte sie seit Wochen etwas. Das eigene Schicksal, das ihres Mannes und der beiden Töchter war so ungewiß. »Nur leben«, betete sie, »Lieber Gott, laß uns alle leben! Alles andere wird sich finden.«
Der Pfingstsonntag war gleichzeitig der Muttertag. Um dieses doppelte Ereignis feierlich zu begehen, bekam am Nachmittag jedes Familienmitglied außer der Reihe eine Scheibe klitschiges Graubrot mit einem Teelöffel Zucker darübergestreut: Pfingstkuchen 1945.
Acht Tage später hatte es Herbert Brandt geschafft. Unermüdlich war er durch das Städtchen gelaufen und hatte versucht, Beziehungen anzuknüpfen. Ein amerikanischer Lkw-Fahrer, der nach Gera fuhr, hatte sich bereit erklärt, seine leere Fahrzeugpritsche mit Flüchtlingen zu beladen. Der schmale Platz auf den Planken des Wagens kostete fünfzig Reichsmark, für Herbert Brandt kein Problem. Ob diese Fuhre und der Preis dafür legal waren, danach fragte keiner. Die Zeiten waren sowieso aus den Fugen geraten. Als der Lkw losfuhr, war er brechend voll.
Mitten auf dem Bahnhofsvorplatz von Crimmitschau wurden sie abgesetzt. Der kleine Handkarren war in Treuen geblieben. Nun nahm jeder sein Bündel, so viel er tragen konnte und noch etwas mehr, und zog hinter dem Vater her, der zielsicher das einzige Hotel an diesem Platz ansteuerte.
Die gerettete Aktentasche wirkte wieder Wunder. Herbert Brandt trat mit der Sicherheit dessen auf, der nicht zu betteln braucht. Sie bekamen tatsächlich ein Doppel- und zwei Einzel-

zimmer. Das Hotel war muffig und nur spärlich möbliert. Aber es bot ein Dach über dem Kopf und für jeden ein Bett. Gekocht wurde gemeinsam in der großen Hotelküche, jeder für sich und so viel er besaß. Meistens waren es Bratkartoffeln, die fettlos auf einer schweren Eisenpfanne hin- und hergeschoben wurden, bis sie eine bräunliche Farbe zeigten oder zu Mus zerfallen waren. Ab und zu gab es als Beilage eine saure Gurke, die Herbert, der sofort wieder Geschäftsverbindungen suchte und fand, aus der Essigfabrik Fröhlich mitbrachte. Er ergatterte dort auch eine Flasche mit kostbarer Essigessenz, auf deren Etikett zum Ergötzen der Mädchen stand »Sauer macht lustig – Essig macht Fröhlich.«

»Was ist denn das?« fragte Eva erstaunt, als sie Katharinas schmales Zimmerchen betrat und die Schwester auf der Bettkante vorfand, über ihr Hemd gebeugt, das sie langsam durch ihre Finger gleiten ließ. Hin und wieder schob sie ihre beiden Daumennägel fest zusammen, und dann knackte es leise.
»Läuse«, konstatierte Katharina sachlich.
»Ist nicht wahr! Zeig mal.« Eva setzte sich neben die Schwester auf das Bett und sah interessiert zu, wie diese die Hemdennähte untersuchte und jedes schwarze Pünktchen zwischen den Fingernägeln zerdrückte.
»Iih, das ist ja ekelhaft. Meinst du, ich hab die auch?«
»Todsicher. Und Wanzen gibt's hier außerdem.«
»Woher weißt du überhaupt, wie Wanzen aussehen?«
»Weiß ich eigentlich gar nicht. Bloß nachts fallen immer so komische Viecher mit einem »klack« von der Zimmerdecke. Und da sagt mir mein in der Beziehung nur schwach geschulter Verstand, daß das in dieser Umgebung nur Wanzen sein können.«
Herbert Brandt überzeugte sich kurz darauf von der Richtigkeit dieser Vermutungen. Er sorgte dafür, daß die Zimmer »ausgeräuchert« wurden, was zur Folge hatte, daß sie einen Tag lang nicht betreten werden durften. In dieser Zeit ließ er auch seine verlausten Familienangehörigen »ausräuchern«. Sie begaben

sich zu einer medizinischen Sammelstelle und wurden mitsamt ihrer Garderobe von oben bis unten mit DDT bestäubt.

Kurz darauf beschloß Herbert, die Verwandten in Neustadt aufzusuchen und nachzusehen, was von den im Februar dorthin ausgelagerten Gütern erhalten geblieben war.
»Gut zu wissen, daß es irgendwo noch etwas von unserem Eigentum gibt«, sagte er.
Von Crimmitschau nach Neustadt war es nicht weit. Herbert fand eine Gelegenheit als Mitfahrer eines Geschäftsmannes, der in Jena zu tun hatte. In Neustadt fand er nicht nur die Verwandten vor, sondern auch einen blutjungen ehemaligen Leutnant, der am Tag zuvor dorthin gewandert war, aus amerikanischer Kriegsgefangenschaft kommend, und einen Ruhetag eingelegt hatte, bevor er nach Marburg aufbrach.
Herbert hatte Tränen in den Augen. »Mein Junge«, sagte er heiser, als er Martin in die Arme schloß.
Zwei Nächte später pfiff es mehrmals leise unter Evas Zimmer, das dem Platz zu lag. Halblaut hörte sie ihren Namen rufen. Schlaftrunken öffnete sie das Fenster.
»Vati!«
»Mach' uns die Haustür auf, Eva. Ich habe noch einen Soldaten mitgebracht.«
Die Neugier trieb Eva in Windeseile die knarrenden Treppen hinunter. Der große Schlüssel, den sie vom Brett in der Küche geholt hatte, ließ sich nur schwer in dem ungeölten Schloß drehen. Der Türflügel quietschte, als Eva ihn nach innen zog. In der Stille der Nacht klang es herausfordernd laut.
Herbert zog Eva auf die Straße. Im matten Licht der hellen Sommernacht erkannte sie Martin. Jubelnd fiel sie ihm um den Hals. »Pscht!« machte der Vater. »Kommt rein. Und zu Mutti bis zum Frühstück kein Wort. Du kriechst jetzt zu Katharina ins Bett und gibst Martin deins, ja?«
Selig, der Überbringer einer solch wundervollen Nachricht zu sein, schoß Eva in Katharinas Zimmer und weckte die kleine Schwester. Katharina kniff Eva vor Freude in beide Wangen. Sie

rückte zur Wand, machte sich noch dünner als sie schon war und überließ Eva den größeren Teil der Matratze.
»Jetzt fehlen nur noch Emmy und Johannes«, murmelte sie. »Aber die finden wir auch noch.«
»Und das Baby«, setzte Eva hinzu. »Vielleicht ist es überhaupt schon da.«

Ende Juni zog die Brandt-Familie in die Jakobsgasse zu Herberts Geschäftsvertreter Uhlemann. Die Unterkunft war winzig und behelfsmäßig, eine Wohnküche, eine Kammer für die Eltern, und ein Bodenverschlag für Eva und Katharina. Martin nächtigte auf einer Couch, die tagsüber zum Wohnbereich gehörte. Dennoch war diese Behausung dem großen, mit vielen Flüchtlingen vollgestopften Hotel vorzuziehen. Es war schon viel wert, einen Herd zu haben, an dem kein anderer kochte. Dafür waren die Pritschen, auf denen die beiden Mädchen schliefen, nicht breiter als sechzig Zentimeter. Den Kleiderschrank ersetzten fünf lange, in die schrägen Dachbalken geschlagene Nägel, an denen die Garderobe aufgehängt wurde. Die Emaillewaschschüssel mit dem blauen Rand wurde aus einem Henkelkrug mit kaltem Wasser gefüllt und nach dem Waschen in einen Emailleeimer mit blauem Rand geleert.
»Ich hab ja immer eine Schwäche für Kombinationen gehabt«, meinte Eva sarkastisch. »Aber dann sollte wenigstens das Blau auf den Rändern übereinstimmen.«
»Darüber mußt du hinwegsehen«, begütigte Katharina. »Die abgestoßenen Stellen stimmen auch nicht überein.«

Ende Juli verbreiteten sich Gerüchte, daß die Stadt vom Amerikaner verlassen und dem Russen übergeben würde. Herbert hatte mit Martin und Herrn Uhlemann längst wieder begonnen, eine »Nachkriegsfirma« aufzubauen. Hanna, die ihre Stenografie- und Schreibmaschinenkenntnisse zur Verfügung stellen konnte, wurde als »Sekretärin« nominiert. Eine erste Korrespondenz kam zögernd in Gang. Mut. Zähigkeit und Arbeitswille einten sich mit der Hoffnung auf eine neue Stabili-

tät. Und nun sollte alles wieder zunichte gemacht, einem anderen, wenig verheißungsvollen System unterstellt werden.
»Ich kann mir das nicht denken«, sagte Herbert. »Weshalb sollten die Amerikaner plötzlich so viel von dem eroberten Land hergeben!« Aber die Gerüchte wurden wahr. Das Potsdamer Abkommen hatte die Grenzen der besetzten Zonen endgültig festgelegt. Am 26. Juli kletterten alle amerikanischen Besatzungssoldaten auf ihre erdbraunen Lkw und verließen die Stadt. Die Crimmitschauer winkten ihnen mit weißen Taschentüchern nach. Als eine knappe Stunde später die Russen auf ihren Lkw einrollten, zogen dieselben Zaungäste aus der anderen Hosentasche rote Tücher hervor und winkten damit.
Eva kam aufgeregt vom Einkaufen.
»Vati, im Lebensmittelladen an der Ecke stand ein Mann, der sagte: ›Ich bin froh, daß die Russen kommen, ich bin ja selbst Kommunist.‹ Das sagte der, obwohl doch ›Kommunist‹ ein Schimpfwort ist.«
Der Vater lachte bitter.
»Hier und jetzt ist es kein Schimpfwort mehr, Eva. Im Gegenteil, jetzt werden sich alle Kommunisten stolz dazu bekennen. Und wir müssen von jetzt an ganz still und bescheiden sein.«
Das ohnehin kärgliche Leben im Nachkriegs-Crimmitschau änderte sich noch einmal drastisch. Wo bisher hier und da so etwas wie ein kleiner Aufschwung erkennbar gewesen war, sank alles wieder in entmutigende Anfänge zurück. Die Bürokratie der Russen war unglaublich. Es wurde zunächst einmal alles verboten, was auf irgendwelche deutsche Eigeninitiative schließen ließ. Ein gewaltiger Papierkrieg hemmte den bereits in Gang gekommenen Fluß für eine Normalisierung des Lebens. Es gab plötzlich wieder große Schwierigkeiten bei der Beschaffung der nötigsten Lebensmittel, von anderen Gütern gar nicht zu reden. Die Kontakte zwischen Besatzern und Besetzten, die unter den Amerikanern offene und geheime Blüten getrieben hatten, schwanden unter den Russen fast völlig. Die Bevölkerung mied die schmutzigen, derben Sieger aus dem Osten nach Möglichkeit. Selbst die, die so begeistert mit den

roten Tüchern gewinkt hatten, zogen sich kleinlaut zurück. Nur hinter den Kulissen gab es einige gewitzte Geschäftsmänner, die es verstanden, auch unter dem neuen Herrn ihr Schäfchen ins Trockene zu bringen.

Ende August wurde Eva siebzehn Jahre alt. Sie war in dem glückhaften Alter, in dem ihre Mutter Tennis und Klavier gespielt hatte und auf ihre ersten Bälle gehen durfte, in dem Alter, in dem einem jungen Menschen eine verheißungsvolle Welt offenstehen sollte. Die Welt, die um Eva herum war, lag in Trümmern. Sie war eng und klein geworden, aber durch ihre Wirrnisse und Zerrissenheit wenig überschaubar.
Eva litt nicht allzu sehr unter den schwierig gewordenen Verhältnissen. Sie und Katharina betrachteten die Zeit in Crimmitschau stets nur als Durchgangsstation. Sie fanden zu den jugendlichen Sachsen keinen rechten Anschluß, weder in der Schule, die sie seit Mitte August besuchten – ein gemischtes Gymnasium, für die Schwestern eine ganz neue Erfahrung –, noch in der Tanzstunde, die im September im Crimmitschauer Schützenhaus ihre Pforten öffnete und zu der Eva und Martin angemeldet wurden. Sie waren eben die Flüchtlinge, die »Zugereisten«. Man erduldete sie, wollte aber doch im Grunde lieber unter sich sein.
Allen Widerständen zum Trotz hatte Herbert Brandt damit begonnen, seinen Chemikaliengroßhandel auf sächsischem Boden zu etablieren. Von der Görlitzer Firma kamen inzwischen spärliche Nachrichten. Die mit ihren Familien geflüchteten Betriebsangehörigen waren in die Stadt zurückgekehrt. Prokurist Trobach hatte die Leitung des Geschäftes in die Hand genommen und führte es im Sinne seines Chefs fort. Allmählich ließ sich auch ein ständiger Kontakt herstellen. Trotzdem zögerte Herbert Brandt noch, nach Görlitz zurückzukehren. Ihm schien es wichtig, im Westen Deutschlands eine Niederlassung zu begründen, im amerikanischen Besatzungsgebiet. Dafür bot sich ihm Marburg an, die Stadt, in der Emmy mit ihrer kleinen Familie lebte.

Johannes hatte im August über viele Umwege eine Nachricht nach Görlitz geschleust, und von da kam sie nach Crimmitschau. Emmy hatte Mitte August einen kleinen Sohn bekommen. Sie waren alle gesund. Johannes hatte eine Stellung als Assistenzarzt an einem Marburger Krankenhaus. Die Erleichterung der Eltern und Geschwister wurde zu einem Fest der Freude und Dankbarkeit. In ihrer kleinen, primitiven Dachkammer in der Jakobsgasse tauschten sich Eva und Katharina noch spät in der Nacht darüber aus.

»Kannst du dir Emmy als Mutter vorstellen?« fragte Eva in die Dunkelheit.

»Nee«, kam es zurück. »Nicht mal als werdende.«

Katharina stieß vom Bett aus das winzige, runde Bodenfensterchen auf, zog tief die frische Nachtluft ein und sinnierte:

»Vielleicht ist Emmy jetzt ganz anders als wir denken, vielleicht, wo sie von nun an so etwas Eigenes hat, für das sie die Verantwortung tragen muß.«

Eva verschränkte die Arme unter dem Kopf und starrte zu der kleinen Bodenluke, durch die das milde Licht einer sommerlichen Mondscheinnacht strömte.

»Das muß herrlich sein, so ein winziges Kind zu haben, das man selber geboren hat.«

»Und das dann nächtelang schreit.« Katharina gähnte und drehte sich zur weißgekalkten Wand. »Wir haben beide noch eine Menge Zeit bis dahin, Evi. Schlaf erst mal. Morgen ist Schule, und wir müssen uns wieder mächtig ins Zeug legen, um uns vor den skeptischen Sachsen zu behaupten. Ich wünschte, wir wären erst wieder zu Hause.«

Am 8. September erschien in den seit zwei Monaten wieder herausgebrachten »Crimmitschauer Nachrichten« eine kleine Anzeige:

HERBERT BRANDT UND FRAU HANNA GEB. KIRSCH
ZUR SILBERHOCHZEIT
HERZLICHE GLÜCKWÜNSCHE VON IHREN KINDERN

Unweit ihrer Wohnung in der Jakobsgasse, in einem kleinen, ordentlichen Restaurant, feierten Herbert und Hanna in bescheidener Runde die fünfundzwanzigste Wiederkehr ihres Hochzeitstages. Zu Herberts großer Freude war Irma aus Potsdam, ihrem Flüchtlingsdomizil, gekommen. Für den feierlichen Ablauf des Festes sorgten die drei Brandt-Kinder, die schon Wochen vorher ein Programm erarbeitet hatten. Martin hielt eine kleine Rede, die eine Scharade zu dritt einleitete, und zum Abschluß gab es Evas großen Auftritt: ein ellenlanges selbstverfaßtes Gedicht, das sie gängigen Schlagermelodien angepaßt hatte und nun mit Bravour, völlig ohne Lampenfieber, zum Besten gab.
Hanna war glücklich. Die einfache Umgebung war ihr gleichgültig. Sie war an Herberts Seite, ihre Kinder waren gesund durch die letzten Kriegswirren gekommen. Und irgendwann, sicher bald, würden sie alle wieder in die Moltkestraße einziehen. Solange Herbert da war, ließ sich alles ertragen. Der Krieg war vorbei, und die Zukunft konnte nur noch besser werden.

Im Oktober wechselte die Familie ihr Domizil. Sie bekam in der Marienstraße eine ganz normale 2½-Zimmer-Wohnung, deren Wohnzimmer zum Teil Büro, Ende Dezember aber Weihnachtszimmer wurde. So beengt, aber auch so bewußt dankbar hatten sie noch nie ein Weihnachtsfest gefeiert. Der Tannenbaum war nicht größer als das in Görlitz gewohnte Adventsbäumchen. Er war mit lauter selbstgebastelten Sternen und Ketten behängt, deren Nachkriegsgold matt und bräunlich war. Aus irgendeinem verstaubten Schubfach irgendeiner Drogerie hatte Herbert zwei Päckchen Lametta auftreiben können. Wie zu Hause im großen Eßzimmer standen die Brandts in ihrer kleinen Flüchtlingsstube und sangen, zum ersten Mal ohne Klavierbegleitung, alle drei Strophen von »Stille Nacht, Heilige Nacht.«
Sie wußten nicht, daß es ihre letzte gemeinsame Weihnachtsfeier sein sollte.

Im März 1946 fuhr Herbert mit der ersten möglichen Zugverbindung nach Marburg, wohnte in Emmys möblierter Wohnung und bemühte sich, ein Auslieferungslager im amerikanisch besetzten Teil Deutschlands zu etablieren. Während seiner Abwesenheit kamen in die Marienstraße in Crimmitschau zwei Aufforderungen an ihn, sich auf dem Rathaus daselbst zu melden. Zu einer Zeugenaussage, hieß es. Die dritte Aufforderung war ein Befehl. Sie kam diesmal aus Görlitz und hatte den Nachsatz: »Wenn Sie bis zum 1.4.46 nicht vorstellig werden, sehen wir uns gezwungen, uns an Ihre in Crimmitschau lebende Familie zu halten.«

Hanna schickte die letzte Vorladung ihrem Mann nach Marburg. Es dauerte sieben Tage, bis sie den Adressaten erreicht hatte. Zwei Tage später stand er im Wohnzimmer in der Marienstraße.

»Was hätte ich tun sollen, Herbert?« fragte Hanna ängstlich.

»Vielleicht hättest du doch lieber in Marburg bleiben sollen? Wir hätten ja alle nachkommen können.«

Er schloß sie in die Arme.

»Es ist schon alles richtig so«, sagte er beruhigend. »Wer weiß, was die wollen. Ich habe nichts verbrochen und kann über alles aussagen.«

Aber Martin sollte schon jetzt nach Görlitz zurückfahren, bestimmte Herbert, und sich mit um den Wiederaufbau der Firma kümmern.

Am 1. April meldete er sich auf dem Crimmitschauer Rathaus und bekam die Weisung, sich in seiner Wohnung zur Verfügung zu halten. Am 2. April brachte er Martin mit einem Wagen nach Glauchau und zu dem Zug nach Görlitz. Und am 4. April wurde er in der Marienstraße von zwei Volkspolizisten abgeholt. In einem Rucksack verstaute er alles, was er für eine mehrwöchige Abwesenheit brauchen würde. Dann verabschiedete sich Herbert Brandt von seiner Frau und den beiden Töchtern. Er wußte, daß er zum Russen gebracht werden würde, daß dies eine politische Angelegenheit war. Ganz fest nahm er Hanna in die Arme.

»Rußland –« sagte er leise, »dieses verdammte Land läßt mich nicht mehr los.«
Er ging zwischen den beiden Polizisten davon, drehte sich noch einmal um und winkte.

»Geht zurück nach Görlitz«, hatte Herbert seiner Familie geraten. »In Crimmitschau habt ihr nichts mehr verloren.«
Aber Hanna wollte nicht. Ein paar Wochen wartete sie vergeblich auf eine Nachricht. Dann kam auf Umwegen ein Brief aus dem Görlitzer Gefängnis, ein paar Zettel eigentlich nur, die jemand in einen Umschlag gesteckt und mit fremder Hand adressiert hatte. Herbert gab ihr darin Ratschläge für ihr weiteres Tun, bestimmte, was mit den Kindern zu geschehen habe und berichtete am Schluß, daß er am nächsten Tag in die Festung Bautzen verlegt würde. »... irgendwer hat mich denunziert... meine Tätigkeit in der Kosakendivision – bei General von Pannwitz ...«

Hanna packte ihren Koffer und fuhr in einer umständlichen Tagesreise zu Emmy nach Marburg. Ihr war der Gedanke unerträglich, ohne Herbert die kahlen Räume in der Moltkestraße zu betreten. Von Martin wußte sie, daß das ganze Haus ausgeräumt war, zum Teil von den Russen, die es eine Zeitlang als Kommandantur genutzt hatten, zum Teil auf richterlichen Beschluß, der schriftlich vorlag und bestimmte, daß das Eigentum des Herbert Brandt der Stadt Görlitz anheimfiel, weil er sich »bei den Russen unbeliebt« gemacht hätte.
Für Hanna war das alles zuviel. Es verlangte sie nach jemandem, an den sie sich anlehnen konnte, der sie stützte und beriet. Emmy und Johannes nahmen sie auf und waren genau das, was sie brauchte.
Katharina blieb bei der nach Crimmitschau gezogenen Tante Irma, die dort den kleinen Haushalt weiterführte, und Eva fuhr, als sie ihr Versetzungszeugnis für die Oberprima in der Tasche hatte, zu Martin nach Görlitz. Die Auflösung der einst so intakten Familie Brandt war komplett.

Heimkehr

Als der Zug in den vertrauten Görlitzer Bahnhof einlief, als Eva die ersten schlesischen Laute hörte, atmete sie tief auf. Martin stand auf dem Bahnsteig. Wortlos fiel ihm Eva um den Hals. Tränen rannen ihr über die Wangen. Martin hob den Koffer auf, den sie achtlos auf den Bahnsteig fallen gelassen hatte.
»So, nu komm mal«, sagte er mit etwas schwankender Stimme. Die stürmische Begrüßung machte ihn gerührt und verlegen zugleich. Eva hängte sich bei ihm ein.
»Wo gehen wir denn jetzt zuerst hin?« fragte sie schniefend. »In dein Zimmer bei Tante Trudi?«
»Nee, zuerst in die Moltkestraße. Da gehören wir ja eigentlich hin, nich? Du sollst sehen, wie sie jetzt aussieht und was wir noch alles machen müsen, damit wir einziehen können – so schnell wie möglich. Es heißt jetzt übrigens nicht mehr Moltkestraße. Man hat sie umbenannt. Wir wohnen seit Mai vorigen Jahres in der Thälmannstraße 3.«
Eva blieb stehen.
»Warum denn das?« fragte sie fassungslos. »Was hat denn der Moltke den Kommunisten getan, daß sie ihn jetzt einfach so abservieren? Und wer ist überhaupt Thälmann?«
»Der war eben so ein Kommunist. Er ist, glaube ich, unter Hitler in so ein KZ gebracht worden und da vor ein paar Jahren umgekommen.«
»Und nun wollen sie ihn postum ehren, indem sie ihm unsere Moltkestraße vermachen. So ein Quatsch!« Eva war den Tränen nahe. Es war, als hätte man ihr ein Stück Heimat genommen.
»Nun komm mal weiter«, sagte Martin geduldig. »Du wirst dich noch an manches Neue gewöhnen müssen. Viele Straßen sind umbenannt worden. Der Obermarkt heißt jetzt zum Beispiel Leninplatz, und die Adolf-Hitler-Straße Berliner Straße.«
»Das einzige, was ich einsehe«, murmelte Eva.
Mit raschen Schritten gingen sie die Jakobstraße hinunter und überquerten den Wilhelmsplatz. Eva blieb erneut stehen.

»Meine olle Penne«, sagte sie ergriffen.
»Da kannst du jetzt wieder hingehen«, stellte Martin fest. »Seit Ostern ist sie in Betrieb.«
»Na ja, ich muß ja wohl. Ein Jahr noch.« Eva seufzte ein bißchen. »Von außen gefällt sie mir eigentlich besser als von innen. Und das Abiturjahr wird nicht gerade amüsant sein.«
»Das wirst du schon schaffen. Ich muß es ja auch noch mal machen, obwohl ich dafür schon ein alter Herr bin. Und Deutsch ist absolut nicht mein Lieblingsfach.«
Eva strich ihm zärtlich über den Rücken.
»Ich helfe dir, Martin. Bei mir ist das gar kein Problem. Meine schlimmen Ecken sind Mathe und Physik.«
Und dann standen sie vor dem schweren schmiedeeisernen Doppeltor des Elternhauses. Eva-Maria holte tief Luft. Ihre Stimme war ganz klein und zittrig.
»Wenn ich daran denke, daß wir hier vor mehr als einem Jahr rausgefahren sind, Vati, Mutti, Katharina und ich. In dem vollgestopften kleinen Lkw – es war noch nicht mal ganz hell. Das Laub war schon da, weißt du, Martin, das zarte, hellgrüne Laub, das es nur im Mai gibt.«
Sie lehnte sich gegen das Tor und drückte dabei die Klinke herunter, daß es aufging.
»Der kleine Bürgersteig!« Eva lächelte, als sie auf das Haus zugingen. »Weißt du noch, wie Vati den kleinen Bürgersteig für uns bauen ließ, damit wir nicht unter ein einfahrendes Auto kommen konnten? Und wir sind immer nur darauf entlanggegangen, gehorsam, wie es sich für echte Preußen geziemt.«
Die beiden lampentragenden Ritter standen noch auf den Treppenabsätzen oben und unten, und durch das Jugendstilfenster mit der früchtetragenden Göttin fiel ein gebrochenes Licht. Aber die geschwungenen Stufen ins Obergeschoß waren nackt und kahl, daß die Tritte darauf schallten.
»Den Treppenläufer haben sie natürlich mitgenommen«, sagte Martin wie entschuldigend, als ob er dafür einzustehen hätte. Er schloß die Entreetür auf. In der Wohnung war auch alles kahl. Sie gingen von Zimmer zu Zimmer. Jeder Laut wurde von

den leeren Wänden doppelt zurückgeworfen. Im Eßzimmer setzte sich Eva auf die Stufe zum Erker.
»Es ist ein Witz, Martin – das ist jetzt wirklich die einzige Sitzgelegenheit im Hause unserer Kindheit. Solche Räuber! Sogar die Steckdosen haben sie aus den Wänden geschraubt! Wozu sie die wohl brauchen?«
Martin zuckte die Schultern.
»Vielleicht gibt's in Rußland keine. Jetzt müssen wir eben sehen, woher wir wieder alles bekommen. Das geht am ehesten durch Tausch. Und eine Tauschmöglichkeit habe ich schon.«
Er öffnete die Tür zur Glasveranda und zeigte auf einen gewaltigen Berg gelber Süßkirschen, der auf dem gefliesten Fußboden aufgehäuft war.
»Hab' ich selbst vom Baum gepflückt«, sagte er stolz. »Und die verscherbel' ich jetzt massenhaft gegen Möbel und andere Sachen.« »Aber Martin!« Eva war entsetzt. »Die vergammeln doch hier. Du kannst sie keine zwei Tage so liegenlassen.«
»Dann machen wir eben Marmelade draus und verkaufen die.«
»Und der Zucker dazu?«
»Den kriegen wir für die guten, die obenauf liegen.« Martin war keine Minute um einen Ausweg verlegen.
Sie schafften es wirklich. Von der Firma in der Leipzigerstraße bekamen sie abgepacktes Soda, Kerzen, Backpulver und Kartoffelmehl, alles wertvolle Tauschobjekte, die eine große Hilfe waren. Dennoch gab es genug Laufereien. Eva war in den ersten Wochen bei Inges Eltern in der Schmidtstraße untergeschlüpft. Sie ließ sich Zeit mit der Schulanmeldung. Die Versetzung hatte sie ja schon, indes in Görlitz der Klassenwechsel erst nach den Sommerferien im August vorgenommen wurde. Dafür ging sie hamstern. Während Martin heranschleppte, was die Zimmer wohnlich machte, sorgte sie für das leibliche Wohl, tauschte beim Bäcker Gerlach an der Ecke Emmerichstraße Kartoffelmehl gegen Brot, bei Bauern in Markersdorf oder Gebirgsdorf Kartoffeln, Gemüse und Eier gegen Backpulver und Kerzen.
Sehr vergnüglich waren diese Reisen aufs Land, die sie mit dem

von Inge geborgten Fahrrad unternahm, selten. Für die Bauern waren die städtischen Bittsteller lästige Schmarotzer, die sie von der Arbeit abhielten und unbrauchbares Zeug zum Tausch anboten, manchmal auch Geld, mit dem nicht viel anzufangen war.

Irgendwoher hatte Martin alte Gardinen beschafft, die Eva auf der Nähmaschine in der Schmidtstraße zusammennähte, damit sie fenstergerecht für die Moltkestraße wurden. Im Juni zogen die beiden Geschwister ein in ihr Elternhaus. In jedem der Schlafzimmer stand ein Bett, im Eßzimmer ein gewaltiges Buffet, ein Tisch und ein paar Stühle. In der Mitte der großen Küche war ein etwas zu kleiner Holztisch mit zwei Stühlen. Eva lehnte an der Küchentür.

»Jetzt fehlt nur noch Hildchen«, meinte sie versonnen. Dann drehte sie sich zu dem Bruder um.

»Martin, du hast ein Organisationstalent – genau wie Vati. Jetzt hast du unsere kleine Welt wieder in Ordnung gebracht, beinahe so wie früher. Weißt du, daß ich jetzt ein ganz starkes Heimatgefühl habe, hier in diesen paar Wänden? Ich liebe das so.«

»Ich auch«, sagte Martin. »Das gehört eben zu uns. Ich glaube, daß die Heimat, die man lieben kann, klein sein muß. Man kann schließlich nicht die ganze Welt lieben.«

Das ungewisse Schicksal des Vaters ließ Eva keine Ruhe.

»Wir müssen was tun, Martin, irgendwas.«

Martin zuckte die Schultern.

»Wir können nichts tun. Wir können nur warten.«

»Ob ich mal zur Polizei gehe?«

»Das kannst du ja machen. Viel wird dabei nicht rauskommen.«

Eva ging zum Polizeirevier in der Gartenstraße. Die Räume im Erdgeschoß des Mietshauses waren dunkel, klein und muffig. Es waren dieselben, in denen die Beamten des Dritten Reiches gearbeitet hatten. Und doch war alles anders. Eva spürte sofort eine heftige Ablehnung in sich aufsteigen. Ein Stuhl wurde ihr zugewiesen und nach ihrem Begehr gefragt, ungeduldig und unfreundlich.

Eva schluckte. Sie dachte an ihren Vater und überwand ihre angstvolle Scheu. Tapfer brachte sie ihr Anliegen vor, man möge nach Herberts Verbleiben forschen, der für eine Zeugenaussage nach Görlitz gebracht und seitdem verschollen war.
Der Polizist stand wortlos auf und verschwand im Nebenraum. Eva saß eine ihr endlos scheinende Zeit auf dem unbequemen Holzstuhl und wartete. Sie wußte nicht, was sie tun sollte. War das einseitige Gespräch beendet? Sollte sie gehen? Gerade als sie aufstand, kam der Beamte zurück, einen Ordner unter den Arm geklemmt. Mit einer gebieterischen Geste hieß er sie, wieder Platz zu nehmen. Dann schlug er den Ordner auf. Es gab tatsächlich eine Akte Herbert Brandt, hier auf diesem Revier, zu dem das Haus Thälmannstraße 3 gehörte. Die Blätter raschelten in der Stille. Seite um Seite schlug der Mann um. Dann hob er den Kopf.
»Und was wollen Sie? Daß ich Ihnen Ihren Vater wiederbringe? Kennen Sie denn nicht die Anklagepunkte, die gegen ihn erhoben worden sind? Hier –« er klopfte mit der flachen Hand mehrmals auf das Papier, »hier steht's ja auch, daß Ihr gesamtes Hausinventar der Stadt Görlitz zuerkannt wurde, weil sich Ihr Vater auf hinterhältige Weise gegen die Russen betätigt hat. Außerdem war er Kapitalist.«
Eva lief dunkelrot an. Sie zitterte.
»Na und? Ist das etwa ein Verbrechen? – Mein Vater wurde zu Kriegsbeginn eingezogen. Er bekam seine Befehle, wie alle anderen auch. Er hat sich nichts aussuchen können. Keiner konnte das.«
»Er hätte ja den Dienst verweigern können. Irgendeine Möglichkeit hätte es schon gegeben.«
»So – vielleicht fahnenflüchtig werden! Wissen Sie denn nicht, was auf Fahnenflucht stand? Er wäre an die Wand gestellt worden.«
»Na sehen Sie«, sagte die gelangweilte Stimme ihres Gegenüber, »so wird er eben jetzt erschossen.« Mit einem kleinen »klick« klappte er den Ordner zu.
Alles Blut wich aus Evas Gesicht. Sie stand auf, hielt sich eine

Sekunde an der Tischkante fest und wankte hinaus. Die paar Stufen in den Hausflur hinunter merkte sie gar nicht. Sie blinzelte, als sich auf der Straße das gleißende Licht der Julisonne auf sie stürzte.

Mechanisch wandte sie sich nach links und ging mit steifen Schritten die Gartenstraße hinunter, die fünfzig Meter weiter in die Thälmannstraße mündete. Ihr Blut hämmerte in den Schläfen. Sie konnte keinen klaren Gedanken fassen. Nur der eine Satz kam monoton immer wieder: ». . . so wird er eben jetzt erschossen.«

Martin kam erst zwei Stunden später heim. Es erleichterte Eva, ihm ausführlich von der Begebenheit erzählen zu können. Der Bruder blieb ruhig.

»Ich hab's dir ja gleich gesagt, wir können nichts machen. Jedenfalls jetzt noch nicht. Wir müssen warten. Und du kennst doch unseren Vater – der findet schon einen Weg.«

Hierin sollte Martin in seinem unumstößlichen Sohnesglauben irren. Aber ein Abglanz seiner vertrauensvollen Ruhe legte sich auch glättend auf Eva-Marias aufgewühlte Sinne.

»Daß nur Mutti nichts davon erfährt, Martin«, sagte sie noch, »wenn sie wirklich mal wieder zu uns heimkommt.«

»Sie wird schon kommen, ganz sicher.«

Aber Hanna ließ sich damit Zeit. Zunächst einmal kamen Tante Irma und Katharina aus Crimmitschau. Und damit entfaltete sich im Hause Brandt endlich wieder so etwas wie ein Familienleben.

Irma, die Herbert beim Abschied versprochen hatte, sich um seine noch jugendlichen Kinder zu kümmern, nahm sofort die Zügel in die Hand. Als erstes ging sie mit Eva und Katharina zur Luisenschule und meldete sie zum sofortigen Schulbesuch an. Die beiden Mädchen waren nach der langen Pause durchaus dazu bereit und willens. Als sie hörten, daß sie wieder in ihre alten Klassen kommen würden, machte ihnen der Neubeginn sogar Spaß. Mit den engsten Freundinnen hatten sie schon vorher Kontakt aufgenommen.

Ihr Lerneifer war bedingt. Besonders Eva ließ die Zügel schleifen in dem Bewußtsein, das Klassenziel – wenn auch andernorts – schon erreicht zu haben. Bis sie feststellte, daß in ihrem Wissen, was Latein und Mathematik betraf, große Lücken klafften. Das heißt, eigentlich stellten das die Studienräte dieser Unterrichtsfächer fest. Und als Eva einmal auf eine Rüge hin gelassen mitteilte, sie habe ja ihre Versetzung in die Oberprima schon, wurde ihr die Antwort zuteil, dies ließe sich notfalls korrigieren. Das war alarmierend. Sie riß sich fortan am Riemen, und als sie allein das Fehlende nicht aufholen konnte, nahm sie Nachhilfeunterricht bei einem Studienrat ihrer Schule, der als ehemaliger Parteigenosse nicht mehr unterrichten durfte.
Im August wurde Eva-Maria bescheinigt, daß sie die Versetzung rechtens besaß und sich von nun an ernsthaft mit dem Abitur als Endziel zu beschäftigen hätte.

In den ersten Schulferien in ihrer Heimatstadt bemühten sich Eva und Katharina, das wiederzufinden, was ihr Leben bis zum Mai 1945 ausgefüllt und geprägt hatte. Sie versuchten, an ihre vergangene, glückliche Kindheit anzuknüpfen, Brücken zu schlagen über den Abgrund des Zusammenbruchs, der durchlittenen, entbehrungsreichen Nachkriegsmonate.
Es gelang ihnen nicht. Die Zeiten hatten sich zu radikal verändert. Das Leben war hart geworden. Obwohl ihnen ihre Jugend half, alles leichter zu ertragen, als es die Generation ihrer Eltern trug, blieb doch ihre durchsonnte Kindheit eine Zeit, die viel weiter in der Erinnerung zurücklag, als die Jahre tatsächlich zählten.
Sie gingen gemeinsam hinunter zum Neißeufer, standen an der Reichenberger Brücke in respektvollem Abstand zu den Schilderhäuschen, in denen russische Soldaten den Übergang bewachten, der nur Wenigen gestattet war. Aber wer wollte schon freiwillig da hinüber! Drüben, auf der anderen Seite der Brücke, war Polen, da, wo auf dem Friedrichsplatz die Wohnung von Omi Kirsch gewesen war. Polen, das an Oberschlesien gegrenzt hatte, dessen arme Bevölkerung die Eltern mit

ihrem Ost- und Westpreußenverein stets unterstützt hatten. Auf einmal war das fremde Polen so nahe gerückt. Die Ruhmeshalle leuchtete mit ihrer herrlichen Kuppel in der Nachmittagssonne zu ihnen herüber, deutlich erkennbar. Was die Polen wohl damit anfangen würden?
Die Straßenreihen auf der anderen Neißeseite wirkten leer und verlassen. In keinem der Fenster waren Gardinen zu sehen, die immer ein Zeichen der Wohnlichkeit waren. Kaum ein Mensch lief über die Reichenberger Straße. Görlitz-Ost schien tot, gestorben mit einer erzwungenen, unnatürlichen Grenze.

Die beiden Schwestern gingen unten an der Neiße entlang, auf einem Uferweg, auf dem mehrere Schilder das Betreten verboten.
»Warum eigentlich?« fragte Katharina. »Was soll hier schon groß passieren?«
Eva blieb plötzlich stehen. An der Böschung zwischen Weg und Fluß ragten zwei sinnlos scheinende Eisenpfeiler aus dem Boden.
»Guck mal, Katharina, das war unsere Fußgängerbrücke. Weißt du noch – hier stand immer der Eismann mit seinem weißen Wagen und den gewölbten Nickelhauben über seinen verschiedenen Eissorten. – Warum haben sie bloß diese harmlose Brücke in die Luft gesprengt?«
»Weil diese harmlose Brücke unsere neue Grenze überwunden hätte«, sagte Katharina.
»Nee, das stimmt nicht.« Eva schüttelte den Kopf. »Die Brücke haben wahrscheinlich unsere Soldaten in die Luft gejagt, in dem vergeblichen Bemühen, Rußland aufzuhalten. Guck doch mal dort nach oben – der Viadukt ist auch kaputt.«
Die gewaltigen Bögen waren in der Mitte auseinandergerissen, ganz oben nur noch verbunden durch ein paar Schienenstränge, die wie dünne Striche in den Himmel gezeichnet waren.
»In den ersten Wochen nach dem Waffenstillstand sind die Leute nachts da oben auf den Schienen langgekrochen, um von Polen nach Deutschland zu kommen«, erzählte Eva. »Stell dir

mal vor, wie verzweifelt die gewesen sein müssen, daß sie solch eine Gefahr auf sich genommen haben. Ich wäre hundertmal abgestürzt.«

Katharina wandte sich ab.

»Der Krieg ist noch immer nicht ganz zu Ende, Eva«, sagte sie leise.

Wenig später standen sie nebeneinander am Aussichtsgeländer des Blockhauses, hoch über der Neiße, sahen wie in Kindertagen fern in bläulich-diffusem Licht die Wellen des Riesengebirges, und unter sich den zerborstenen Viadukt.

Eva schob ihren Arm unter Katharinas. Lange standen sie, stumm, mit einer Trauer im Herzen, die ihrer bejahenden Jugend widersprach.

»Schlesien gibt's gar nicht mehr, weißt du das?« sagte Katharina langsam. »Da drüben ist jetzt Polen, auf der anderen Neißeseite. Und was hier bis zum Fluß rangeht, nennen sie jetzt ›Sachsen‹ – Görlitz in Sachsen!«

»Ich weiß«, antwortete Eva-Maria traurig. »Aber glaub' mir, Katharina – für mich bleibt das Schlesien.«